A Racionalidade Penal Moderna

A Racionalidade Penal Moderna

REFLEXÕES TEÓRICAS E EXPLORAÇÕES EMPÍRICAS

2020

Organização
Richard Dubé
Margarida Garcia
Maíra Rocha Machado
Tradução
Ana Cristina Arantes Nasser
Bruna Gibson
Revisão Técnica
José Roberto Franco Xavier

ALMEDINA

Les Presses de l'Université d'Ottawa
University of Ottawa Press

A RACIONALIDADE PENAL MODERNA
REFLEXÕES TEÓRICAS E EXPLORAÇÕES EMPÍRICAS

Organização: Richard Dubé, Margarida Garcia, Maíra Rocha Machado
Tradução: Ana Cristina Arantes Nasser, Bruna Gibson
Revisão Técnica: José Roberto Franco Xavier

Diretor Almedina Brasil: Rodrigo Mentz
Editora Jurídica: Manuella Santos de Castro
Editor de Desenvolvimento: Aurélio Cesar Nogueira
Assistentes Editoriais: Isabela Leite e Marília Bellio

Preparação e Revisão: Lyvia Félix e Paula Brito Araújo
Diagramação: Almedina
Design de Capa: Roberta Bassanetto

ISBN: 9786556271064
Outubro, 2020

Dados Internacionais de Catalogação na Publicação (CIP)
(Câmara Brasileira do Livro, SP, Brasil)

A Racionalidade penal moderna: reflexões teóricas
e explorações empíricas / organização Richard Dubé,
Margarida Garcia, Maíra Rocha Machado;
[tradução Ana Cristina Arantes Nasser, Bruna Gibson].
São Paulo: Almedina, 2020.

Vários autores.
Título original: La rationalité pénale moderne:
réflexions théoriques et explorations

Bibliografia.
ISBN 978-65-5627-106-4

1. Direito Penal 2. Direito Penal – Filosofia
3. Justiça Criminal I. Dubé, Richard. II. Garcia, Margarida.
III. Machado, Maíra Rocha.

20-44533 CDU-343

Índices para catálogo sistemático:

1. Direito Penal 343

Cibele Maria Dias – Bibliotecária – CRB-8/9427

Este livro segue as regras do novo Acordo Ortográfico da Língua Portuguesa (1990).

Editora: Almedina Brasil
Rua José Maria Lisboa, 860, Conj. 131 e 132, Jardim Paulista | 01423-001 São Paulo | Brasil
editora@almedina.com.br
www.almedina.com.br

SOBRE AS AUTORAS E OS AUTORES

Eliana Herrera-Veja
Doutora em Filosofia pela Universidade Paris 8 e pela Universidade do Quebec em Montreal (Canadá). Advogada e cientista política. Lecionou na Universidade de Los Andes, na Universidade de Ottawa e na Universidade Waikato, em Hamilton, Nova Zelândia. Pesquisadora de pós-doutorado na Cátedra de Pesquisa do Canadá em Tradições Legais e Racionalidade Penal da Universidade de Ottawa, em Ciências Sociais e Humanidades, mantida por Alvaro Pires, no Centro para a Pesquisa Interdisciplinar em Cidadania e Minorias. Consultora, na Nova Zelândia, sobre cibersegurança, tecnologia, privacidade, inteligência artificial e análise de sistemas sociais.

Jean Sauvageau
Doutor em Criminologia pela Universidade Católica de Louvain (Bélgica). Professor Adjunto da Universidade St. Thomas (Fredericton, Nouveau-Brunswick, Canadá). Ensina, entre outros temas, sobre teorias criminológicas, polícia e crime organizado. Sua pesquisa se concentra na sociologia do sistema penal e do controle social em geral, sobre as forças policiais (públicas e privadas), assim como sobre as questões epistemológicas fundamentais próprias à criminologia.

Jean-François Cauchie
Professor Adjunto do Departamento de Criminologia da Universidade de Ottawa. Sociólogo e criminologista de formação, é membro da Cátedra de Pesquisa do Canadá em Tradições Jurídicas e Racionalidade Penal.

Seu principal campo de interesse é a inovação penal. Sua pesquisa busca compreender por que é difícil ver o direito criminal "mudar de ideia" sobre a pena e rastrear a evolução da justiça criminal em um contexto de dessocialização progressiva do risco de aumentar a responsabilidade motivacional, redefinir a integração e a experiência das figuras do assunto em questão.

José Roberto Franco Xavier
Professor da Faculdade Nacional de Direito da Universidade Federal do Rio de Janeiro. Graduado em Direito pela Universidade de São Paulo. Mestre e doutor em Criminologia pela Universidade de Ottawa (Canadá). Suas pesquisas têm se debruçado sobre as dificuldades do sistema de direito criminal em face de demandas do público, da opinião pública, do sistema político, entre outros. É também um dos coordenadores da Rede de Pesquisa Empírica em Direito.

Margarida Garcia
Vice-diretora de Pesquisa e Comunicação e Professora da Faculdade de Direito da Universidade de Ottawa. É, também, professora da Faculdade de Ciências Sociais da mesma universidade. Seus interesses de pesquisa são: liderança, inovação e barreiras à inovação na reforma da lei, especialmente na área de direito penal e direitos humanos. Especializou-se em reflexão epistemológica e metodológica em torno da pesquisa empírica em direito. Em seu trabalho, aborda esses temas da perspectiva interdisciplinar que marcou sua formação acadêmica (direito, criminologia e sociologia do direito).

Maíra Rocha Machado
Professora da graduação, mestrado e doutorado da Escola de Direito de São Paulo da Fundação Getulio Vargas (FGV DIREITO SP). Coordenadora do Núcleo de Estudos sobre o Crime e a Pena. Atua na Rede de Estudos Empíricos em Direito desde sua fundação. Dedica-se ao estudo e à formação de juristas-pesquisadora(e)s no campo da violência estatal.

Mariana Raupp
Doutora em Criminologia pela Universidade de Ottawa e professora na Escola de Trabalho Social e de Criminologia da Universidade Laval (Canadá).

Mestre em Sociologia pela Universidade de São Paulo (USP). Graduada em Direito pela Pontifícia Universidade Católica de São Paulo (PUC-SP).

Mariana Thorstensen Possas
Professora Adjunta do Departamento de Sociologia da Universidade Federal da Bahia (UFBA) e do Programa de Pós-Graduação em Ciências Sociais da UFBA (PPGCS/UFBA). Doutora em Criminologia pela Universidade de Ottawa. Mestre em Direito Penal pela Universidade de São Paulo (USP). Bacharel em Ciências Sociais pela USP e em Direito pela Pontifícia Universidade Católica de São Paulo (PUC-SP). Coordenadora do Laboratório de Estudos sobre Crime e Sociedade da Faculdade de Filosofia e Ciências Humanas (FFCH) da UFBA (LASSOS).

Marta Rodriguez de Assis Machado
Doutora e Mestre em Direito pela Universidade de São Paulo (USP). Professora da Escola de Direito de São Paulo da Fundação Getulio Vargas (FGV DIREITO SP) e pesquisadora do Centro Brasileiro de Análises e Planejamento (CEBRAP).

Richard Dubé
Professor titular do Departamento de Criminologia da Universidade de Ottawa e membro da Cátedra de Pesquisa do Canadá em Tradições Jurídicas e Racionalidade Penal. Seu principal campo de interesse é a sociologia do direito (penal). Sua pesquisa atual se concentra no problema de reformar o sistema de direito penal moderno, em seus princípios e objetos fundamentais, nas teorias modernas de condenação e nas condições para o surgimento de ideias inovadoras no campo do direito penal.

Sandra Lehalle
Doutorado em Direito (na Europa) e em Criminologia (no Canadá). Professora Adjunta do Departamento de Criminologia da Universidade de Ottawa. Sua dupla formação transparece em seus interesses de pesquisa, relacionados às políticas penais e carcerárias do ponto de vista daqueles que as projetam e as aplicam, mais especificamente sobre aqueles que são o objeto delas, em particular os presos e seus parentes. Ao estudar as complexas relações entre autoridade estatal e sociedade quando se trata

de detenção, propõe-se a analisar o papel da política e do Direito, tanto em nível nacional quanto internacional, nas questões de legitimação e poder do Estado e seu aparato repressivo privilegiado: a prisão.

Sébastien Lachambre
Doutor em Criminologia pela Universidade de Ottawa. Seus principais campos de interesse são a sociologia do direito (penal) e a filosofia penal. Suas pesquisas se concentram na teoria de denunciação e na função expressiva da pena, na orientação dos discursos de reforma do direito e na reabilitação como um objetivo da sentença.

Veronica Piñero
Procuradora da Coroa no Departamento de Justiça do Canadá, especialista em tributação de petróleo e gás, e mineração. Doutora e mestra em Direito e Criminologia.

APRESENTAÇÃO DA VERSÃO BRASILEIRA

A aparição desta obra no cenário brasileiro tem uma dupla motivação. Trata-se, em primeiro lugar, do desejo de uma rede internacional de pesquisadoras e pesquisadores associados à *Canadian Research Chair in Legal Traditions and Penal Rationality* de divulgar junto ao público brasileiro um quadro teórico fundamental para se compreender as dificuldades de se pensar um direito criminal diferente, menos socialmente deletério e inclinado ao sofrimento do infrator. Além do objetivo de difusão desse importante quadro teórico (a Racionalidade Penal Moderna), esta publicação se relaciona com o aparecimento de outra obra, *A racionalidade penal moderna: reflexões teóricas e explorações empíricas desde o Sul*, realizada inteiramente no Brasil, cuja publicação é concomitante à desta tradução.

Agradecemos o financiamento da *Canadian Research Chair in Legal Traditions and Penal Rationality*, que tornou possível a tradução e a publicação desta obra. Agradecemos também à Escola de Direito de São Paulo da Fundação Getulio Vargas pela parceria. Somos gratos ainda ao excelente trabalho de tradução de Ana Cristina A. Nasser (francês) e de Bruna Gibson (inglês). Agradecemos finalmente à University of Ottawa Press pela cessão sem custos dos direitos desta obra para a publicação em português.

APRESENTAÇÃO DA VERSÃO CANADENSE

Foi durante um primeiro encontro dos coeditores, no inverno de 2006, em Ottawa, que tivemos a ideia de produzir uma obra coletiva sobre a Racionalidade Penal Moderna (RPM). O projeto visava atingir um duplo objetivo: de um lado, possibilitar a difusão dos mais recentes resultados de pesquisa obtidos sobre e/ou a partir da teoria da RPM, pelos colaboradores da *Canadian Research Chair in Legal Traditions and Penal Rationality*. E, de outro lado, buscava coletivamente testemunhar a seu titular, Alvaro Pires, professor do Departamento de Criminologia da Universidade de Ottawa, nossa gratidão pelos anos de formação, supervisão e colaboração que nos proporcionou, em um ambiente de reflexão dinâmico, intelectualmente estimulante e enriquecedor do ponto de vista humano.

No que se refere ao primeiro objetivo, doze anos após a criação da *Canadian Research Chair in Legal Traditions and Penal Rationality*, parecia-nos importante e útil produzir o que seria um balanço teórico e empírico das questões suscitadas e dos problemas propostos pela RPM, para a observação do direito criminal moderno e a análise de suas possibilidades de transformação. Já quanto ao segundo objetivo, os(as) pesquisadores(as) convidados(as) a participar desse projeto acompanharam os trabalhos de Pires durante vários anos, seja como estudantes, professores(as) ou colaboradores(as) de pesquisa; esse acompanhamento se deu de diferentes maneiras: formação em estudos superiores (mestrado ou doutorado); participação em colóquios, oficinas e seminários; publicação de artigos científicos em coautoria; relatórios de pesquisa, etc. Em nome do conjunto dos(as) coautores(as) da presente obra, queremos aqui manifestar ao professor, pesquisador e amigo, nossa profunda e sincera admiração por sua dedicação e seu rigor e pela paixão que ele conseguiu nos transmitir, ao longo dos anos. Alvaro, nós te agradecemos, calorosamente.

Gostaríamos também de agradecer a Gérald Pelletier, que, como pesquisador associado, acompanha os trabalhos de Alvaro e da *Canadian Research Chair in Legal Traditions and Penal Rationality* há vários anos. Muitos(as) dos(as) colaboradores(as) desta obra puderam se beneficiar de seu profissionalismo e de sua grande generosidade para com a realização e finalização de seus próprios trabalhos de pesquisa, além de devermos a ele a elaboração de uma lista atual e completa (ver Anexo) dos trabalhos publicados por Pires.

PREFÁCIO

Alvaro Pires, a quem este livro presta homenagem, é não só um colega, mas também e sobretudo um amigo de longa data, que, como diz Jean Guéhenno, "abre, em nós, quartos fechados".[1] É sobre essa amizade intelectual e pessoal, profunda e fecunda, que possibilitou uma troca contínua, que eu gostaria singelamente de dar testemunho.

Nossos percursos, dos dois lados do Atlântico, cruzaram-se desde o início dos anos 1980, quando descobri a pesquisa, inegavelmente inovadora, que ele desenvolveu com Pierre Landreville e Victor Blankevoort, sobre os custos sociais do sistema penal, alertando-me para uma realidade que os juristas, muito frequentemente, não enxergam, ou não querem enxergar. A problemática dessa pesquisa, tanto quanto o método empregado, marcou de maneira decisiva a abordagem do sistema de justiça penal, como também a pesquisa em criminologia. Desde então, Alvaro se apresentou a mim como alguém excepcional, fora dos padrões, desviante e complexo, e, portanto, profundamente cativante.

Um pesquisador dos limites

Alvaro Pires é um pesquisador dos "limites". Seus trabalhos se situam entre o direito, a criminologia e as ciências humanas (sobretudo, a filosofia e a sociologia); transitam vivamente de um campo a outro, carregando-nos em seu rastro e, por vezes mesmo, em seu turbilhão. Eles são profundamente marcados por uma abordagem interdisciplinar, que

[1] GUÉHENNO, J. *Journal d'un homme de 40 ans.* Paris: Grasset: 1934, p. 133.

lhes possibilita dar uma contribuição que não hesito em qualificar como essencial ao desenvolvimento dos conhecimentos sobre o crime e a pena. Uma distinção geralmente observada no mundo científico é aquela que ocorre entre pesquisas "de monitoramento" (*recherches de veille*) e pesquisas "de ponta". Em minha opinião, os trabalhos de Alvaro Pires se inserem indubitavelmente na categoria das pesquisas de ponta. Deve-se reler seu artigo de 1991, "Éthiques et réformes du droit criminel: au-delà des philosophies de la peine", ou ainda o de 1995, "Quelques obstacles à une mutation du droit pénal". Pessoalmente, continuo me deleitando com a esplêndida contribuição de 2001: "La ligne Maginot en droit pénal: la protection contre le crime versus la protection contre le prince", embora ainda pudesse citar muitos outros. Todos esses textos questionam incessantemente as evidências e são marcados por uma imensa criatividade.

Um pensamento original e radical

As teses que Alvaro Pires enunciou e se dedicou a desenvolver são definitivamente originais; isto é, únicas, pessoais e não conformistas. Aliás, é significativo constatar que elas são retomadas, desenvolvidas e ampliadas por inúmeros autores. Seu pensamento é igualmente radical, no sentido específico do termo, na medida em que toca no essencial e assume as consequências acarretadas pela escolha inicial. Para ele, as teorias modernas da pena constituem um obstáculo epistemológico fundamental para a construção de um verdadeiro direito criminal do cidadão; como também de uma nova racionalidade penal, simultaneamente mais humana, mais respeitosa da liberdade de todos, mais criativa e mais adaptada à complexidade da sociedade. Ele nos convida a refletir não sobre uma nova teoria da sanção, mas sim, fundamental e radicalmente, sobre uma nova teoria da intervenção jurídica.

Se tomo a liberdade de enfatizar o caráter original e radical do pensamento de Alvaro Pires, é porque penso ser hoje essencial renovar a abordagem da matéria penal, que, tanto nos planos interno como internacional, se encontra diante de desafios essenciais. Fundamentalmente, são os conceitos e os próprios princípios de uma disciplina pensada no final do século XVIII que devem ser "revisitados". Os trabalhos realizados por Alvaro Pires, evidentemente, são passíveis de contribuir para esse intento.

O renome internacional de Alvaro Pires e de sua rede universitária é evidente. Essa rede não é efeito do acaso, ou de qualquer mundanidade científica; ela testemunha o interesse que muitos de seus colegas manifestam por seu pensamento. Além disso, não há nada de artificial nela, pois se trata de reais colaborações científicas, interlocuções acirradas e eventualmente bem acaloradas, mas sempre respeitosas.

Uma inversão de perspectivas

Gostaria de dar um exemplo, ligado à minha função de juíza na Corte Europeia de Direitos Humanos, sobre a utilidade dos trabalhos de Alvaro Pires, e sobre a "inversão de perspectivas" que ele sugere executar. Ele é um dos raros intelectuais a mostrar que não se trata apenas de construir um direito penal mais zeloso e respeitoso dos direitos e das liberdades. É também necessário – e esta abordagem é diferentemente mais fecunda – mobilizar os direitos humanos para repensar o penal. Essa exigência está no cerne da atual questão das relações difíceis, ambíguas e, mesmo, paradoxais entre direitos humanos e direito penal. Trata-se não só de uma questão teórica, mas também prática.

Uma reflexão em movimento

Se os trabalhos de Alvaro Pires seguem uma abordagem profundamente original – o que, em minha opinião, constitui a sua principal característica –, seu pensamento também está em movimento. Enquanto muitos pesquisadores que alcançam tal estágio de desenvolvimento de seu percurso intelectual limitam-se, em geral, a "variações sobre um mesmo tema" – ou seja, a desenvolver diferentes versões sobre problemas já abordados –, o mesmo não ocorre em relação a Alvaro. Em todos os seus trabalhos e publicações, ele tem sempre essa formidável energia intelectual, que lhe permite reavaliar paradigmas dominantes e retomar os debates. Assim o constatei ao ler um texto sobre Edwin Sutherland, preparado por Alvaro para a última edição (2008) de *Histoire des savoirs sur le crime et la peine* – um trabalho magistral, realizado sob a coordenação de Christian Debuyst e Françoise Digneffe, e para o qual ele também colaborou.[2] Alvaro repensou e revisitou inteiramente esse clássico da criminologia, um texto-armadilha por excelência.

[2] DEBUYST, C.; DIGNEFFE, F.; PIRES, A. P. *Histoire des savoirs sur le crime et la peine*: expliquer et comprendre la délinquance (1920-1960). Bruxelas: Larcier, 2008. v. 3. Coleção "Crimen".

Uma fonte de iluminação e um difusor de ideias

O mais importante é provavelmente o seguinte: para os estudantes, pesquisadores e doutorandos, Alvaro Pires é uma verdadeira fonte de iluminação e um difusor de ideias. É uma pena que, no mundo universitário, esse tipo de engajamento com as novas gerações não seja mais valorizado; porém, para Alvaro, pouco importam as conveniências e os reconhecimentos. A força de seu pensamento reside também no modo como ele o comunica, com entusiasmo e generosidade. As discussões com ele podem levar dias e noites, pois, se para ele o tempo não conta, tampouco conta o seu próprio tempo. Alvaro apoia os outros em seus caminhos, às vezes mesmo em prejuízo de seus próprios trabalhos. Entretanto, essa é a riqueza de Alvaro, sendo a presente obra a expressão mais bela e forte disso.

Obrigada!

Obrigada, meu caro Alvaro, por tudo que você já fez e continuará fazendo para desatar – como você mesmo diz – esse "nó górdio" tenaz, em torno da pena e da ideia de punir. Espero, de todo coração, pela comunidade nacional e internacional dos pesquisadores em criminologia, que você prossiga o que se pode denominar sua aventura intelectual, bastante estimulante e rigorosa. Necessitamos imensamente não só de sua inteligência, imaginação e criatividade, mas também, e sobretudo, de seu agudo senso de justiça e de sua profunda humanidade.

FRANÇOISE TULKENS
Ex-juíza e vice-presidente da Corte Europeia de Direitos Humanos
Professora Emérita da Universidade de Louvain (Bélgica)

SUMÁRIO

PARTE 2
OBSERVAR O DIREITO CRIMINAL POR MEIO E PARA ALÉM DA RACIONALIDADE PENAL MODERNA

PARTE 3
A RACIONALIDADE PENAL MODERNA NA FORMAÇÃO E NA INTERPRETAÇÃO DA LEI PENAL

À Guisa de Introdução Geral à Obra

Os ângulos de observação da racionalidade penal moderna e a pesquisa empírica

RICHARD DUBÉ

Introdução

À guisa de introdução, apresentarei brevemente: 1) o papel desempenhado pela Racionalidade Penal Moderna (RPM) nas atividades de pesquisa realizadas na Cátedra, ou por seus membros, com vistas a explicar 2) como se articula o programa de pesquisa que a Cátedra em Tradições Jurídicas e Racionalidade Penal contribuiu para implementar; bem como especificar seus diferentes eixos de pesquisa, descrevendo as contribuições dos colaboradores que participaram da realização desse programa. Ao final de minha apresentação, 3) resumirei sucintamente algumas das contribuições, de modo a oferecer ao leitor uma visão geral dos temas e das questões analisadas no âmbito da presente obra.

O papel desempenhado pela RPM nas atividades da Cátedra

Fundada em 2001, a Cátedra de Pesquisa do Canadá em Tradições Jurídicas e Racionalidade Penal estabeleceu uma reflexão sistematizada sobre os fundamentos e as características do sistema de direito penal moderno. O objetivo era descrever, compreender e problematizar as atuais estruturas desse sistema, de modo a fomentar a reflexão sobre o que se poderia chamar de condições de evolução e de criatividade cognitiva do referido sistema. Nesse sentido, Pires considerava uma "necessidade urgente" atingir uma melhor compreensão "do *que é* e do *que pode ser* o sistema penal, em uma sociedade que modifica suas formas de regulações democráticas e repensa a questão do laço social e dos direitos humanos, com vistas a dar um melhor estatuto a suas instituições" (PIRES, 2001, p. 4).

Nessa reflexão geral, a ênfase recairia sobre as estruturas cognitivas do sistema de direito criminal moderno e, particularmente, sobre o papel e a influência do conceito de RPM, na orientação das operações do sistema e na determinação de suas possibilidades de superação e transformação.

Pires começara a definir teoricamente o conceito de RPM nos anos 1990, oferecendo à análise sociológica um instrumento de observação, que deveria permitir a caracterização e a problematização dos princípios norteadores e das ideias-chave que atuavam sobre o desenvolvimento do direito criminal moderno. No que concerne às estruturas normativas desse sistema de direito criminal, a influência da RPM, como sistema de pensamento dominante, foi considerada mais especificamente nevrálgica no plano das normas de sanção. De fato, com base em observações empíricas, é possível conceber teoricamente a RPM como uma ordem cognitiva que, a partir da metade do século XVIII, estrutura o leque das possibilidades valorizadas em matéria de sanção. O ponto de vista que instituiria, assim, a RPM dentro das fronteiras comunicacionais do direito criminal atuaria sobre a tomada de decisões, a fim de arbitrar entre o que pode ser considerado admissível, valorizado ou tolerado, e o que não pode sê-lo. Pelo conceito de RPM, o observador do direito pode, então, problematizar, em uma relação de influência mútua, a tomada de decisões concretas em matéria de sanções – seja no âmbito da criação da lei (sistema político), seja no da determinação do direito (sistema jurídico) –, e compreender melhor como, sob a influência dominante desse sistema de pensamento, são redundantemente renovados os valores negativos privilegiados pela RPM (aflição, exclusão social, etc.). Nessa relação de causalidade circular, que aqui toma a forma de um "dever ser", o sistema de direito criminal estabelece por e para ele mesmo, de maneira inteiramente autopoiética, a sua própria representação daquilo que constitui a sua função diferencial e a sua identidade sistêmica.

Essa maneira de conceber a função e a identidade do sistema de direito criminal inspira-se diretamente na teoria dos sistemas sociais funcionalmente diferenciados, de Niklas Luhmann, que possibilita que a observação – notadamente sociológica – considere seriamente a hipótese da contingência das "escolhas" operadas pelo próprio sistema, na institucionalização de seus próprios fundamentos identitários. Em matéria de direito criminal, a contingência assim problematizada no plano dos fundamentos identitários pode servir, portanto, de ponto de fixação para a emergência de uma perspectiva alternativa (e mesmo crítica[1]), passível de preconizar outras ideias ou valores – *funcionalmente* equivalentes, porém mais positivos e menos hostis –, do que aqueles tradicionalmente privilegiados pela RPM,[2] relativamente às penas aflitivas e/ou privativas de liberdade.

O conceito de RPM devia, assim, permitir a Pires colocar, no primeiro plano de sua reflexão, a hipótese de que o sistema de pensamento dominante, que constitui a RPM no Ocidente, é um dos principais obstáculos para uma mudança de regime em matéria de direito criminal. Segundo tal hipótese, pode-se dizer que, se nos séculos XVIII e XIX as teorias inerentes à RPM puderam permitir o desenvolvimento de um direito criminal propriamente moderno – que, em vários níveis, iria constituir-se em oposição aos princípios norteadores que caracterizavam o direito no Antigo Regime –, Pires observa que, hoje, em vários países ocidentais, essas mesmas bases cognitivas são em parte responsáveis pela "não evolução" do direito criminal moderno, no que se refere às normas de sanção (PIRES, 2002). Veja-se, por exemplo, a (sobre)valorização – ao menos no plano simbólico – do encarceramento na maioria dos países ocidentais, apesar das indicações que tendem a demonstrar a sua ineficácia e "contraprodutividade", bem como os elevados custos sociais e econômicos relacionados a esse dispositivo. E vejam-se, ainda, as sanções substitutivas

[1] Seria, consequentemente, temerário, em minha opinião, retomar tal e qual as críticas que puderam ser formuladas em relação à perspectiva funcionalista dos anos 1950, a qual testemunhava, com Talcott Parsons, certo posicionamento conservador (PFOHL, 1994, p. 246). Contrariamente ao que Friedberg pôde argumentar, Luhmann não considera o fato organizacional "como um fato natural, do qual bastaria descrever as características e leis de evolução" (FRIEDBERG, 1978, p. 601). O fato organizacional é um fato contingente, que pode ser decerto descrito, mas também pode ser pensado diferentemente. A análise das condições de emergência do "diferentemente", dentro do próprio sistema social estudado, não me parece incompatível com a perspectiva luhmanniana, que, inversamente, me parece até mesmo favorecê-la.

[2] Para saber mais sobre a questão da relação função-identidade em matéria de direito criminal, ver Dubé (2008) e Dubé e Pires (2009).

ou alternativas, que são mantidas em marcos legislativos ou judiciários estritos e, consequentemente, perdem seu alcance.[3]

Sob a égide do sistema de pensamento dominante da RPM, a constatação atual, mais especificamente em matéria de sanções, é a de um direito criminal fechado em si mesmo, normativamente voltado para as expectativas do passado, cognitivamente refratário à exploração da novidade, da inovação e do inédito (PIRES e CAUCHIE, 2007; DUBÉ, 2008). Em outras palavras, estaríamos diante de um sistema social que hoje se encontra cognitivamente prisioneiro de suas próprias masmorras conceituais, e às voltas com um problema de aprendizagem importante.

O programa da Cátedra e seus eixos de pesquisa

Embora o pensamento de Pires eventualmente possa se desenvolver em um extraordinário nível de abstração teórica, a pesquisa empírica – e, por meio dela, a participação e a formação dos alunos dos segundo e terceiro ciclos – ocupa um lugar de primeira linha no desenvolvimento das atividades da Cátedra. Os trabalhos realizados sob a égide desta articulam-se em torno de quatro eixos de pesquisa: um eixo teórico, um eixo de estudo das transformações societais, um eixo temático e um eixo normativo.

O eixo teórico: como observar e descrever, nas ciências sociais, o sistema de direito criminal moderno, sem participar de sua reprodução?

O primeiro eixo se apresenta como um *eixo teórico* e concerne às maneiras de observar, pensar e descrever o sistema de direito criminal moderno. Nesse eixo, considera-se que a filosofia e as ciências sociais, da mesma forma que o saber jurídico, tendem a pensar o crime e o sistema penal por meio das categorias de pensamento do sistema observado; ou seja, das ideias, dos conceitos e princípios próprios à "autodescrição" do sistema, da qual participa, evidentemente, a RPM.

Para Pires, "esses saberes não conseguem tomar suficientemente distância em relação ao sistema de pensamento e [às] práticas institucionais que eles devem descrever e analisar" (PIRES, 2001, p. 5). No âmbito

[3] Várias sanções substitutivas, quando não forem categoricamente excluídas, serão consideradas admissíveis somente para primeiras infrações, ou infrações cujas consequências são julgadas menos graves ou menos ofensivas em relação aos "estados importantes e definidos da consciência coletiva" (DURKHEIM, 1893, p. 47).

desta obra, e no que se refere à teoria da reabilitação, poderemos nos basear nos estudos de Raupp, que exploram, no contexto da reforma penal brasileira de 1984, como as observações realizadas pelas ciências sociais sobre os desafios dessa reforma participam da "ontologização" das categorias de pensamento do sistema de direito criminal, bem como da reprodução dos obstáculos cognitivos que prejudicam a exploração de cenários diferentes. Em relação a esse problema – que é possível constatar em outras teorias da pena, como a teoria da dissuasão[4] –, Pires recomenda um "distanciamento crítico", que permitiria aos pesquisadores evidenciar a hipótese da contingência, e também explorar mais seriamente aquela segundo a qual as configurações efetivas do direito criminal moderno correspondem apenas a "uma possibilidade, dentre outras (e não necessariamente, a mais satisfatória), de atualização do sistema" (PIRES, 2001, p. 5).

O problema concerne não somente à observação e descrição das estruturas institucionalizadas, mas também das condições de mutação, transformação e evolução do sistema de direito criminal moderno. Pires chama a atenção dos pesquisadores para o problema recorrente constituído pelo fato de que muitos observadores do direito tendem a associar as condições de transformação do sistema àquelas de seu ambiente, reduzindo, assim, a complexidade da transformação do sistema de direito criminal à transformação da sociedade, da opinião pública, do Estado, do sistema econômico capitalista, etc. Para Pires, essa maneira específica de conceber a mudança teve não só o efeito de normalizar as formas jurídicas instituídas – tendendo, assim, a concluir que elas servem ao bom funcionamento do conjunto do qual fazem parte –, como também contribuiu para ocultar os momentos de determinação do *próprio sistema*, na atualização contingente de suas próprias formas; contribuiu, ainda, para ignorar a maneira pela qual o próprio sistema define, segundo

[4] Os estudos realizados nas ciências sociais sobre a teoria moderna da dissuasão (cujo desenvolvimento, nos séculos XVIII e XIX, assinalava, para Pires (1998, p. 93), "um período fundamental na formação da racionalidade penal") enfrentam o mesmo problema de ontologização das categorias sistêmicas dominantes: se considerarmos os conhecimentos acumulados sobre esse objeto de pesquisa, nas ciências sociais, seremos levados a reconhecer o quanto os pesquisadores experientes, que pretendiam testar essa teoria, acabaram eles mesmos retomando mais frequentemente os seus fundamentos e favorecendo a reprodução de suas crenças mais duvidosas (COUSINEAU, 1988; DUBÉ, 2012a; TONRY, 2008).

suas próprias tradições e estruturas, as suas relações com o ambiente, notadamente para a apreciação *seletiva* das novas possibilidades que ele poderia estruturalmente atualizar. O conceito de RPM considera a possível influência das transformações externas (ver a seção referente ao eixo de estudo das transformações societais), embora preconize, internamente, a observação e descrição dos processos de seleção e formação dos estímulos ambientais.

O objetivo referente a esse primeiro eixo de pesquisa consiste, claramente, em melhor compreender certos aspectos de um problema sociológico específico. Em seu âmbito mais geral, o propósito perseguido é também o de tomar parte do ambicioso projeto de Pires, que visa "repensar [...] a noção de sistema penal e elaborar uma teoria geral desse sistema" (PIRES, 2001, p. 5).

Para tanto, em uma abordagem que se pretende *complementar* em relação àquela que dá predominância aos "estímulos" ou aos incentivos externos oriundos do ambiente do sistema, Pires propõe explorar algumas contribuições interdisciplinares recentes, de modo a mobilizar uma teoria da observação, que permita conceber a *autonomia* do sistema de direito criminal moderno – uma autonomia que problematiza as estruturas internas do sistema na relação sistema/ambiente, sem, contudo, perder de vista a relação de *dependência* que liga o sistema ao seu ambiente. A propósito, já se disse (DUBÉ, 2007, 2008) – embora possa ser importante aqui relembrar – que essa concepção de uma relação de autonomia, que não exclui a relação de dependência, só pode ser coerente e revelar-se heurística desde que respeite o quadro de observação que propõe cada uma das distinções: aqui, a noção de dependência se distingue da noção de *independência* – ou da de *autarcia*. No que concerne à noção de autonomia, Yves Barel (1983, p. 466) salientava corretamente que a distinção mobilizada é mais a de *autonomia/heteronomia*. A autonomia de um sistema social em relação ao seu ambiente não excluiria, portanto, a sua dependência. Ao contrário, seria mesmo possível afirmar que essa dependência – apenas para dele se distinguir – é uma condição *essencial* de sua autonomia, de sua diferenciação e, portanto, de sua existência. Citando Edgar Morin, pode-se dizer que, "contrariamente à oposição simplificadora entre uma autonomia sem dependência e um determinismo de dependência sem autonomia [...], a noção de autonomia só pode ser concebida em relação com a ideia de dependência" (MORIN, 1983, p. 320).

Assim, na abordagem preconizada por Pires – ainda que ela requeira uma sociologia do direito *com o direito* (por oposição a uma sociologia do direito *sem o direito*, e que não problematiza o próprio sistema em suas atualizações e não atualizações)[5] –, não se trata absolutamente de valorizar uma sociologia do direito sem ambiente. Ao contrário, o estudo do ambiente do sistema de direito criminal moderno e de suas possíveis influências ocupa um lugar importante no programa de pesquisa da Cátedra. Ele constitui, aliás, o segundo eixo de pesquisa.

O eixo de estudo das transformações societais: uma relação de dependência sem determinismo

Conduzindo o observador do direito a examinar o estágio atual da evolução das sociedades ditas avançadas, o eixo dedicado ao estudo das transformações societais "pretende explorar e caracterizar" – explica Pires – "algumas transformações pertinentes e significativas no ambiente do sistema penal" (PIRES, 2001, p. 5). Do ponto de vista da observação "macrossociológica", trata-se de analisar três tipos de transformações e suas respectivas consequências, com vistas a melhor compreender, *apreendendo as estruturas determinantes internas do sistema*, "o enigma do fracasso (momentâneo?) das tentativas de reforma penal global, iniciadas em vários países ocidentais, nos anos 1960 e 1970" (PIRES, 2001, p. 5).

O contexto sócio-histórico é o da "sociedade de risco" (BECK, 1986): a primeira transformação social cria condições que favorecem a insegurança, a ponto de torná-la um problema social e político sério. As articulações entre a RPM e esse sentimento de insegurança – que atingiu provavelmente um paroxismo, com os acontecimentos de 11 de setembro de 2001 – não deixam mais nenhuma dúvida: se o sistema de direito criminal moderno considera que a proteção da sociedade é uma de suas principais "funções" ou "prestações" (ver DUBÉ, 2012b), a RPM, nesse sentido, tenderá a tomar a oportunidade que lhe oferecem determinados contextos políticos e sociais, para fazer pesar mais fortemente na balança da justiça a proteção dos "objetivos de seguridade" (proteção contra os incivilizados), em detrimento, frequentemente, da proteção exigida pelos "objetivos de liberdade" (proteção dos indivíduos contra os abusos potenciais do poder estatal). Nesse sentido, o texto de Piñero

[5] Ver Luhmann (1985).

mostra que o dilema e o problema de manter um equilíbrio entre esses dois objetivos propõem-se não só no campo da justiça penal para adultos, mas igualmente, no Canadá, no campo da justiça para menores, pois, nesse último, parece haver crescente tendência em abandonar a ótica da reabilitação social, em benefício da ótica da dissuasão e da exclusão social.

A segunda transformação está ligada ao contexto precedente; porém, situando-se em uma perspectiva mais específica, ela depende mais especialmente da juridicização intensiva e recente dos direitos humanos, a qual, segundo Pires, "produz um duplo deslocamento do legislador comum (por oposição ao legislador constitucional ou internacional)" (PIRES, 2001, p. 5).

Em primeiro lugar, um deslocamento "pelo alto ou para fora": o legislador deve, assim, lidar com realidades impositivas, tais como as convenções, cartas ou julgamentos das cortes internacionais em matéria de direitos humanos. Pires identifica, ainda, um deslocamento "para baixo ou por uma combinação entre o legislador constitucional e os tribunais nacionais": usurpar as garantias jurídicas ou limitar o alcance das proteções conferidas aos direitos humanos pode implicar, para o legislador comum, o dever de prestar contas a autoridades não eleitas (ao menos, no Canadá). Essas importantes transformações sociais obrigam os tribunais a participar cada vez mais ativamente, e de maneira determinante, da atividade democrática, sobretudo "por uma ampliação da noção de justiça" (PIRES, 2001, p. 5).

Inscrevendo-se na perspectiva aberta por essa segunda transformação societal, Rocha Machado analisa a hipótese dos efeitos da RPM na construção social dos crimes ditos "internacionais". Por sua vez, Herrera-Vega e Lehalle examina as questões sociais, políticas e jurídicas levantadas pelo recente reavivamento de alguns debates sobre a tortura, enfrentando seriamente o desafio que pode representar, nesse contexto, a conciliação entre valores comuns e diferentes ideais complexos, notadamente o da proteção das garantias jurídicas e, mais especificamente, aquele associado aos objetivos de seguridade.

A terceira transformação social, que é colocada em primeiro plano na reflexão relativa ao segundo eixo de pesquisa, concerne à concepção do papel da opinião pública e do público em uma sociedade funcionalmente diferenciada. Visto que, a partir do século XVIII, o processo histórico de diferenciação funcional dos sistemas sociais levou a considerar o "público" uma instância de legitimação do sistema político-democrático (LUHMANN, 2001), a questão que se coloca hoje, nos primórdios do século XXI, é saber se o "público" não está prestes a ser tomado como essencial ao bom funcionamento do sistema jurídico e, mais especialmente, ao nível das condições de legitimação das operações do sistema de direito criminal (principalmente no que se refere à legitimação das decisões tomadas no quadro do processo de determinação da pena).

Xavier contribui propondo a questão no plano da construção autopoiética do que acarreta, *para o próprio sistema de direito criminal*, a referência à opinião pública e às expectativas do público, para com o crime e a justiça penal. Na ótica adotada por Xavier, as noções de "opinião pública" e de "público" são concebidas como "realidades" contingentes, socialmente construídas *por um sistema que observa*; isto é, por um sistema que, no pleno exercício de sua *autonomia* – embora sempre em relação de dependência com seu ambiente –, seleciona o que lhe parece pertinente para a sua reprodução, avaliando, contudo, como "ruído" ou "não informação" aquilo que, contrariamente, lhe parece sem ressonância. Nesse sentido, será possível observar, no seio da sociedade contemporânea, a influência da RPM na seleção e formação de uma "opinião pública" e de um "público" *repressivos*, caracterizados por um apego às penas aflitivas, à privação de liberdade, à condenação e à estigmatização do delinquente. Em contrapartida, observa-se, sempre sob a influência da RPM, a desvalorização de uma "opinião pública" e de um "público" mais moderados e conciliadores, centrados mais no ideal da reparação do que no prosseguimento das hostilidades. Uma situação desse tipo coloca, evidentemente, toda uma série de "problemas inusitados e embaraçosos, particularmente no que concerne às penas e às relações entre a democracia, os direitos humanos e o direito penal" (PIRES, 2001, p. 5).

É importante examinar, além disso, as questões relativas à "expansão das mídias e à sua influência e seus efeitos em matéria penal; [...] à relevância política, científica e jurídica conferidas à opinião pública, às pesquisas de opinião e à vitimização; [...] e à crescente participação, no debate público, de movimentos sociais exclusivamente preocupados com um engajamento emergencial em causas penais específicas (opostamente a um engajamento de reforma global)" (PIRES, 2001, p. 5-6). Nesse sentido, o capítulo assinado por Cauchie e Sauvageau possibilita explorar a questão do *closure* (N.T.: fechamento, encerramento), a qual problematiza o papel e os limites do direito criminal e de suas sanções, na experiência de luto das famílias que tenham perdido um ente querido, em consequência do cometimento de atos criminais graves.

O eixo temático: a redundância da RPM diante da inovação dos sistemas de pensamento alternativos

O eixo temático compreende três elementos: 1) a conceitualização do sistema de pensamento dominante e o exame dos pensamentos alternativos, suas condições de emergência e suas implicações; 2) a atividade legislativa, o trabalho de reflexão das comissões de reforma do direito e o papel dos atores sociais; 3) as decisões jurisprudenciais relativas ao problema da evolução identitária no plano das normas de sanção.

No que se refere ao primeiro elemento, o objetivo consiste em perseguir o desenvolvimento da teoria da RPM – como sistema de pensamento dominante do direito criminal moderno –, fazendo-o, porém, a partir de esclarecimentos empíricos fornecidos pelas pesquisas realizadas tanto nas redes de comunicações políticas (criação da lei penal) como naquelas que caracterizam a ação de determinação do direito dentro das fronteiras comunicacionais do sistema de direito criminal (por exemplo, no plano da determinação e da motivação da pena). Uma atenção especial é dada aqui aos obstáculos que parecem entravar a criatividade dos decididores (o legislador, os juízes, os procuradores, etc.), e que, em geral, são claramente atribuíveis à influência determinante da RPM na orientação das operações políticas e jurídicas, respectivamente. No que diz respeito, ainda, a esse primeiro elemento, as pesquisas empíricas poderão, por outro lado, discernir aquilo que emerge, às vezes, mais marginalmente, "nas fronteiras" (FOUCAULT, 1969), ou na periferia (DUBÉ e CAUCHIE, 2007) dos sistemas político e jurídico. Tais pesquisas permitem evidenciar as ideias inovadoras que entram em desacordo com a redundância da RPM, e que são passíveis de se sistematizar, de modo a oferecer aos decididores políticos e jurídicos a possibilidade de se referir a outro sistema de pensamento, a fim de comunicar ou operar diferentemente, valorizando sobretudo possibilidades inéditas que não foram estabilizadas pelo sistema de pensamento dominante, por exemplo (DUBÉ, 2008).

No que concerne ao segundo elemento, centrado na atividade legislativa, a Cátedra acompanha o trabalho iniciado por Pires e seus colaboradores, sobre as "transformações introduzidas em parcela substantiva do

Código criminal canadense, desde a sua criação, em 1892..." (PIRES, 2001, p. 6). Os resultados dessa pesquisa referente ao período de 1892 a 1954 (ano da reforma do Código criminal canadense) já foram objeto de publicações (ver PIRES, CELLARD e PELLETIER, 2001). A coleta de dados para o período de 1955 aos nossos dias continua vigente. Consultando os acervos dos Arquivos Nacionais do Canadá, a pesquisa coletou um considerável material empírico, reunindo "todas as demandas de modificação no Código (exitosas, ou não), endereçadas às autoridades burocráticas pelos diferentes atores sociais" (PIRES, 2001, p. 6). Além disso, a pesquisa retraçou as leis e os projetos de leis que não vingaram, assim como certos tipos de debates parlamentares, sobretudo aqueles que abordam a questão da pena de morte (SAUVAGEAU, 1998; PIRES e GARCIA, 2007). A extensão desse empirismo oferece ao observador do direito criminal canadense um ponto de vista privilegiado, permitindo melhor compreender a problemática da criação da lei, e também melhor circunscrever as questões relativas à influência da RPM nos diferentes tipos de discursos.

No plano da inovação, examinamos, nas fronteiras dos sistemas político e jurídico, o trabalho de reflexão da Comissão Ouimet (RELATÓRIO OUIMET, 1969), que, na segunda modernidade, conseguiu recomendar o que se apresentou teoricamente como transformações fundamentais e inusitadas em matéria de direito criminal (DUBÉ, 2007 e 2008). Nossa pesquisa permitiu desenvolver a reflexão sobre as condições emergenciais das ideias inovadoras, levando-nos a dar continuidade ao trabalho de conceitualização da noção de "inovação penal", iniciado principalmente por Pires e Cauchie (2007). Os resultados obtidos poderão, eventualmente, ser comparados com as reflexões que outras comissões de reforma, canadenses ou estrangeiras, desenvolveram sobre os mesmos temas.

O terceiro e último elemento do eixo temático nos faz penetrar nas redes de comunicação do sistema jurídico, levando-nos a examinar as ideias colocadas em primeiro plano no quadro da determinação da pena. No final de 2009, Margarida Garcia defendeu, com sucesso, uma tese de doutorado sobre a recepção à semântica dos direitos humanos no campo do direito criminal. As entrevistas qualitativas, realizadas com juízes e procuradores canadenses e portugueses, mostram que, tanto no Canadá como em Portugal, as comunicações jurídicas realizadas pelos decididores judiciários baseiam-se na RPM, para controlar, neutralizar e, mesmo, desacreditar o alcance *garantista* e potencialmente inovador dos direitos humanos, nas operações relativas à determinação da pena.

O eixo normativo: a observação das condições de reforma

O quarto e último eixo do programa de pesquisa de Pires aparece desde já como "normativo", pois, por meio dele, são avaliadas – na perspectiva de um cenário diferente, de uma nova utopia norteadora ou de um ideal de justiça *ainda por realizar* – proposições de reforma inovadoras mais próximas da "opção cidadã" (PIRES, 2001, p. 6). Como explica Pires, e como bem o ilustra Possas, sobre a criação da lei brasileira contra a tortura, "o desafio é tão grande, que as noções de 'esquerda' e de 'direita' [ou de 'progressist as'/'conservadores'] não produzem diferenças coerentes e notáveis nesse campo" (PIRES, 2001, p. 6). A RPM e as teorias da pena admitidas por esse sistema de pensamento poderiam ser, em parte, responsáveis por esse intrigante "consenso": "[...] Muitos membros da *interligencija* (Boborykin) acreditam [efetivamente] em uma ou outra das teorias convencionais da pena e [...] não têm críticas importantes para endereçar ao próprio núcleo do direito penal contemporâneo" (PIRES, 2001, p. 6-7).

Nesse eixo, as pesquisas realizadas pelos membros da Cátedra não visam propor um projeto de reforma já definido, mas sim, mais modestamente, fomentar os debates relativos à evolução do sistema atual. Nesta obra, Rodriguez de Assis Machado examina em que a valorização da aflição, pela RPM, pode ser tomada como um obstáculo cognitivo ao advento de uma justiça alternativa. Esse eixo de pesquisa, considerado em seu conjunto, tem por finalidade fazer emergir o que Pires denominou "ideias de transição" (ideias inovadoras), que permitiriam questionar, em matéria de justiça penal, a herança do Iluminismo, sobretudo quanto às penas aflitivas e à exclusão social, as quais parecem atualmente impedir qualquer pensamento criativo e inovador.

Como a noção de RPM é examinada no conjunto dos textos que compõem esta obra, julgou-se que, para evitar repetições, seria conveniente programar, em sua parte inicial, um texto que definiria a referida noção. Assim, o texto seguinte a esta introdução, e assinado por Garcia, enfatiza a herança cognitiva e estrutural que nos foi legada pela RPM, e que mais de duzentos anos depois da sua institucionalização ainda nos impede de basear a justiça do direito criminal em ideais menos hostis e mais sensíveis à proteção e ao restabelecimento concreto dos laços sociais.

Se, no que concerne às normas de sanção, a contribuição de Garcia para com a conceitualização da RPM reporta-se essencialmente às teorias da dissuasão, da retribuição e da reabilitação, a de Lachambre, por sua vez, vem completar o quadro, desenvolvendo uma reflexão sobre a teoria da denunciação, a qual foi pouco abordada por Pires em seus trabalhos sobre a RPM. Lachambre mostra que a teoria da denunciação difere das outras teorias da pena, mas não modifica fundamental e significativamente as suas orientações negativas na RPM. Ao contrário, a teoria da denunciação – tal como ela se deixa interpretar por meio das breves descrições dispersas aqui e ali na literatura – se adequaria mais às orientações dominantes baseadas nos valores de aflição e de exclusão social, como também reforçaria as normas que regem os modos de resolução de conflitos, privilegiados pelo direito criminal moderno.

Resumo das contribuições que compõem esta obra coletiva sobre a RPM[6]

A contribuição de Margarida Garcia

Garcia visa introduzir a teoria da RPM, apontar os postulados fundamentais das teorias da pena sobre os quais a RPM se constrói e afastar os desafios desse sistema de pensamento dominante nos planos de criação da lei, de determinação da pena e, de maneira geral, de evolução identitária dos sistemas de direito criminal ocidentais. Essa contribuição pode servir de quadro de referência ao qual é possível reportar-se para melhor compreender o que é apresentado nos capítulos subsequentes.

A contribuição de Sébastien Lachambre

Lachambre considera que o relatório da *Royal Commission on Capital Punishment*, publicado em 1953, na Inglaterra, marca o ponto de partida de um período de intensa autorreflexão sobre o direito criminal, encerrado nos anos 1980. Nesse relatório, pela primeira vez em um discurso oficial de reforma do direito, é ressaltada a "dimensão expressiva" da pena. A ideia parecia, assim, familiar, já que podia adquirir diferentes formas, tanto na teoria da dissuasão como na teoria da retribuição. Compreende-se, desde então, por que a própria Comissão – podendo-se dizer o mesmo

[6] Todos os resumos foram elaborados pelos colaboradores, e só ocasionalmente pequenas modificações foram feitas, a fim de homogeneizar esta parte da Introdução.

da literatura que abordou o tema – não tenha podido vê-la como uma novidade. Para o autor, a análise do relatório da Comissão Real sobre a pena de morte parece poder servir de ponto de fixação empírico para a observação de novas configurações teóricas que, ao final do século XIX, penetram o núcleo duro da RPM.

A contribuição de Marta Rodriguez de Assis Machado

Baseando-se na descrição da RPM fornecida por Pires, Rodriguez de Assis Machado examina o ideal da aflição – um dos mais importantes obstáculos cognitivos à evolução do direito criminal moderno e, efetivamente, um elemento fundamental da RPM e das teorias da pena a ela relacionadas. A reflexão desenvolvida pela autora tem por objetivo explorar as possibilidades de inovação presentes na ideia de atribuir à pena um papel essencialmente comunicativo. Além disso, a autora compara, nesse tema, os pontos de vista suficientemente divergentes entre Günther Jakobs e Klaus Günther.

A contribuição de José Roberto Franco Xavier

Xavier examina o "novo" papel que a opinião pública parece pretender ocupar na administração da justiça penal, e, além disso, analisa como os estímulos externos aos quais ela está submetida parecem ser efetivamente considerados, inclusive na determinação da pena. Xavier se atribui a tarefa de especificar como as ciências sociais concebem a relação entre os estímulos externos provenientes da opinião pública e a determinação da pena. Focando sua atenção nos eixos dominantes da pesquisa, apreendidos em sua revisão da literatura, o autor analisa como a forma de abordagem dos problemas evidencia os pontos cegos dessas investigações, assim como as questões importantes até então deixadas de lado. Inserindo-se no centro dessas observações sobre as relações entre a justiça penal e a opinião pública, e também sobre seu peso nos processos de determinação da pena, o conceito de RPM e as teorias da pena possibilitam modificar o ângulo de observação e elucidar algumas realidades inéditas na pesquisa acerca desse tema.

A contribuição de Mariana Raupp

A partir de alguns postulados da teoria da observação, do sociólogo alemão Niklas Luhmann, Raupp busca mostrar que a maneira como as ciências sociais descrevem o direito criminal contribui para a sua "ontologização". Recorrendo às distinções utilizadas pelo próprio direito criminal para se "auto-observar", as ciências sociais correm o risco de reproduzir os mesmos obstáculos cognitivos que cristalizam certas estruturas do direito criminal, tornando, ao mesmo tempo, altamente improvável a possibilidade de sua superação. Para ilustrar os desafios da observação, Raupp mostra que esse tipo de problema está presente no modo de observação empregado pelas ciências sociais, para descrever a reforma do direito criminal brasileiro de 1984. O objetivo consiste em evidenciar a permanente possibilidade de observar diferentemente, além de eventualmente contornar os obstáculos cognitivos que a RPM interpõe à criatividade e à inovação.

A contribuição de Jean-François Cauchie e Jean Sauvageau

Os autores se referem a um contexto no qual o direito criminal moderno não pode mais pretender chegar a uma verdade plena. Para devolver a ele bases sólidas, diversas reflexões sobre seu procedimento e sua filosofia abundam, a partir dos anos 1970. Uma entre elas concerne à redefinição do papel e do estatuto dos parentes das vítimas de homicídios e de outras infrações criminais que acarretam a morte. Presente na Europa e na América do Norte, tanto no plano político como no jurídico, a ideia de *closure* parece particularmente fecunda nesse sentido. Os autores discutem o alcance desta – essencialmente no Canadá e nos Estados Unidos –, em relação ao enunciado e às modalidades de execução das penas (condições essenciais para fomentar o debate sobre a RPM). Para Cauchie e Sauvageau, se a ideia de *closure* conduzisse à elaboração de uma teoria da pena, seria possível nela ver a marca de uma teoria neorreabilitadora, pois seria sempre necessário submeter o outro a uma experiência dolorosa, para se poder escapar daquela que se enfrenta.

A contribuição de Veronica Piñero

Em sua análise, a autora circunscreve os motivos de ordem social que levaram os parlamentares canadenses a promulgar a *Lei dos jovens delinquentes* (*Juvenile Delinquents Act*), em 1908; a *Lei dos jovens contraventores* (*Young Offenders Act*), em 1982; e, por fim, a *Lei do sistema de justiça penal para os adolescentes* (*Youth Criminal Justice Act*), em 2002, e ainda em vigor. Depois de retraçar a evolução da legislação canadense em matéria de delinquência juvenil, a autora constata que durante o período de 1857 a 2008 passou-se de uma filosofia de "proteção da criança" (*child protection*) para uma filosofia de "proteção da sociedade" (*protection of society*), privilegiando a RPM referentemente aos adultos. Piñero mostra que o deslocamento operado no plano da semântica acarreta uma maneira totalmente diversa de conceber, nesse sistema, a intervenção nos jovens: enquanto a lógica de proteção da criança enfatiza a reabilitação (*reintegration*) e a inclusão, a lógica de proteção da sociedade privilegia, preferencialmente, as noções de dissuasão e de exclusão, que são caras à RPM.

A contribuição de Mariana T. Possas

A autora se pauta em sua pesquisa de doutorado, defendida com sucesso em junho de 2009, no Departamento de Criminologia da Universidade de Ottawa. Sua colaboração diz respeito ao processo político de criação da lei contra a tortura no Brasil. Possas se baseou nos estudos realizados por Alvaro Pires sobre a RPM, para determinar o papel desempenhado por esse sistema de ideias punitivo, na formação das comunicações privilegiadas pelo sistema político no momento da tomada de decisão concernente à lei em questão. A autora extrai as consequências dessa atualização da RPM – sobretudo no plano da (super)valorização de penas severas em casos de transgressão – e, além disso, mostra que a oposição usualmente admitida entre "progressistas" e "conservadores" não permite que a observação empírica faça emergir disparidades significativas na maneira de resolver, de parte a parte, esse conflito de ordem penal.

A contribuição de Maíra Rocha Machado

A autora explicita duas questões relativas à RPM: em primeiro lugar, ela considera a maneira como o sistema político atualiza a RPM, nos novos programas jurídicos; e, em seguida, examina a tese de que a RPM não teria "identidade", por concernir aos aspectos cognitivos do sistema penal. Para fomentar a reflexão sobre tais questões, a autora descreve duas situações típicas, que renovaram o processo clássico de gestão dos problemas internacionais, por intermédio de uma comunicação sobre o crime e a pena: as Quarenta Recomendações do Grupo de Ação Financeira sobre Lavagem de Dinheiro (GAFI/OCDE) e a Corte Penal Internacional Permanente (CPI).

A contribuição de Eliana Herrera-Vega e Sandra Lehalle

As autoras propõem uma análise das comunicações sobre a tortura, presentes nos memorandos da Casa Branca, entre 2001 e 2005. Tal análise se baseia na teoria dos sistemas, desenvolvida por Niklas Luhmann, e está ligada, sobretudo, à noção de subsistemas da sociedade e de modalidades de sua produção; bem como à noção de semântica como modalidade da "autodescrição" da sociedade e de suas transformações; e, por fim, à noção de comunicação, uma vez que ela corresponde às referências fornecidas pela estrutura social dos sistemas de *expertise*. A tortura, tal como atualizada na luta contra o terrorismo e justificada nos citados memorandos, é, portanto, aqui considerada parte integrante da comunicação política. As autoras se dedicam, primeiro, a descrever as comunicações políticas sobre a tortura, de modo a apreender a sua funcionalidade sistêmica, assim como o seu ponto de fixação no antagonismo amigo/inimigo teorizado por Carl Schmitt; e, em seguida, buscam relacionar a tortura à RPM, descrita por Alvaro Pires. Assim, pela necessidade de expor um inimigo à sociedade, a semântica de tortura só pode estar de acordo com a RPM do direito criminal.

Referências

BAREL, Y. De la fermeture à l'ouverture, en passant par l'autonomie. *In*: DUMOUCHEL, P.; DUPUY, J.-P. (org.). *Colloque de Cerisy. L'Auto-organization*: de la physique au politique. Paris: Éditions du Seuil, 1983. p. 466-475.

BECK, U. *La société du risque*: sur la voie d'une autre modernité. Paris: Aubier, 1986.

COUSINEAU, D. *Sanctions légales et dissuasion*. Ottawa: Ministério da Justiça, 1988.

DUBÉ, R. Éléments de théorie sur les commissions de réforme du droit et l'innovation cognitive en matière de justice pénale. Contributions conceptuelles de M. Foucault et N. Luhmann. *Champ Pénal/Penal Field*, 2007. Disponível em: http://champpenal.revues.org/document694.html. Acesso em: 26 maio 2020.

DUBÉ, R. *Système de pensée et réforme du droit criminel*: les idées innovatrices du Rapport Ouimet (1969). 2008. Tese (Doutorado em Sociologia) – Universidade do Quebec em Montreal. Montreal, 2008.

DUBÉ, R. La théorie de la dissuasion remise en question par la rationalité du risque. *Revue Canadienne Droit et Société*, 27, 1, p. 1-29, 2012a.

DUBÉ, R. La fonction du droit criminel: de la protection de la société à la stabilisation des expectatives normatives. *Droit et Société*, 82, 1, p. 661-688, 2012b.

DUBÉ, R.; CAUCHIE, J.-F. Enjeux autor de l'évolution du droit criminel moderne:

quand les variations de la périphérie défient l'autorité redondante du centre. *Déviance et Société*, v. 31, n. 4, p. 465-485, 2007.

DUBÉ, R.; PIRES, A. P. La refondation de la société moderne. *In*: DUBÉ, R.; GIN, P.; MOSER, M.; PIRES, A. P. (org.). *Modernité en transit/Modernity in Transit*. Ottawa: Presses de l'Université d'Ottawa/University of Ottawa Press, 2009. p. 111-135.

DURKHEIM, É. *De la division du travail*. Paris: Presses Universitaires de France, 1893.

FOUCAULT, M. *L'Archéologie du savoir*. Paris: Gallimard, 1969.

FRIEDBERG, E. Les systèmes formalisés de Niklas Luhmann. *Revue Française de Sociologie*, XIX, p. 593-601, 1978.

LUHMANN, N. *A Sociological Theory of Law*. Londres: Routledge, 1985.

LUHMANN, N. *Légitimation par la procédure*. Quebec: Presses de l'Université Laval, 2001.

MORIN, E. Peut-on concevoir une science de l'autonomie? *In*: DUMOUCHEL, P.; DUPUY, J.-P. (org.). *Colloque de Cerisy*: L'Auto-organization: de la physique au politique. Paris: Éditions du Seuil, 1983. p. 317-325.

PFOHL, S. *Images of deviance and social control*: a sociological history. Nova York: McGraw-Hill, 1994.

PIRES, A. P. Aspects, traces et parcours de la rationalité pénale moderne. *In*: DEBUYST, C.; DIGNEFFE, F.; PIRES, A. P. (org.). *Histoire des savoirs sur le crime et la peine*: la Rationalité pénale moderne et la naissance de la criminologie. Bruxelas: De Boeck Université, 1998. v. 2. p. 1-52.

PIRES, A. P. *La Chaire Bijudirisme, rationalité pénale et enjeux socio-historiques dans la modernité avancée*. Documento de trabalho inédito, Ottawa, 2001.

PIRES, A. P. Codifications et reformes pénales. *In*: MUCCHIELLI, L.; ROBERT, P. (org.). *Crime et sécurité*: L'état des savoirs. Paris: La Découverte, 2002. p. 84-92.

PIRES, A. P.; CAUCHIE, J.-F. Un cas d'innovation 'accidentelle' en matière de peines: une loi brésilienne sur les drogues. *Champ Pénal/Penal Field*, 2007. Disponível em: http://champpenal.revues.org/document1541.html. Acesso em: 26 maio 2020.

PIRES, A. P.; CELLARD, A.; PELLETIER, G. L'énigme des demandes de modifications législatives au Code criminel canadien. *In*: FRAILE, P. (org.). *Régulation et gouvernance*: le contrôle des populations et du territoire en Europe et au Canada. Une perspective historique. Barcelona: Publicacions Universitat de Barcelona, 2001. p. 195-217.

PIRES, A. P.; GARCIA, M. Les relations entre les systèmes d'idées: droits de la personne et théories de la peine face à la peine de mort. *In*: CARTUYVELS, Y. *et al.* (org.). *Les Droits de l'homme, bouclier ou épée du droit pénal?* Bélgica: Facultés Universitaires Saint-Louis, Éditions Bruylant, 2007. p. 291-336.

RAPPORT OUIMET. *Rapport du Comité Canadien de la Réforme Pénale et Correctionnelle*. Canadá: Imprimeur de la Reine, 1969.

SAUVAGEAU, J. *Le discours parlementaire sur la peine de mort*: essai de ciminologie réflexive du passage à l'acte législatif. 1998. Tese (Doutorado) – Departamento de Criminologia e Direito Penal, Universidade Católica de Louvain. Louvain-la-Neuve, Bélgica, 1998.

TONRY, M. Leaning from the limitations of deterrence research. *In*: TONRY, M. (org.). *Crime and Justice. A Review of Research*, v. 27. Chicago: The University of Chicago Press, 2008. p. 279-311.

PARTE 1

A RACIONALIDADE PENAL MODERNA: CARACTERÍSTICAS E ASPECTOS DE UMA FILOSOFIA DA PENA

CAPÍTULO 1

A teoria da racionalidade penal moderna: um quadro de observação, organização e descrição das ideias próprias ao sistema de direito criminal

MARGARIDA GARCIA

Introdução

A racionalidade penal moderna (RPM) é uma teoria ou um conceito? Se é uma teoria, é explicativa ou descritiva? Há vários anos, a "RPM" é objeto de pesquisas e debates na Cátedra de Pesquisa do Canadá em Tradições Jurídicas e Racionalidade Penal, realizados por pesquisadores(as) atraídos(as) por essa teoria, que está no centro dos trabalhos de Pires. Nossa experiência individual e coletiva nos ensinou que esse "tema" pode ser difícil de apreender e de circunscrever. De fato, várias questões surgiram ao longo da história dessa teoria, questões que, tão fundamentais quanto as apontadas, foram frequentemente debatidas e submetidas a uma análise rigorosa em nosso grupo de pesquisa. A teoria evoluiu ao ritmo das respostas ou tentativas de respostas dadas às questões relativas à própria teoria, como também àquelas suscitadas *pela* teoria. A RPM é uma teoria que propõe questões, porque é uma teoria que "observa"; ela é uma teoria que propõe respostas, visto que organiza em um todo coerente dados empíricos e teóricos; e, por fim, ela é uma teoria que interpreta, já que elabora um "esquema de inteligibilidade" (BERTHELOT, 1990) do problema que tem por objetivo resolver: descrever e explicitar os modos de raciocínio e as ideias do sistema de direito criminal moderno.

Pires sempre levou a sério as questões relativas à RPM e, de maneira rigorosa, mas também generosa, sempre considerou que, se subsistiam dúvidas em relação a um ou outro de seus aspectos, era pelo fato de que a formulação da teoria ainda podia ser aprimorada. Ele jamais poupou qualquer esforço de esclarecimento, mesmo quando um seminário de três horas se transformava em uma maratona intelectual de seis horas, por ele concluída sem nenhum sinal de fadiga, aliás. É importante ressaltar que Pires encorajou que todos nós questionássemos a sua teoria:

> Vocês são uma entidade coletiva e são responsáveis por duas coisas: i) encontrar questões interessantes e *embaraçosas*, jogando para a RPM o papel de "advogado do diabo"; ii) contribuir para a resposta a essas questões, ou para uma resposta cada vez melhor a elas. (PIRES, 2006, p. 1)

A quantidade de problemas e de questões levantados pela teoria está, portanto, estreitamente ligada a essa concepção do trabalho intelectual – tão rara e tão salutar, como é a de Pires –, e que se inspira sobremaneira no método jesuíta aprendido com seu mestre e amigo, João Batista Libânio, que resume a sua concepção conforme segue:

> O pensamento deve retornar ao pensamento, para ser mais bem apreendido, para distinguir a verdade do erro, julgar o erro, criticá-lo. É aí que ingressamos no campo da reflexão. [...]. Como aprender a entrar nesse campo e escapar do pensamento linear, imediato, espontâneo? O segredo está na capacidade de saber propor questões, aprender a aprender. [...] O segredo do pensamento: qualquer um aprenderá a pensar e refletir, na medida em que souber criticar seu próprio pensamento. (LIBÂNIO, 2001, p. 39)

Essa atitude receptiva diante do conhecimento, e que tão bem caracteriza o método de Pires, era também a de Foucault, que preconizava o "trabalho crítico do pensamento sobre ele mesmo":

> Em relação àqueles para quem se esforçar, começar e recomeçar, tentar, enganar-se, retomar tudo de alto a baixo, e ainda encontrar meio de hesitar passo a passo, em relação àqueles para quem, em suma, trabalhar com precaução e inquietação vale demissão... Bem, não somos do mesmo planeta. (FOUCAULT, 1984, p. 14)

Estávamos, portanto, impregnados desse espírito, fiéis a essa metodologia do trabalho intelectual, e a RPM sempre foi para nós um "objeto de estudo", algo que quisemos conhecer e explorar em nossas pesquisas, tendo a convicção de que essa teoria tinha muito a nos ensinar e que ela seria bastante útil para melhor apreender as questões de fundo, ligadas ao sistema de direito criminal e à sua impossível reforma.

Com certo distanciamento, podemos dizer que descobrimos, em nossos esforços com vistas a reunir as questões por ela suscitadas, que a RPM origina dois tipos de erros. Primeiro, espera-se demais dessa teoria, exige-se que ela explique fenômenos e práticas que estão fora de seu domínio. Esse tipo de erro está presente, sobretudo, entre aqueles de nós que estudam o conceito há certo tempo. O segundo tipo de erro decorre da atitude inversa: não se explora suficientemente a RPM, e tende-se a subestimar a sua capacidade de dar conta da evolução do sistema de direito criminal, do fracasso de sua reforma e também da sua resistência à inovação no plano das ideias. Em resumo, a RPM insere-se entre as teorias que não exercem nenhum efeito notável sobre o funcionamento do sistema de justiça criminal. Tal maneira de ver está presente, sobretudo, entre aqueles que não trabalham com a teoria da RPM.

Esses dois problemas mencionados não são, evidentemente, inerentes à própria teoria, mas estão mais relacionados à maneira como ela foi compreendida. É isso o que justifica nossa tentativa de elucidação, a qual comporta alguns riscos, sobretudo o de repetir determinados erros que desejávamos justamente evitar. Não estamos seguros de ter dado conta, aqui, da "RPM", tal como Pires a concebe; contudo, expusemos o que compreendemos sobre ela, assim como descrevemos a forma como dela nos apropriamos. Assim, o exercício foi realizado com um envolvimento explícito de nossa parte de sermos o mais fiéis possível ao pensamento de Pires.

Nossa tarefa é tanto mais complexa, pois, conforme já dito, a teoria da RPM foi sendo remodelada à medida que os trabalhos de Pires avançavam, e que as pesquisas que a adotaram como quadro teórico se multiplicavam. Tanto a teoria quanto seu autor incorporaram os ajustes requeridos pelas pesquisas empíricas desenvolvidas pelo grupo de pesquisa. Continuamente alimentado por explorações empíricas, o debate sobre as configurações da teoria foi sempre intenso e estimulante, e não acreditamos que se tenha encerrado; ele ressurge sobremaneira a cada vez que surge um novo objeto ligado à teoria, atestando, assim, a vitalidade e a pertinência da RPM. Entretanto, podemos afirmar que um trabalho de esclarecimento foi realizado e que os elementos essenciais da teoria foram identificados. A nós, cumpre então descrever, aqui, as diferentes etapas do desenvolvimento da teoria da RPM, bem como seus elementos constitutivos. Para tanto, nós nos basearemos nos trabalhos de Pires – publicados ou não –, nas discussões com ele travadas sobre o tema ao longo dos onze anos de atividade comum e também em alguns resultados de nossa própria pesquisa, na qual um dos objetivos era testar empiricamente a pertinência da teoria da RPM (GARCIA, 2010).[1]

A seção 1 deste capítulo ("A RPM: evolução de uma teoria") visa apresentar uma descrição da teoria da RPM, a mais fiel possível àquela que seu criador forneceu em seus escritos recentes, correspondentes ao último estágio de sua reflexão. Na seção 2 ("Configuração e níveis de observação da RPM"), buscaremos extrair os elementos da teoria que consideramos essenciais, depois de termos definido preliminarmente o conceito de teoria da pena, elemento central da RPM. Entretanto, não poderemos dar conta de toda a complexidade da teoria nem analisar todos os elementos que a compõem, já que algumas nuances, indubitavelmente fundamentais, não podem ser estabelecidas no quadro da presente contribuição. A seção 3 ("A RPM como sistema de ideias") concerne à descrição da RPM como sistema de ideias. Ao cabo da análise, teremos certamente mostrado em quais pontos a RPM desempenhou um papel determinante, embora *contingente*, no processo de diferenciação (cognitiva) do sistema de direito criminal da primeira modernidade.

[1] Nossa pesquisa consistiu em analisar a "relação paradoxal" entre os direitos humanos e o direito criminal. Nosso objetivo foi definir a atual maneira de *pensar* e de *decidir* do sistema de direito criminal (com ênfase nos tribunais), relativamente às penas, e também apreender como a semântica dos direitos humanos foi recebida, amplamente utilizada ou, então, ignorada nesse quadro. Partimos da hipótese de que a RPM e as teorias da pena que a compõem desempenharam e continuam desempenhando um papel predominante na recepção e formação dos direitos humanos, no campo das penas. Focamos a análise na interação entre a "semântica" dos direitos humanos e as ideias e teorias sobre as penas que compõem a RPM, e conseguimos mostrar o papel fundamental que essas teorias desempenham na compreensão dos obstáculos cognitivos a uma recepção inovadora e *garantista* dos direitos humanos na determinação da pena.

1. A RPM: evolução de uma teoria

Pires descreve a teoria da RPM como "uma teoria sociológica sistêmica, relativa a um *sistema de ideias*[2] formado por teorias da pena, e referida a um 'problema de evolução' em matéria de direito penal". Para ele, é possível que "este problema de evolução possa afetar simultaneamente, mas também separadamente, o sistema político". Conforme ele explicita – ao discorrer sobre seu trabalho com Acosta, o autor que, aliás, sugeriu a denominação dessa teoria –, "acabamos por nos referir a esse sistema de ideias, chamando-o de 'racionalidade penal moderna'" (PIRES e ACOSTA, 1994; PIRES, 2010). O objeto da teoria é, portanto, "um sistema de ideias". Aludindo a Bateson, Pires dirá que o programa de pesquisa constituído em torno da teoria da RPM "busca dar contribuições sociológicas para uma 'ecologia das ideias': para o estudo dos 'meios' ('sistemas') onde 'vivem' determinadas ideias" (PIRES, 2010, p. 1-2).

A teoria da RPM foi construída, progressivamente, para responder a um "problema de pesquisa" específico: os obstáculos relativos à reforma prática e institucional do direito criminal moderno e, em particular, o caráter recorrente da crítica da prisão; "a constatação da existência de uma enorme dificuldade para *legitimar*, *generalizar* e *reestabilizar* sanções que não visam intencionalmente (ou em primeiro plano) infligir um sofrimento ao culpado"; o debate sobre o conceito de crime e sobre as fronteiras do direito criminal, tal como ele é abordado pelas ciências sociais; a doutrina e a teoria do direito; a história das penas mantidas pelo direito criminal moderno e as ideias que serviram para baseá-las (PIRES, 2010). A RPM é, portanto, um quadro que organiza as observações empíricas de fenômenos determinados. Em outras palavras, ela corresponde a uma maneira de observar, organizar e descrever os fenômenos que ela selecionou como pertinentes; serve, ainda, para caracterizar – adaptando a formulação de Teubner à nossa proposição – a "*stasis*" do sistema de direito criminal, ou seja, a "notável estabilidade de algumas estruturas jurídicas, por períodos

[2] Em seus trabalhos anteriores, Pires empregou sobretudo o conceito equivalente de "sistema de pensamento". Ele depois abandonou essa terminologia, "simplesmente para marcar mais a diferença entre os 'pensamentos dos indivíduos' (sistemas psíquicos) – os quais são inacessíveis diretamente à observação –, e as 'ideias inteligentes', que circulam nas comunicações, tomando, às vezes, a forma [...] de *teorias* culturalmente condensadas e institucionalizadas nas operações dos sistemas sociais" (PIRES, 2010). No que nos diz respeito, empregamos indistintamente os dois conceitos.

por vezes muito longos, a despeito de uma multitude de estímulos que favorecem a variação" (TEUBNER, 1989, p. 84). O problema de evolução que interessa à RPM torna-se mais manifesto na segunda metade do século XX, época em que "esforços" foram empregados, e tentativas foram feitas, para realizar uma "'reforma de base' do sistema de direito criminal, esforços esses que foram desencadeados de fora (sistema político e sistema científico) e de dentro do sistema de direito, notadamente por comissões e comitês de reforma do direito, em vários países ocidentais" (PIRES, 2010, p. 2).

Tendo em conta o alcance da teoria e dos problemas que ela tem por finalidade apontar, a RPM foi desenvolvida "por meio de pesquisas empíricas e históricas (incluindo história dos saberes)", sendo essa uma das razões pelas quais Pires considera que, referentemente à oposição dedução/indução – se é que cabe empregá-la –, a RPM se coloca do lado da indução (PIRES, 2010, p. 6). Os "dados empíricos" para os quais a RPM serve de quadro organizador provêm de duas fontes: 1) as pesquisas realizadas por Pires e por seus alunos/colaboradores (reunidos nesta obra coletiva); 2) as pesquisas conduzidas por outros pesquisadores, e cujos resultados contribuíram para desenvolver a teoria da RPM.

Retroativamente, Pires distingue duas grandes etapas na evolução da teoria da RPM e em sua formulação. Entre 1990 e 2001, a teoria se desenvolve sob a influência principal das abordagens sistêmicas de Michel Foucault e de Yves Barel. A partir de 2001-2002, Pires faz um desvio paradigmático em direção à teoria dos sistemas de Niklas Luhmann e passa a empregar as ferramentas conceituais dela para reformular a sua teoria sobre a RPM. Como ele próprio diz, "em sua *forma atual*, a teoria da RPM é devedora da teoria sociológica sistêmica de Niklas Luhmann" (PIRES, 2010, p. 3). Enquadrada pela teoria dos sistemas, a RPM aparece como uma teoria "falsificável", que tem um alcance empírico e uma visão crítica: "ela é empiricamente construída, construtivista, sistêmica, mas não funcionalista, e com um alcance crítico" – explicita Pires (2010, p. 3).

2. Configuração e níveis de observação da RPM

Podemos afirmar, a partir de Pires (2010), que a teoria da RPM compreende duas vertentes. A primeira é descritiva e se refere às teorias da pena fundadoras do direito criminal moderno: retribuição, dissuasão e reabilitação.[3] A essas últimas somou-se a teoria da denunciação, que se estabilizou na segunda metade do século XX, e hoje faz parte da teoria da RPM.[4] Segundo Pires, essas teorias desempenharam, a partir dos séculos XVIII e XIX e durante a primeira modernidade, um papel determinante no processo de reprodução identitária do sistema de direito criminal. Concebidas por filósofos ou pelos saberes institucionais (no caso da reabilitação), elas responderam às questões que eram propostas no direito penal nascente: Por que punir? Quem punir? Como punir? Até onde punir? À primeira vista, elas parecem ter respostas diferentes para essas questões: é preciso punir para reabilitar o contraventor (Howard); para retribuir o mal com o mal (Kant); para dissuadir os criminosos e os outros cidadãos de cometerem crimes (Bentham); e, enfim, para denunciar um comportamento (Stephen). As teorias da pena participaram – no plano cognitivo, embora fornecendo igualmente uma base para as práticas[5] – do nascimento do sistema de direito criminal em sua forma propriamente moderna. Por volta do final do século XVIII, baseando-se nelas, o sistema se autodescreve como um subsistema jurídico diferente dos demais (direito civil, direito administrativo) (PIRES, 1998a). Munido das teorias da pena, o sistema se diferencia, "comunicacionalmente", dentro mesmo das fronteiras comunicacionais do sistema jurídico geral da sociedade. Sob esse ponto de vista, é possível afirmar, usando a expressão de Luhmann, que as teorias da pena são "teorias do sistema no sistema" (LUHMANN, 1990). A despeito das diversas razões para punir, nenhuma das teorias da pena criticou a pena aflitiva, e todas elas destacaram, em primeiro

[3] Não descreveremos, aqui, cada uma dessas teorias, mas remeteremos os leitores aos trabalhos de Pires que cumpriram essa difícil tarefa (PIRES, 1998a, 1998b, 1998c, etc.).

[4] A teoria da denunciação, como teoria autônoma, é mais tardia do que as teorias da retribuição, da dissuasão e da reabilitação na prisão. Ela só aparece como teoria autônoma, em alguns textos jurídicos e filosóficos, na segunda metade do século XIX (LACHAMBRE, 2008). Entretanto, ela só será selecionada pelas comunicações da filosofia, do direito, da doutrina jurídica e da jurisprudência durante a segunda metade do século XX. Segundo as contribuições de Lachambre (2008) sobre o tema, Pires, em seus trabalhos recentes, vê a denunciação como uma teoria da pena autônoma e integrante do sistema de ideias dominante da RPM (2007, p. 11). Para mais elucidações sobre esse assunto, remetemos os leitores ao texto de Lachambre, incluído nesta obra.

[5] As teorias da pena, como "filosofias penais" – para retomar os termos de Hogarth (1971, p. 69) –, podem ser concebidas como "quadro de referência a partir do qual decisões são tomadas...".

plano, a exclusão social do contraventor (PIRES, 2007, p. 11). Segundo Pires, essas teorias, profundamente enraizadas na cultura jurídico-penal ocidental, seriam, portanto, ao mesmo tempo as mais antigas e as mais utilizadas no sistema de direito criminal (PIRES, 2008a).

A segunda vertente da teoria da RPM é, ao mesmo tempo, descritiva e explicativa, e concerne aos problemas de evolução do direito criminal e às condições de emergência, seleção e estabilização das ideias inovadoras. A teoria parte, aqui, da hipótese norteadora de que o sistema de ideias formado pelas teorias modernas da pena constitui um obstáculo epistemológico ou cognitivo importante para a recepção de sanções não carcerárias em matéria de direito criminal, e também para a diminuição do recurso ao encarceramento (duração e frequência) (PIRES, 2010).

Antes de caracterizar a RPM e de evidenciar os pontos comuns entre as diferentes teorias por ela selecionadas, examinaremos brevemente o conceito de "teorias da pena". Conforme poderemos verificar a seguir, esse conceito ocupa efetivamente um lugar central na teoria da RPM.

2.1. O conceito de "teoria da pena"

Lembremos que, segundo Pires (2008a), a sociologia dispõe de ao menos cinco conceitos para caracterizar as teorias da pena: 1) o de "teorias práticas", de Durkheim (1922); 2) o de "teorias da reflexão", de Luhmann (1993); 3) o de "formações discursivas", de Foucault (1969); 4) o de "vocabulários de motivos", de Mills (1940); e 5) o de "quadros da experiência", de Goffman (1974). A nosso ver, esses conceitos têm, cada qual, a sua utilidade, pois, aplicados ao conceito de teorias da pena, eles privilegiam as diferentes dimensões destas. Por exemplo, o conceito de "teoria da reflexão" é mais adequado do que os outros para definir as teorias da pena como teorias que acompanharam a diferenciação cognitiva do direito criminal moderno, ao passo que o de "teoria prática" é, por sua vez, mais útil do que os outros para compreender a relação entre as teorias da pena e o exercício de determinação da pena, etc. Não examinaremos, aqui, detalhadamente, cada um desses conceitos, já o fizemos[6] em outro momento, e focaremos nossa atenção nas teorias da pena como "teorias práticas".

[6] Para saber mais sobre essa questão, ver Garcia (2010).

Baseando-se nos trabalhos de Durkheim, Pires definiu as teorias da pena como "teorias práticas" (DURKHEIM, 1922), isto é, "teorias que propõem (sem, contudo, determinar) certas práticas" (PIRES, 2008a, p. 5). No quadro de uma reflexão sobre a pedagogia, Durkheim utilizou o conceito de "teorias práticas, para designar as teorias que estão a meio caminho entre a ciência e a prática".[7] Para Durkheim, as teorias práticas são:

> [...] combinações de ideias, não combinações de atos, e, por isso, elas se aproximam da ciência. Porém, as ideias que são assim combinadas não têm por objeto expressar a natureza das coisas dadas, mas sim dirigir a ação. Elas não são movimentos, mas estão todas elas próximas ao movimento, que elas têm por função orientar. Se isto não são ações, são, ao menos, programas de ação [...]. (DURKHEIM, 1922, p. 69)

A partir de Durkheim, retomado por Pires, representamos, conforme a Figura 1, as duas dimensões das teorias da pena, como teorias práticas:

Figura 1 – **As duas dimensões das teorias das penas**

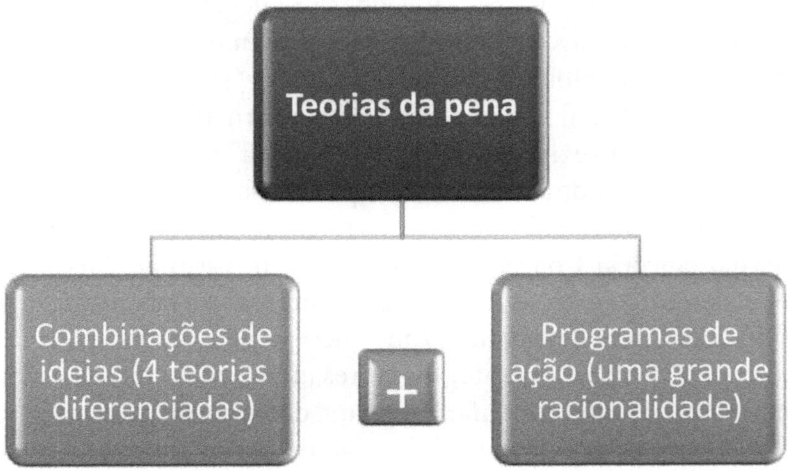

[7] Segundo Durkheim (1922, p. 69), fazem igualmente parte desse grupo as teorias médicas e as teorias políticas.

As teorias da pena (que propõem combinações de ideias) guiam o ator em sua tomada de decisões, e têm relação, portanto, com a ação (ou com a seleção). As teorias da pena servem ao sistema penal, assim como a pedagogia serve ao sistema de educação: "ela reflete isso, com vistas a fornecer à atividade do educador ideias que o direcionam" (DURKHEIM, 1922), ela permite, de certo modo, refletir "sobre as coisas da educação" (DURKHEIM, 1922, p. 71). Assim como as teorias da pena, as teorias pedagógicas são, por sua vez, "maneiras de conceber a educação; não maneiras de praticá-la", e elas podem até diferir das "práticas em vigor, a ponto de se opor a elas" (DURKHEIM, 1922, p. 59). Quanto às teorias práticas, é importante reter o que segue:

> Seu objetivo não é descrever ou explicar o que é, ou o que foi, mas sim determinar o que deve ser. Elas não estão orientadas nem para o presente, nem para o passado, mas para o futuro. Elas não se propõem a expressar fielmente realidades determinadas, mas sim a decretar preceitos de conduta. Elas não nos dizem: eis o que existe e qual é o porquê disso; mas sim, eis o que é preciso fazer. (DURKHEIM, 1922, p. 67)

De igual modo, em matéria de sanções, elas indicam às autoridades as possibilidades admissíveis ou valorizadas e as possibilidades não admissíveis ou não valorizadas; as possibilidades a privilegiar em relação a outras "possibilidades possíveis". Durante toda a primeira modernidade, as teorias da pena contribuíram, nesse ponto, para "justificar a punição em sentido estrito e [para] impedir as medidas alternativas e as filosofias de intervenção que não exigem a obrigação de punir" (PIRES, 1998a, p. 10).

Não se trata, aqui, de adotar uma perspectiva determinista e estabelecer uma relação de causalidade direta entre as teorias (da pena) e as práticas (a escolha das sanções). Convém, isto sim, adotar uma atitude mais prudente nos planos teórico e epistemológico, e contentar-se em afirmar que as teorias da pena, sem determinar o que quer que seja, fornecem, contudo, aos atores – e, particularmente, aos atores judiciários – razões e motivos que permitem orientar e justificar todo um conjunto de práticas relativas notadamente à seleção e à estabilização de certas sanções, em detrimento de outras, que, de um ponto de vista operacional, seriam viáveis.[8]

[8] Esse aspecto foi amplamente demonstrado por nossa pesquisa com atores judiciários (GARCIA, 2010).

Assim, é preciso reconhecer que, como construções "inteligentes", essas teorias da pena reúnem uma quantidade de ideias e estabelecem um número de princípios que gozam de uma autoridade particular, a não ser pelo fato de que foram reconhecidos como válidos (há séculos) e foram objeto de uma permanência quase cristalizante[9] nos modos de pensamento do sistema de direito criminal. Em outras palavras, embora existam outras ideias e princípios no direito criminal moderno, as ideias e os princípios contidos nas teorias da pena constituem – para utilizar uma expressão de Foucault – uma "formação discursiva" hegemônica (1969, p. 44);[10] elas formam, desde o início da modernidade até nossos dias, o "sistema de pensamento" *dominante* do direito criminal moderno. Para discernir isso, é preciso observar as teorias da pena em um dado nível, o do sistema de ideias, aquele em que, simultaneamente, elas formam a RPM.

2.2. Os níveis de observação da RPM

Segundo Pires, no que se refere à observação das teorias da pena, é inegável que se insistiu demais em seus pontos de divergência, ou, no mínimo, insistiu-se bem pouco nos pontos que elas têm em comum e que fazem da RPM um sistema de ideias coerente:

> Parece-me cada vez mais claro que a questão teórica fundamental do debate sobre a penalidade, nos séculos XVIII e XIX, consiste menos nos elementos de oposição (interna real) entre as [teorias da pena], do que nas relações não problematizadas [que elas] estabelecem juntamente com o direito penal ou com a racionalidade penal. Isso significa dizer, entre outras

[9] Luhmann identificou aí uma característica típica das teorias da reflexão. Ele as apresenta como "fórmulas de redundância", pelo fato de elas fornecerem, sobretudo, "razões aparentemente convincentes para as decisões" (LUHMANN, 1993, p. 312-313).

[10] É interessante o paralelo com a noção de "formação discursiva", em Foucault, já que, para esse autor, ela não constitui, efetivamente, um "*discurso*", mas antes o resultado do fato de que um conjunto de discursos, sobre um objeto específico, produz uma ordem e uma correlação de forças entre diferentes elementos constitutivos desse conjunto. Aqui, as ideias de "ordem" e de uma correlação ou de uma interação entre diversos elementos constitutivos de um mesmo conjunto não existem sem evocar os próprios fundamentos da noção de "sistema". A aproximação entre "formação discursiva" e "sistema de pensamento" – noção que, aliás, aparece também em Foucault – não é, portanto, necessariamente forçada nem desprovida de interesse no plano heurístico.

> coisas, que essas [...] perspectivas *não constituem verdadeiras alternativas uma à outra*; elas nem mesmo estão *verdadeiramente em oposição.* Em todo caso, a significação teórica e prática dessa oposição foi largamente superestimada e ela não vale tudo isso. (PIRES, 1998a, p. 16)

Antes de Pires, Van de Kerchove havia formulado a mesma hipótese. Ele ainda não problematizava a convergência em matéria de "sistema de pensamento", mas insistia no efeito de "fechamento" que Pires iria depois colocar no centro de sua própria teoria da RPM:

> [...] para além das controvérsias – inegavelmente reais – que as opõem, essas correntes partilham secretamente alguns pressupostos comuns [...]. Definindo-se sempre em oposição uma à outra, elas chegam a ocultar o "fechamento" em que seu debate se insere e a fazer perder de vista o que elas eliminam uma da outra. (VAN DE KERCHOVE, 1981, p. 291)[11]

O processo de emergência do que aqui se observa, no plano cognitivo, foi desencadeado simultaneamente ao processo de autonomização do direito criminal, como subsistema diferenciado do sistema jurídico. Ao final desse duplo processo (metade do século XIX), o direito criminal passa então a se auto-observar e a se autodescrever (pela comunicação) como um sistema radicalmente diferente dos outros sistemas de resolução de conflitos (jurídicos e não jurídicos). Ele postula uma diferença de natureza entre o ilícito penal (público) e o ilícito civil (privado) (PIRES, 1998a; 2004). Ele considerará que a lei penal é o único mecanismo de controle ainda capaz, em última instância, de proteger eficazmente os valores fundamentais da sociedade. Por outro lado, ele se atribuirá uma função social específica, a proteção da sociedade, e afirmará, em uma época de desencantamento geral, que ele é a única entidade institucional suficientemente estável e sólida que pode fazê-lo. Para Pires, Cellard e Pelletier (2001, p. 198), tendo em conta a influência das teorias da pena e da RPM, o modo de garantir tal função de proteção será concebido de maneira hostil, abstrata, negativa e atomista:

[11] Em sua hipótese, Van de Kerchove se refere às teorias clássicas e às teorias positivistas.

> Hostil, porque o desviante é representado como um inimigo do grupo inteiro [...]. Abstrata, porque o mal (concreto) causado pela pena é reconhecido, mas concebido como *devendo causar* um bem moral imaterial ("restabelecer a justiça pelo sofrimento", "reforçar a moralidade das pessoas honestas", etc.), ou ainda, um bem prático invisível e futuro (dissuasão). Negativa, já que essas teorias *excluem qualquer outra sanção* visando reafirmar o direito por uma ação positiva (a indenização, etc.), e estipulam que *somente o mal* concreto e imediato causado ao desviante pode produzir um bem-estar para o grupo, ou reafirmar o valor da norma. E, finalmente, atomista, porque a pena – na melhor das hipóteses – não tem de se preocupar com os laços sociais concretos entre as pessoas, a não ser de uma forma totalmente secundária e acessória. (PIRES, CELLARD e PELLETIER, 2001, p. 198)

A partir da metade do século XIX, esse sistema de ideias se estabilizou no Ocidente, e, a despeito das transformações das últimas décadas, as pesquisas de Pires concluem que o sistema de direito criminal não mudou qualitativamente seu sistema de ideias dominante nem suas formas principais de intervenção. Para Pires, a RPM tem, sobre a cognição, o mesmo efeito que a "garrafa de moscas" de Watzlawick (1988, p. 269). Vejamos como Pires resume o pensamento de Watzlawick e estabelece a comparação:

> Essas garrafas, diz Watzlawick, "tinham uma larga abertura, em formato de funil, dando uma aparência de segurança às moscas que se aventuravam ao gargalo cada vez mais estreito do recipiente. Uma vez no bojo da garrafa, a única forma de a mosca sair dali era utilizando o mesmo tubo estreito pelo qual havia entrado. Porém, visto de dentro, ele parecia a ela ainda mais estreito e perigoso, do que o espaço no qual ela se encontrava prisioneira". Ela procurava, então, a saída onde não havia – no caso, no espaço aparentemente mais aberto e mais reconfortante do fundo da garrafa –, e acabava morrendo na própria garrafa, mesmo que a saída não estivesse bloqueada. Ora, [...] continua Watzlawick, "seria preciso, em semelhante situação, convencer a mosca de que a única solução para seu dilema era, de fato, aquela que parecia a menos apropriada e a mais perigosa": era preciso retomar o caminho inverso, aventurar-se no gargalo da garrafa, para reconquistar a sua liberdade. (PIRES, 1998a, p. 7-8)

Lançando mão dessa comparação, Pires considera que, com a formação da RPM, "pode-se dizer que se construiu progressivamente no Ocidente algo semelhante a uma 'garrafa de moscas', no que concerne à justiça criminal" (PIRES, 1998a, p. 7-8). A questão, para Pires, tornava-se, assim, idêntica àquela formulada por Watzlawick, no plano mais geral do conhecimento:

> [...] como encontraremos o meio de sair da garrafa de moscas de uma realidade que construímos e que não convém? [...] Temos alguma esperança de nos libertar, se todas as soluções que imaginamos só nos levam "a mais do mesmo" [...]? (WATZLAWICK *apud* PIRES, 1998a, p. 7-8)

Não somente os atores políticos ou judiciários, mas também quem "pensa" ou "observa" os objetos tradicionalmente associados ao direito criminal – crime, pena, prisão, proteção da sociedade, vítima, etc. – enfrenta essa dificuldade. Ela ameaça, inclusive, os saberes jurídicos, filosóficos e das ciências sociais: "[Esses] saberes não conseguem tomar suficientemente distância em relação ao sistema de pensamento e às práticas institucionais que eles devem descrever e analisar" (PIRES, 2001a, p. 184). Pires remete ao desenvolvimento de um pensamento crítico, que explicite o caráter contingente, por vezes mesmo acidental, das formas penais institucionalizadas.

> Esse distanciamento crítico exige a possibilidade teórica de poder descrever a configuração efetiva desse sistema, como sendo uma *possibilidade dentre outras* (e, não necessariamente, a mais favorável) de atualização do sistema (PIRES, 2001a, p. 184)

Tal distanciamento crítico se estabelece inegavelmente, mas de forma lenta e desigual nos diferentes saberes, de sorte que ainda não estamos livres do que é conhecido em direito criminal, e, até lá, aquilo que caracteriza nossos modos de pensamento nessa matéria é mais a não inventividade do que a inovação cognitiva. Na base desse imobilismo, pode-se efetivamente afirmar, com Pires, que "a racionalidade penal moderna constitui [...] um obstáculo epistemológico ao conhecimento da questão penal e, ao mesmo tempo, à inovação; isto é, à criação de uma nova racionalidade e de uma outra estrutura normativa" (PIRES, 2001a, p. 184). Para bem compreender esse efeito da RPM, é fundamental considerá-la, uma vez mais, um sistema de ideias, além de distinguir, previamente, os diferentes níveis de observação da RPM.

Para concluir esse ponto, baseando-nos nos trabalhos de Pires e operando algumas ferramentas concebidas por Luhmann (1993), podemos dizer, de um ponto de vista analítico, que a descrição da RPM pode ser elaborada a partir de três níveis diferentes: podemos dirigir a observação para um nível micro – o das ideias; para um nível médio – o das teorias da pena; ou para um nível macro – aquele em que as teorias se articulam para formar um sistema de ideias. A Figura 2, desenvolvida por Pires, adapta tais considerações aos três níveis de observação sociológica da cognição penal.

Figura 2 – **Três níveis de observação da RPM (adaptado de PIRES, 2008a)**[12]

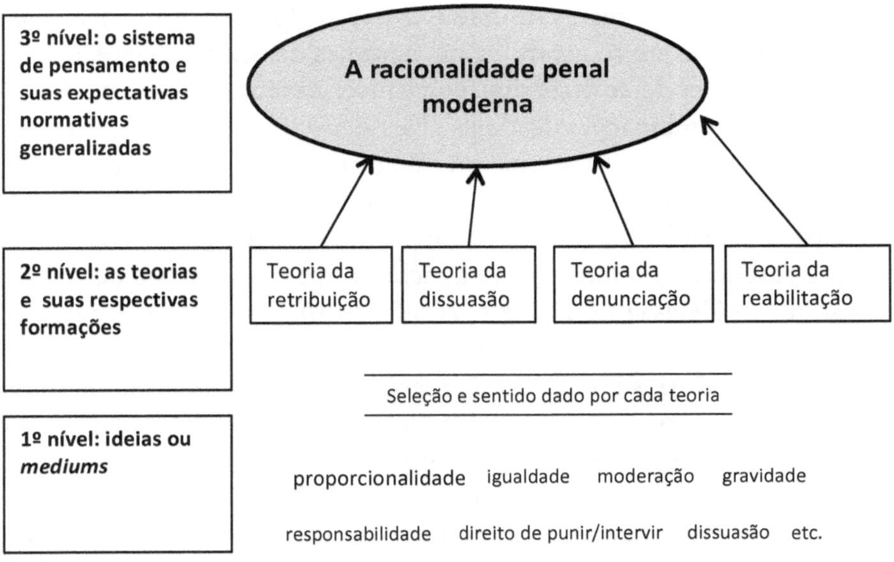

[12] Essa representação dos três níveis de observação e análise de um sistema de pensamento foi apresentada por Pires (2008a) durante um seminário sobre as teorias da pena, realizado na Universidade de Ottawa, na sessão de inverno de 2008. Aqui, ela foi modificada em alguns pontos, para melhor se adequar ao nosso objetivo.

No primeiro nível, encontram-se ideias e *mediums* abstratos, aos quais as teorias da pena puderam fazer referência. Por exemplo, todas as teorias elegem o *medium* direito de punir/intervir. Se considerarmos o *medium* no abstrato – isto é, sem o relacionar a uma teoria –, o sentido não fica evidente. Dizer que a autoridade tem o direito de punir/intervir (enunciado comum a todas as teorias) ainda não nos esclarece nada sobre a formação do *medium* "direito": trata-se de uma forma prescritiva (obrigação) ou de uma forma permissiva (autorização)? Tampouco nos ensina sobre os fundamentos desse direito: ele é moral, é prático, etc.? Nada, também, sobre as finalidades a considerar na determinação da sanção: é preciso punir para dissuadir, retribuir, etc.? Nada, igualmente, sobre a escolha da sanção: prisão, multa, indenização, etc.? E nada, ainda, sobre qual contexto privilegiar, para administrar a sanção: meio aberto ou fechado, carcerário, psiquiátrico ou outros?

No segundo nível, as teorias da pena podem ser observadas como "vocabulários de motivos" distintos uns dos outros (suas formações particulares podem ser examinadas a partir dos diferentes *mediums* observáveis no primeiro nível).[13] Com base nas distinções estabelecidas anteriormente, pode-se dizer que, nesse nível, as teorias diferem entre si no plano das "combinações de ideias". Nesse nível, a teoria tem, portanto, como objetivo caracterizar sociologicamente as teorias da pena, descrevê-las individualmente e mostrar *como* elas constituem *ao mesmo tempo* um "sistema de ideias". Atualmente, a teoria emprega a distinção norteadora inclusão/exclusão (ou indiferença à inclusão) para observar e descrever tal sistema de ideias (PIRES, 2006, 2008b, 2010). Essa distinção permite verificar que todas as teorias da pena são, no primeiro plano, indiferentes à inclusão social. Mesmo a teoria da reabilitação com detenção – a única a levar relativamente em conta a inclusão social dos contraventores e dos detentos – recomenda, *primeiro*, a exclusão e, posteriormente, preconiza programas de inclusão. Em resumo, é preciso "excluir (detenção) para incluir". Essa distinção inclusão/exclusão destina-se, assim, a substituir a distinção clássica utilitarismo/retributivismo, da qual se serve a filosofia para construir as teorias da pena. Segundo Pires, os dois principais inconvenientes da distinção clássica são que ela não permite apreender

[13] Por exemplo, o princípio de proporcionalidade não é empregado da mesma maneira, dependendo do sentido dado pela teoria da dissuasão ou pela teoria da retribuição.

o conteúdo essencial daquilo que *todas* essas teorias prescrevem às autoridades (a ideia de exclusão); e que, além disso, ela impede de considerar tais teorias como formadoras de um sistema de ideias. A distinção clássica enfatiza as divergências (filosóficas) *internas* entre dois grupos de teorias, deixando de lado as *convergências* naquilo que está prescrito sobre as penas (PIRES, 2006, 2008b) – convergências essas que nos levam ao terceiro nível de observação: aquele que pretende caracterizar a RPM.

Para o sistema (terceiro nível de observação), observam-se, nas teorias, formações dominantes, que são tanto compartilhadas como comuns ou compatíveis. A concordância das teorias sobre determinados princípios ou ideias atinge expectativas normativas. Assim, todas as teorias da pena privilegiaram o sentido *obrigatório* do *medium* "direito de punir", deixando de lado, portanto, o sentido *permissivo*. Consequentemente, estabelece-se para o sistema de pensamento a expectativa normativa, que requer que, em caso de transgressão da lei, *deva-se* punir por diferentes razões (discerníveis no segundo nível), embora todas concordem com a obrigação de punir (observável como expectativa generalizada no terceiro nível). Além disso, se, referentemente a alguns *mediums*, as formações feitas pelas teorias podem diferir pelo sentido, também podem, contudo, concordar sobre a maneira de operacionalizá-los: por exemplo, elas podem considerar a duração da pena privativa de liberdade a variável ideal para a operacionalização do princípio de proporcionalidade.

Para o sistema de pensamento, o que se observa, para além dos diferentes "vocabulários de motivos" estabelecidos pelas teorias da pena, é certa coesão cognitiva, que tende a induzir uma relativa normatividade operacional.

Não insistiremos, aqui, no segundo nível, que corresponde à caracterização de cada uma das teorias, pois ele foi analisado rigorosamente por Pires e outros pesquisadores, e coloca menos problemas de observação do que o terceiro nível, o qual é, por sua vez, constituído pelos pontos de convergência das quatro teorias da pena, integradas na RPM. São de fato esses aspectos aglutinadores de todas as teorias que permitem concebê-las teoricamente como participantes da formação e estabilização de um sistema de ideias dominante em matéria de penas.

Mais precisamente, descreveremos unicamente os quatro componentes principais da RPM: o direito de punir, definido como *obrigação* de punir; a valorização das penas aflitivas ou que acarretam a exclusão social; a supervalorização da pena privativa de liberdade; e, por fim, seu corolário, a desvalorização das sanções alternativas.

3. A RPM como "sistema de ideias": principais aspectos aglutinadores das teorias da pena da primeira modernidade

No terceiro nível de observação, correspondente ao sistema de ideias, a RPM sugere que as ideias que formam as teorias da pena podem produzir unicamente a "divergência convergente": elas se apresentam em sua diferença (divergência dos motivos), para produzir e reproduzir a redundância (convergência das práticas). Como "programas de ação" generalizados, as ideias que delimitam a escolha das sanções e aquelas que fundam a sua legitimidade convergem para as mesmas expectativas normativas, de modo que a especificidade de cada teoria da pena torna-se menos determinante, na descrição sociológica desse terceiro nível. Como "programas de ação", as teorias são solidárias entre si e reforçam-se mutuamente, tanto por suas exclusões como por suas inclusões (no plano cognitivo). Sob dita forma, as teorias da pena se tornam a "garrafa de moscas", evocada na seção anterior. A Figura 3, mais adiante, ilustra os "pontos de coesão" que ligam entre si cada uma das teorias da pena, formando, assim, dentro das fronteiras comunicacionais do sistema, esse espaço cognitivo fechado, que é a RPM.

Tal espaço fechado contém os aspectos aglutinadores de todas as teorias da pena, aqueles que marcam o seu "fechamento" e, consequentemente, traçam a fronteira entre o que pertence à RPM (o *in*) e o que fica fora dela (o *out*). Esse "fechamento", de que fala Van de Kerchove (1981, p. 291), constitui, de fato, um ponto cego comum ao debate sobre o crime e a pena.

Tentaremos conferir certa profundidade a esse quadro cognitivo, geralmente negligenciado, e do qual é preciso examinar os fundamentos pouco problematizados. De tanto pensar "no" quadro, acabamos esquecendo de pensar "sobre" o quadro, que é a RPM (PIRES, 2006, p. 24), e que comporta algumas ideias fundamentais, que orientam a maneira de considerar as penas, e sobre as quais ela não transige: no centro, residem as ideias de que punir/intervir é obrigatório; de que o perdão não resolve o conflito penal; de que as penas devem provocar o sofrimento ou a exclusão social; de que a severidade ou a duração das sanções constituem elementos fundamentais; e de que as penas alternativas, não estando prescritas em nenhuma teoria, suscitam desconfiança. Com essas ideias fundamentais sendo compartilhadas por todas as teorias da pena, podemos concluir que estamos diante de um sistema de pensamento rígido em sua organização.

Figura 3 – **Pontos de coesão de cada uma das teorias da pena**

Examinaremos, sucessivamente, quatro traços fundamentais da RPM: 1) a obrigação de punir e a crítica do perdão; 2) as teorias da pena e a severidade: a valorização da aflição ou da exclusão social; 3) a prisão como pena de referência; 4) a desvalorização das penas alternativas.

3.1. A obrigação de punir (por meio de penas aflitivas) e a crítica do perdão

A obrigação de punir faz parte dos traços característicos da RPM que não passaram por evolução significativa no plano semântico, mesmo reconhecendo, tanto no plano político como no jurídico, que o direito criminal e suas penas privativas de liberdade devem prosseguir sendo armas de último recurso. Lembremos a fórmula de Kellens: "O direito penal, tendo por projeto distribuir sofrimentos, constitui uma anomalia e deve intervir a título excepcional" (1981, p. 320).

Os trabalhos de Pires mostraram amplamente que todas as teorias fundadoras do direito criminal moderno reforçaram, cada qual à sua maneira, a obrigação da punição em resposta ao crime. Do lado da teoria retributivista, a passagem de Kant sobre a Ilha é, certamente, a mais convincente quanto à importância da punição.

> [...] a lei penal é um imperativo categórico. Mesmo se a sociedade civil tivesse de se dissolver, com o consentimento de todos os seus membros (se, por exemplo, um povo, habitando uma ilha, decidisse se separar e se dispersar no resto do mundo), o último assassino na prisão deveria ser previamente executado, para que cada um experimentasse o valor de seus atos, e que o sangue vertido não caísse sobre o povo que não tivesse querido esse castigo, pois poderia ser então considerado como cúmplice dessa violação da justiça pública. (KANT *apud* PIRES, 1998, p. 179)

Do lado da dissuasão, considera-se, por exemplo, que o fato de a punição privar os seres humanos de seus direitos e impor sofrimento é essencial para que se queira evitar de ser punido (BEDAU, 1974, p. 142).

Do lado da denunciação, é a confiança do público na administração da justiça que exige a punição de todas as transgressões (LACHAMBRE, 2008, p. 29).

Do lado da reabilitação, considera-se que o melhor meio de proteger a sociedade é a reabilitação do indivíduo. A teoria insiste não tanto na obrigação de punir, mas certamente na obrigação de intervir. Ora, a intervenção pela via do tratamento, mais do que pela via da punição, perde concretamente sua particularidade na medida em que a própria teoria não pode dissociar a intervenção do quadro institucional oferecido por um meio carcerário, cuja vocação primordial consiste em fazer sofrer.

A teoria da reabilitação não leva em conta sofrimentos humanos que a escolha do prisional como lugar de tratamento pressupõe.

A recorrência enunciativa dessa ideia de obrigação, que aqui se situa no fundamento do direito de punir, estabilizou a identidade propriamente *penal* do sistema de direito criminal moderno. Quando se entra nas redes de comunicação desse sistema de pensamento, fica difícil encontrar, portanto, um vocabulário de motivos que nos autorize a dissociar o que as teorias da pena tornaram quase indissociável, ou seja, a relação "crime-pena".

Nas proposições de Carrara – que nos parecem aqui representativas de um modo de pensamento ainda generalizado em nossas sociedades contemporâneas –, a relação "crime-pena" se apresenta com tal força, que nos dá a impressão de ser natural e, consequentemente, necessária.

> [...] o poder de punir conservou, através de todas as ideias e de todos os sistemas, uma autoridade diante da qual as paixões humanas sempre e em todo o lugar se curvaram. Isso mostra, repito-o, que se existe um princípio revelando emanar explicitamente da lei eterna que rege a humanidade, ele é o da punição do culpado sobre a terra. (CARRARA, 1876, p. 312)

Carrara escrevia no século XIX; contudo, ainda hoje, sob a influência das mesmas teorias da pena, e a despeito dos problemas e dos fracassos acumulados em matéria de castigo, continua sendo difícil imaginar "um mundo sem punição" (BEDAU, 1974, p. 143). Nas palavras de Bedau (1974, p. 143):

> [A]o passo que as queixas contra o sistema atual de punição são genuínas e legítimas, outras considerações mostram que um mundo sem punição é tanto inalcançável quanto indesejável.

Como essa ideia está presente em todas as teorias da pena, nenhuma delas considera que o perdão seja uma resposta legítima ao conflito. Nussbaum deplora o obstáculo produzido, visto que, em nossos modelos de justiça, ele nos impede de reconhecer e de valorizar a compaixão e o próprio perdão, quando o ato é repreensível e condenado. Eis como a autora descreve o obstáculo:

> [...] a atitude compassiva frente à punição ainda é ridicularizada, já que a ideia de uma decisão baseada em sentimentos ainda é repudiada e mal compreendida, enquanto uma forma simples de retributivismo exerce influência cada vez maior na nossa vida legal e política. [...] Como juízes, como jurados, como feministas, nós deveríamos [...], sem deixar de considerar errado o errado, cultivar as percepções – e a gentileza – da compaixão. (NUSSBAUM, 1993, p. 125)

A ideia de que o perdão faz parte de um ideal de justiça é muito importante, pois ela abre possibilidades quanto à determinação da função do direito criminal. Com efeito, Nussbaum chama a atenção para a necessidade de distinguir entre nossa desaprovação ao comportamento e a maneira de reagir a ele e a obrigação de puni-lo. Nada impede que a reação possa incluir a possibilidade do perdão e igualmente de exigências de moderação, enquanto a desaprovação do comportamento segue forte e vigorosa, no plano comunicacional e simbólico. Evidentemente, semelhante concepção da justiça implicaria que nos livrássemos da imutável relação crime-pena, bem como dos imperativos que a acompanham no plano da intervenção. Além disso, como veremos na subseção a seguir, todas as teorias da pena definem, de uma forma ou de outra, a aflição ou a exclusão como finalidades da punição.

3.2. As teorias da pena e a severidade: a valorização da aflição ou da exclusão social

Ao se aplicar o sistema de pensamento da RPM, de modo a determinar a relação "crime-pena", evoca-se um conjunto de teorias que, cada qual à sua maneira, "enfatizam a exclusão social e permanecem indiferentes, no plano decisional, à inclusão social dos culpados de um crime, ou dão primazia à ideia de que, em direito criminal, é preciso privilegiar as sanções que demonstrem a intenção de infligir um sofrimento ao culpado de um crime" (PIRES e GARCIA, 2007, p. 293-294).

Quanto ao sofrimento, a posição de Carrara pode servir de ilustração, pois ela ainda é atual. Para ele, uma das condições essenciais da pena é que ela seja "*aflitiva* para o culpado, tanto *fisicamente*, como ao menos *moralmente*" (CARRARA, 1876, p. 329).

O próprio Bentham, grande pensador inglês da dissuasão, admite que "toda pena é, em si mesma, necessariamente odiosa", e que punir implica forçosamente "infligir um mal a um indivíduo, com uma intenção clara quanto a esse mal" (BENTHAM *apud* VAN DE KERCHOVE, 2007, p. 338-339).

Segundo a teoria retributivista e a sua interpretação da lei de Talião, o mal se cura com o mal: "[O] mal imerecido que tu fazes a alguém do povo, tu fazes a ti mesmo" (KANT, 1853, p. 199). Se o mal imerecido toma a forma de assassinato, a expiação passa, então, pela mais absoluta e definitiva das exclusões sociais: a pena de morte.

Na teoria da denunciação, a consideração de uma opinião pública de que o sistema se representa à sua imagem – isto é, punitiva – exige, ela também, uma reação ao crime, passional, intensa e indiferente à inclusão social do contraventor (PIRES, 2001a, 2004).

No que diz respeito à teoria da reabilitação, a indiferença ao sofrimento e o fato de se ver na exclusão social uma condição necessária do tratamento levam-nos a considerá-la uma teoria que estabelece as mesmas prescrições que as outras três, podendo chegar mesmo a reforçá-las.

No capítulo da severidade, a preocupação primordial das teorias da pena concerne, portanto, aos graus de severidade, aos limites máximos ou mínimos da aflição que pode ser legitimamente distribuída. Todas essas teorias – excetuando, talvez, a teoria da reabilitação, que insiste menos na severidade da pena do que na duração do encarceramento – conferem à severidade um lugar de destaque entre os motivos que justificam os modos de intervenção repressivos do direito criminal moderno. Para além dos desacordos concernentes à questão do *quantum*, o consenso acerca da severidade, como valor, cria um efeito de sistema na RPM. Em outras palavras, a severidade é um tema aglutinador de todas as teorias da pena. No que se refere a essa questão do valor da severidade, nenhuma teoria pode se apresentar como uma alternativa, comparativamente às outras; nem mesmo a teoria da reabilitação, que, sem preconizá-la no momento da imposição das penas, a tolera e até a aplica, na medida em que tal severidade se traduz, em geral, em longos períodos de encarceramento e, consequentemente, em ainda mais longos períodos de tratamento em meio correcional.

Em resumo, nenhuma das teorias contém regras concernentes à distribuição da severidade ou à justificação de sua aplicação: na teoria da reabilitação, há o caso das pessoas julgadas "irrecuperáveis"; na teoria da retribuição, a obrigação de que a pena corresponda o mais possível ao crime, conforme um conceito horizontal de proporcionalidade; e, em todas as teorias, o conceito de gravidade do crime,[14] o potencial de recidiva, etc. Cada teoria da pena apresenta motivos específicos para justificar ou mesmo valorizar a severidade das penas, e verifica-se um efeito sistemático pelo fato de todas afirmarem que as penas devem ser severas.

3.3. A prisão como "pena de referência"

Todas as teorias da pena criaram vocabulários de motivos que, por razões que variam de uma teoria à outra, implicam considerar a prisão "a forma essencial do castigo" (FOUCAULT, 1975, p. 136).

O êxito da prisão se deve, certamente em parte, à base cognitiva que essa solução institucional recebeu de todas as teorias da pena da primeira modernidade. De fato, Pires observa que:

> [...] *todas* as teorias da pena justificam essa pena, geralmente excluindo outras sanções. Temos, então, cinco – ou melhor, quatro (já que o retributivismo puro e o *just desert* apresentam, em linhas gerais, uma única e mesma justificação) – "boas" razões para mandar alguém para a prisão: para puni-lo, para dissuadi-lo ou dissuadir os outros, para neutralizá-lo, ou para readaptá-lo. (PIRES, 1990, p. 448)

Essa citação de Pires data de 1990, quando o autor ainda não considerava que a teoria da denunciação fornecesse outra "boa" razão de punir alguém, com a privação de sua liberdade. Hoje, Pires não hesitaria em reconhecer a contribuição autônoma da denunciação, nos vocabulários de motivos que nos permitem valorizar o encarceramento. Acreditamos que ele concordaria com Feinberg, que observa que "[o] encarceramento,

[14] Roberts entende que há dois princípios universais na determinação da pena, que unem todas as jurisdições penais: a consideração da recidiva (que acabamos de analisar) e o princípio da proporcionalidade da pena à gravidade da infração. Tomada em sentido bem amplo, a ideia é de que a pena deverá ser tanto mais severa quanto mais grave for julgada a infração (ROBERTS, 2008, p. ix). Com base em certo número de pesquisas empíricas, o autor considera a gravidade da infração o fator mais importante na determinação da pena (ROBERTS, 2008, p. 2). A propósito, esse princípio se encontra, hoje, codificado: o art. 718.2 do Código Criminal estipula que: "A pena é proporcional à gravidade da infração e ao grau de responsabilidade do delinquente".

nos tempos modernos, adquiriu o simbolismo da reprovação pública" (FEINBERG, 1981, p. 31).

Entretanto, a prisão nem sempre esteve à altura das expectativas que poderíamos ter em relação ao seu objeto. De fato, como bem salientou Foucault, a prisão foi objeto de críticas desde o seu nascimento, no século XVIII, e a maioria delas nos é familiar, atualmente:

> A ideia de um confinamento penal é explicitamente criticada por muitos reformadores. Porque é incapaz de responder à especificidade dos crimes. Porque é desprovida de efeitos sobre o público. Porque é inútil para a sociedade, e até nociva: é dispendiosa, mantém os condenados na ociosidade, multiplica seus vícios. Porque o cumprimento de semelhante pena é difícil de controlar e corre-se o risco de expor os detentos à arbitrariedade de seus guardiões. Porque a função de privar um homem de sua liberdade e de vigiá-lo na prisão é um exercício de tirania. (FOUCAULT, 1975, p. 135)

Assim, já no século XIX, "a prisão persistia como a grande promessa do século, mas igualmente o seu maior fracasso", inclusive do ponto de vista dos reformadores (PIRES, 1991, p. 64). Desde o nascimento da prisão, inúmeros projetos de reforma foram implantados, visando encontrar soluções para o problema; entretanto, como assinala Cartuyvels, parece que os frutos dessa reflexão crítica ainda não amadureceram:

> Ao longo dos anos, reformas e debates sobre a instituição penitenciária se cruzam e se assemelham: em essência, trata-se de denunciar o sistema penitenciário, aprimorar seu funcionamento, buscar soluções mais eficazes ou mais humanas e, muito frequentemente, reconhecer o fracasso das reformas, sem que a instituição prisão seja verdadeiramente questionada. (CARTUYVELS, 2002, p. 116)

Parece que, ainda aqui, tratando de questionar algo considerado importante pelas teorias da pena – como a generalização da pena privativa de liberdade –, a RPM intervém para nos impedir de inovar e para nos manter na garrafa de moscas. Sem o formular explicitamente, Rothman parece atribuir o problema a obstáculos cognitivos: "Toda a destreza que temos para resolver problemas e toda a habilidade que possuímos para calcular e agir de forma razoável são suspensas quando tratamos do encarceramento" (ROTHMAN, 1981, p. 374).

Entre os obstáculos cognitivos passíveis de nos conectar normativamente à prisão, custe o que custar, mencionemos aquele que associa a sobrevivência da sociedade à sobrevivência da prisão. Tal ideia é defendida pelas teorias da pena: articulando cada uma de suas lógicas respectivas à ideia do encarceramento, somos levados a pensar que, sem ele, a moralidade se dissolve, que nada pode impedir a passagem ao ato, que os estados fortes da consciência coletiva não podem ser contidos e que o tratamento é impossível. Em resumo, todas as teorias da pena respondem afirmativamente à questão de saber se a prisão é necessária.

Quanto a saber se a prisão é humana, as teorias da pena afirmam que ela o é na medida em que é necessária à proteção da sociedade, em que os sofrimentos provocados são menos bárbaros do que aqueles que os suplícios acarretam, e, também, pelo fato de que ela substitui a pena de morte:

> [...] quando considerada sob a perspectiva da pena de morte, mesmo a pena mais longa parecia humanitária e progressista. Os códigos instituíram 10 anos para lesão corporal, 20 anos para incêndio criminoso e prisão perpétua para homicídio, mas os legisladores viram essas medidas não como penas severas, mas como alternativas maravilhosamente humanitárias à pena de morte. (ROTHMAN, 1981, p. 376)

Mais humana ou menos humana: tudo depende, evidentemente, do ponto de vista e daquilo com o que a prisão é comparada. Compará-la aos suplícios ou à pena de morte é uma opção de observação que, em certos níveis, nos permite certamente valorizá-la; porém, bastará, então, privilegiar outra opção de observação e o debate será relançado: a prisão seria mais humana em relação ao que ela poderia ser; seria mais humana em relação àquilo que a poderia substituir, ou servir-lhe de alternativa?

O que há de mais inquietante no problema representado pelas soluções de substituição não é a sua ausência total, mas sim a ausência de vocabulários dos motivos passíveis de valorizá-las. As teorias dominantes reforçam normativamente o ideal da prisão. Haveria teorias capazes de justificar as soluções de substituição, e, não as havendo, seria possível criar uma? Uma formação mais positiva do *medium* "direitos da pessoa" poderia servir de vocabulário de motivos para a seleção e a estabilização das sanções alternativas? Entendemos que essas várias considerações fazem parte da solução ao problema proposto, aqui, por Rothman:

> O encarceramento subsistiu, mesmo depois do patente fracasso da prisão em alcançar os nobres objetivos de seus criadores. Como podemos justificar essa persistência? Por que os nossos antepassados nos anos 1890 não rotularam o encarceramento como um experimento útil, porém malsucedido, buscando alternativas? Por que os nossos antepassados na década de 1930 não decidiram, finalmente, que instituições marcadas por revoltas, corrupção e desumanidade deveriam ser abolidas? Como a sociedade aceitou financiar lugares tão terríveis? E como, dadas todas essas circunstâncias, nós continuamos encarcerando as pessoas por períodos tão longos? (ROTHMAN, 1981, p. 378)

A todas essas questões, nossa resposta é a de que ainda não aprendemos a pensar diferente, em matéria de direito criminal. Consequentemente, mesmo o reavivamento dos direitos humanos, na segunda metade do século XX, não nos convenceu da necessidade de aplicar penas mais humanas, não aflitivas e não privativas de liberdade.

A prisão parece conseguir nos dar a ilusão de que ela é o último estágio da penalidade moderna, e de que não existe nada além. Esquecemos que a prisão foi uma solução contingente, que nem sempre existiu; e que ela é, ao contrário, uma invenção recente, que desempenhou, ela mesma, o papel de pena alternativa (aos suplícios), quando de sua invenção. No entanto, pouco tempo depois da sua generalização, ocorreu o seguinte: "Ela pareceu sem alternativa, e inclusive levada pelo movimento da história" (FOUCAULT, 1975, p. 268). Foucault acrescenta que o fato de o encarceramento ter se tornado "a base e praticamente todo o edifício de nossa escala penal atual" encontra sua explicação não nos "caprichos do legislador", mas alhures: "[É] o progresso das ideias e o abrandamento dos costumes". Concluindo, se, no que se refere à prisão, o "clima de evidência se transformou, ele não desapareceu": "Não se 'vê' pelo que substituí-la" (FOUCAULT, 1975, p. 268).

Resultado? A despeito das críticas, dos projetos de reforma e dos princípios segundo os quais a prisão constitui uma pena excepcional, ela continua sendo a "pena de referência", e servindo de bússola para a identidade do sistema de direito criminal moderno.

3.4. A desvalorização das penas alternativas

Na mesma ordem de ideias, a supervalorização do encarceramento punitivo, pelas teorias da pena, é acompanhada de uma desvalorização das sanções alternativas, pelas mesmas teorias. Pires afirma:

> [...] as teorias da pena fazem apologia da pena a ponto de todas *recusarem* (em sua formulação dos séculos XVIII e XIX), e *praticamente em todas as circunstâncias*, o bem como alternativa autônoma. (PIRES, 2001b, p. 154)

O que, entretanto, se entende por "sanções alternativas" (também chamadas de "medidas alternativas" ou "penas substitutivas")? Qual é o outro lado da distinção? Contra o que elas são opostas?

É difícil dar um conteúdo fixo ao conceito de sanções alternativas, pois o que é alternativo decorre de uma avaliação comparativa – e, portanto, relativa –, que pressupõe um ponto de comparação que, na maioria das vezes, se constitui pelo que aparece como dominante, generalizado ou central, em uma época determinada. Assim, a prisão, que hoje se apresenta como a pena de referência dominante, foi longo tempo considerada, nos sistemas penais ocidentais, uma pena alternativa (LEGEAIS, 1990, p. 129): ela se apresentava como outra opção comparativamente àquela dos castigos corporais e da pena de morte. É assim – explica Legeais – que, "a um direito penal de execuções capitais e de castigos corporais, faz-se suceder, no século XIX, um direito baseado, inicialmente, nas penas privativas de liberdade" (1990, p. 129).

Assim, pode-se dizer que, em uma acepção ampla, o conceito de sanção alternativa designa uma sanção – mais do que uma "pena" –, que parece estar em oposição e destinada a substituir as sanções tradicionalmente valorizadas pelo sistema de pensamento dominante. Em comparação às soluções preconizadas e estabilizadas na historicidade do sistema, as sanções ditas "alternativas" podem constituir – ao contrário das prescrições da RPM – um modo de resolução de conflitos que não recorre necessariamente à aflição ou à exclusão social. Tais sanções se basearão, além disso, em um vocabulário de motivos adaptado, e referido, assim, a uma teoria – não formulada – da sanção. Esta, por sua vez, será mais pacífica do que belicosa ou hostil, em sua representação da relação sociedade-delinquente; mais concreta do que abstrata, em sua busca pelo "bem" coletivo ou individual; mais positiva do que negativa, em sua maneira de determinar a validade dos modos de resolução de conflito; mais integrativa do que atomista, em sua consideração dos efeitos diretos ou indiretos da intervenção no plano da preservação/reparação dos laços sociais.

Não se trata, aqui, de enumerar cada uma das disposições que, na lei, limitam o alcance das sanções alternativas. Nós nos contentaremos em salientar que aquilo que é legalmente permitido, no plano das medidas alternativas, é também rigorosamente balizado. Isso pressupõe, mesmo no plano legislativo, a possibilidade de que as medidas alternativas – embora existentes – se generalizem e conquistem espaços tradicionalmente reservados ao encarceramento, sendo essa uma possibilidade com frequência eliminada em razão da aplicação de critérios tão vagos quanto "a proteção da sociedade". Essas medidas alternativas parecem de fato suscitar o temor e a desconfiança e dão a impressão de que, politicamente, é preciso agir com prudência, em matéria de sanções alternativas.

Dada a importância de que se reveste usualmente a proteção da sociedade, a possibilidade de projetar sanções alternativas não tende a ser seriamente levada em conta. Na realidade, quando o legislador cria um delito por intermédio do direito criminal, a RPM institui que o comportamento visado representa uma ameaça à ordem pública. Em outras palavras, tal racionalidade afirma que todos os crimes ameaçam a ordem pública, e que a sociedade deve buscar proteção contra todos os delitos. Essa autodescrição da função do direito criminal atenua, assim, o peso das sanções alternativas, mas favorece, por outro lado, o surgimento de teorias da "proteção", tais como a teoria da dissuasão, que insiste na necessidade de punir para impedir qualquer recidiva e dissuadir outras pessoas de cometerem o mesmo crime.

Em suma, os obstáculos às sanções alternativas são múltiplos e se distinguem por sua natureza. Dito isso, sem chegarmos a afirmar que esse problema bem complexo possa ser resolvido no plano cognitivo, podemos ao menos supor que as coisas estão em parte ligadas entre si, e que, portanto, a utilização de uma base teórica mais extensa e especialmente concebida para estabilizar as sanções alternativas poderia, de fato, não só encorajar os decididores a agir com mais segurança, como também incitar o poder político a aumentar os recursos e criar as condições *materiais* necessárias à diversificação, ao enraizamento e à valorização dessas sanções. Além disso, os investimentos materiais – somados a um investimento no plano da teoria, bem como a uma aplicação concreta e recursiva das sanções alternativas pelos decididores – poderiam levar progressivamente os atores céticos ou hesitantes a modificar as suas expectativas.[15]

O que impacta, no plano das ideias, é, de um lado, a ausência de teorias *alternativas* e especialmente concebidas para justificar as sanções não carcerárias – não existe, nas sanções alternativas, o equivalente da relação entre teorias negativas da pena e encarceramento; e, de outro lado, a existência de um discurso que preconiza novas sanções alternativas, mas que se funda nas teorias da pena da primeira modernidade.

Um sistema de ideias determina as inclusões, mas também as exclusões no plano cognitivo, no qual podemos dizer que a RPM realiza duas operações: ela atenua ou elimina a pertinência de algumas informações (decisões, premissas decisionais, valores, etc.) e estabiliza e reforça a utilização recursiva de algumas outras.

Enquanto as penas aflitivas e geradoras de exclusão social puderam sempre contar com as teorias modernas da pena, as sanções alternativas não conseguiram, até o momento, apoiar-se em uma teoria adaptada. Consequentemente, seu estatuto segue precário e incerto. Enquanto uma nova teoria positiva da sanção não assentar as sanções alternativas sobre uma base sólida, elas certamente não poderão fornecer um aporte alternativo no plano das ideias ou do sistema de pensamento. É importante salientar que, para o sistema de pensamento, esse problema não impede que as sanções alternativas possam, esporadicamente, ao nível "micro", contribuir para trazer melhores decisões em casos concretos. Entretanto, aquilo que continuará sendo uma "verdadeira sanção", em um nível mais "macro", corre o risco de ser, ainda e sempre, determinado por uma única e mesma representação *do sistema no sistema* – ou seja, uma representação da RPM que mantém, na estrutura das comunicações internas do sistema de direito criminal moderno, uma visão identitária que favorece

[15] Inclusive, se tal não for o caso, o sistema judiciário terá sempre a possibilidade de reafirmar a sua autonomia, decidindo se as expectativas externas e a maneira como a decisão é recebida na sociedade devem, ou não, fazer parte dos critérios de legitimação decisional de um sistema jurídico moderno.

o sofrimento, a exclusão social e o prosseguimento das hostilidades *no meio prisional*. Em suma, as teorias da pena se aglutinam por trás da ideia da prisão. Os fundamentos do direito de punir nos quais essas teorias se baseiam podem permanecer distintos, e mesmo incompatíveis entre si, embora, sob a relação da ontologização do ideal punitivo ou reabilitativo, elas se associem para preconizar o meio prisional.

As teorias da pena, como teorias da reflexão do direito criminal, produziram um conjunto de elementos complementares entre si, que acompanhou com ideias a evolução estrutural experimentada pelo sistema de direito criminal.

Conclusão

Com base nos trabalhos de Pires e em nossa própria pesquisa, podemos dizer que existe uma fusão (contingente) entre as autodescrições fundadoras das teorias da pena e da identidade sistêmica (GARCIA, 2010). A seletividade do sistema perdeu, portanto, em flexibilidade e em criatividade. O sistema só percebe a possibilidade de se referir a si mesmo (autorreferência) por meio dos dogmas identitários das teorias da pena (GARCIA, 2010, p. 357-358). Isso significa que a própria possibilidade de se orientar diferentemente, no plano operacional, e de instituir, para tanto, outras "teorias da reflexão" ameaça a identidade do sistema: ele corre o risco de se desdiferenciar e ele se fechar nas autodescrições para manter a oposição "sistema/ambiente" sobre a qual se constituiu.

Como explica Niosi (2002, p. 295), uma forte ligação com uma antiga identidade pode impedir o sistema de "refletir" e de procurar "adotar melhores práticas"; práticas essas mais adaptadas a uma fase ulterior de sua existência e aos novos desafios que a ele se apresentam.

Nesse sentido, podemos considerar as teorias da pena "fórmulas de redundância" (LUHMANN, 1993, p. 312-313), passíveis de entravar a evolução do sistema.

As autodescrições fundadoras, que formam a RPM, foram o motor e, simultaneamente, o produto do desenvolvimento identitário do sistema de direito criminal, no século XVIII. Elas forneceram soluções para os problemas (relativos às sanções) com os quais se debatia a justiça criminal da época; elas enfrentaram as questões do momento (uma refundação do direito de punir devendo ser distinto daquele do Antigo Regime); e elas empregaram soluções jurídicas, normativas e institucionais adequadas para manter o sistema. Ora, tudo se passa como se, posteriormente, o sistema não "visse" que essas teorias são tão somente autodescrições fundadoras e contingentes, e também que elas podem se modificar ou, no limite, ser abandonadas e substituídas por outras, sem que o sistema perca a sua identidade.

Por ora, o sistema ainda não tirou proveito dessas distinções. Ele continua pensando e *se* pensando em função das teorias negativas da pena, e considerando "estranha", e até suspeita, a possibilidade de utilizar teorias que comportem autodescrições identitárias mais positivas. Cabe salientar que, quando se limita dessa maneira, é justamente o sistema que se autolimita, visto que essa limitação não resulta de qualquer obrigação natural que escaparia a ele.

Em suma, a resistência à evolução ou à seleção – no ambiente ou, ainda, dentro, na variedade "dormente" do sistema – de elementos passíveis de renovar maneiras de pensar e de fazer pode, portanto, ser mais facilmente compreendida quando se tem consciência dessa concepção rígida da identidade penal. Nesse sentido, é possível dizer que o sistema de pensamento do sistema de direito criminal é um "sistema que se pensa pensado" (GAUCHET, 1979): ele não percebe que tem o poder de modificar as ideias que o compõem, como também de mudar seus valores atuais por valores (ou formas) menos belicosos e mais garantistas, no plano da concepção das normas de sanção.

Referências

BEDAU, H. A world without punishment? *In*: GOLDINGER, M. (org.). *Punishment and Human Rights*. Cambridge (Massachussets): Schenkman Publishing, 1974. p. 141-161.

BERTHELOT, J.-M. *L'Intelligence du social*: le pluralisme explicative en sociologie. Paris: Presses Universitaires de France, 1990.

CARRARA, F. *Programme du cours du droit criminal*. Paris: Marescq Ainé, Librairie-Éditeur, 1876.

CARTUYVELS, Y. Réformer ou supprimer: le dilemme des prisons. *In*: SCHUTTER, O.; KAMINSKI, D. (org.). *L'Institution du droit pénitentiaire*: enjeux de la reconnaissance de droits aux détenus. Bruxelas: Bruylant, LGDJ, 2002. p. 113-132.

DURKHEIM, É. *Éducation et Sociologie*. Paris: Presses Universitaires de France, 1922.

FEINBERG, J. The expressive function of punishment. *In*: VON HIRSCH, A.; GROSS, H. (org.). *Sentencing*. Nova Iorque: Oxford University Press, 1981. p. 23-36.

FOUCAULT, M. *L'Archéologie du savoir*. Paris: Gallimard, 1969.

FOUCAULT, M. *Surveiller et punir*: naissance de la prison. Paris: Gallimard, 1975.

FOUCAULT, M. *Histoire de la sexualité II*: L'Usage des plaisirs. Paris: Gallimard, 1984.

GARCIA, M. *Le rapport paradoxal entre les droits de la personne et le droit criminel*: les théories de la peine comme obstacles cognitifs à l'innovation. 2010. Tese (Doutorado) – Universidade do Quebec em Montreal. Montreal, 2010.

GAUCHET, M. De l'avènement de l'individu à la découverte de la société. *Annales* 34, 3, p. 451-463, 1979.

GOFFMAN, E. *Frame analysis*: an essay on the organization of experience. New York: Harper & Row, 1974.

HOGARTH, J. *Sentencing as a human process*. Toronto: University of Toronto Press, 1971.

KANT, E. *Éléments métaphysiques de la doctrine du droit*. Paris: Auguste Durand (tradução do alemão por Jules Barni), 1853.

KELLENS, G. La problématique de la réforme. *In*: DEBUYST, C.; TULKENS, F. (org.). *Dangerosité et justice pénale:* Ambigüité d'une pratique. Genebra: Masson, 1981. p. 319-324. Coleção "Médecine et hygiène".

LACHAMBRE, S. *À propos de la théorie de la dénonciation en droit criminel*. 2008. Tese de Doutorado – Laboratório da Cátedra de Pesquisa do Canadá em Tradições Jurídicas e Racionalidade Penal, Universidade de Ottawa. Otawa, 2008.

LEGEAIS, R. Pourquoi ne parvient-on pas à supprimer la prison? *Pouvoir. Revue Française d'Études Constitutionnelles et Politiques*, n. 55, p. 123-132, 1990.

LIBANIO, J.-B. *Introdução à vida intelectual*. São Paulo: Edições Loyola, 2001.

LUHMANN, N. *Political theory in the welfare state*. Trad e prefácio John B. Berlin, Jr. Nova Iorque: Walter de Gruyter, 1990.

LUHMANN, N. *Law as a social system*. Oxford: Oxford University Press, 1993.

LUHMANN, N. *Légitimation par la procédure*. Quebec: Presses de L'Université Laval, 2001.

MILLS, W. Situated action and vocabularies of motive. *American Sociological Review*, v. 5, n. 6, p. 904-913, 1940.

NIOSI, J. National systems innovations are "x-efficient" (and x-effective). Why some are slow learners. *Research Policy*, n. 31, p. 291-302, 2002.

NUSSBAUM, M. Equity and Mercy. *Philosophy and Public Affairs*, 22, 2, p. 83-125, 1993.

PIRES, A. P. Le devoir de punir: le rétributivisme face aux sanctions communautaires. *Revue Canadienne de Criminologie* (número especial sobre a determinação da pena), v. 32, n. 3, p. 441-460, 1990.

PIRES, A. P. Éthiques et réforme du droit criminel: au-delà des philosophies de la peine. *Ethica*, v. 3, n. 2, p. 47-78, 1991.

PIRES, A. P. Aspects, traces et parcours de la rationalité pénale moderne. *In*: DEBUYST, C.; DIGNEFFE, F.; PIRES, A. P. (org.). *Histoire des savoirs sur le crime et la peine*: la rationalité pénale et la naissance de la criminologie. Bruxelles: De Boeck

Université; Presses de l'Université de Montréal; Presses de l'Université d'Ottawa, 1998a. v. 2. p. 1-52.

PIRES, A. P. Beccaria, l'utilitarisme et la rationalité pénale moderne. *In*: DEBUYST, C.; DIGNEFFE, F.; PIRES, A. P. (org.). *Histoire des savoirs sur le crime et la peine*: La Rationalité pénale et la naissance de la criminologie. Bruxelas: De Boeck Université; Presses de l'Université de Montréal; Presses de l'Université d'Ottawa, 1998b. v. 2. p. 83-144.

PIRES, A. P. Kant face à la justice criminelle. *In*: DEBUYST, C.; DIGNEFFE, F.; PIRES, A. P. (org.). *Histoire des savoirs sur le crime et la peine*: la rationalité pénale et la naissance de la criminologie. Bruxelles: De Boeck Université; Presses de l'Université de Montréal; Presses de l'Université d'Ottawa, 1998c. v. 2. p. 145-206.

PIRES, A. P. Un nœud gordien autour du droit de punir. *In*: DEBUYST, C.; DIGNEFFE, F.; PIRES, A. P. (org.). *Histoire des savoirs sur le crime et la peine*: La rationalité pénale et la naissance de la criminologie. Bruxelles: De Boeck Université; Presses de l'Université de Montréal; Presses de l'Université d'Ottawa, 1998d. v. 2. p. 207-220.

PIRES, A. P. La rationalité pénale moderne, la société du risque et la juridicisation de l'opinion publique. *Sociologie et Sociétés*, XXXIII, 1, p. 179-204, 2001a.

PIRES, A. P. La 'ligne Maginot' en droit criminel: la protection contre le crime versus la protection contre le prince. *Revue de Droit Pénal et de Criminologie*, v. 81, n. 2, p. 145-170, 2001b.

PIRES, A. P. Racionalidade penal moderna, o público e os direitos humanos na modernidade tardia. *Novos Estudos (CEBRAP)*, v. 68, p. 39-60, 2004.

PIRES, A. P. *Questions et réponses sur la rationalité pénale moderne*. Documento de trabalho inédito. Cátedra de Pesquisa do Canadá em Tradições Jurídicas e Racionalidade Penal, Universidade de Ottawa. 2006.

PIRES, A. P. Une 'utopie juridique' et politique pour le droit criminel moderne? *Criminologie*, v. 40, n. 2, p. 9-18, 2007.

PIRES, A. P. *Introduction aux théories de la peine*. Ementa do curso CRM 6760 – Filosofia penal, inverno de 2008. Documento inédito. Departamento de Criminologia. Universidade de Ottawa. 2008a.

PIRES, A. P. *Nouvelles questions et réponses sur la rationalité pénale moderne*. Documento de trabalho inédito. Cátedra de Pesquisa do Canadá em Tradições Jurídicas e Racionalidade Penal, Universidade de Ottawa. 2008b.

PIRES, A. P. *Esquisse d'une théorie systématique sur les théories de la peine et sur un problème d'évolution*. Documento de trabalho inédito. Cátedra de Pesquisa do Canadá em Tradições Jurídicas e Racionalidade Penal, Universidade de Ottawa. 2010.

PIRES, A. P.; ACOSTA, F. Les mouches et la bouteille à mouches: utilitarisme et rétributivisme classiques devant la question pénale. *Carrefour*, XVI, 2, p. 8-39, 1994.

PIRES, A. P.; CELLARD, A.; PELLETIER, G. L'énigme des demandes de modifications législatives au Code criminal canadien. *In*: FRAILE, P. (org.). *Régulation et gouvernance*: Le contrôle des populations et du territoire en Europe et au Canada. Une perspective historique. Barcelona: Publicacions Universitat de Barcelona, 2001. p. 195-217.

PIRES, A. P.; GARCIA, M. Les relations entre les systèmes d'idées: droits de la personne et théories de la peine face à la peine de mort. *In*: CARTUYVELS. Y. *et al.* (org.). *Les droits de l'homme, bouclier ou épée du droit pénal?* Bélgica. Facultés Universitaires Saint Louis: Éditions Bruylant, 2007. p. 291-336.

ROBERTS, J. *Punishing persistent offenders*: exploring community and offender perspectives. Oxford: Oxford University Press, 2008.

ROTHMAN, D. J. Doing time: days, months and years in the criminal justice system. In: VON HIRSCH, A.; GROSS, H. (org.). *Sentencing*. Nova Iorque: Oxford University Press, 1981. p. 374-385.

TEUBNER, G. *Le droit*: un système autopoïétique. Paris: Presses Universitaires de France, 1989.

VAN DE KERCHOVE, M. Culpabilité et dangerosité. Réflexions sur la clôture des théories relatives à la criminalité. *In*: DEBUYST, C.; TULKENS, F. (org.). *Dangerosité et justice pénale*: ambiguïté d'une pratique. Genebra: Masson, 1981. p. 291-309. Coleção "Médecine et Hygiène".

VAN DE KERCHOVE, M. Les caractères et les fonctions de la peine, nœud gordien des relations entre droit pénal et droits de l'homme. *In*: CARTUYVELS et al. (orgs.). *Les droits de l'homme, bouclier ou épée du droit pénal?* Bélgica. Facultés Universitaires Saint Louis: Éditions Bruylant, 2007. p. 337-361.

WATZLAWICK, P. La mouche et la bouteille à mouches. *In*: WATZLAWICK, P. (edit.). *L'Invention de la réalité*: Contributions au constructivisme. Paris: Seuil, 1988. p. 269-276.

CAPÍTULO 2

A teoria da denunciação: novas configurações teóricas da racionalidade penal moderna

Sébastien Lachambre

Introdução

Foi dito e frequentemente repetido que a sociedade podia se servir da pena para expressar a sua desaprovação ao crime; ou seja, para denunciar o crime por meio da pena. É isso que Feinberg (1965) chamou de "função expressiva da pena". Nesse sentido, parece, ao que tudo indica, que essa ideia encontrou uma ampla audiência depois do breve discurso de Lord Denning, à frente da *Royal Commision on Capital Punishment – RCCP* (Comissão Real sobre a Pena de Morte – CRPM). A publicação de seu relatório, em 1953, na Inglaterra, marcou o início de um período de autorreflexão intensa sobre o direito criminal, que perdurou até os anos 1980. Nesse período de mudanças no que concerne às reflexões sobre a orientação a dar às políticas criminais, segundo diferentes fontes, a teoria da reabilitação teria chegado à sua máxima influência nos discursos sobre as penas aplicadas em direito criminal, até ser progressivamente abandonada depois de 1970 (GARLAND, 2001; COHEN, 1985). A teoria do *just desert* (VON HIRSCH, 1976) e o direito penal clássico teriam recebido, à época, o crédito dos juristas, dos filósofos, etc.

Há, de fato, algo de verdadeiro nessa maneira de considerar a evolução das ideias, embora ela esteja longe de ser suficientemente complexa. Com efeito, o fato de se afirmar que esse período tenha sido marcado por uma série de rupturas; que se tenha rompido com o direito penal clássico antes de 1970, e com a reabilitação após 1970; e que se tenha retornado então ao direito penal clássico, simplifica a maneira como se pôde ver o sistema de direito criminal e a pena durante o referido período (LACHAMBRE, 2011). Aliás, reduzir à promoção tal período-chave para a reforma do direito criminal, e depois, à rejeição da reabilitação (e, inversamente, no que se refere ao direito penal clássico e à teoria do *just desert*), encobre a institucionalização do público na maneira de pensar as penas. Nesse sentido, o relatório da CRPM constitui um campo-chave de observação.

Essa Comissão, assim como a literatura, aliás, não observou necessariamente como uma novidade a ideia de denunciar o crime com a imposição de uma pena. Essa ideia parecia familiar, tanto do ponto de vista da teoria da dissuasão como da retribuição. Ela é ocasionalmente confundida com uma e outra dessas teorias da pena. O relatório da Comissão é bastante explícito quanto a isso. Confusões impediram, por assim dizer, a observação da denunciação como uma teoria da pena distinta. Não obstante, a denunciação constitui efetivamente uma dessas teorias (LACHAMBRE, 2011).

Existe efetivamente uma ligação entre as teorias da denunciação, da retribuição e da dissuasão, que não se encontra propriamente nas teorias da pena, mas sim no sistema de ideias que Alvaro Pires denominou "racionalidade penal moderna" (doravante abreviada como RPM). Em outras palavras, essas teorias da pena – por outro lado, distintas – formam um sistema de ideias no qual elas se completam mutuamente, para constituir e manter em vigor um "obstáculo epistemológico" (Bachelard) à inovação em matéria de direito criminal. Os discursos sobre a reforma do direito criminal, que, durante mais de um século e meio, constituíram-se principalmente em torno das teorias da retribuição e da dissuasão – com a contribuição secundária da teoria da reabilitação –, incorporaram progressivamente a ideia de que o direito criminal *pode e deve*, entre outras coisas, *denunciar o crime ao público por meio da imposição de uma pena*. A CRPM ratificou uma importante modificação na RPM, mais de meio século antes, introduzindo a teoria da denunciação no centro de sua proposta de reforma (LACHAMBRE, 2011).

O exame desse relatório permite apreender, portanto, não só as novas versões das quais o núcleo duro da RPM foi objeto, como também as ambiguidades inerentes à teoria da denunciação, como teoria da pena distinta. Para além das recomendações específicas concernindo à pena de morte, o relatório da CRPM é o primeiro discurso notável sobre a reforma do direito a evocar a "função expressiva da pena", isto é, a presunção de que a pena pode expressar a desaprovação do público ao crime.

*

Minha contribuição para esta obra consistirá em examinar a nova configuração teórica adquirida pela RPM, depois da integração da teoria da denunciação. Por meio da análise do relatório da CRPM (1953), tentarei mostrar como essa Comissão incorporou a ideia de denunciar o crime pela imposição de uma pena em sua reflexão geral sobre a orientação a dar às penas. Além disso, pretendo explicar como foi possível, em um único e mesmo relatório (e também em múltiplos estudos, de resto), confundir a denunciação com as teorias da retribuição e da dissuasão. Antes de dar início à minha reflexão, parece-me indispensável descrever brevemente a teoria da denunciação, e também situar o citado relatório em seu devido contexto.

1. As teorias da pena: a teoria da denunciação, uma teoria distinta das teorias da retribuição e da dissuasão

Somos devedores a Alvaro Pires por nos ter auxiliado a melhor compreender as teorias da pena. Por mais de vinte anos, esse autor caminhou na contracorrente. Por mais surpreendente que isso possa parecer, a despeito da importância de algumas teorias da pena presentes na filosofia penal, bem como das reflexões sobre o direito criminal desenvolvidas há mais de 200 anos (em especial sobre as teorias da retribuição e da dissuasão), nós geralmente nos limitamos a discutir "teorias da pena" sem precisões, como se essa noção fosse óbvia. Isso sem contar a quantidade considerável de discussões sobre as penas impostas em direito criminal, em que nos contentamos em falar nos "objetivos" da pena.

O fato de a reflexão estar concentrada no *objetivo* ou na *finalidade* da pena, dissociada da *teoria da pena*, significa que os termos "objetivo" e "teoria" são intercambiáveis (falar no objetivo da pena seria falar igualmente na teoria da pena); também que se considera que a noção de "objetivo" da pena basta a si mesma, que o objetivo está completo em si mesmo e que não mais é necessário determiná-lo.

No que se refere à dissuasão, por exemplo, considerar a noção de objetivo da pena autossuficiente sugere que não existe uma maneira única de dissuadir-se do crime pela imposição de uma pena; ou então que, sempre que se faça uma reflexão sobre as penas, é possível atribuir o sentido que se quiser à ideia de dissuadir do crime por meio da pena. É preciso realmente aqui admitir que as pessoas que se ocupam das penas são livres para dizer e fazer o que querem: elas poderiam muito bem afirmar que a reprimenda verbal do juiz é o que de mais dissuasivo existe; ou, então, que a ideia de dever escrever um pedido de desculpas à família da vítima baste para dissuadir de cometer um homicídio. As tomadas de posição em matéria de pena residem, mais frequentemente, em concepções normativas e, logo, não há limites, no plano das ideias, ao que é possível afirmar.[1] No entanto, contentar-se em falar no "objetivo da pena", sem nenhuma especificação, é o mesmo que esquecer que ideias estão relacionadas a esse objetivo. Daí a importância que, a exemplo de Pires, eu atribuo ao estudo das "teorias da pena", como também minha reticência em falar simplesmente nos "objetivos" ou nas "finalidades" da pena.

Além disso, os trabalhos de Pires tentaram chamar a atenção para o fato de que não se pode atribuir o sentido que se quer aos "objetivos da pena" institucionalizados pelo sistema de direito criminal. De fato, posso muito bem afirmar que a obrigação de escrever um pedido de desculpas basta para dissuadir do homicídio, mas provavelmente eu estaria equivocado em acreditar que é esse o sentido que a "dissuasão" adquire, mais frequentemente, quando empregada nas comunicações relativas às penas. Assim, um dos principais méritos de Pires foi considerar a descrição e a análise das teorias da pena de um ponto de vista sociológico, em vez de adotar e defender um ponto de vista normativo em matéria de direito criminal e de pena.[2] Os trabalhos de Pires encorajam implicitamente a descrição

[1] É preciso distinguir, aqui, entre a enunciação de uma ideia e a sua recepção e atualização nas comunicações subsequentes.

[2] Não ignoro que, na própria pesquisa, escolhas sejam feitas, de modo que o pesquisador não possa se excluir de seus trabalhos. Entretanto, tais escolhas não são da mesma ordem que aquelas feitas por um filósofo que se torna o defensor de uma teoria da pena, por ela ser mais apta a superar os desafios enfrentados pelo sistema de direito criminal. Existe uma longa tradição nesse sentido, no campo da filosofia penal. Pensamos, aqui, no antigo debate de 200 anos, como os defensores da teoria da retribuição e os da teoria da dissuasão.

das relações entre as ideias enunciadas sobre as penas e as consequências dessas relações. Pires tem, consequentemente, uma maneira particular de discutir as penas e o sistema de direito criminal.

Como profundo estudioso dos trabalhos de Pires, sou levado a considerar que as teorias da pena são teorias normativas, que tomam a forma de "organizações de enunciados (ou de ideia[s]), que visam auxiliar as autoridades (jurídica e política) a tomar decisões em matéria de pena, prescrevendo critérios a levar em conta e como utilizá-los" (LACHAMBRE, 2011). Mas, para reconhecer a independência da teoria da denunciação, particularmente para com as teorias da retribuição e da dissuasão com as quais ela foi confundida, é preciso estabelecer um critério que permita comparar mutuamente as teorias da pena. Como Pires havia observado (1991, 1998), as teorias da pena podem apresentar pontos comuns: assim, a ideia de que a pena deve ser proporcional aos crimes é comum tanto à teoria da retribuição como à da dissuasão. Adotei, então, como critério de diferenciação das teorias da pena – para além das diferenças ou das similaridades de seus respectivos enunciados –, a maneira como a teoria é valorizada.[3] Em outros termos, em razão de sua estrutura ou coerência interna, alguns enunciados de uma teoria adquirirão uma importância particular e tomarão um sentido específico, levando a permitir que a teoria se diferencie de outras teorias, a despeito dos enunciados comuns.

*

Outro mérito de Pires foi ampliar nossos conhecimentos sobre as teorias da pena mais antigas e mais reiteradas; ou seja, as teorias da retribuição e da dissuasão.

Para estabelecer de maneira clara o critério que deveria me servir para diferenciar mutuamente as teorias da pena, eu precisava dispor dos pontos precisos de referência com os quais comparar o que julguei ser a forma original da teoria da denunciação (LACHAMBRE, 2011). Isso era ainda mais importante, visto que a teoria da denunciação foi, com frequência, confundida seja com a teoria da retribuição, seja com a teoria da dissuasão, seja com ambas, simultaneamente.

[3] Sou grato a Alvaro Pires por ter tido a intuição que levou à formulação desse critério, que serve para distinguir as teorias da pena entre si.

A exemplo de Pires (ver particularmente seu estudo publicado em 1998), considerarei que a teoria da retribuição se distingue, ao exortar que a autoridade (jurídica ou política) comunique de modo claro sua intenção de impor uma pena aflitiva proporcional ao crime (independentemente de seus efeitos). De igual modo e sempre tomando como base as conclusões de Pires (1998), avalio que a teoria da dissuasão se distingue, ao recomendar à autoridade (jurídica ou política) que comunique sua intenção de proteger os indivíduos por meio da imposição de uma pena intimidadora.

Em minha análise sobre os escritos de James Fitzjames Stephen, juiz inglês do século XIX, descobri o que me parece ser a forma original da teoria da denunciação (LACHAMBRE, 2011).[4] De acordo com essa teoria da pena, a autoridade (jurídica e política) tem obrigações para com o público, notadamente em matéria de penas impostas em direito criminal. Assim, segundo essa teoria, a pena, que deve ser proporcional à desaprovação da sociedade (ou do público) em relação ao crime, serve para satisfazê-la ou para expressar adequadamente a desaprovação dela ao crime. Para Stephen, o fato de expressar a desaprovação do público ao crime pode ter um efeito preventivo indireto, ao reforçar a reprovação geral ao crime, ainda que isso não seja um elemento essencial dessa teoria da pena (LACHAMBRE, 2011).[5]

Fui levado a concluir que a teoria é distinta quando a autoridade comunica a sua intenção de satisfazer o público, denunciando o crime por meio da imposição de uma pena proporcional à desaprovação do público para o crime. Isso ocorre porque as teorias da retribuição e da dissuasão não incorporam uma vontade de satisfazer o público pela imposição de penas que expressem adequadamente a sua desaprovação ao crime (LACHAMBRE, 2011).

[4] Stephen é, ao lado de Durkheim, uma das duas figuras emblemáticas frequentemente associadas à formulação da teoria da denunciação. Embora deixando, por ora, a questão em suspenso, admito hesitar em relacionar Durkheim – ao menos no que concerne à obra *Da divisão do trabalho social* (1893) – a essa teoria da pena, de modo tão estrito quanto Stephen ou Beccaria e Bentham estão vinculados à teoria da dissuasão.

[5] Mais especificamente, parece que a teoria da denunciação exige da autoridade que ela expresse de maneira adequada, por meio da pena, a desaprovação do público em relação ao crime – o que, além disso, poderia ter um efeito preventivo indireto; uma questão que, por ora, não estou em condições de resolver.

Tendo em conta esses elementos de minha abordagem, observo na análise que realizei a respeito que, pela primeira vez no processo de reforma do direito, o relatório da CRPM considera as expectativas do público em relação à pena. Mas, antes de dar prosseguimento, cabe explicar sucintamente a finalidade dessa Comissão.

2. A razão de ser da CRPM

Criada em 1949, a CRPM depositou seu relatório em 1953. Seu mandato consistia em analisar a imposição da pena de morte nos casos de homicídio, e recomendar, caso julgasse necessário, medidas passíveis de "modificar ou limitar a aplicação da pena" (bem como o quadro jurídico para esse fim) (RCCP, 1953, p. 1).[6] É interessante notar que a CRPM considerava que seu mandato inicial "postulava a retenção da pena de morte" (RCCP, 1953, p. 4-15).[7] Apesar de tudo, ainda que "[a] questão mais ampla, sobre se a pena de morte deve ser mantida ou abolida, não foi encaminhada [a eles]" (RCCP, 1953, p. 212-605), "[f]ica claro que se chegou a um estágio [quando a Comissão realizava seus trabalhos] no qual há pouco espaço para outra limitação que não a abolição" (RCCP, 1953, p. 212-605). (Acabava-se de referir que, em um país com 50 milhões de habitantes, havia ocorrido em média somente 13 execuções anuais, ao longo dos 50 últimos anos.)

Segundo a Comissão Real inglesa, o quadro jurídico em matéria de homicídio e de pena de morte apresentava duas falhas fundamentais: 1) em matéria de homicídio, a pena de morte é a única pena prevista (ela é uma pena obrigatória); 2) em virtude da prerrogativa real de clemência, cabe ao executivo "corrigir as anomalias resultantes do rigor da lei" (RCCP, 1953, p. 190-535). O objetivo confesso da Comissão é "corrigir o rigor da lei" "pelas operações do próprio direito", mais do que pelo recurso à clemência (RCCP, 1953, p. 215-613).[8] Após ter examinado a possibilidade

[6] Somou-se a isso a necessidade de analisar as maneiras de executar os condenados à morte e de fazer recomendações quanto ao tema (RCCP, 1953, p. 4-15). O relatório marginaliza o tratamento dessas questões, com a ênfase dada pela Comissão – em sua discussão quanto aos métodos de aplicação da pena de morte – às noções de *humanidade, certeza* e *decência* (RCCP, 1953, p. 248-707).

[7] O primeiro número se refere à página do relatório, enquanto o número seguinte ao traço (quando houver um) indica o número do parágrafo.

[8] Ao longo do relatório, a CRPM se diz satisfeita com o resultado do sistema em vigor: a pena de morte é aplicada rara e unicamente quando as circunstâncias o exigem. Nessa tomada

de revisar as definições do homicídio, para não ter de condenar à morte, em casos "onde [é] claramente inapropriado" (RCCP, 1953, p. 190-535), a Comissão recomendou conferir o poder discricionário aos júris (RCCP, 1953, p. 278, sem parágrafo), pois considerava ser essa a única maneira de remediar eficazmente – "pelas operações do próprio direito" – as falhas do quadro legal em vigor naquele momento, em matéria de homicídio (RCCP, 1953, p. 208-593). Tendo em conta o caso em que tal recomendação seria descartada, a Comissão Real inglesa recomendava proceder a estudos com o objetivo de determinar se a pena de morte deveria ser mantida ou abolida (RCCP, 1953, p. 214-611).

Passemos, a seguir, à análise do estudo sobre os "objetivos da pena", discutidos e promovidos pela CRPM. Neste capítulo, é possível apreender indícios da institucionalização do papel do público e de suas expectativas na maneira de considerar as penas.

3. A confusão sobre a teoria da denunciação nos discursos de reforma do direito

Desde as primeiras aparições da denunciação (e da função expressiva da pena), os discursos referentes à reforma do direito criminal introduzem certa confusão na apresentação das relações entre a denunciação e as teorias da dissuasão e da retribuição. Um exemplo, que ilustra de maneira particularmente eloquente a incapacidade do sistema de direito criminal de reconhecer o caráter distinto da teoria da denunciação, é fornecido pela Comissão Ouimet (1969),[9] uma comissão canadense, que a isso se refere com o termo "repúdio".

Referentemente aos objetivos da pena, especifica-se que:

> [a] retribuição pode ser compreendida como vingança ou repúdio. A satisfação do desejo de vingança é muito dispendiosa e, em nossa opinião, é um luxo estéril. [...] O repúdio, todavia, é outra questão. O repúdio está relacionado à repreensão solene de certos comportamentos. É a opinião

de posição aparece detalhadamente a ideia da proporcionalidade das penas, segundo a qual somente os homicídios julgados mais graves devem ser punidos de morte.

9 *Justice pénale et correction: un lien à forger*, Relatório do Comitê canadense da reforma penal e correcional, 1969, que passou a ser abreviadamente designado como Comissão Ouimet, nome de seu presidente.

deste Comitê que qualquer pena baseada no princípio da dissuasão envolve, inevitavelmente, o repúdio. A sociedade diz ao infrator: "Nós repudiamos esse comportamento", e indica o grau de repúdio pelo nível da pena imposta. O repúdio está, portanto, inextricavelmente entrelaçado com a dissuasão, seja geral ou individual. (OUIMET, 1969, p. 188)

A Comissão Ouimet julgou, portanto, que a denunciação não deve ser tratada de maneira isolada: ela faz parte, simultaneamente, da teoria da retribuição e da dissuasão. De um lado, diz-se que a denunciação está ligada à teoria da retribuição, por ser uma forma dela; de outro lado, contudo, não se explicita por que a denunciação ainda permanece ligada à dissuasão.

Essa conceitualização da denunciação reaparece no relatório da CRPM, que de fato afirma que a denunciação constitui uma forma de retribuição, e que ela também está ligada à dissuasão. A diferença entre elas é que a Comissão Ouimet explicita o sentido dessa afirmação, à primeira vista, contraditória ou, ao menos, bastante ambígua.

A Comissão Real afirma, assim, que a retribuição toma dois sentidos diferentes, o da vingança e o da reprovação (um sinônimo da denunciação) (RCCP, 1953, p. 17-52).[10] Quando a retribuição equivale à reprovação, "o Estado está marcando sua desaprovação da desobediência à sua lei com uma punição proporcional à gravidade do crime" (RCCP, 1953, p. 17-52). De acordo com essa Comissão, e desse modo formulada, a reprovação não equivale à denunciação, tal como ela é definida na teoria da pena de Stephen: é o Estado que desaprova o crime, e não o público quem o desaprova por meio da ação do Estado. Contudo, um pouco mais adiante, a Comissão acrescenta que:

> [a]demais, pensamos que é preciso reconhecer a existência de uma demanda forte e generalizada por retribuição no sentido de reprovação – nem sempre isolada, na mente popular, da reparação e da expiação. (RCCP, 1953, p. 17-53)

[10] No relatório, menciona-se também algo similar ao que Hart chamará, posteriormente, de *side contraints* (RCCP, 1953, p. 18-53); contudo, esse aspecto da retribuição está fora do escopo deste capítulo.

Por isso, a Comissão relaciona a reprovação à concepção da pena de Stephen. Em seguida, ela cita o depoimento de Lord Denning:

> A punição infligida por crimes graves deveria refletir adequadamente a repulsa que a grande maioria dos cidadãos sente por esses crimes. É um erro considerar como, objetivos da punição, a dissuasão ou a reforma ou a prevenção e nada mais [...] A justificativa final de qualquer punição não é sua atuação como dissuasora, mas o fato de ser uma denunciação empática, pela comunidade, de um crime: e, desse ponto de vista, existem homicídios que, no atual estado da opinião pública, exigem a denunciação mais empática de todas – a pena de morte. (Nono dia de testemunho, citado pela RCCP, 1953, p. 18-53)

Reordenando as falas de Lord Denning, chega-se a um objetivo principal de todas as penas, que é "a enérgica denunciação do crime pela comunidade". A pena deve ser também proporcional ao grau de repulsa que um crime inspira na maioria dos cidadãos. Assim, à época do relatório, a opinião pública demandava a mais vigorosa denunciação de todas, ou seja, a pena de morte para determinados homicídios. Pode-se deduzir disso que, para outros homicídios, a opinião pública exigiria uma denunciação menos vigorosa (isto é, uma pena menos severa). Lord Denning retomava, assim, o essencial da teoria da pena, que Stephen havia elaborado 75 anos antes, e que representa a forma original da teoria da denunciação.

Posteriormente, a CRPM reafirmou a sua adesão à opinião expressa por Lord Denning, considerando, em outra parte do relatório, a possibilidade de autorizar os condenados à morte a se suicidarem (por meio da ingestão de um veneno):

> Devemos aqui mencionar uma sugestão – mesmo que apenas para dispensá-la –, a de oferecer aos prisioneiros uma dose letal na noite anterior à execução, permitindo-lhe escapar da forca se assim desejar. Essa sugestão é impelida por sentimentos humanitários, mas as objeções a ela são evidentes. O propósito da pena capital não é apenas livrar a comunidade de um membro não quisto; é marcar a denúncia da comunidade frente ao mais grave dos crimes, sujeitando o autor, na devida forma da lei, à mais severa das punições. (RCCP, 1953, p. 266-769)

Assim, a Comissão assumia para si a afirmação de que a pena de morte constitui um meio de expressar a desaprovação ao comportamento mais grave, por meio da pena mais grave, e não um meio de se desvencilhar de um indesejável. Ela caucionava, portanto, as falas de Lord Denning.

*

O relatório da CRPM confunde de duas maneiras a teoria da denunciação com a teoria da dissuasão. A primeira é explicitada pela Comissão, e a segunda fica implícita.

Inicialmente, essa Comissão se refere ao depoimento do arcebispo de Canterbury, que exprime seu apoio à posição de Denning, embora ela não saiba qual "peso" "atribuir a esse argumento" (RCCP, 1953, p. 18-53).

> O Arcebispo de Canterbury, mesmo não expressando qualquer opinião sobre a ética da pena capital, concordou com a visão do Lorde Denning sobre a justificativa derradeira de qualquer punição. Ao reservar a pena de morte para o homicídio, a lei penal estigmatiza o crime mais grave com a punição mais grave; e pode-se argumentar que, dessa forma, a lei ajuda a fomentar na comunidade uma aversão especial ao homicídio por ser "o crime dos crimes", de maneira que ao elemento da retribuição se funde o da dissuasão. (RCCP, 1953, p. 18-53)

Na passagem supracitada, supõe-se, conforme Stephen, que a teoria da denunciação possa produzir um efeito de "prevenção indireta" (LACHAMBRE, 2011). De fato, tanto no depoimento do arcebispo de Canterbury quanto em Stephen, presume-se que, punindo de maneira a expressar adequadamente a desaprovação do crime pelo público, o sistema de direito criminal propiciaria o aumento da reprovação do público para com o crime. Em outras palavras, como, antes de tudo, o público desaprova fortemente certos homicídios, punindo-os o mais severamente possível, o sistema de direito criminal ajudaria a manter entre a opinião pública um alto grau de desaprovação a certos homicídios do que a outros.

Além disso, dessa vez *na seção referente à dissuasão*, a CRPM emite o seguinte comentário:

> Acreditamos ser razoável supor que a força dissuasora da pena capital atue não apenas ao afetar os pensamentos conscientes dos indivíduos tentados a cometer homicídio, mas também ao construir na comunidade, no decorrer de um longo período, um sentimento profundo de peculiar repulsa pelo crime de homicídio. "O fato de homens serem enforcados por homicídio é um grande motivo pelo qual o homicídio é considerado um crime tão terrível." Esse efeito amplamente difuso na consciência da sociedade é impossível de ser mensurado, mas deve ser no mínimo tão importante quanto qualquer papel direto que a pena de morte desempenhe enquanto dissuasora nas maquinações de potenciais homicidas. (RCCP, 1953, p. 20-59)

Afirma-se que a dissuasão toma a forma de um cálculo racional (intimidação), no qual a prevenção ao crime constitui um efeito direto ou um efeito indireto (às vezes, de longo termo) da lei criminal (e, mais especificamente, das penas associadas aos crimes). A primeira forma de dissuasão tem sua origem na teoria da pena de Beccaria. A segunda forma, por sua vez, parece muito próxima do efeito preventivo mencionado anteriormente, quanto à ideia de expressão da desaprovação ao crime, embora não se pressuponha, em primeiro lugar, a desaprovação ao crime, pelo público. Inversamente, o sistema de direito criminal, ao impor a pena mais severa para os homicídios mais graves, sinalizaria ao público que é preciso desaprovar mais fortemente tais homicídios, para que, depois de um longo período de tempo, a desaprovação seja sentida pelo público.

Antes de tentar dissipar uma parte da confusão ocasionada pelas teorias da denunciação, da dissuasão e da retribuição, cabe citar uma última passagem do relatório da CRPM. Assim como outros comentadores do direito criminal da tradição do *common law*, a Comissão julgou que o direito criminal devia limitar a sua distância em relação à opinião pública: "[H]á de se concordar que, mesmo se por vezes a reforma da lei penal deve tomar em conta a opinião pública, é perigoso caminhar por demasiado nessa direção" (RCCP, 1953, p. 18-53). Aqui, a Comissão entende que o direito criminal deva continuar próximo à opinião pública, sem mais explicitações. Para tanto, sem que tal ligação fosse feita no contexto do relatório, restringia-se, assim, a influência que outro aspecto da dissuasão (semelhante, mas não idêntico, à denunciação) poderia ter sobre esse efeito preventivo indireto, defendido pelo arcebispo de Canterbury, e em relação ao qual a CRPM não quisera se pronunciar.

Resta, agora, distinguir as ideias relativas à denunciação daquelas concernentes à dissuasão e à retribuição.

4. Sobre a confusão entre a teoria da denunciação e as teorias da retribuição e da dissuasão

Nesta última seção, trata-se de determinar como pode ser possível afirmar, simultaneamente, que a denunciação é uma espécie de retribuição, e que ela está ligada à dissuasão. Em primeiro lugar, considerarei a questão do ponto de vista da teoria da retribuição, mas as conclusões que extrairei serão igualmente aplicáveis à teoria da dissuasão, à qual retornarei na seção 4.2.

4.1. Sobre a teoria da retribuição

A observação e a análise da teoria da retribuição parecem ter passado por perturbações ao longo das últimas décadas. Zaibert, em *Punishment and Retribution* (2006), enfatiza o quanto é hoje difícil defini-la. De um lado, confunde-se frequentemente a definição da pena com a teoria retributivista da pena (ZAIBERT, 2006, p. 96). De outro lado, o autor afirma que:

> [e]sse não é, entretanto, o único motivo pelo qual a análise da punição retributiva é questão complexa. Outro fator que turva as águas é a desordem complexa que constitui a literatura sobre o retributivismo. [...] [J]á foi [...] afirmado com frequência que o retributivismo simplesmente oferece uma fachada conveniente para a boa e velha vingança (geralmente tida como incivilizada). Os críticos do retributivismo o acusaram de ser irracional, não esclarecido e anacrônico, dentre outros epítetos – a maioria dos quais gira em torno da ideia de que o retributivismo não é civilizado. Para complicar ainda mais, é vertiginosa a variedade de opiniões cujos próprios defensores do retributivismo anunciaram como retributivistas. (ZAIBERT, 2006, p. 96)

Consequentemente, mesmo os "retributivistas" são, no momento, incapazes de fornecer uma clara definição do retributivismo. Por isso, Zaibert, na esteira de outros pesquisadores, esforça-se em elucidar as "taxinomias do retributivismo".[11] Cottingham (1978) repertoria não

[11] A esse respeito, ele dirá: "Há três pontos de partida quase obrigatórios na discussão das múltiplas visões que foram ou continuam sendo chamadas de retributivistas: 'Varieties of

menos do que nove concepções da pena relativas ao retributivismo e à teoria da retribuição. Muitas dessas variantes – nem todas "retributivistas", segundo Cottingham – consistem em explicar por que punir os culpados proporcionalmente à gravidade da pena do crime constitui a melhor maneira de fazer Justiça.

É importante tecer aqui algumas considerações bastante simples. Primeiro, não é porque uma teoria da pena está relacionada ao retributivismo que ela faz parte dele, realmente. Entretanto, uma atribuição tem pouca importância se ela continua sendo uma simples atribuição. A dificuldade se situa, sobretudo, no plano da análise discursiva. Seguindo a abordagem foucaultiana de análise (FOUCAULT, 1969), o conteúdo informativo e as possibilidades de utilização seriam os mesmos com a variante do que com a forma original da teoria da pena? Tal como as formulei mais acima, a variante e a forma original, uma vez condensadas, seriam valorizadas da mesma maneira?

Apreendo, igualmente da leitura que Zaibert (2006) faz do retributivismo, que esse é um conceito que abarca tudo, cujo conteúdo é heteróclito. Daí a importância dos trabalhos de Pires (1998), que evocam a forma original da teoria da retribuição, mais particularmente nos escritos de Kant. Os trabalhos de Zaibert (2006) e também os de Cottingham (1978) mostram que, em geral, todas as posições "punitivas" quanto às penas foram confundidas com o retributivismo. Tem-se frequentemente afirmado, aliás, que as penas impostas em direito criminal são retributivistas por natureza.

Retribution' [Variedades de Retribuição], de John Cottingham [The Philosophical Quarterly, 29 (1979), p. 238-246]; 'Closet Retributivism' [Retributivismo Enrustido], de Michael Moore [reimpresso em Michael Moore, Placing Blame, p. 83-103]; e 'Retributivism: A Test Case for Ethical Objectivity' [Retributivismo: um caso teste de objetividade ética], de J. L. Mackie [in Feinberg et Coleman (editores), Philosophy of Law (6ª ed.) (2000)]. Os objetivos de cada um desses três autores nesses três influentes artigos não são idênticos. Minha análise conjunta desses três artigos canônicos é embasada no fato de que cada um contém uma taxonomia das opiniões com as quais adeptos e adversários frequentemente confundem o retributivismo. Interessante ver que as taxonomias não se sobrepõem por inteiro, apesar de, em larga escala, cobrirem o mesmo território" (ZAIBERT, 2006, p. 97).
A maneira como o próprio Zaibert trata o assunto é interessante, mas deve ser examinada com muita cautela, pois, para elaborar a *sua* posição relativamente às penas, ele procura dissociar as relações entre a pena e o Estado. Ele considera, por exemplo, que uma mulher que bate em seu marido, ao saber que ele a traiu, puniu-o (ZAIBERT, 2006).

4.2. A dissuasão e a denunciação

Assim como no caso do retributivismo, parece que as concepções da pena, ditas "consequencialistas", foram frequentemente confundidas com a teoria da dissuasão, ao menos quando a reabilitação e a neutralização estão dissociadas. Trata-se aí de um atalho facilmente detectável, que permite distinguir de maneira mais clara as teorias da dissuasão e da denunciação. Sobre isso, Hawkins (1969, p. 550) afirma:

> Conceber os efeitos preventivos da punição como uma simples questão de dissuasão ou intimidação é perder pontos mais sutis que são fundamentais; a coisa como um todo é consideravelmente mais complexa do que sugere a teoria clássica. Esta é enganosa quando negligencia o que se chama por vezes de "a função educativa-moralizante da lei", "a influência moral ou sociopedagógica da punição" ou os "efeitos educativos e formativos de hábitos das nossas sanções penais".

Comentando principalmente os trabalhos de Andenaes, Hawkins (1969) notou que a "teoria clássica da dissuasão", que ele atribui a Beccaria, Bentham, Blackstone, Romilly, Paley e Feuerbach, não salientou esses outros efeitos preventivos da pena que, sendo sutis, podem ser confundidos com a denunciação. "Contudo está claro o envolvimento de algo bastante diferente e independente da dissuasão, como ela é geralmente compreendida" (HAWKINS, 1969, p. 552). Eu concluiria, ainda a partir de Hawkins (p. 551), que leva em conta observações formuladas por outros sobre esse tema, que "[p]or vezes é evidente que essas funções são consideradas algo distinto da mera dissuasão. Mas esse não é sempre o caso." Em resumo, se a teoria da dissuasão consiste em amedrontar os criminosos potenciais, ameaçando-os com uma pena, consequentemente determinado número de efeitos preventivos da pena não estaria relacionado à dissuasão, sem estar por isso ligado à reabilitação ou à neutralização (de outros efeitos preventivos facilmente distinguíveis dos da dissuasão).

Isso me leva a examinar as poucas ideias que coletei, aqui e ali, sobre a teoria da prevenção geral positiva, pois é geralmente sob essa denominação que se agrupam os outros efeitos preventivos mencionados por Hawkins. Trata-se do mesmo tipo de efeitos preventivos abordados pela CRPM, e que são associados tanto à retribuição (por meio da denunciação) como à dissuasão.

A teoria da prevenção geral positiva é uma teoria da pena bem conhecida na Alemanha, nos países escandinavos e também em diversos países da América do Sul, embora os estudos a ela referentes, escritos em francês e em inglês, sejam ainda raros. O que consegui encontrar (sobretudo, a partir de fontes secundárias) sobre a prevenção geral positiva me leva a crer que a pena é considerada a expressão da desaprovação da sociedade em relação ao crime, e que, em Andenaes, a pena deve, inclusive, expressar adequadamente a desaprovação da sociedade e, portanto, satisfazer o público.[12] O resultado quanto à prevenção do crime – seja com a teoria da denunciação, seja com a da prevenção geral positiva – é o mesmo: espera-se, de certa forma, uma consolidação dos valores fundamentais nas pessoas honestas e, portanto, que elas continuem a respeitar as leis (isto é, a submeter-se a elas).[13]

5. À guisa de conclusão: a RPM a partir da segunda metade do século XX

Tudo indica que a confusão que impede de apreender o caráter distinto da teoria da denunciação esteja em boa parte relacionada à consideração da função expressiva da pena. Ao se buscar modificar os parâmetros das teorias da retribuição e da dissuasão, de modo a ter em conta a "função expressiva da pena", como também os efeitos que dela se poderia esperar, acabou-se por se recusar a ver a teoria da denunciação. Via-se nisso uma versão "atualizada", tanto da teoria da retribuição como da teoria da dissuasão. De minha parte, creio que seja mais justo ver nisso – assim como Gusfield o fizera, ao distinguir os "movimentos sociais" dos "novos movimentos sociais" – algo da ordem de um "um movimento Kuhniano

[12] Como mencionei, há indicações sobre essa teoria em Dubber (2005) e em Baratta (1990). Com base em Lappi-Seppälä (2001), seria preciso acrescentar Andenaes (1952; 1966) a essa lista. Ainda que não declare descrever a teoria da prevenção geral positiva, Andenaes não é nisso menos reconhecido como uma fonte moderna, ao lado, entre outros, de Jakobs e de Roxin.

[13] Diante da escassez de dados que consegui encontrar sobre a teoria da prevenção geral positiva, posterguei a comparação entre essa teoria da pena e a teoria da denunciação, assim como deixo em suspenso a questão de saber se a vontade do Estado de levar a sociedade a desaprovar o crime na sociedade, punindo os atos ou aumentando a pena, está ligada à teoria da prevenção geral positiva.

no qual uma ciência normal enfrenta dificuldade em incluir novos dados em teorias antigas" (GUSFIELD, 1994, p. 59).

No entanto, e é nisso que consiste a contribuição que eu pretendia trazer a esta obra em homenagem a Alvaro Pires, não mais se pode permitir excluir as concepções da pena que não podem ser relacionadas nem à teoria da retribuição, nem à teoria da dissuasão, e que contribuem para manter os obstáculos à inovação criada pela RPM. Como mostra o relatório da CRPM, esta ou essas outras teorias da pena – isto é, a teoria da denunciação, à qual se deve, ou não, acrescentar, como distinta, a teoria da prevenção geral positiva – continuam nos aprisionando na "garrafa de moscas" (PIRES, 1998). A justiça que se aplica é sempre hostil, negativa, abstrata e atomista (PIRES, 2001a; 2001b). Todavia, aceitando as relações que a CRPM estabelece com as teorias da retribuição e da dissuasão, encobre-se, a meu ver, uma parte importante de seu discurso sobre a aplicação da pena de morte e a sua justificativa. O relatório dessa Comissão parece enfatizar, ainda que de maneira inacabada, a modificação da configuração teórica da RPM.

Referências

ANDENAES, J. General prevention. Illusory or reality? *The Journal of Criminal Law, Criminology and Police Science*, v. 43, n. 2, p. 176-198, 1952.

ANDENAES, J. The general preventive effects of punishment. *University of Pennsylvania Law Review*, v. 114, n. 7, p. 949-983, 1966.

BARATTA, A. Les fonctions instrumentales et les fonctions symboliques du droit pénal. *Déviance et Société*, v. 15, n. 1, p. 1-25, 1990.

CANADIAN COMMITTEE ON CORRECTIONS. *Toward Unity*: Criminal Justice and Corrections. A Report of The Canadian Committee on Corrections. Ottawa: Queen's Printer [Igualmente, Rapport Ouimet], 1969.

COHEN, S. *Visions of social control*. Cambridge: The Polity Press, 1985.

COTTINGHAM, J. Varieties in retribution. *Philosophical Quarterly*, v. 29, n. 116, p. 238-246, 1978.

DUBBER, M. Theories of crime and punishment in German Criminal Law. *The American Journal of Comparative Law*, v. 53, p. 679-707, 2005.

DURKHEIM, É. *De la division du travail social*. Paris: Presses Universitaires de France, 1998. Coleção "Quadrige".

FEINBERG, J. The expressive function of punishment. *The Monist*, v. 49, n. 3, p. 397-423, 1965.

FOUCAULT, M. *L'Archéologie du savoir.* Paris: Gallimard, 1969.

GARLAND, D. *The culture of control.* Chicago: Chicago University Press, 2001.

GUSFIELD, J. R. The reflexivity of social movements: Collective behavior and mass society; theory revisited. *In*: LARAÑA, E.; JOHNSTON, H.; GUSFIELD, J. R. (org.). *New social movements*: from Ideology to Identity. Philadelphia: Temple University Press, 1994. p. 58-78.

HAWKINS, G. Punishment and deterrence: the educative, moralizing, and habituative effects. *Wisconsin Law Review*, v. 2, p. 550-565, 1969.

LACHAMBRE, S. *La théorie de la dénonciation*: émergence et institutionnalisation en droit criminel. 2011. Tese de Doutorado – Universidade de Ottawa. Ottawa, 2011.

LAPPI-SEPPÄLÄ, T. Sentencing and punishment in Finland: the decline of the repressive ideal. *In*: TONRY, M.; FRASE, R. S. (org.). *Sentencing and sanctions in western countries.* Oxford: Oxford University Press, 2001. p. 92-150.

PIRES, A. P. Éthiques et réforme du droit criminel: au-delà des philosophies de la peine. *Ethica*, v. 3, n. 2, p. 47-78, 1991.

PIRES, A. P. La formation de la rationalité pénale moderne au XVIIIe siècle. *In*: DEBUYST, C.; DIGNEFFE, F.; PIRES, A. P. (org.). *Histoire des savoirs sur le crime et la peine*: la rationalité pénale et la naissance de la criminologie. Bruxelas/Ottawa: De Boeck Université, 1998. v. 2. p. 1-219.

PIRES, A. P. La 'ligne Maginot' en droit pénal: la protection contre le crime versus la protection contre le prince. *Revue de Droit Pénal et de Criminologie*, v. 81, n. 2, p. 145-170, 2001a.

PIRES, A. P. La rationalité pénale moderne, la société du risque et la juridicisation de l'opinion publique. *Sociologie et Société*, 23, 1, p. 179-204, 2001b.

PIRES, A. P. *Ementa do curso CRM 6760* – Filosofia penal. Inédito. Ottawa: Universidade de Ottawa, 2008.

ROYAL COMMISSION ON CAPITAL PUNISHMENT. *Report.* Londres: HMSO, 1953.

VON HIRSCH, A. *Doing justice*: the choice of punishments. Report of the Committee for the Study of Incarceration. Nova Iorque: Hill and Wang, 1976.

ZAIBERT, L. *Punishment and retribution.* Aldershot: Ashgate, 2006.

CAPÍTULO 3

Punição, culpa e comunicação: é possível superar a necessidade da inflição de sofrimento no debate teórico sobre a pena?

MARTA RODRIGUEZ DE ASSIS MACHADO[1]

> "Acima de tudo, a melhor forma de medir a escravidão na qual uma ideologia aprisiona um povo é por meio de sua incapacidade coletiva para imaginar alternativas."
>
> (Tony Judt)[2]

Introdução: teoria do delito e racionalidade penal moderna (RPM)

A partir do campo da criminologia, Alvaro Pires desenvolve uma teoria sobre o sistema de pensamento que se consolidou nas sociedades ocidentais desde o surgimento do direito penal como um subsistema jurídico autônomo, o que se deu por volta da segunda metade do século XVIII. Pires denomina RPM o conjunto de ideias selecionadas e estabilizadas pelo sistema "direito criminal", que estruturam até hoje a forma como esse sistema se autodefine e funciona. Tais ideias estariam de tal maneira naturalizadas no interior desse sistema e da reflexão ali produzida que acabam dificultando o surgimento de formas alternativas

[1] A versão em português deste texto é uma republicação do texto que aparece em: Machado e Puschel (2016).

[2] Historiador britânico, citado por Thenjiwe Niki Nkosi, na instalação *O jogo da memória*. São Paulo: Sesc, 2013.

de pensar o funcionamento e as respostas do sistema penal (PIRES, 2004, p. 40-41). Ou seja, elas funcionam, em muitos casos, como "obstáculos epistemológicos"[3] que impedem a inovação.[4]

Ao enxergar em perspectiva as escolhas e seleções que, ao longo de séculos, consolidaram o sistema de pensamento e de funcionamento das instituições penais, Pires tem em seu foco as teorias da pena.

Este capítulo pretende utilizar o ferramental teórico lançado por Pires em um recorte específico: a partir de autores que estão debatendo apenas seus efeitos de prevenção geral positiva, ou seja, que justificam a pena na medida em que seu potencial comunicativo possa gerar efeitos positivos sobre a coletividade. Pode-se dizer que o discurso da prevenção geral positiva – em suas variações – vem se fortalecendo e ganhando prevalência no debate penal nas últimas décadas, possivelmente em razão das críticas que atingem com mais contundência a retribuição e a dissuasão, bem como do declínio do ideal ressocializador.[5] Uma das particularidades do debate sobre a prevenção geral positiva entre autores alemães, com influência em sistemas romano-germânicos, é o reestabelecimento – inaugurado por Roxin, como veremos adiante – da conexão entre dois campos, a teoria do delito e as teorias da pena.

Isso nos coloca diante da descoberta de que a ideia de RPM – utilizada por Pires para tratar dos discursos de justificação da pena – pode também ser útil para analisar aspectos de outro tipo de discurso especializado ("*savant*", como diz ele), criado no interior do sistema penal, tendo em vista sua operacionalização: a dogmática penal, construída na forma de *teorias do delito*. Tomar como ponto de partida os elementos da RPM nos permite outro olhar para as teorias dogmáticas do delito: não se trata de avaliar a coerência interna dos conceitos nem seu potencial para resolver problemas novos da imputação penal – o que vem sendo a tônica do debate nesse campo –, mas sim de avaliar o papel das formulações teóricas sobre o delito na reprodução e na atualização da RPM. Na direção inversa, tal perspectiva permite também identificar concepções que possam representar caminhos para inovações.

[3] Pires toma a ideia de "obstáculo epistemológico" de Bachelard (1996, p. 17).

[4] Sobre a relação entre as naturalizações produzidas pela RPM e a possibilidade de inovação, ver Pires e Cauchie (2011).

[5] Para um panorama do debate contemporâneo sobre teorias da pena, ver Günther (2004).

Este capítulo é uma tentativa de fazer esse cruzamento de perspectivas – as ideias de Pires sobre a RPM e as teorias dogmáticas sobre o delito que apontam para a prevenção geral positiva, a fim de buscar caminhos que permitam "pensar fora da caixa" da RPM no que diz respeito às ideias consolidadas sobre a pena. Ele se debruça, contudo, sobre um único aspecto: a obrigação de punir por meio da infliçāo de sofrimento ou pena aflitiva.[6] No campo da teoria do delito, essa questão se vê traduzida na forma como se estabelece a relação entre culpabilidade e pena. Pretende-se mostrar como essa relação foi se estabelecendo de forma diferente ao longo do desenvolvimento da teoria penal, recentemente apontando para novas direções. O momento teórico atual e suas perspectivas serão analisados a partir do pensamento de dois autores alemães contemporâneos: Günther Jakobs e Klaus Günther, que têm no centro de suas preocupações a ideia de comunicação.

1. Culpa, pena e obrigação de punir

O conceito de culpa sofreu uma série de modificações e redefinições ao longo dos séculos, passando por uma primeira grande mudança com o conceito de *culpa normativa* de Frank em 1907 (*Über den Aufbau des Schuldbegriffs*), quando deixou de ser compreendida como um fato psíquico para assumir conteúdos normativos. Seguiu-se a isso uma série de definições normativas com conteúdos que variavam em alguma medida para definir o que seria propriamente um juízo de reprovação. Podemos dizer que a segunda ruptura ocorrida na definição de culpabilidade deu-se com a sua funcionalização, primeiro com Roxin, na década de 1970, e em seguida com Günther Jakobs, como tratarei a seguir.[7] É essa segunda ruptura que inicia um movimento de mudança no interior da produção em dogmática penal e que abre caminho para a inovação introduzida mais adiante por Klaus Günther, com a noção de culpabilidade comunicativa. Por essa razão, este capítulo simplifica sobremaneira o desenvolvimento anterior à segunda ruptura, explorando mais detidamente esses dois últimos autores que lhe são posteriores.

[6] Utilizamos neste capítulo as duas expressões como equivalentes. Chamamos atenção ao fato de que não devem ser entendidas apenas como sofrimento corporal.

[7] Trabalhei mais detidamente sobre essa passagem em Machado (2007). Ver, também: Püschel e Machado (2009).

Tomemos como ponto de partida para essa discussão a descoberta de Pires de que na base de todo o debate moderno sobre a pena está, de um lado, a definição do crime pela presença exclusiva da pena como norma secundária, e, de outro, a valorização da pena aflitiva, particularmente a pena de prisão: no plano da reflexão teórica, tanto o saber jurídico como as ciências sociais definirão o crime (e até mesmo o sistema penal) pela presença exclusiva da pena (aflitiva), o que implicará uma compreensão simultânea das normas de comportamento e de sanção: uma não pode ser pensada sem a outra. Tal forma de definição pode ser qualificada como uma sinédoque, aquela figura de linguagem que consiste em definir o todo (o crime ou o sistema penal) pela parte (a pena). Isso tornará praticamente impossível pensar o sistema penal ou o crime sem uma dependência quase exclusiva da pena aflitiva, bem como suscitará uma ontologização da estrutura normativa do direito penal moderno (PIRES, 2004, p. 42).

O percurso que leva Pires à formulação exposta na passagem anterior é principalmente o dos autores que escreveram sobre a função da pena criminal. Pires não se debruça sobre o que momentaneamente chamarei de "a outra ponta" do debate[8] – as teorias que se preocuparam com a formulação dos critérios para denominar crime determinado fato – tradicionalmente chamadas teorias do delito. Entretanto, podemos dizer que o diagnóstico feito por ele se confirma ao analisarmos esse segundo campo do conhecimento, pelo menos se olharmos para as formulações dominantes de cada escola penal. Podemos então afirmar que as formulações da teoria do delito trabalham sob o pressuposto da pena (aflitiva) como consequência natural da definição do crime. É apenas muito recentemente, como mostrarei adiante, que esse pressuposto é enfrentado.

As teorias do delito e as teorias da pena tiveram por muito tempo desenvolvimentos que podemos chamar de relativamente independentes. Discutir a função da pena não esteve entre as preocupações centrais dos autores que escreveram sobre teorias dogmáticas do delito. Sua preocupação esteve ligada à construção de um sistema de elementos e suas conceituações, que comporiam a definição do delito, tendo como pressuposto que a pena (aflitiva) seria, naturalmente, consequência dessa definição.

[8] Veremos que com Roxin e seguindo com os autores chamados funcionalistas, as duas pontas do debate penal – as teorias do delito e as teorias da pena – se juntam.

Para compreender as relações entre a dogmática penal e as teorias da pena é importante recorrer a Liszt – autor que, digamos assim, fundou a teoria do delito tal como a conhecemos, no final do século XIX – e a dois pontos centrais de seu pensamento, que se mantiveram por muito tempo no pensamento dogmático ocidental: a separação entre política e dogmática e a conformação desta na forma rígida de um sistema fechado de categorias lógico-dedutivas.

Liszt, criticando diretamente a pena retributiva e a escola positivista jurídica de Binding, pretendia que o direito penal tivesse uma preocupação não só de garantia e de asseguramento das conquistas do Estado liberal,[9] mas também de prevenção efetiva contra o delito na defesa dos interesses da coletividade (MIR PUIG, 1976, p. 219; LISZT, 1905, p. 212-251). Em seu texto de 1882 *A ideia de fim no direito penal*,[10] propõe uma "reforma por dentro" da ciência penal, para que passasse a considerar o conhecimento empírico sobre o delito e a pena, reconhecendo os esforços do direito penal na "luta contra o delinquente". Liszt introduziu referências políticas e científicas na ciência penal, mas se preocupou em manter a dogmática vinculada ao direito positivo e "intacta" pelo menos em relação à política. Para conseguir isso, articulou e alocou as dimensões política e empírica do sistema penal no que chamou de "ciência global do direito penal" (*gesamte Strafrechtswissenschaft*), composta por três eixos: as ciências dedicadas ao estudo causal-empírico do delito e da pena (criminologia e penologia); a política criminal no exercício da tarefa política que se concretiza nas propostas de revisão e reforma da legislação penal; e a dogmática como "ciência sistemática" e "ciência prática" (LISZT, 1905, p. 214 e s.). Nessa divisão, o debate sobre a pena estaria alocado, em seu aspecto normativo acerca dos fins, no campo da política criminal e, em sua abordagem empírica, no campo da criminologia e da penologia. Nem questões de ordem normativa, nem questões de ordem empírica deveriam ser consideradas no campo da teoria do delito. Em

[9] Cf. o sentido liberal de sua teoria, sintetizado por Mir Puig (1976, p. 215), nesta passagem: "Al agotar el sentido y finalidad de ésta [da pena] en la respuesta del hecho cometido, perseguía evitar toda toma en consideración de la personalidad del reo. Binding defendía de esta forma uno de los principios centrales de la filosofía liberal: el Derecho penal de facto, frente al Derecho penal del autor".

[10] Também conhecido como "Programa de Marburgo": Liszt (1882). Utilizaremos a tradução para o espanhol de Carlos Pérez del Valle, Liszt (1995, original de 1882).

sua dimensão sistemática, a dogmática de Liszt se mantém dedicada ao estudo do direito positivo e à construção de um sistema de conceitos e princípios, dos quais se deduz o conceito de crime.[11]

A Escola Clássica do delito, fundada por Liszt,[12] foi logo superada no pensamento dogmático, mas tal esquema tripartido e seus pressupostos – a separação entre política e dogmática e a conformação desta na forma rígida de um sistema fechado de categorias lógico-dedutivas – determinaram o tipo de trabalho que cabia à dogmática penal e o espaço em que ela se desenvolveria nos séculos seguintes. No que tange à relação entre teoria do delito e teorias da pena, essa separação permitiu que a dogmática penal se isolasse por muito tempo em relação à discussão sobre os fins da pena e seus efeitos, embora estivesse sempre presente nas construções das sucessivas teorias do delito que a consequência da definição de um fato como crime teria como consequência a aplicação de uma pena (aflitiva).

Essa separação rígida é posta em xeque apenas dois séculos depois por Claus Roxin, que, a partir da década de 1970, passa a questionar a ideia de teoria do delito como sistema fechado de generalizações conceituais. É a partir de então que a discussão sobre a pena é integrada à discussão dogmática sobre o crime e os critérios para imputação de responsabilidade penal.[13]

Para Roxin, a concepção lisztiana de teoria do delito como sistema fechado estaria colocando em xeque a própria ideia de sistema[14] e enfraquecendo o pensamento dogmático, pois estes acabavam acusados de

[11] "Como ciencia eminentemente práctica que trabaja continuamente para satisfacer las necesidades de la administración de justicia, creando siempre nuevos frutos, la ciencia del Derecho es y debe ser una ciencia propiamente sistemática; pues solamente la ordenación de los conocimientos, en forma de sistema, garantiza aquel dominio seguro y diligente sobre todas las particularidades, sin el que la aplicación del Derecho, entregada al arbitrio o al azar, no pasaría de ser un eterno diletantismo" (LISZT, s.d.).

[12] Também conhecida como sistema *Liszt-Beling* de construção do delito.

[13] Utilizaremos aqui a obra traduzida: Roxin (1994).

[14] O pensamento sistemático apresenta, segundo ele, vantagens especialmente no âmbito da aplicação do Direito, ao simplificar o exame e a solução do caso concreto e garantir uma aplicação uniforme do Direito. No plano dogmático, ele serve de guia para elaborações que contribuem para o desenvolvimento do Direito. Contudo, de outro lado, o pensamento sistemático fechado apresenta sérias dificuldades ligadas à obtenção de justiça no caso concreto, na medida em que a simples dedução da solução a partir do sistema (no caso, o

descuidar da justiça no caso concreto, de reduzir as possibilidades de solução do problema e de provocar um descompasso entre a dedução sistemática e a correção axiológica (ROXIN, 1997a, p. 228).

O projeto teórico de Roxin é, então, construir um sistema dogmático permeado pelos valores político-criminais do Estado Democrático e Social de Direito. Ele pretende, por um lado, salvar a organização do pensamento penal em forma de sistema, mas, por outro, torná-lo ao mesmo tempo mais seguro e apto para a resolução dos problemas. A solução para isso seria abri-lo e orientá-lo teleologicamente a metas político-criminais (ROXIN, 1994, p. 20).

Nesses termos, o papel da dogmática não seria só o de construção sistemática. Não se trata, segundo Roxin, apenas de dissecar o comportamento delitivo em elementos, posicioná-los em diversos estratos da construção do crime e alcançar conceitos superiores e generalizáveis. Também não se trata apenas de ampliar a capacidade explicativa de suas soluções e sua aplicabilidade à realidade, mas sim de alcançar, para problemas materiais do direito penal, soluções que realizem os fins do direito penal. A intervenção estatal, inclusive no âmbito penal, não deve ser aleatória,[15] mas direcionada por valorações políticas. E para acomodar política e sistema com segurança jurídica, o ponto de vista político-criminal deve já estar dado: trata-se, segundo ele, dos fins adequados com a política do Estado Social e Democrático de Direito.

Roxin pretende concretizar essa unidade entre sistema e política criminal conferindo aos elementos do sistema do delito significado segundo as metas político-criminais. Conceitos e categorias da teoria do delito devem assim ser "funcionalizados": devem ser capazes, cada um deles, de desempenhar um papel que contribua à realização da missão do direito penal, qual seja a proteção subsidiária de bens jurídicos ligados ao livre

finalista) pode levar a resultados que no caso concreto não pareçam nem justos, nem adequados (LISZT, 1905, p. 207-210).

[15] Conceitos incapazes de lidar com problemas concretos não ajudavam no problema da indeterminação da lei. Roxin exemplifica esse problema com a discussão que se deu na Alemanha em torno da teoria da participação: o critério "vontade do autor" do sistema finalista não dizia nada e não contribuía para a solução do problema concreto e, por isso, passou a ser utilizado livremente pela jurisprudência. Nesse contexto, o desenvolvimento jurisprudencial teria levado a distinção entre autor e partícipe a ser feita "sem orientação alguma em categorias sistemáticas, à livre discrição do juiz" (ROXIN, 1994, p. 18).

desenvolvimento do indivíduo. Esse objetivo está, por sua vez, segundo Roxin, expresso na função preventiva atribuída à pena (ROXIN, 1994, p. 98).

Nesse ponto, percebe-se uma mudança importante na forma de se conceber a dogmática penal, na medida em que a interpretação e a sistematização das categorias feitas por Roxin se dão a partir da ideia de *necessidade de pena* (ROXIN, 1992a, p. 61). Ou seja, as categorias tipo, antijuridicidade e culpabilidade[16] entram como diferentes aspectos dessa valoração sobre a necessidade da pena para alcançar os fins do direito penal. De modo sintético: no tipo, o fato é valorado sob o ponto de vista da necessidade abstrata de pena. O fim político-criminal dessa decisão é preventivo-geral, quer dizer, ao acolher uma conduta como típica, pretende-se motivar os indivíduos que se abstenham de praticá-la (ROXIN, 1994, p. 210; ROXIN, 1992a, p. 61-62). No nível valorativo seguinte, ao ser analisada a categoria da antijuridicidade, atuam as mesmas diretrizes preventivo-gerais que atuaram na definição do tipo, mas elas ganham uma dimensão adicional, a partir do caso concreto. É nesse âmbito que se faz um juízo sobre a danosidade ou nocividade da conduta em si, podendo--se modificar ou corrigir a valoração anterior feita no âmbito do tipo. É na última categoria desse processo de valoração, a da responsabilidade,[17] que se estabelece com mais ênfase o vínculo entre a valoração do fato e a necessidade de que o autor seja apenado (ROXIN, 1992a, 62). É por meio dela que se trata de saber se o sujeito individual merece uma pena pelo injusto realizado, ou seja, se há no caso concreto a necessidade de

[16] Em realidade, a primeira coisa a ser analisada quando se está diante de um fato é se se trata de uma ação no sentido dogmático-penal. Essa ação não é definida simplesmente como algo empiricamente preexistente, mas já é resultado de uma valoração. Não nos alongaremos nesse ponto, pois o conceito de ação, ao se normativizar na teoria de Roxin, cede importância ao de tipo. De qualquer modo, a valoração referente à ação se dá ainda em abstrato e se trata de decidir se se poderá imputar a alguém, como conduta sua, aquele determinado ato ou omissão. Um homem terá agido se determinados efeitos procedentes ou não dele próprio (ação ou omissão) puderem ser atribuídos a ele como pessoa. O fim político-criminal que está por trás dessa categoria é o de que, independentemente da aparência externa e das consequências causais da presença humana, ao valorar algo como uma não ação, exclui-se desde o início a possibilidade de enquadrá-la em categorias do juridicamente proibido ou permitido (ROXIN, 1994, p. 218).

[17] Como trataremos adiante, Roxin deixa para segundo plano a denominação tradicional "culpabilidade", e a engloba no conceito de responsabilidade.

prevenção. O que se decide aqui é, segundo Roxin, pela punibilidade ou não punibilidade de acordo com os fins da pena, tendo a culpabilidade como limite. Embora ele considere o direito penal o último recurso de proteção, enfatizando o princípio da subsidiariedade e seu caráter fragmentário, é ainda a pena que, para ele, torna efetiva a missão do direito penal,[18] e seus fins são, portanto, articulados em torno disso.

A teoria de Roxin constitui uma mudança importante na articulação dos elementos da ciência do direito penal. Primeiro, uma ruptura com o sistema finalista, na medida em que rompe com suas premissas: a construção de um sistema jurídico-penal não deve vincular-se a dados ontológicos, mas deve ser racionalizada a partir dos fins e das prestações do direito penal. Em segundo lugar, ao trazer as valorações político-criminais sobre os fins da pena *para dentro do sistema dogmático*, rompe também a barreira estabelecida por Liszt entre direito penal e política criminal.

Uma das consequências dessa posição é a exclusão da função de retribuição do sistema: se a finalidade do direito penal é a proteção subsidiária de bens jurídicos, então não está permitido servir-se de uma pena que, de forma expressa, prescinda de todos os fins ligados à prevenção de delitos. Se "as normas penais só estão justificadas quando tendem à proteção da liberdade individual e a uma ordem social que está a seu serviço" (ROXIN, 1994, p. 84-85), da mesma forma a pena deve buscar combinar e equilibrar fins de prevenção geral e especial, tendo essa última prevalência em relação à anterior, em casos de conflito.[19]

[18] Roxin é um entusiasta da reparação no sistema penal e a valoriza por razões político-criminais que não se relacionam a seu aspecto de inflição de sofrimento. Considera-a vantajosa para a vítima, para o autor, para a administração da justiça. Entretanto, parece-me que a integração da reparação no sistema penal por Roxin se dá sem alterar a estrutura da sua teoria e a relação que ele estabelece entre a teoria do delito e as funções da pena. A reparação seria, para ele, uma forma alternativa de concretização dos fins preventivos da pena. Em suas palavras: "La importancia de esta sanción para el Derecho penal descansa en el principio de subsidiariedad, es decir: en el principio de que la pena, como la medida politicosocialmente más severa, sólo debe aplicarse cuando al mismo resultado no pueda alcanzarse con otros medios menos gravosos. Por consiguiente, la pena debe retroceder en la medida en que la reparación y los esfuerzos de reconciliación sean suficientes para la compensación de lo injusto sobrevenido y para la satisfacción de las necesidades de prevención especial y general del Derecho penal" (ROXIN, 1999, p. 13).

[19] Sucintamente, o mecanismo pelo qual Roxin propõe essa combinação é o seguinte: o fim de prevenção geral figura sozinho no momento da cominação da pena, enquanto no momento

Embora esse sistema tenha recebido críticas especialmente por tentar conciliar no mesmo processo finalidades incompatíveis,[20] ele definitivamente exclui a retribuição como uma das funções da pena e dá importância à reabilitação. É importante notar, entretanto, que, apesar de o foco da reabilitação estar na pessoa do apenado, ela não é por si só uma inovação em relação a outras posições sobre a punição, já que a maioria das teorias ligadas à reabilitação criminal foi desenvolvida considerando a punição medida terapêutica e educacional por meio do encarceramento.[21]

Roxin é certamente um dos autores contemporâneos mais importantes do campo da dogmática penal. Ele expõe as fragilidades da teoria penal até então majoritária e se torna um ponto de partida fundamental para um movimento de renovação da dogmática penal. Além disso, excluir definitivamente a retribuição como fim da pena e dar importância à ressocialização (ainda que na chave "excluir para incluir") é, sem dúvida, um ganho em relação a outras posições teóricas sobre pena.

da aplicação ambos devem ser levados em consideração. O juiz tratará de harmonizar os dois objetivos, que podem se revelar conflitantes quando esses fins exigirem diferentes quantidades de pena. Para ilustrar tal conflito e como ele pode ser resolvido, Roxin lança uma hipótese em que, sob o prisma da prevenção geral positiva, seria adequada uma pena de três anos de privação de liberdade, mas as exigências de prevenção especial apenas permitiriam um ano de prisão, pois uma pena mais grave teria efeitos prejudiciais ao autor. Nesse caso, os fins de prevenção especial e geral seriam sopesados e colocados em ordem de preferência. Os critérios dessa ordem são dados por Roxin da seguinte maneira: a prevenção especial tem preferência, pois a ressocialização é um imperativo constitucional (na Alemanha), e a prevenção geral não chega a ser de todo frustrada mesmo com uma pena menor que a ideal. Entretanto, essa preferência pode ir apenas até onde a necessidade preventiva geral mínima o permita. Ou seja, a pena não pode ser reduzida a tal grau que a sanção já não seja levada a sério na comunidade, pois isso feriria a confiança no ordenamento jurídico (ROXIN, 1994, p. 97). Nesse balanço entre os fins preventivos, a culpabilidade também é levada em consideração. Ela não tem nenhum significado no que toca à finalidade da pena (já que a retribuição está afastada), mas cumpre um papel de limitação.

[20] Cf., por exemplo, Jakobs (1997a, p. 34-37).

[21] Pires aponta que a exceção a esse cenário estaria concentrada em algumas teorias que surgiram nas décadas de 1950 e 1960 defendendo a reabilitação "fora da prisão" por meio de estratégias de inclusão social, o que ele chama de "segunda modernidade das teorias da reabilitação". Cf. Machado *et al.* (2009, p. 55). Essas teorias, entretanto, não tiveram força para quebrar o paradigma da prisão na teoria penal ocidental.

Entretanto, se olharmos a proposta de Roxin sob o prisma da RPM, veremos que os elementos normativos introduzidos por ele reforçam algumas de suas ideias fixas. Isso porque ele vincula de modo intrínseco a proteção de bens jurídicos à pena e, com isso, a coloca no centro de sua formulação normativa sobre os fins da intervenção penal, diluindo o juízo acerca da definição do crime na necessidade de pena. A imputação de responsabilidade por um crime, em sua teoria, deixa de ter significado autônomo e só acontecerá se houver necessidade de aplicação de pena.

Em suma, podemos dizer que, se de um lado a normativização dos conceitos dogmáticos levada a cabo por Roxin é um passo fundamental no sentido da desnaturalização de algumas ideias no âmbito da teoria do delito, de outro, os problemas da sua teoria emergem do fato de que a negação dos conceitos ontológicos do finalismo teve como contrapartida a introdução de definições normativas fixas, entre as quais a própria finalidade de proteção de bens jurídicos por meio da pena preventiva.[22]

Günther Jakobs aproveita o movimento de funcionalização iniciado por Roxin, mas retira os conteúdos materiais fixos de sua teoria. Produz com isso uma ruptura fundamental no debate penal, pois o foco do trabalho dogmático já não estaria mais em construir uma definição material de delito, o que produziria respostas estáticas e concretas demais, que, por exemplo, têm enfrentado uma série de dificuldades para serem aplicadas a problemas com alto grau de complexidade com os quais o direito penal contemporâneo lida. Para Jakobs, não se trata de construir categorias e preenchê-las de conteúdo, a fim de extrair uma definição de delito, mas sim de fornecer uma estrutura que sirva para o processo de imputação. E tal processo é descrito por Jakobs em termos comunicativos.

O processo de imputação está dirigido, segundo Jakobs, pela necessidade de uma comunicação que confirme a norma. Essa premissa abre caminhos, como veremos abaixo, para formulações inovadoras, embora o próprio Jakobs não tenha conseguido abandonar em sua teoria o imperativo da pena (aflitiva).

[22] Para outras críticas possíveis que podem ser direcionadas à sua construção, como o excesso de conteúdos materiais fixos e sua dificuldade para lidar com alguns problemas contemporâneos da imputação, ver Machado (2007, p. 69-70).

2. Teoria da Pena em Jakobs: pena como comunicação funcional e as incongruências de sua teoria

A pena é sempre reação ante a infração de uma norma. Mediante a reação, sempre se manifesta que se deve observar a norma. E a reação demonstrativa sempre tem lugar à custa do (ou seja, mediante a perda de um direito do) responsável por haver infringido a norma (JAKOBS, 1997a, p. 8).

É assim que Jakobs formula o conceito de pena, que atua como critério funcionalizador de toda sua teoria da imputação penal.[23] O ponto central de sua definição está na ideia de pena com função de comunicação. É essa a ideia que pretendo resgatar e explorar de seu trabalho, ainda que seu pensamento sobre a pena tenha apresentado nuances e movimentos conceituais posteriormente a essa definição inicial.[24]

Segundo Jakobs – a partir da ideia de expectativa normativa de Luhmann –, os contatos sociais tornam-se possíveis se não se tem de contar, a cada momento, com qualquer tipo de comportamento por parte do outro. Ou seja, iniciar um contato social é sinal de que não se espera um desenlace indeterminado. Uma decepção específica no âmbito dos contatos sociais afeta as expectativas que derivam da pretensão, em face da outra parte, de que esta respeitará as normas vigentes. Assim, quando essa expectativa não é cumprida, surge um conflito perante o qual o modelo de orientação do decepcionado é colocado em questão. A contradição da norma por meio de uma conduta é a infração da norma. Uma infração é, em outras palavras, uma desautorização da norma, que gera conflito na medida em que coloca em dúvida a norma como modelo de orientação. A infração, assim, é definida não por um comportamento que produz efeitos no mundo exterior, mas por seu significado em relação ao significado da norma (JAKOBS, 1997a, p. 9-14).

[23] Essa é a definição presente na primeira edição de seu *manual*, que é de 1983 (utilizamos aqui a tradução espanhola de 1991). É interessante notar que seu manual é intitulado: *Direito Penal, Parte Geral*: fundamentos e teoria da imputação (*Strafrecht, Allgemeiner Teil: die Grundlagen und die Zurechnungslehre*), ou seja, já no título não há referência à teoria do delito, mas a uma teoria do processo de imputação, o que a meu ver é a grande inovação trazida por Jakobs à dogmática penal. Tratei disso com mais profundidade em minha tese de doutorado: Machado (2007).

[24] Tais aspectos são abordados em Machado (2007).

Colocada no mesmo nível da infração, afirma Jakobs, a pena não deve ser considerada apenas um fato exterior – a partir do qual só apareceria como uma sucessão irracional de dois males –, mas expressa algo: quer dizer que o significado do comportamento do infrator não é determinante, e que o determinante – ou válido – continua sendo a norma. Trata-se, assim, de uma réplica diante da infração da norma, que se define por sua função comunicativa, embora se exerça, segundo ele, à custa do infrator. Infração e sanção devem ser entendidas como comunicações sobre a validade da norma (JAKOBS, 2003-2004, p. 495). Em outras palavras, o infrator afirma a não vigência da norma, mas a pena confirma que essa afirmação é irrelevante, ou seja, que o motivo do conflito é a infração da norma pelo autor, e não a confiança da vítima na norma. Com isso, a pena permite que a norma continue funcionando como modelo de orientação idôneo. Ou seja, a missão da pena é reafirmar a validade da norma e assim a manter como modelo de orientação para os contatos sociais.

Assim como o centro da infração é a consequência comunicativa no âmbito das expectativas sociais, o *sentido* atribuído à pena, na teoria de Jakobs, está totalmente conectado a tal caracterização não material. A pena não tem significado em relação aos possíveis bens danificados com determinada conduta; ela não restabelecerá o dano material à vítima, pois tem os seus efeitos primários no âmbito da validade da norma violada. O fundamental, em suma, para a compreensão da pena em Jakobs, é o princípio de que a finalidade da pena para ele não se coloca no âmbito dos efeitos concretos e externos ao sentido da comunicação.

Por essa razão, Jakobs critica as modalidades preventivas de pena. Elas levam em consideração os efeitos que a pena exerce no autor individual ou nos autores potenciais e acabam não prestando atenção no dano que o fato produz à validade social do sistema normativo. Para ele, dado que a pena é um processo de comunicação, seu conceito deveria estar centrado na própria comunicação, e não nos reflexos ou nas repercussões psíquicas da comunicação, que podem até ser desejados, mas não fazem parte do *conceito* de pena (JAKOBS, 1998, p. 33).

Não se trata, portanto, de dirigir ou regular imediatamente condutas por meio da pena, mas de estabilizar na sociedade redes de expectativas normativas que lhe são fundamentais. Embora Jakobs não descarte a possibilidade de que uma pena venha a ter efeitos preventivos especiais ou gerais, os efeitos desse tipo não devem servir para fundamentá-la ou definir sua função. É possível, segundo ele, vincular à pena determinadas esperanças de que sejam produzidas consequências de psicologia social ou individual de variadas características, por exemplo, a esperança de que se mantenha ou se solidifique a fidelidade ao ordenamento jurídico. No entanto, a pena já significa algo com independência dessas consequências: significa uma autocomprovação (JAKOBS, 1996, p. 18). As consequências de psicologia social ou individual não afetam o núcleo da teoria da pena. Não estão nem em seu significado, nem em sua função. São secundárias e casuais.

Essa compreensão comunicativa do processo de imputação de pena é central ao pensamento de Jakobs. É certo que formulações anteriores sobre a pena, especialmente aquelas ligadas às teorias de prevenção geral positiva, também pressupunham processos de comunicação social a partir da pena. Todavia, nesses casos esta representa apenas um meio para obter efeitos sociais de prevenção. O que considero inovador na formulação de Jakobs é que o fim da pena está na própria comunicação.

Entretanto, mesmo afirmando a pena como comunicação, Jakobs mantém em sua definição o elemento fixo de que a pena é algo que se exerce "às custas" do apenado. Nos seus textos seguintes, ele defende de modo mais explícito que a concretização da pena *deve* dar-se não só como comunicação linguística ou simbólica, mas como privação de meios de interação do autor. E isso seria necessário, para ele, porque o infrator da norma, por meio de sua conduta, não somente significou algo, mas também configurou algo (por exemplo, não só afirmou que não se deve respeitar a vida alheia, mas a destruiu ou estava disposto a destruí-la). O significado de sua conduta não é objetivado apenas no plano simbólico, mas também no plano externo à sociedade, e, por isso, uma resposta apenas no plano simbólico, afirma Jakobs, estaria objetivada em menor medida que o fato.[25] As expectativas normativas precisariam de uma base cognitiva para existir na realidade. Para isso, diz Jakobs, não basta contradizer o autor mediante a pena e confirmar a configuração da sociedade no

[25] Leia-se: "Así como el hecho configura de modo definitivo el mundo externo de las personas (o se dispone a ello) también la reacción frente al hecho debe suponer una configuración definitiva, lo que significa que debe hacer imposible de modo efectivo que se anude una conducta a éste, convirtiendose de esta manera en permanente en el mundo externo" (JAKOBS, 1998, p. 25).

plano das comunicações, é preciso se preocupar com que não aumente a probabilidade de infrações ulteriores da norma, de modo que as pessoas não duvidem da realidade do ordenamento jurídico e temam por seus interesses (JAKOBS, 2003, p. 53-54).

Ao afirmar a necessidade de materialização da pena por meio da privação infligida ao autor, Jakobs acaba separando seu discurso sobre a pena em dois planos, o comunicativo, ligado ao plano do significado da pena, junto com o conceito de infração e validade, e o outro plano ligado à sua concretização. É o primeiro que ancora e fundamenta toda a sua teoria da imputação e é esse ponto que me parece ter relevância para fazer avançar o debate sobre a pena.

Por meio dessa divisão, contudo, Jakobs parece ter mantido as ideias tradicionais sobre a pena no que ele chama de plano da concretização. Apoiar a força das expectativas normativas na necessidade de materialização da pena por meio da privação infligida ao autor parece destoar de todo o seu esforço de fundamentar a teoria da imputação na necessidade de produzir comunicação social sobre a norma, no plano da validade. Provavelmente para conciliar esses dois momentos a princípio incompatíveis, é que ele separa o plano do conceito do plano da concretização. Em outras palavras, ele desloca os efeitos concretos de inflição de sofrimento geograficamente para fora de sua definição de pena, mas faz coexistir a comunicação da validade da norma com a necessidade de imposição de uma pena que se dá por meios materialmente coativos; meios que, diz, tenham o mesmo grau de objetivação que a infração.

Assim, apesar de todo seu esforço teórico para dessubstancializar e desnaturalizar a teoria do delito, ele mantém intocado o vínculo entre imputação e necessidade da pena como inflição de sofrimento. Além disso, ao assumir essa configuração fixa da forma da pena, isto é, ao manter o conteúdo intrínseco da pena como um mal, Jakobs herda e reproduz a necessidade da pena aflitiva, característica da RPM.

Jakobs não vai mais longe por não ter percebido – ou não ter querido admitir – que a fundamentação funcional-comunicativa da sua *definição* de pena tornava pelo menos contingente – para não dizer supérfluo junto com Klaus Günther, como veremos – a necessidade de se responder também por meio da privação dos meios de liberdade do autor. Ao afirmar a necessidade de que a comunicação se dê concretamente por meio da inflição de sofrimento, Jakobs aproxima-se novamente das definições tradicionais de pena e perde o que seria um ganho funcionalista do seu conceito: que a definição da forma da comunicação estabilizadora da norma fosse contingente e se pudesse pensar em formas alternativas à dor para comunicar a vigência da norma.

Com esse procedimento pouco familiar à sua própria visão funcionalista, Jakobs põe a perder o potencial inovador que sua estrutura comunicativa de imputação e seu conceito de pena como comunicação poderiam ter para o debate sobre a pena. Esse pequeno deslocamento, entretanto – do mal da pena para fora da definição comunicativa de pena –, ao menos abre um caminho para se pensar que se trata de duas coisas distintas. Ou seja, embora estabeleça um vínculo intrínseco, natural entre a comunicação e a concretização da pena às custas do imputado, Jakobs ao menos desidentifica as duas funções; as separa, alocando uma na dimensão comunicativa e outra na dimensão cognitiva.

Não é irrelevante, assim, a contribuição que faz ao debate conceitual sobre a pena, ao destacar imputação e sua função comunicativa da concretização da comunicação por via do sofrimento. Jakobs mostra que são coisas distintas, embora não consiga desatar o nó entre elas. No final das contas, para ele, uma deve se seguir à outra necessariamente, mas de qualquer maneira talvez essa tenha sido uma das poucas vezes no debate dogmático em que se abriu uma janela para se repensar a relação entre função de imputação e função da punição. O que se torna visível aqui na forma de uma incongruência de sua própria teoria abre caminho para questionar o vínculo, naturalizado e praticamente inquestionado, entre imputação e pena. É Klaus Günther quem extrai consequências inovadoras dessa distinção.

3. Klaus Günther: pena no Estado Democrático de Direito?

No esquema tradicional de se pensar a resposta do sistema penal, falar de imputação legítima de responsabilidade penal a um autor por um ato considerado ilícito equivale a falar, simultaneamente, da aplicação de uma pena. A decisão sobre culpa e sua imputação é vista, na teoria penal tradicional, como já afirmei várias vezes neste capítulo, simplesmente como o pressuposto que autoriza o Estado a aplicar uma pena. A partir daí, a decisão sobre o *quantum* e a forma da pena pode variar, especialmente em razão do sentido que se atribui a ela, que também é variável conforme a estratégia de justificação da pena que se adote. Vimos que Jakobs, embora tenha de modo novo no debate penal colocado a definição tanto de delito como de imputação em termos comunicativos, não rompeu com esse esquema.

Dessa forma, é Klaus Günther, filósofo e penalista ligado ao Instituto de Pesquisa Social de Frankfurt e à tradição da teoria crítica, que enuncia pela primeira vez uma das consequências mais relevantes da compreensão da imputação como comunicação: a autonomia da comunicação da imputação em relação à pena.

Ele questiona, assim, o dado praticamente naturalizado de que a resposta do sistema penal é necessariamente a pena. Ora, diz Günther, se a função do direito penal, como já enunciara Jakobs, é comunicar a vigência da norma, a própria imputação de responsabilidade penal contida na sentença já faz isso. Para que a comunicação da sentença seja seguida por um *plus*, que pode ser uma pena, é preciso que esta tenha outra função. É preciso justificá-la de outra forma.

Günther parte de um conceito habermasiano de comunicação, que implica compreendê-la em termos linguísticos. Mais do que isso, observa a ideia de responsabilidade na sociedade contemporânea e reconhece sua importância por si só como categoria sociológica (GÜNTHER, 2002, p. 105-118). Por isso, é capaz de reconhecer na própria sentença a comunicação da responsabilidade que organiza a teia de elementos e interações sociais e lhe dá um sentido. Günther põe à mostra o sentido social da própria imputação de responsabilidade.

Reconhecer que a comunicação estabilizadora da imputação de culpabilidade se dá no momento da sentença não equivale a dizer que a reação estatal ao conflito deva esgotar-se nisso necessariamente. A sentença, diz Günther, abre espaço para a discussão pelos cidadãos sobre outras possíveis formas de reação estatal ao conflito, por exemplo, a reparação da vítima ou a ressocialização do autor. O importante é perceber que essas outras formas de resposta estatal se destacam da imputação, são externas a ela e se justificariam por terem outra função, isto é, não se trata de explicar a decisão que considera determinado ato crime e determinada pessoa seu autor. Se nenhum desses exemplos dados por Günther poderia ser chamado de pena, pois não têm o caráter de inflição de um mal, isso não significa que ele descarta, a princípio, que uma sociedade possa e queira, além da comunicação da imputação, lançar mão da pena. Günther apenas chama a atenção para o fato de que isso merece uma fundamentação diferente daquela que explica a decisão sobre a imputação.

Em outras palavras, a pena como inflição de um mal não serve (ou melhor, é supérflua) para comunicar a imputação, mas isso não exclui por si só que a pena tenha algum outro sentido. Implica apenas que tal sentido tenha que ser procurado em outro lugar, fundamentado de outra forma.

São esses outros possíveis sentidos já atribuídos à pena que Günther se dedica a analisar. Ele se lança à esfera pública formal e informal[26] e compila os argumentos que até hoje foram levantados a favor da pena. Estes ou não resistem à crítica racional, ou não servem para fundamentar a pena propriamente, mas sim a decisão de imputação (como a retribuição kantiana ou hegeliana e a prevenção geral positiva). Não teremos espaço para tratar aqui das críticas que Günther dirige às teorias da pena. Parece-nos que é exatamente esse o debate que ele abre. Podemos considerar que, nesse momento, Günther é uma dentre as várias vozes que podem falar a favor ou contra a pena como inflição de um mal e as possíveis finalidades que se lhe pode atribuir. Um exercício que deverá ser feito por todos os cidadãos em um Estado Democrático de Direito.

O que nos importa destacar é o sentido emancipatório da intervenção de Günther na discussão sobre direito penal: evidencia um sentido social comunicativo na imputação mesma de responsabilidade individual, que ganha autonomia e deixa de significar simplesmente um requisito para a aplicação da pena.

Com isso, ele finalmente desnaturaliza esse vínculo, mostrando que se trata de âmbitos distintos de decisão e que, portanto, devem receber fundamentos distintos. Há momentos decisórios na escolha das regras e dos critérios de imputação de responsabilidade e na decisão em si sobre responsabilização. No entanto, se depois da comunicação da imputação haverá mais algum tipo de resposta do sistema, isso demanda dos cidadãos uma nova escolha, precedida pela apresentação e discussão de novas razões. É nesse momento que eles podem decidir legitimamente sobre a pertinência e a "justiça" de outras formas de intervenção estatal: reparar vítimas, oferecer possibilidades de ressocialização e, até mesmo, punir.

Ao destacar imputação de punição, Günther, além de mostrar a possibilidade de desenfatizar a punição em favor da culpa, aponta um

[26] Nos textos *Crítica da pena I e II* (GÜNTHER, 2004, p. 117-131; GÜNTHER, 2005, p. 131-141).

problema grave para um Estado de Direito no estado atual da discussão sobre a pena: o déficit de fundamentação do poder exercido por meio da aplicação da pena e a necessidade de que uma discussão sobre os fundamentos e as razões da punição seja levada a sério. Que a pena não seja vista como decorrência natural da culpa, e que, portanto, a discussão sobre suas razões não seja obscurecida por argumentos que dizem respeito à fundamentação da culpa, e não propriamente da pena.

Günther reabre assim o debate sobre o sentido da pena em nossa sociedade e coloca essa decisão política nas mãos dos cidadãos. Se a pena não é mais a resposta natural do sistema do direito penal, nós então devemos discutir democraticamente na esfera pública se e em que medida precisamos dela; quais são as possibilidades de sancionar (que não necessariamente precisam envolver inflição de sofrimento) e quais são os argumentos racionais que sustentam nossas escolhas.

Dessa maneira, o seu conceito de culpa comunicativa abre uma possibilidade importante de superação desse paradigma tradicional de se pensar o direito penal moderno a partir da punição como inflição de sofrimento, ligada ao reconhecimento de culpa por meio de um vínculo naturalizado.

É claro que o simples desatar desses nós teóricos (e epistemológicos) não significa por si só uma mudança no panorama da pena criminal em sociedades contemporâneas, que depende de processos sociais de deliberação sobre a função do sistema de justiça criminal e as formas de utilizá-lo na resposta a conflitos sociais. Entretanto, a importância dessa oportunidade teórica para repensar a relação entre atribuição de culpa, punição e sofrimento não pode ser negligenciada.

Referências

BACHELARD, G. *A formação do espírito científico*: contribuição para uma psicanálise do conhecimento. Trad. Estela dos Santos Abreu. Rio de Janeiro: Contraponto, 1996.

GÜNTHER, K. Individuelle Zurechnung im demokratischen Verfassungsstaat. *Jahrbuch für Recht und Ethik*. Bd. 2., Berlin, p. 143-157, 1994.

GÜNTHER, K. Communicative freedom, communicative power, and jurisgenesis. *Cardozo Law Review*, v. 17, p. 1035-1058, 1996.

GÜNTHER, K. Zur Zuschreibung strafrechtlicher Verantwortlichkeit auf der Grundlage des Vertehens. *In*: LÜDERSSEN, K. (org.). *Aufgeklärte Kriminalpolitik oder Kampf gegen das Böse?* Baden-Baden, 1997. p. 319-349.

GÜNTHER, K. A culpabilidade no direito penal atual e no futuro. *Revista Brasileira de Ciências Criminais*, v. 24, p. 79-92, 1998.

GÜNTHER, K. Jenseits von idealistischer und rollenfunktionaler Strafbegründung. *In*: SILLER, P. S.; KELLER, K. (org.). *Rechtsphilosophische Kontroversen der Gegenwart*. Baden-Baden: Nomos Verlagsgesellschaft, 1999a. p. 141-146.

GÜNTHER, K. Straf(ab)gründe. Rechtsphilosphie in der Discusión. *In*: SILLER, S. (org.). *Rechtsphilosophische Kontroversen der Gegenwart*. Baden-Baden, 1999b.

GÜNTHER, K. Welchen Personenbegriff braucht die Dirkurstheorie des Rechts? Überlegungen zum internen Zusamenhang zwischen deliberativer Person, Staatsbürger und Rechtsperson. *In*: BRUNKHORST, H.; NIESEN, Peter (org.). *Das Recht der Republik*. Frankfurt a.M.., 1999c. p. 83-104. [Tradução para o português: GÜNTHER, K. Qual o conceito de pessoa de que necessita a teoria do discurso do direito? Reflexões sobre a conexão interna entre pessoa deliberativa, cidadão e pessoa de direito. *Revista Direito GV*, v. 3, p. 223-239, 2006.]

GÜNTHER, K. De la vulneración de un derecho a la infracción de un deber. ¿Un "cambio de paradigma" en el derecho penal? *In*: INSTITUTO DE CIÊNCIAS CRIMINAIS DE FRANKFURT/UNIVERSIDAD POMPEU FABRA (org.). *La insostenible situación del derecho penal*. Granada: Editorial Comares, 2000.

GÜNTHER, K. Responsabilização na sociedade civil. *Novos Estudos*, v. 63, p. 105-118, 2002.

GÜNTHER, K. Kritik der Strafe I. *WestEnd*, p. 117-131, 2004. [Tradução para o Português: GÜNTHER, K. Crítica da pena I. *Revista Direito GV*, v. 4, p. 187-203, 2006.]

GÜNTHER, K. Kritik der Strafe II. *WestEnd*, p. 131-141, 2005. [Tradução para o Português: Crítica da pena II. *Revista Direito GV*, v. 5, p. 137-149, 2007.]

JAKOBS, G. *Strafrecht, Allgemeiner Teil*: die Grundlagen und die Zurechnungslehre. Berlin: de Gruyter, 1983.

JAKOBS, G. *Sociedad, norma y persona en una teoría de un derecho penal funcional*. Trad. Manuel Cancio Meliá; Bernardo Feijóo Sánchez. Madrid: Civitas, 1996.

JAKOBS, G. *Derecho penal parte general*: fundamentos y teoría de la imputación. 2 ed. cor. Trad. Joaquin C. Contreras; Jose Luis S. G. De Murillo. Madrid: Marcial Pons, 1997a.

JAKOBS, G. Culpabilidad y prevención. *In*: JAKOBS, G. *Estudios de derecho penal*. Madrid: Civitas, 1997b. p. 73-99.

JAKOBS, G. *Sobre la teoría de la pena*. Trad. Manuel Cancio Meliá. Bogotá: Universidad Externado de Colombia, 1998.

JAKOBS, G. *Sobre la normativización de la dogmática jurídico-penal*. Trad. Manuel Cancio Meliá; Bernardo Feijóo Sánchez. Madrid: Civitas, 2003.

JAKOBS, G. Imputation in criminal law and the conditions for norm validity. *Buffalo Criminal Law Review*, v. 7, p. 492-510, 2003-2004.

LISZT, F. V. *Tratado de derecho penal.* Trad. da 18. ed. alemã Quintiliano Saldaña. Madrid: Editorial Réusm s.d. t. I.

LISZT, F. V. Rechtsgut und Handlungsbegriff im Bindingschen Handbuche. *Strafrechtliche Aufsätze und Vorträge.* Berlin: Guttentag Verlagsbuchhandlung, Band I, 1905. p. 212-251.

LISZT, F. V. *La idea del fin en el derecho penal.* Programa de la Universidad de Marburg. Granada: Editorial Comares, 1995 (original de 1882).

MACHADO, M. R. de A. *Do delito à imputação*: a teoria da imputação de Günther Jakobs na dogmática penal contemporânea. 2007. Tese (Doutorado) – Universidade de São Paulo. São Paulo, 2007.

MACHADO, M. R.; PIRES, A.; FERREIRA, C.; SCHAFFA, P. *A complexidade do problema e a simplicidade da solução*: a questão das penas mínimas. Brasília: Ministério da Justiça, 2009. Série Pensando o Direito.

MACHADO, M.; PUSCHEL, F. P. (org.). *Responsabilidade e pena no estado democrático de direito*: desafios teóricos, políticas públicas e o desenvolvimento da democracia. São Paulo: Acadêmica Livre, 2016.

MIR PUIG, S. *Introducción a las bases del derecho penal*: concepto y método. Barcelona: Bosch, 1976.

PIRES, A. A racionalidade penal moderna, o público e os direitos humanos. *Novos Estudos CEBRAP*, v. 68, p. 39-60, 2004.

PIRES, A.; CAUCHIE, J. Um caso de inovação "acidental" em matéria de penas: a lei brasileira de drogas. *Revista Direito GV*, São Paulo, v. 7, n. 1, jan./jun. 2011.

PÜSCHEL, F.; MACHADO, M. *Teoria da responsabilidade no estado democrático de direito*: textos de Klaus Günther. São Paulo: Saraiva, 2009.

ROXIN, C. *Culpabilidad y prevención en derecho penal.* Madrid: Reus, 1981.

ROXIN, C. Culpa e responsabilidade: questões fundamentais da teoria da responsabilidade. *Revista Portuguesa de Ciência Criminal*, Coimbra, 4, fasc. 3, p. 503-541, jul./set. 1991.

ROXIN, C. *Política criminal y estructura del delito.* Barcelona. 1992a.

ROXIN, C. Causas de justificación, causas de inculpabilidad y otras causas de exclusión de la pena. Trad. Polaino Navarrete. *CPC* 46, p. 169-194, 1992b.

ROXIN, C. *Política criminal e sistema jurídico-penal.* São Paulo: Saraiva, 1994.

ROXIN, C. *Derecho penal parte general*: fundamentos. La estructura de la teoría del delito. Trad. Diego-Manuel Luzón Peña. Madrid: Civitas, 1997.

ROXIN, C. Pena y reparación. *ADPCP*, LII, p. 5-15, 1999. Disponível em: http://www.cienciaspenales.net.

PARTE 2

OBSERVAR O DIREITO CRIMINAL POR MEIO E PARA ALÉM DA RACIONALIDADE PENAL MODERNA

CAPÍTULO 4

Público, opinião pública e determinação da pena, tais como vistos pela ciência: algumas notas críticas[1]

José Roberto Franco Xavier

Introdução

Há alguns anos, assistimos a um interesse crescente da sociedade pelos assuntos penais. A exploração dos dramas penais pelas mídias de massa parece ter explodido há algumas décadas: crimes que nos chocam, ameaças cada vez mais sérias à ordem social, criminosos que não são suficientemente punidos, etc.; eis aí temas que, mais do que nunca, parecem estar presentes nas comunicações das mídias.

Tudo indica que a opinião pública,[2] historicamente tida como insignificante nas políticas penais e, sobretudo, na tomada de decisão dos juízes dos tribunais penais (pensemos, aqui, nas justificações tradicionais da

[1] Gostaria de agradecer a Maíra Machado, por seus comentários a uma versão anterior deste capítulo, e também a Gérard Pelletier, por suas sugestões em relação ao seu estilo. Agradeço ainda à CAPES, do Ministério da Educação do Brasil, e à Cátedra de Pesquisa do Canadá em Tradições Jurídicas e Racionalidade Penal, pelo financiamento de minha pesquisa.

[2] Ao longo deste capítulo, darei aos termos "público" e "opinião pública" um sentido um pouco fluido. *Grosso modo*, "opinião pública" designa, em meu texto, *comunicações* que são vistas como tais pelos sistemas político e jurídico. Por sua vez, o "público" designa *atores* externos a esses sistemas; indivíduos que exprimem uma dada opinião quanto à punição criminal. Essa definição me será útil aqui, embora só tenha sido desenvolvida em minha pesquisa de doutorado (XAVIER, 2012).

pena e em seu "desprezo" pela opinião pública),[3] tornou-se, atualmente, um elemento difícil de ser ignorado, diante da crescente midiatização dos assuntos criminais. As políticas penais parecem se interessar menos pela *expertise* criminológica ou jurídica do que pela voz dominante de "pessoas há muito sofridas e pouco consideradas – especialmente a 'vítima' e os membros temorosos e ansiosos do público" (GARLAND, 2001, p. 13).

Em tal contexto, a determinação da pena criminal torna-se mais complexa. As interações entre os atores responsáveis por aplicar a punição estatal e o público parecem adquirir uma nova dimensão. O público pode conduzir ações (e o faz, de fato), para se fazer ouvir por juízes e políticos. Mensagens enviadas diretamente a juízes e promotores, comunicações nas mídias, manifestações em praça pública, etc.: eis iniciativas tomadas pela opinião pública, com a finalidade de influir sobre o destino dos acusados.

Com tais desafios relativamente novos quanto à punição, qual olhar as ciências sociais lançam sobre esse fenômeno? Neste capítulo, proponho-me a analisar a observação realizada pela ciência sobre a relação entre, de um lado, o público e a opinião pública e, de outro lado, a determinação da pena criminal. Farei uma breve revisão da literatura sobre a opinião pública e a determinação da pena[4] e, em seguida, sucintamente, a crítica dessa literatura. Procurarei determinar qual é o objetivo perseguido pelos pesquisadores que se interessam por essa problemática, quais são as questões que eles se colocam e também seus pressupostos, e, ainda, quais são as questões que suas pesquisas nos permitem entrever.

Em um livro concernente à racionalidade penal moderna (RPM), esta deveria ser necessariamente o objeto de nossa atenção. Em minha exposição e na análise crítica que a acompanha, o conceito de RPM – como o leitor poderá constatar ao final do capítulo – constituiu um potente instrumento teórico, auxiliando-me a apreender certo número de enfoques críticos, ou, em outras palavras, permitindo-me desenvolver uma crítica bem mais acurada e aprofundada do tema.

[3] Aqui, penso sobretudo nas teorias mais "tradicionais" da pena criminal: a reabilitação, a dissuasão e a retribuição. Tal argumento se tornaria mais complexo, caso se tivesse levado em consideração algumas visões menos comuns, como a da teoria da denunciação.

[4] Para a análise integral, ver Xavier (2008).

1. A literatura sobre a determinação da pena e a opinião pública

Como já indiquei em outro local (XAVIER, 2008; 2012), a literatura sobre o tema público/opinião pública e determinação da pena é muito abundante. Nesta seção, apontarei em que consistem tais orientações de pesquisa, como também ressaltarei o que me parece constituir uma lacuna importante.

Inicialmente, identifico seis orientações de pesquisa que me parecem bem importantes. Na primeira, alguns pesquisadores se empenham em relacionar as "penas" que o público estaria pronto a infligir, em casos concretos (fictícios ou reais), e as penas que os juízes pronunciaram (ou pronunciariam, nos casos fictícios).[5] Seus estudos parecem implicitamente preocupados com a existência de uma distância bastante ampla entre o que o público pensa sobre as penas e a sua aplicação efetiva. O público é visto, parece-me, como uma fonte de legitimidade, da qual o sistema de direito criminal não se pode afastar demasiadamente, sem criar um problema de monta.

As pesquisas em questão parecem desconstruir plenamente a ideia de que o público seria sempre mais punitivo do que os juízes. Mesmo que algumas delas encontrem, em casos específicos, um público mais punitivo,[6] em outras, ele não mais o é, ou o é até menos do que os juízes.[7] Consequentemente, não há base empírica para uma perigosa generalização em consonância com a opinião comum de que o público seja sempre mais punitivo do que os juízes.

Uma segunda orientação de pesquisa pretende comparar os pontos de vista do público com as penas legais. Creio que o trabalho mais marcante, nesse sentido, seja aquele que foi desenvolvido por Rossi e Berk (1997), e que foi encomendado e financiado pela *Federal Sentencing Comission*, dos Estados Unidos. Para os citados autores, não se trata de seguir exatamente o que o público pensa no momento de criar as penas (sobretudo, porque é

[5] Para essa orientação de pesquisa, ver Hough e Roberts (2002); Kuhn, Villettaz e Jayet (2002); Mande e English (1989); Roberts e Doob (1989); Tremblay, Cordeau e Ouimet (1994); Walker, Hough e Lewis (1988).

[6] Ver Walker, Hough e Lewis (1988b, p. 200) (não necessariamente um público mais punitivo, mas sim mais intolerante para com as sentenças mais clementes); e também Tremblay, Cordeau e Ouimet (1994, p. 417).

[7] Ver, por exemplo, Mande e English (1989, p. xvi); Roberts e Doob (1989, p. 510-511) e Hough e Roberts (2002, p. 166).

preciso ter em conta reflexões relativas notadamente às teorias da pena), mas, sim, de mostrar – tal como na orientação de pesquisa anterior – que uma distância muito pronunciada entre as visões do público e as do legislador causa sempre problema. Não se trata de "seguir" o público, mas, de certa forma, de conhecer os limites de sua tolerância, de modo a evitar defrontar-se com penas tidas como ilegítimas.

A terceira orientação de pesquisa concerne às variáveis relativas às "penas" do público. Para alguns pesquisadores, consiste em examinar um pouco mais de perto a tendência em punir manifestada pelo público ou mesmo em delimitar as características que tornam determinados públicos mais ou menos punitivos. As pesquisas que integram esse grupo são bastante díspares e dificilmente agrupáveis sob uma mesma rubrica. Há, por exemplo, pesquisas que se interessam por aquilo que o público consideraria fatores de agravamento ou de atenuação da pena (DURANT, THOMAS e WILLCOCK, 1972); pelas consequências da informação sobre o assunto penal, nas "penas" que o público aplicaria (DOBLE, IMMERWAHR e RICHARDSON, 1991; HOUGH, LEWIS e WALKER, 1988; HOUGH e ROBERTS, 2002; ROBERTS e INDERMAUR, 2007); pelo papel que tanto o temor ao crime, como o temor de ser vítima do público desempenham nessas mesmas "penas" (BOERS e SESSAR, 1991; HOUGH e MOXON, 1988; KUHN, 1993; TAYLOR, SCHEPPELE e STINCHCOMBE, 1979; THOMAS, CAGE e FOSTER, 1976); e, por fim, pelas relações existentes entre as "penas" do público e determinados fatores demográficos e socioculturais (KUHN, 1993; WALKER, COLLINS e WILSON, 1988).

Um quarto grupo de pesquisas se interessa pelo conhecimento do público sobre as teorias da pena, como também pela utilização que ele faz delas, no momento de avaliar a pena a ser aplicada a um crime determinado. Procura-se identificar quais teorias da pena são preferidas do público (DOOB, SPROTT, MARINOS e VARMA, 1998; ENGLISH e PULLEN, 1989; GERBER e ENGELHARDT-GREER, 1996; ROBERTS, CRUTCHER e VERBRUGGE, 2007); comparar as escolhas de teorias da pena feitas pelos operadores do sistema de direito criminal com aquelas feitas pelo público (GOTTFREDSON, WARNER e TAYLOR, 1988); e também ressaltar as distinções estabelecidas pelo público entre as teorias da pena que serão defendidas para os crimes graves (ROBERTS, CRUTCHER e VERBRUGGE, 2007). Ainda que menos extremada do que no caso da comparação entre as "penas" do público e as penas legais ou pronunciadas pelo juiz, parece estar aqui sempre presente a preocupação com certa concordância entre as teorias nas quais as penas do direito criminal devem basear-se e as "penas" do público.

A quinta orientação de pesquisa se interessa pela percepção do público sobre a severidade das sentenças penais. Esse tipo de pesquisa se propõe a avaliar o grau de "satisfação do público" em relação ao papel punitivo do sistema de direito criminal (ou do sistema político, pensando nas penas legais). Ele se empenha em determinar se o sistema de direito criminal é tão punitivo quanto o público o desejaria. Muito frequentemente, as pesquisas estão relacionadas a projetos de reforma (ENVIRONICS RESEARCH GROUP, 1989), ou consistem em meros artigos que comentam sondagens (MYERS, 1996). Cabe acrescentar que essa preocupação em saber se a justiça é suficientemente punitiva tem, geralmente, sua origem menos na ciência como tal do que nas pesquisas de opinião realizadas seja por institutos de pesquisa, seja por governos que tenham desenvolvido suas próprias pesquisas ou que as tenham encomendado a especialistas.

Por fim, há as pesquisas que avaliam a influência da opinião pública nas decisões tomadas pelos tribunais em matéria de penas. Bem poucos trabalhos foram realizados sobre a temática, e nenhum deles – ao menos, de meu conhecimento – insere-se no sistema de direito criminal, para examinar as transformações jurídicas devidas a essa influência. Nesse último grupo de pesquisas, há, de um lado, os trabalhos de Wilkins (1984) e de Tomaino (1997); e, de outro lado, os de Cook (1977) e de Kuklinski e Stanga (1979). Os primeiros não constituem propriamente "pesquisas", mas sim proposições sobre a maneira como o sistema de direito criminal deveria agir para considerar o estímulo externo da opinião pública. Segundo esses autores, é inútil ignorar as mensagens do público, visto que o juiz já leva em conta a opinião dele no momento em que toma a sua decisão. Trata-se, apenas, de tornar explícito aquilo que é feito informalmente. Eles formulam, então, sugestões referentes à integração, a partir dos conceitos de "culpabilidade" e de "circunstâncias agravantes e atenuantes". No que concerne aos trabalhos de Cook ou de Kuklinski e Stanga, a perspectiva é diferente: trata-se de analisar o fluxo das decisões, de modo a determinar como os tribunais reagem a manifestações da opinião pública. Concentrando sua atenção em um episódio específico, em que a opinião pública aparece explicitamente para os juízes, os pesquisadores observam que o conjunto das decisões tende a concordar preferencialmente com ela. Em resumo, consiste em avaliar o que esses pesquisadores chamam de *responsiveness* dos tribunais à opinião pública.

Antes de concluir este breve exame da literatura, apontemos um elemento importante, que chama atenção por estar nela ausente. O olhar de dentro, voltado para o sistema de direito criminal, e que busca compreender os mecanismos que atuam em suas tomadas de decisão, em um contexto no qual a opinião pública se torna uma questão incontornável, parece estar totalmente inexplorado. Em outras palavras, é importante saber como esses estímulos externos são geridos internamente e "digeridos" pelo sistema de direito criminal e sua racionalidade penal dominante (a RPM). Eis uma questão fundamental, que não parece ainda ter sido examinada.

2. Crítica da literatura sobre a determinação da pena e a opinião pública

2.1. A contribuição de alguns estudos

Nos estudos sobre a determinação da pena e a opinião pública, a questão reside nesse interesse, sempre subjacente, sobre a distância entre o que o sistema de direito criminal enuncia como sentença e as expectativas do público. Ou melhor, na escassez de reflexões teóricas a respeito da significação desse fato relativamente novo – o público/a opinião pública –, como elemento a não ser ignorado no momento da determinação de uma pena criminal. Entendo que o debate permanece, mais frequentemente, na superfície, incapaz de aprofundar a questão. Entretanto, explicito que, ao afirmar que existe uma ausência da teoria, não estou focando nas análises sobre as transformações sociais que levam à emergência do público e da opinião pública como ator significativo. Refiro-me, isso sim, às transformações no direito penal – ou, mais precisamente, nos modos de justificação da punição –, provocadas por esses novos atores/comunicações. É importante afirmar, aqui, que o fato disso ser deixado de lado, como objeto de pesquisa, significa ser considerado um problema (embora tenha sempre existido), que merece ser analisado, e inclusive resolvido. Tal maneira de tratar a questão me traz dificuldade, já que ela não consegue escapar de certas armadilhas. Tentemos esclarecer o problema.

De certa maneira, e do ponto de vista de uma criminologia crítica, preocupada em se contrapor a um sistema de direito criminal considerado demasiado punitivo, alguns desses estudos podem parecer muito louváveis e úteis, no plano prático. De fato, eles colocam em questão diversas ideias do senso comum, sustentadas por defensores de um sistema penal cada vez mais punitivo. Esses estudos problematizam, por exemplo:

a) a eficácia das políticas penais baseadas em pesquisas de opinião. Critica-se, geralmente, o fato de que elas fazem uma caricatura da opinião pública, como também se critica a sua utilização pelos políticos – o que nada mais é do que cair no populismo penal, em que há maior interesse pelos ganhos eleitorais do que pelos efeitos práticos das políticas;
b) o nível de complexidade das atitudes do público em relação às penas. Tais pesquisas nos mostram que um indivíduo pode considerar a justiça demasiadamente clemente e, ao mesmo tempo, diante de um caso concreto, pronunciar penas menos severas do que os juízes – o que significa que o público pode se mostrar mais ou menos punitivo, conforme a maneira como se coloca a questão;
c) o fato de que as mídias utilizem abusivamente a noção de opinião pública, com vistas a exercer uma pressão punitiva sobre os juízes e os políticos; e também, de que elas deformem ou simplifiquem a informação dada ao público, quanto a alguns assuntos penais (ver, por exemplo, ROBERTS, 1988a; ROBERTS e DOOB, 1989, p. 499 e s.);
d) o fato de que o público não conheça o processo de determinação da pena em toda a sua complexidade, e de que subestime a taxa de encarceramento e o peso das penas aplicadas. Está demonstrado que, ao declarar-se a favor de um aumento das penas, o público pressuponha sempre que as penas aplicadas sejam menos longas do que elas o são realmente (ver os autores citados por ROBERTS e HOUGH, 2001, p. 144);
e) a suposição de que o público defenda sempre objetivos "muito punitivos" da pena. Como mostram Roberts, Crutcher e Verbrugge (2007), o público considera razoáveis os objetivos considerados menos punitivos e identificados com uma justiça reparadora – o que contradiz a imagem de uma "opinião pública punitiva", veiculada pelas mídias.

Vê-se, então, que algumas dessas pesquisas procuram ter um efeito de desmistificação do público (e da opinião pública), mostrando que suas representações são bem complexas, e não necessariamente uniformes e mais punitivas do que aquelas dos atores penais; e que, desse modo, elas buscam atenuar um pouco a pressão punitiva que recai sobre o sistema político e o sistema de direito criminal.

Entretanto, ao mesmo tempo que esses estudos podem ser críticos em relação às ideias já prontas, formulo a hipótese de que eles têm um efeito perverso involuntário. O simples fato de se indagar se os juízes concordam com o público (ou vice-versa), quando pronunciam penas criminais, traz implicitamente uma sugestão de que a fonte de legitimação do sistema de direito criminal (e do sistema político, em sua atividade de formulação de penas) encontra-se em outro lugar, fora do sistema. Em outras palavras, quando a ciência se empenha em determinar o que o público ou a opinião pública pensam sobre as sentenças (ou as penas legais), ela passa implicitamente a mensagem de que é importante valorizar esse critério externo, para a justificação da punição penal.

Ora, a atribuição das sentenças pelo juiz é uma tarefa relativamente bem estruturada, que deve satisfazer a critérios jurídicos e abstrair elementos tradicionalmente ligados ao sistema político, tais como a opinião pública. Assim, tendo como objeto de pesquisa a distância entre a opinião pública e os juízes, no que concerne às sentenças, a ciência afirma ser importante que o sistema de direito criminal observe o que ocorre fora dele mesmo, e o impulsiona a agir, de certa forma, à imagem do sistema político.

Em resumo, digamos que não só essa ausência de teoria, de verdadeira reflexão sociológica e de definição dos conceitos limita o alcance da crítica, como também o fato de que ela tem, ainda, por efeito justificar a busca, por alguns atores do sistema de direito criminal, de uma legitimação fora dele, ou seja, na opinião pública.

2.2. O problema da confiança do público no sistema de direito criminal

Um dos problemas com o qual nos defrontamos aqui creio ser a maneira de abordar essa problemática da confiança do público no sistema de direito criminal. Essa questão subentende uma boa parte das pesquisas sobre o público e a opinião pública e a determinação da pena.[8] Seria fundamental que o sistema de direito criminal pudesse contar com a confiança e, talvez mesmo, com a boa vontade do público, para assegurar o seu bom funcionamento. Com maior frequência, o Tribunal seria impedido de perseguir um criminoso, caso a vítima ou testemunhas se recusassem a fornecer provas; a denúncia por parte de uma vítima leva, em geral, outras vítimas do mesmo agressor a imitá-la; a própria descoberta de um crime só é mais frequentemente possível por meio da participação do público em geral; as informações fornecidas pelas testemunhas constituem elementos de considerável importância para a tomada de decisão dos juízes, etc. Tudo isso dependeria da confiança do público no sistema de direito criminal. Roberts e Hough (2001, p. 30) afirmam:

> [q]ualquer que seja a eficácia atingida pelo sistema jurídico, isso se deve em grande parte à aceitação, pela maioria, do Estado de Direito. Essa maioria o aceita porque as partes componentes do sistema impõem legitimidade e, portanto, autoridade. Na medida em que as pessoas cumprem com as exigências do sistema, elas o fazem porque, pelo menos em parte, confiam na polícia e nos tribunais, e os consideram justos.

Em resumo, a confiança do público seria um componente essencial das engrenagens da máquina penal, pois ela contribuiria para a sua eficácia e legitimidade.

Por essa razão, seria justo e importante que os pesquisadores examinassem de perto essa "confiança" do público no penal. A ciência estaria aqui prestes a descrever, elucidar, explicar e matizar todos os detalhes de uma problemática fundamental para o sistema penal e mesmo para a democracia. Com base nesse raciocínio, uma justiça penal é tanto mais democrática – e, por conseguinte, uma sociedade é tanto mais democrática –, quanto mais ela se aproxima das opiniões que os indivíduos têm sobre o que deveria ser um sistema punitivo estatal justo. Assim, busca-se saber o que o público pensa das garantias jurídicas, do *plea*

[8] Para um resumo sobre essa vertente de pesquisa, ver os trabalhos de Hough e Roberts (HOUGH e ROBERTS, 2004a, 2004b; PAGE, WAKE e ANNES, 2004; ROBERTS, 2004). Ver também, para um estudo redigido em francês, a pesquisa do Groupe de Recherche sur les Attitudes envers la Criminalité de Montréal (1976, p. 246 e s.; 1984, p. 224 e s.).

bargaining, da provação, das penas alternativas, da duração das penas de prisão, etc., tendo sempre presente que uma enorme distância entre o que o sistema de direito criminal pratica e o que o público deseja seria um problema.

No que se refere a várias dessas pesquisas, creio que a ciência precise empenhar-se para gerir ou atenuar o citado problema. Suas sugestões podem seguir duas orientações diferentes.

As pesquisas que seguem a primeira orientação estabelecem, em geral, que a falta de confiança se deve largamente ao fato de que o público "conhece mal" ou "conhece muito pouco" o funcionamento do sistema de direito criminal. Em um tal contexto, se o público não confia no sistema, é porque não o conhece suficientemente. A solução para tal problema é, em teoria, simples: consiste em informar o público sobre o funcionamento da justiça, expondo-lhe as suas decisões. Isso seria menos uma questão de fundo do que uma "simples" questão de imagem da justiça. Não se trata de repensar a penalidade e a atividade da justiça, mas sim de melhor "vender" esta última ao público. Em vez de provocar transformações internas, são feitos esforços de relações públicas[9] para mostrar que a justiça realiza um bom trabalho.

Vislumbra-se logo o problema. Esse tipo de conhecimento de uma justiça penal preocupada em angariar a confiança do público pode ser afinal traduzido em um saber assaz pragmático sobre a confiança, ou não, do público, nas ações a empreender para incrementá-la, deixando de lado, porém, as preocupações envolvendo as próprias práticas do sistema. Se a questão se limita a informar o público, presume-se, de certa maneira, que a insatisfação derive de uma falta de informação, esquecendo-se de

[9] A esse respeito, Hough e Roberts (2002, p. 173) são bem explícitos: "Nem de longe é exagero dizer que os Judiciários nos países industrializados representam coletivamente um desastre de relações públicas. Como foi observado, a maioria do público não tem confiança nos tomadores-chave de decisões nesses sistemas – os juízes. Na ausência de qualquer conhecimento preciso acerca da severidade das penas típicas, o público acha que o produto judicial – a punição – é totalmente inadequado. Qualquer organização comercial que enfrentasse tal crise jamais hesitaria em contratar especialistas em comunicação. A crise da confiança pública nos tribunais e no sistema de liberdade condicional não será resolvida apenas pela comunicação, mas essa iniciativa terá influência positiva." Ver também Roberts e Doob (1989, p. 498).

considerar que a falta de confiança pode ter raízes mais profundas.[10] De igual modo, esquece-se que a imagem que o público faz da justiça não é formada simplesmente pelas notícias que se têm sobre a justiça penal. Enfrentam-se, em geral, representações mais profundas, "visões de mundo"[11] que não são, necessariamente, modificáveis, quando confrontadas com informações episódicas sobre o funcionamento da justiça. Nesse sentido, parece-me bem pertinente a reflexão apresentada por Mande e English (1989, p. 15), de que o público considera demasiado clementes as decisões do sistema penal, quaisquer que sejam elas, na realidade.

Além disso, pressupõe-se que é possível informar o público. Ora, o público, que não conhece e nem pode conhecer todas as considerações que os juízes devem levar em conta, dificilmente consegue apreender toda a complexidade de uma decisão que emana do sistema de direito criminal, sobretudo quando há a imposição de uma pena. Mesmo que alguns dos estudos aqui referenciados tenham conseguido, no contexto estrito da pesquisa, tornar o público mais "informado", fazendo-o aceitar melhor as decisões da justiça penal, seria realmente possível pensar que isso seria exequível em larga escala? Em outros termos, a ciência seria capaz de estabelecer a ponte entre o que o sistema de direito criminal faz e o que o público pensa? Ou mais: estaria nisso a sua função?

De acordo com a segunda orientação, pode-se pensar que, em vez de informar o público, seria mais apropriado pretender que, com vistas a aumentar a confiança dele na justiça penal, esta fosse mais proativa diante das demandas do público. Eis aí uma tarefa que me parece ainda mais equívoca e delicada: deve-se pensar na opinião pública como um dos critérios de justiça para a justiça penal, para que seja possível garantir a confiança do público no sistema penal?

A questão consiste, afinal, em saber se, para garantir a confiança do público, pressupondo que ela seja essencial para o sistema de direito

[10] As possibilidades aqui são inúmeras. Seria possível citar, por exemplo, o lado não igualitário da justiça penal, que claramente tem, em toda parte, uma "preferência" por indivíduos de grupos socialmente desfavorecidos – o que pode torná-la menos confiável junto a uma boa parte do público.

[11] Robert e Faugeron (1978) dão aqui uma contribuição importante: na tipologia das representações sociais da justiça penal que eles conceberam, a visão de mundo dos atores constitui um elemento-chave. É um tanto surpreendente que sua contribuição seja ignorada em todos os estudos anglófonos sobre a opinião pública e a determinação da pena.

criminal – o que não me parece necessariamente evidente –, seja preciso responder às expectativas do público. Nesse sentido, considero muito oportuno o comentário de um juiz canadense: "O verdadeiro poder judiciário reside na confiança do público nos tribunais e essa confiança tem sua origem na independência de que gozam os juízes que podem decidir com total imparcialidade" (MICHAUD, 1995, p. 32). Eis aí uma maneira bem interessante de abordar a questão da confiança do público, e que não me parece ser compartilhada por uma boa parte da literatura revisada: a confiança do público reside na independência de que dão mostras os juízes nas decisões a tomar, no respeito aos critérios internos do direito e em seus próprios critérios em matéria de justiça, e não na "abertura" dos juízes a esses estímulos do público, exteriores ao direito.

2.3. O problema da confusão dos papéis

Outra crítica se impõe, aqui, quando se abordam as pesquisas que visam aproximar o público dos atores que tomam decisões em matéria de pena. Trata-se da questão referente aos papéis sociais, e que parece não ser considerada nas pesquisas, evidenciando, a meu ver, a existência de graves lacunas no plano epistemológico. Buscarei descrever o problema, baseando-me no estudo de Dahrendorf (1968).

Em *Homo Sociologicus*, Dahrendorf afirma que a sociologia, "para resolver seus problemas", deve apelar para a noção de papéis sociais, como instrumento de análise. Ele chega mesmo a afirmar – o que é um pouco excessivo – que o objeto da sociologia não seria nada mais do que a compreensão das estruturas dos papéis sociais (DAHRENDORF, 1968, p. 41-42). O *Homo Sociologicus*, ou a categoria "pessoa", como objeto da sociologia, residiria na intersecção entre o fato "indivíduo" e o fato "sociedade": o indivíduo que ocupa *posições sociais* e que desempenha *papéis sociais.*

> Cada posição carrega consigo certas formas esperadas de comportamento; cada posição que uma pessoa ocupa lhe exige fazer certas coisas e demonstrar certas características; a cada posição social pertence um papel social. Ao ocupar uma posição social, o indivíduo se torna personagem da peça escrita pela sociedade na qual ele vive. Para cada posição que ele ocupa, a sociedade lhe atribui um papel. É por meio das posições e dos papéis que são mediados dois fatos distinguíveis conceitualmente – o indivíduo e a

sociedade; e é nos termos desses dois conceitos que nós descrevemos o *homo sociologicus*, homem sociológico, a unidade básica da análise sociológica. (DAHRENDORF, 1968, p. 35)

O autor especifica que esses papéis sociais são objeto de uma dupla expectativa da sociedade para com os indivíduos que detêm uma posição social: a) uma expectativa-exigência de comportamento ("comportamento de papéis"); isto é, uma expectativa quanto à maneira de pensar e de agir; e b) uma expectativa-exigência no que concerne a suas aptidões e competências ("atributos de papéis"); ou seja, uma expectativa referente a características pessoais que o indivíduo deve possuir, ao cumprir determinado papel. Em outras palavras, o indivíduo que ocupa dada posição deve não só agir de modo a responder às exigências da sociedade, como também mostrar que possui os atributos passíveis de satisfazer as expectativas sociais.

Em suma, os papéis sociais são "feixes de expectativas", ligados às funções e aos atributos dos indivíduos que ocupam tais posições. Eles possuem (DAHRENDORF, 1968, p. 37) três características:

- constituem "complexos quase objetivos de prescrição de comportamento", independentes do indivíduo que ocupa a posição;
- o conteúdo do papel é modificado pela organização ou por outro tipo de sistema social, e não pelos indivíduos unilateralmente;
- as expectativas relativas ao comportamento, e incorporadas aos papéis, apresentam-se ao indivíduo com certa inevitabilidade, de modo que não se pode permanecer insensível a isso sem sofrer alguma perda. Em outras palavras, o indivíduo que não responde às exigências do papel é passível de sofrer sanções (em sentido amplo).

Depois dessa digressão sobre o conceito de papel social, voltemos ao nosso objeto. A finalidade dessa discussão teórica residia em evidenciar aquilo que me parece ser uma falta de perspectiva nas pesquisas que buscam tirar prescrições para os juízes ou para o legislador, com base nas opiniões do público. Mesmo as pesquisas mais aprofundadas, do ponto de vista metodológico, são incapazes de resolver o *problema da transposição dos papéis*.

De fato, além das dificuldades metodológicas que a definição dessa "opinião pública" comporta, tais pesquisas não escapam de um problema sociológico básico, e que me parece intransponível: é efetivamente impossível fazer com que um indivíduo, que desempenha o papel de "público", pense a partir de outro papel social, o de juiz (que ele não conhece, nem desempenha). O inverso é igualmente verdadeiro: para aqueles que desempenham o papel de juiz ou de legislador, é impossível raciocinar do mesmo modo que o público, como se suas posições não fossem delimitadas por um "leque de expectativas" definido pelo sistema de direito criminal e pelo sistema político. Os indivíduos que desempenham o papel de juiz ou de legislador podem decerto representar ocasionalmente o papel de público (Dahrendorf enfatiza, nesse sentido, que os indivíduos representam vários papéis); entretanto, as duas atividades não podem ser concomitantes. Portanto, quando eles estão desempenhando o papel de juiz ou de político, configura-se uma impossibilidade de pensarem como público. Eles não conseguem se desvencilhar das coerções do papel.

O papel de público e o papel de juiz não atendem às mesmas expectativas. Ao desempenhar o papel de público, o indivíduo não é submetido a praticamente nenhuma coerção, ao se pronunciar sobre a pena a aplicar em um caso determinado. Seja respondendo a uma enquete, seja enviando uma carta ao jornal, seja falando com seus pares, o indivíduo, ao desempenhar o papel de público, tem, na melhor das hipóteses, uma preocupação de coerência individual. Ele sabe que, na ação que realiza, seu papel se limita a emitir uma opinião mais ou menos razoável. As expectativas são muito baixas e as sanções possíveis são praticamente inexistentes: no pior dos casos, considera-se que o indivíduo se enganou, que não está bem informado ou algo do gênero.

O mesmo não ocorre para um juiz que atribui uma pena. O papel de juiz é definido pelas expectativas do sistema de direito criminal (expectativas relativas ao comportamento e aos atributos). O juiz deve estar envolvido e bem informado. Ele deve dispor de um profundo conhecimento do direito e das regras sociais (expectativas relativas aos atributos); mas deve, sobretudo, raciocinar juridicamente, arbitrar o conflito entre as partes, conhecer com perfeição os princípios jurídicos e encontrar uma pena justa que atenda aos critérios do direito. Escapar desse "leque de expectativas" do sistema do direito criminal acarreta sanções muito mais tangíveis do que aquelas às quais o público seria exposto. A sanção pode estar tão simplesmente na anulação de seu julgamento por um tribunal de apelação (o que constitui um procedimento normal do direito, mas que também pode ser visto como a "correção" de uma "má decisão"), ou, ainda, na reprovação de seus pares, podendo prejudicar sua carreira. Resumindo, a decisão do juiz é muito mais "responsável", pois ela se insere em um papel que está investido de muitas expectativas específicas.

Dito isso, pode-se realmente considerar ser factível comparar as sentenças dos juízes com as do público? Ou mesmo ser desejável que os juízes "se informem" sobre a opinião do público e a levem em conta? O público ignora os princípios do direito, as múltiplas implicações relativas a um caso específico, o sentido de proporcionalidade que o juiz deve ter para com outros casos, etc. Ele ignora, igualmente, as restrições do sistema de direito criminal e suas implicações para o indivíduo que desempenha o papel de juiz em uma decisão de imposição de uma pena. Pode-se realmente considerar, então, que essa transposição de papéis preconizada por algumas pesquisas seja possível? Em resumo, o desejo de "orientar" o sistema de direito criminal, de maneira a considerar resultados de pesquisa sobre a opinião do público em relação às penas, ignora esse fato sociológico de que o ator pensa unicamente a partir de sua posição social e segundo as exigências inerentes ao seu papel.

2.4. O problema das distinções

Um quarto tipo de observações acerca dessas pesquisas concerne à sua maneira de conceber o sistema de direito criminal. A meu ver, uma boa parte da literatura que trata da relação *sentencing*-opinião pública mal chega a estabelecer uma distinção que me parece fundamental. Penso que a maioria dos trabalhos não enfatiza devidamente a autonomia do sistema de direito criminal. Conforme visto, tais estudos se justificam pela importância do papel desempenhado pela opinião pública no "sistema penal" de uma sociedade democrática; contudo, esquece-se que a expressão "sistema penal" engloba, simultaneamente, o sistema político e o sistema de direito, e que a democracia não tem, no primeiro, o mesmo sentido que tem no segundo, ainda mais que esses dois sistemas sociais ocupam funções diferentes na sociedade.

Essa confusão é mais visível nos estudos que comparam, relativamente a determinados tipos de penas, a opinião do público e a opinião dos chamados *criminal justice officials* ou *criminal justice practitioners* – uma categoria mais ampla, que engloba os juízes, os promotores, os defensores públicos, os agentes de *probation* e os políticos (MANDE e ENGLISH, 1989).

Cabe, também, fazer referência ao exemplo de Tomaino (1997). Ele construiu um modelo que visa inserir a opinião pública no processo de determinação da pena; porém, é muito difícil discernir, em seu modelo, em que momento ele está discorrendo sobre a atividade dos juízes, e em que momento ele está falando sobre a atividade política de criação das penas (e das variáveis que podem influir sobre ela). Em resumo, Tomaino argumenta que o público deveria desempenhar um papel na seleção das penas, e que, no cômputo geral, deve-se levar em consideração o público, quando os limites de sua tolerância forem ultrapassados; deve-se oficializar o papel que o público já desempenha, etc. Contudo, não se sabe muito bem se o autor estaria fazendo referência somente à inscrição da pena na lei ou se ele estaria atentando igualmente para a determinação das penas pelos juízes.

A confusão se verifica, também, em outros estudos. Cook (1977) e Kuklinski e Stanga (1979) referem-se aos juízes como *policy-makers*, pessoas que criam a *judicial policy*. Esses autores claramente observam o judiciário pelo ângulo do fenômeno político – o que dificulta a observação do sistema de direito criminal, como entidade autônoma do sistema político. Afinal, a lógica jurídica não é e nem pode ser idêntica à lógica política, que implica que se responda ao público. A ideia subjacente – a *political responsiveness* – pressupõe que o sistema de direito criminal seja tratado como um braço do sistema político, dado que, em uma tal concepção, os juízes se tornaram agentes políticos e os tribunais são *policy-making bodies* (KUKLINSKI e STANGA, 1979, p. 1091).

Tendo em conta a ausência de conceitualização do sistema de direito criminal, é difícil apreender a lógica que subentende a tomada de decisão nesse sistema. Como a distinção entre o jurídico e o político é fluida, é impossível ver que, para impor penas, o sistema penal utilize seu próprio quadro teórico (as teorias da pena), dificilmente conciliável com princípios, tais como o de *government responsiveness*. Na medida em que se considera que o sistema de direito depende do sistema político, é-se levado a aplicar uma lógica claudicante no processo de decisão.

2.5. O problema da ausência das teorias da pena

Atingimos, aqui, o cerne do problema. As pesquisas sobre a opinião pública e a determinação da pena carecem de fundamentos teóricos. A questão principal é o fato de que essas pesquisas não consideram o quadro teórico-normativo dominante do sistema de direito criminal e do sistema político, em matéria de criação de lei penal; ou seja, a RPM.

A meu ver, essas pesquisas que visam passar uma mensagem a esses dois sistemas ignoram o fato de que sua maneira de agir e de pensar, em matéria de pena, diz respeito a uma racionalidade penal dominante (a RPM de que trata este livro), que oferece um leque de justificações e exige motivar a pena dentro de determinados parâmetros.

No momento de infligir e de criar penas, os juízes e os políticos devem considerar limites que lhes são impossíveis de transpor, sem causar graves perturbações internas. Além das exigências de ordem técnica (penas mínimas e máximas, critérios de agravamento e de atenuação, etc.), que ultrapassam minha proposição, as motivações das penas (para a criação e a aplicação), para serem aceitas pelo sistema de direito criminal (isto é, para não serem percebidas como um elemento estranho e não pertinente), devem recorrer a um vocabulário de motivos[12] estrito e conhecido de todos.

Esse vocabulário de motivos, que reúne as diferentes razões apresentadas pelas teorias da pena dominantes, deve ser necessariamente levado em conta (mesmo que de maneira não explícita), no momento de punir. Uma "verdadeira" pena,[13] quando da justificação, deve concernir obrigatoriamente a uma das teorias clássicas da pena (dissuasão, retribuição, reabilitação) ou a uma combinação das mesmas (entre si ou com outras, como a neutralização e a denunciação).

Assim, um juiz não poderia, por exemplo, pronunciar uma pena com a finalidade confessa de vingar a família da vítima, ou de exercer, de forma arbitrária, a sua autoridade, pois o sistema de direito criminal

[12] Conceito de C. Wright Mills, retomado por Pires (2008).

[13] Pires e Cauchie (2007) nos fornecem um exemplo de uma lei criminal, que extrapola o quadro dessas teorias. Eles fazem referência a uma lei brasileira sobre as drogas, cujas penas – advertência sobre o efeito das drogas, trabalho comunitário e obrigação de frequentar um curso educativo – não se baseiam em nenhuma das teorias clássicas. A lei surpreendeu os juristas; vários deles falaram em descriminalização e se negaram a considerá-las "verdadeiras" penas.

descarta esse tipo de justificação. A atribuição da pena – para constituir uma comunicação jurídica reconhecida como tal pelo sistema – deve necessariamente recorrer aos motivos que nos são dados pelas teorias modernas da pena criminal.

De igual modo, as comunicações políticas em matéria de criação de leis penais inserem-se no mesmo quadro teórico que não só estabelece as justificações da punição, como também exige punir. Pode-se dizer que essas teorias da pena constituem, de certa forma, "teorias práticas", que não prescrevem nada aos juízes e ao legislador, mas os orientam na escolha dos motivos passíveis de justificar uma sanção criminal, para que seja reconhecida como uma *verdadeira* sanção.

Voltando ao meu tema, creio que essa RPM jamais foi levada em consideração nos trabalhos que visam compreender a relação da opinião pública com a política (na motivação de criação de penas), e com o jurídico (na motivação das sentenças). Assim, uma boa parte da literatura que revisei empenha-se em "comunicar mensagens" aos políticos e aos juízes acerca do que o público pensa, mas deixa de considerar que, para poder apreender as mensagens, o sistema de direito criminal e o sistema político (relativamente à criação de penas) devem fazer referência a um quadro que exige punir, conforme regras estabelecidas.

Em outras palavras, as ciências sociais se dedicam a transmitir uma mensagem a esses dois sistemas, sem, contudo, considerar que eles só possam "entendê-la" a partir de seu próprio vocabulário de motivos; ou seja, as teorias da pena. Dizer ao sistema de direito criminal que ele deve decidir em um sentido determinado, de modo a levar em conta percepções do público, implica esquecer, de certa forma, que a busca de coerência desse sistema se faz com suas próprias teorias internas, e não com expectativas que são estranhas a ele. À guisa de pretender "passar uma mensagem" ao sistema de direito criminal, ou de querer "informar os juízes" sobre o que o público deseja, pede-se a eles que lidem com uma dificuldade inextricável, uma vez que suas sentenças se justificam unicamente no quadro do sistema e de suas teorias da pena (e não em relação à expectativa da opinião pública).

Não estou dizendo que a opinião pública não possa desempenhar nenhum papel nas tomadas de decisão internas a esses sistemas (sobretudo, ao sistema político). Penso que a opinião pública pode, muitas vezes, tornar inevitável uma questão, quando o legislador muda a lei ou o juiz impõe uma pena. O que dificulta é menos o fato de que a opinião pública desempenhe um papel – e ainda menos a questão de saber se ela deveria, ou não, desempenhar um papel – do que a "atividade cega" das pesquisas sobre o tema, que não incapazes de determinar *como* se produz a "digestão" desse elemento público dentro desses sistemas. As ciências sociais conseguem perceber que o sistema de direito criminal e o sistema político sofrem uma pressão por parte da opinião pública, e que lidam com dificuldades; entretanto, elas não conseguem explicar como os sistemas podem responder a essa pressão. No que concerne mais particularmente ao sistema de direito criminal, entendo que, por prudência, as ciências sociais não ousem dizer que existe uma relação de causalidade, embora elas sejam incapazes de conceber como os tribunais podem debater – falando, aqui, em construções jurídicas – esse elemento externo, de modo a torná-lo compatível com o quadro normativo próprio às teorias da pena.

Um aumento da pena para um crime determinado poderia ser eventualmente deliberado em consequência dos pedidos expressos do público, mas o sistema político deverá então poder agir no contexto que as teorias modernas da pena lhe impõem. Na mesma ordem de ideias, o juiz pode pronunciar uma pena em consequência da mobilização da opinião pública acerca de um caso específico, mas deve basear a sua decisão não nela, e sim no efeito dissuasivo ou retributivo da pena ou mesmo em seu efeito de denunciação. Todavia, a aplicação dessas teorias pode ser justificada, por exemplo, pelo fato de ser fundamental que o público preserve a sua confiança na justiça. Essa ciência social do direito, da qual descrevi algumas características, parece incapaz de apreender essas *operações jurídicas internas*.

Modificando ligeiramente a maneira de abordar a questão, cabe indagar qual papel desempenha essa ciência, que envia mensagens ao sistema de direito criminal sobre a necessidade de levar em conta a opinião pública, mas deixa de considerar o quadro teórico-normativo que abarca a tomada de decisão jurídica. Pode-se realmente acreditar que a mensagem da ciência, dizendo que o público não é tão punitivo quanto se pensa, chegue a ser percebida e incorporada pelo sistema de direito criminal? Qual pode ser o alcance do lado crítico dessas pesquisas que não consideram o sistema de ideias no qual se insere a aplicação das penas? Elas podem influir positivamente (em um sentido menos punitivo) na maneira de proceder do sistema de direito criminal, sem afetar sua maneira de pensar?

Por fim, penso que, ao querer a todo preço aproximar o público do sistema penal, algumas dessas pesquisas acabam contribuindo para salientar um novo critério na tomada de decisão, e mesmo na atribuição da pena, sem "negociar" essa inserção com o quadro normativo de referência já estabelecido. O resultado, parece-me, é o de que, qualquer que seja a mensagem emitida pela ciência em relação ao público (mais ou menos punitiva), esse novo "critério" é investido no sistema de direito criminal, pela RPM. Assim, a opinião pública é utilizada para justificar uma pena, mas ela continua sempre associada a uma das teorias da pena: pune-se agora, porque o público quer a dissuasão, a neutralização, a retribuição, etc. (e não, necessariamente, para dissuadir, neutralizar ou retribuir, tão simplesmente). A opinião pública se torna uma espécie de critério de justiça, mas um critério sempre dependente da força justificadora das teorias clássicas da pena.

Notas conclusivas

À guisa de conclusão, alguns comentários e questões. Mais do que de certa confusão dos papéis, de lacunas no plano teórico e do caráter fluido das distinções estabelecidas, as pesquisas sobre a determinação da pena e a opinião pública parecem padecer principalmente da ausência de uma teoria do direito que daria sentido a seus resultados. Afinal, para que serve saber o que o público pensa sobre as penas, se, para além das simples "sugestões" submetidas aos políticos e aos juízes, não se indaga qual tipo de transformações isso poderia acarretar no próprio direito penal? As ciências sociais foram aqui incapazes de ver que o direito possui seus próprios critérios de justiça, e que nenhuma utilização dessa informação emanando da opinião pública poderia transformar-se em uma comunicação jurídica de imposição de pena sem passar por tais critérios. Resta explicar como se estabelece essa relação entre os critérios de justiça do sistema de direito criminal e esse novo estímulo externo.

Além disso, é importante salientar o fato de que a questão da utilidade dessa literatura não está plenamente resolvida. Cabe assim indagar por que é útil saber o que o público pensa do processo de determinação da pena. Uma sociedade se tornaria verdadeiramente mais justa se os legisladores escutassem sempre o público? É conveniente que o legislador preste satisfação às demandas do público em matéria de legislação fiscal ou monetária? Ou em relação aos direitos de determinadas minorias? Por outro lado, o que significa dizer que os juízes devem estar atentos aos valores da comunidade? Eles deveriam zelar para não contrariar a opinião pública ao proferir uma sentença? Levando as coisas um pouco mais além: em uma comunidade racista, o juiz deveria aderir totalmente aos valores da comunidade, ao julgar um infrator negro? Em alguns campos, está longe de ser evidente que uma decisão que requeira certa *expertise* possa ser "democrática" (no sentido de ouvir o público). Pensemos tão simplesmente no médico que prescreve um medicamento a um paciente: ele não lhe pede a opinião; por que, de sua parte, o juiz deveria pedir a opinião do público?

Finalmente, no que concerne à ausência de qualquer referência a uma teoria do direito nessa literatura, é importante dizer que esta não definiu o lugar do direito na sociedade. Ela nem mesmo estabelece alguma distinção entre o sistema de direito criminal e o sistema político. O direito continua sendo – por assim dizer – acessório, e suas particularidades não são mais bem definidas. Tudo se passa como se o fato de explicar as decisões em matéria de "políticas penais" esclarecesse suficientemente a questão. Por falta de desenvolvimentos teóricos mais profundos, estamos diante de uma ciência social do direito sem o direito. Retomando uma ideia de Luhmann (1983), o que falta à literatura aqui examinada é, em última análise, o direito. Ou melhor, um sistema de direito criminal que seja tratado como uma entidade autônoma, capaz de evoluir de maneira independente em relação ao sistema político. Um sistema de direito criminal que receba o estímulo desse público e que deva compor com ele, mas que o faça a partir de seus próprios critérios internos, e que, por fim, se baseie nos critérios do direito, e não nos do sistema político.

Referências

BAGARIC, M.; EDNEY, R. The Sentencing Advisory Commission and the hope of smarter sentencing. *Current Issues in Criminal Justice*, v. 16, p. 125-139, 2004.

BOERS, K.; SESSAR, K. Do people really want punishment? On the relationship between acceptance of restitution, needs for punishment, and fear of crime. In: SESSAR, K.; KERNER, H. J. (org.). *Developments in crime and crime control research.* Nova Iorque: Springer-Verlag, 1991. p. 126-149.

BOYDELL, C. L.; GRINDSTAFF, C. F. Public opinion and the criminal law. *In*: BOYDELL, C. L.; GRINDSTAFF, C. F.; WHITEHEAD, P. C. (org.). *Deviant behaviour and societal reaction*. Toronto/Montreal: Holt, Rinehart and Winston, 1972. p. 165-180.

COMMISSION CANADIENNE SUR LA DÉTERMINATION DE LA PEINE. *La détermination de la peine*: sondage d'opinion auprès des juges canadiens. Ottawa: Direction des communications et affaires publiques. Ministério da Justiça, 1988.

COOK, B. B. Public opinion and federal judicial policy. *American Journal of Political Science*, v. 21, p. 567-600, 1977.

DAHRENDORF, R. Homo Sociologicus. *In*: DAHRENDORF, R. *Essays in the theory of society*. Stanford (Califórnia): Stanford University Press, 1968. p. 19-87.

DOBLE, J.; IMMERWAHR S.; RICHARDSON, A. *Punishing criminals*: the people of Delaware consider the options. Filadélfia: The Public Agenda Foundation, 1991.

DOOB, A. N.; SPROTT, J. B.; MARINOS, V.; VARMA, K. N. *An exploration of Ontario residents' views of crime and the criminal justice*. Toronto: Centro de Criminologia, Universidade de Toronto, 1998.

DURANT, M.; THOMAS, M.; WILLCOCK, H. D. *Crime, criminals and the law*: a study of public attitudes and knowledge, carried out for the home office. London: Office of Population Censuses and Surveys, Social Survey Division, 1972.

ENGLISH, K.; J. C.; PULLEN, S. *Attitudes toward crime*: a survey of Colorado citizens and criminal justice officials. Denver (Colorado): Departamento de Segurança Pública – Divisão de Justiça Criminal, 1989.

ENVIRONICS RESEARCH GROUP. *A qualitative investigation of public opinion on sentencing, corrections and parole*. Report Prepared for Solicitor General Canada. Toronto: Environics Research Group, 1989.

FLANAGAN, T. J. Public opinion and public policy in criminal justice. *In*: FLANAGAN, T. J.; LONGMIRE, D. R. (org.). *Americans view crime and justice*: a national public opinion survey. Thousand Oaks (California): Sage Publications, 1996.

GARLAND, D. *The culture of control. Crime and social order in contemporary society*. Chicago: The University of Chicago Press, 2001.

GERBER, J.; ENGELHARDT-GREER, S. Just and painful. Attitudes toward sentencing criminals. *In*: FLANAGAN, T. J.; LONGMIRE, D. R. (org.). *Americans view crime and justice*: a national public opinion survey. Thousand Oaks (California): Sage Publications, 1996.

GOTTFREDSON, S.; WARNER, B. D.; TAYLOR, R. B. Conflict and consensus about criminal justice in Maryland. In: WALKER, N.; HOUGH, M. (org.). *Public attitudes to sentencing*: surveys from five countries. Aldershot: Gower Publishing, 1998.

GROUPE DE RECHERCHE SUR LES ATTITUDES ENVERS LA CRIMINALITÉ. *Les attitudes du public canadien envers la politique criminelle*. Montreal: Centro Internacional de Criminologia Comparada, Universidade de Montreal, 1976.

GROUPE DE RECHERCHE SUR LES ATTITUDES ENVERS LA CRIMINALITÉ. *Attitudes of the canadian public toward crime policies: pilot enquiry. Les Cahiers de recherches criminologiques.* Montreal: Centro Internacional de Criminologia Comparada, Universidade de Montreal, 1984.

HOUGH, M.; LEWIS, H.; WALKER, N. Factors associated with "punitiveness" in England and Wales. *In*: WALKER, N.; HOUGH, M. (org.). *Public attitudes to sentencing*: surveys from five countries. Aldershot: Gower Publishing, 1998.

HOUGH, M.; MOXON, D. Dealing with offenders: popular opinion and the views of victims in England and Wales. *In*: WALKER, N.; HOUGH, M. (org.). *Public attitudes to sentencing*: surveys from five countries. Aldershot: Gower Publishing, 1988.

HOUGH, M.; ROBERTS, J. V. *Confidence in justice*: an international review. London: Home Office, 2004a.

HOUGH, M.; ROBERTS, J. V. *Findings*. Confidence in justice: an international review. London: Home Office, 2004b.

HOUGH, M.; ROBERTS, J. V. Public knowledge and public opinion of sentencing. *In*: TATA, C.; HUTTON, N. (org.). *Sentencing and society*: international perspectives. Aldershot: Ashgate, 2002.

KÖNZ, P. Public participation in the criminal process. *International Review of Criminal Policy*, v. 27, p. 3-8, 1970.

KRITZER, H. M. Federal judges and their political environments: the influence of public opinion. *American Journal of Political Science*, v. 23, p. 194-207, 2004.

KUHN, A. Attitudes towards punishment. *In*: ALVAZZI DEL FRATE, A.; ZVEKIC, U.; VAN DIJK, J. J. M. (org.). *Understanding crime*: experiences of crime and crime control. Turim: UNICRI, 1993. p. 271-288.

KUHN, A.; VILLETTAZ, P.; JAYET, A. Opinion publique et sévérité des juges. Comparaison entre les peines prononcées par les juges suisses et les sanctions désirées par le public. *Crimiscope*, v. 19, p. 1-6, 2002.

KUKLINSKI, J. H.; STANGA, J. E. Political participation and government responsiveness: the behavior of California superior courts. *The American Political Science Review*, v. 73, p. 1090-1099, 1979.

KURY, H.; FERDINAND, T. Public opinion and punitivity. *International Journal of Law and Psychiatry*, v. 22, p. 373-392, 1999.

KUTCHINSKY, B. Knowledge and attitudes regarding legal phenomena in Denmark. *In*: CHRISTIE, N. (org.). *Scandinavian Studies in Criminology*, 2. ed. Londres: Tavistock Publications, 1968. p. 125-159.

LUHMANN, N. *Sociologia do Direito I*. Rio de Janeiro: Tempo Brasileiro, 1983.

LUHMANN, N. *Law as a social system*. Oxford: Oxford University Press, 2004.

MANDE, M. J.; ENGLISH, K. *The effect of public opinion on correctional policy*: a comparison of opinions and practice. Denver (Colorado): Departamento de Segurança Pública, Divisão de Justiça Criminal, 1989.

MICHAUD, P. L'administration de la justice et le tribunaux: quelques réflexions sur la perception du public. *In*: BRISSON, J. M.; GRESCHNER, D. (org.). *Public perceptions of the administration of justice*. Montreal: Éditions Thémis, 1995.

MILLER, D.; ROSENTHAL, A.; RUZEK, S. Public knowledge of criminal penalties: a research report. *In*: GRUPP, S. E. (org.). *Theories of punishment*. Bloomington/ Londres: Indiana University Press, 1971. p. 205-226.

MYERS, L. B. Bringing the offender to heel. Views of the criminal courts. *In*: FLANAGAN, T. J.; LONGMIRE, D. R. (org.). *Americans view crime and justice*: a national public opinion survey. Thousand Oaks (Califórnia): Sage Publications, 1996.

PAGE, B., Wake, R.; ANNES, A. Public confidence in the criminal justice system. *Research Findings*, 221. Londres: Home Office, Research and Statistics Directorate, 2004.

PIRES, A. La formation de la rationalité pénale moderne au XVIIIe siècle. *In*: DEBUYST, C.; DIGNEFFE, F.; PIRES, A. (org.). *Histoire des savoirs sur le crime et la peine*. Bruxelas: De Boeck Université, 1998. v. 2.

PIRES, A. La rationalité pénale, démocratie et société du risque. *Sociologie et Sociétés*, v. 33, p. 179-204, 2001.

PIRES, A. A racionalidade penal moderna, o público e os direitos humanos na modernidade tardia. *Novos Estudos CEBRAP*, v. 68, p. 39-60, 2004.

PIRES, A. *Théories de la peine*: introduction générale. Inédito. Cátedra de Pesquisa do Canadá em Tradições Jurídicas e Racionalidade Penal, Universidade de Ottawa, 2008.

PIRES, A.; CAUCHIE, J.-F. Um cas d'innovation 'accidentelle' en matière de peines: une loi brésilienne sur les drogues. *Champ Pénal/Penal Field, Nouvelle Revue Internationale de Criminologie* [*on-line*], 28 set. 2007. Seminário Inovações penais, o sistema de direito. Disponível em: http://champpenal.revues.org/1541. Acesso em: 4 nov. 2009.

PRATT, J. *Penal populism*. Nova Iorque: Routledge, 2007.

PRATT, J. Penal scandal in New Zeland. *In*: FREIBERG, A.; GELB, K. (org.). *Penal populism, sentencing councils and sentencing policy*. Annandale: Hawking Press, 2008. p. 31-44.

ROBERT, P.; FAUGERON, C. *La justice et son public*: les représentations sociales du système pénal. Genebra: Masson, 1978. Coleção "Médecine et Hygiène".

ROBERTS, J. V. La détermination de la peine dans les médias: une analyse du contenu des journaux de langue anglaise au Canada. *Relatórios de Pesquisa da Comissão Canadense sobre a Determinação da Pena*, Ottawa. 1988a.

ROBERTS, J. V. La recherche sur la détermination de la peine. *Relatórios de Pesquisa da Comissão Canadense sobre a Determinação da Pena*, Ottawa. 1988b.

ROBERTS, J. V. L'opinion publique et la détermination de la sentence: les sondages de la Commission Canadienne sur la Détermination de la Peine. *Relatórios de Pesquisa da Comissão Canadense sobre a Determinação da Pena*, Ottawa. 1988c.

ROBERTS, J. V. American attitudes about punishment: myth and reality. *In*: TONRY, M.; HATLESTAD, K. (org.). *Sentencing reform in overcrowded times*. Oxford: Oxford University Press, 1997. p. 250-255.

ROBERTS, J. V. Public opinion and sentencing policy. *In*: REX, S.; TONRY, M. (org.). *Reform and punishment*: the future of sentencing. Portland (Oregon): William Publishing, 2002.

ROBERTS, J. V. *Public confidence in criminal justice*: a review of recent trends. Ottawa: Public Safety and Emergency Preparedness Canada, 2004.

ROBERTS, J. V. Public opinion, criminal record, and the sentencing process. *American Behavioral Scientist*, v. 39, p. 488-499, 1996.

ROBERTS, J. V. *Punishing persistent offenders*: exploring community and offender perspectives. Oxford: Oxford University Press, 2008a.

ROBERTS, J. V. Sentencing policy and practice: the evolving role of public opinion. *In*: FREIBERG, A.; GELB, K. (org.). *Penal populism, sentencing councils and sentencing policy*. Annandale: Hawking Press, 2008b. p. 15-30.

ROBERTS, J. V.; CRUTCHER, N.; VERBRUGGE, P. Public attitudes to sentencing in Canada: exploring recent findings. *Canadian Journal of Criminology and Criminal Justice*, v. 49, p. 75-107, 2007.

ROBERTS, J. V.; DOOB, A. N. Sentencing and public opinion: taking false shadows for true substances. *Osgoode Hall Law Journal*, v. 27, p. 491-516, 1989.

ROBERTS, J. V.; DOOB, A. N.; MARINOS, V. *Judicial attitudes to conditional terms of imprisonment*: results of a national survey. Toronto: Relatório para o Departamento de Justiça do Canadá, 1999.

ROBERTS, J. V.; HOUGH, M. J. Public opinion, sentencing and parole: international trends. *In*: ROESCH, R.; CORRADO, R. R.; DEMPSTER, R. (org.). *Psychology in the courts*. London/New York: Routledge, 2001.

ROBERTS, J. V.; STALANS, L. J. Crime, criminal justice, and public opinion. *In*: TONRY, M. (org.). *The handbook of crime and punishment*. Oxford: Oxford University Press, 1998.

ROBERTS, J. V.; STALANS, L. J.; INDERMAUR, D.; HOUGH, M. J. *Penal populism and public opinion*: lessons from five countries. Oxford: Oxford University Press, 2003.

ROBERTS, L. D.; INDERMAUR, D. Predicting punitive attitudes in Australia. *Psychiatry, Psychology and Law*, v. 14, p. 56-65, 2007.

ROSSI, P. H.; BERK, R. A. *Just punishments*: federal guideline and public views compared. Nova Iorque: Aldine de Gruyter, 1997.

ROSSI, P. H.; BERK, R. A.; CAMPBELL, A. Just punishments: guideline sentences and normative consensus. *Journal of Quantitative Criminology*, v. 13, p. 267-290, 1997.

SALAS, D. *La volonté de punir*: essais sur le populisme pénal. Paris: Hachette, 2005.

SCHEINGOLD, S. A. *The politics of street crime*: criminal process and cultural obsession. Filadélfia: Temple University Press, 1991.

SMAUS, G. Les recherches KOL au service de la légitimation du droit pénal. *Déviance et Société*, v. 7, p. 131-152, 1983.

TAYLOR, D. G.; SCHEPPELE, K. L.; STINCHCOMBE, A. L. Salience of crime and support for harsher criminal sanctions. *Social Problems*, v. 27, p. 413-424, 1979.

THOMAS, C. W.; CAGE, R. J.; FOSTER, S. C. Public opinion on criminal law and legal sanctions: an examination of two conceptual models. *The Journal of Criminal Law and Criminology*, v. 67, p. 110-116, 1976.

TOMAINO, J. Guess who's coming to dinner? A preliminary model for the satisfaction of public opinion as a legitimate aim in sentencing. *Crime, Law and Social Change*, v. 27, p. 109-119, 1997.

TREMBLAY, P.; CORDEAU, G.; OUIMET, M. Underpunishing offenders: towards a theory of legal tolerance. *Canadian Journal of Criminology*, p. 407-434, Out. 1994.

VERNEUIL, D. *L'image de la justice criminelle dans la société*: fonctions et processus du système pénal. Paris: SEPC, 1980.

WALKER, J.; COLLINS, M.; WILSON, P. How the public sees sentencing: an Australian survey. *In*: WALKER, N.; HOUGH, M. (org.). *Public attitudes to sentencing*: surveys from five countries. Cambridge: Gower Publishing, 1988.

WALKER, N.; HOUGH, M.; LEWIS, H. Tolerance of leniency and severity in England and Wales. *In*: WALKER, N.; HOUGH, M. (org.). *Public attitudes to sentencing*: surveys from five countries. Cambridge: Gower Publishing, 1988.

WALKER, N.; MARSH, C. Does the severity of sentences affect public disapproval? An experiment in England. *In*: WALKER, N.; HOUGH, M. (org.). *Public attitudes to sentencing*: surveys from five countries. Cambridge: Gower Publishing, 1988.

WILKINS, L. T. *Consumerist criminology*. Londres: Barnes & Noble Books, 1984.

XAVIER, J. R. *L'opinion publique au sein du système pénal*: l'affaire James Bulger. 2005. Dissertação de Mestrado – Universidade de Ottawa. Ottawa, 2005.

XAVIER, J. R. *Les rapports entre l'opinion publique et la détermination de la peine du point de vue de la science*. Inédito. Ottawa: Universidade de Ottawa, 2008.

XAVIER, J. R. *La réception de l'opinion publique par le système de droit criminel*. 2012. Tese de Doutorado – Universidade de Ottawa. Ottawa, 2012.

CAPÍTULO 5

A distinção escola clássica/escola positiva e a racionalidade penal moderna: uma reflexão a partir do olhar das ciências sociais sobre a reforma penal de 1984 no Brasil

MARIANA RAUPP

Introdução

Este capítulo propõe uma reflexão, que visa principalmente evidenciar as ferramentas epistemológicas emprestadas da teoria da observação de Niklas Luhmann e da teoria da racionalidade penal moderna (RPM) de Alvaro Pires, e, assim, ressaltar as contribuições de ambos para a compreensão das questões cognitivas do direito criminal moderno. Cremos que a postura epistemológica adotada por Alvaro Pires, na qualidade de observador, reflete perfeitamente o objetivo de sua teoria, que é o de "desontologizar" o direito criminal moderno, a partir, antes de mais nada, da "desontologização" das ferramentas conceituais das ciências sociais.

Para demonstrar essa contribuição diferenciada, examinaremos como as ciências sociais, observadoras externas ao direito, analisam uma reforma do direito criminal, a partir de um caso particular de reforma penal implantada no Brasil, em 1984. Identificaremos o que as ciências sociais observam e o que elas não observam, explicitando os desafios da observação, a partir da distinção mobilizada pelo observador. Este capítulo comporta, assim, uma "autorreflexão" sobre a maneira como as ciências sociais entendem a reforma do direito criminal. Como salienta

Philippe Robert (2005), a criminologia e a sociologia têm, ambas, o hábito de ignorar o estudo do direito criminal. Detendo-nos na análise de Garland, em *The Culture of Control* (2001), descobrimos que, ao utilizar o conceito de campo do controle do crime, o autor abandona o campo do direito criminal e passa a considerar a questão da punição em geral, na sociedade moderna. Quando as ciências sociais levam em conta o direito criminal, elas o abordam, frequentemente, como uma variável dependente de outros objetos, aplicando as suas próprias categorias. Assim, sem tomar uma devida distância, elas correm o risco de atualizar as categorias do direito, acabando por "ontologizá-las".

A escolha da reforma brasileira de 1984 como ponto de partida dessa reflexão deve-se ao significado que ela adquiriu, à época. A reforma penal de 1984 constitui a última reformulação sistematizada e geral produzida no Código criminal brasileiro, em decorrência dos trabalhos da Comissão de reforma do direito criminal, especialmente criada para esse fim. À época, o Brasil se democratizava, depois de vinte anos de ditadura militar, estando, assim, imerso em uma profunda efervescência política. Surgem, então, novos movimentos sociais, que encaram a justiça como um espaço de luta e de poder, e, ainda, o processo de criação de uma nova constituição, acompanhada de uma carta de direitos, etc. O movimento de reforma caracteriza essa época.

Partindo da observação desse caso específico, buscaremos mostrar que é sempre possível examiná-lo sob outro ponto de vista, conforme Alvaro Pires afirma com frequência. Além disso, pretendemos mostrar que a maneira como, eventualmente, as ciências sociais abordam o direito criminal pode contribuir para a sua "ontologização", pelo fato de não serem consideradas as demais concepções do direito criminal correntes no universo jurídico. Como veremos, as ciências sociais acabam se deparando com os mesmos obstáculos cognitivos enfrentados pelo direito. Para elas, isso significaria, portanto, a perda, simultaneamente, de sua capacidade de se mostrarem críticas na observação externa ao direito criminal, como também de sua capacidade virtual de estimularem o direito criminal a sair da "garrafa de moscas" (PIRES e ACOSTA, 1994) em que ele se encontra fechado desde o século XVIII. Nós seguimos o conselho de Pires quanto à "vigilância epistemológica" do pesquisador, já preconizada, outrora, por Bachelard: "ele deveria dizer a si mesmo: talvez, eu esteja em vias de atualizar uma visão identitária ou um esquema de observação comunicado por um outro sistema; o que me impede de mobilizar outras distinções para observar diferentemente" (PIRES, 2004, p. 181).

Este capítulo está estruturado da seguinte forma: inicialmente, extrairemos as principais características epistemológicas nas quais se baseia a teoria da RPM; em seguida, reinseriremos a reforma brasileira em seu contexto e a descreveremos brevemente; e, por fim, focaremos a atenção na maneira como as ciências sociais brasileiras consideraram a reforma. Contextualizaremos nossas observações na problemática do questionamento do direito criminal moderno, tal como definido por Pires.

1. Algumas referências epistemológicas

"Tudo que é dito é dito por um observador." Essa frase, dos biólogos Humberto Maturana e Francisco Varela (1987), resume perfeitamente as bases epistemológicas da teoria dos sistemas sociais de Niklas Luhmann, ou seja, de sua teoria da observação. Para Luhmann, a cognição é um ato específico, que produz uma realidade igualmente específica. A realidade aparece, por isso, como mais complexa e plural (MOELLER, 2006). Segundo Luhmann, nossa capacidade de conhecer é "forjada por operações de observação" (2006, p. 245). Para conhecer, é preciso observar; e, para observar, é preciso distinguir. O caminho a seguir baseia-se no matemático Spencer-Brown: para observar, trace uma distinção e indique uma de suas duas faces. Luhmann definiu a observação como "uma operação que usa distinções a fim de indicar alguma coisa" (2002, p. 134). Assim, conforme essa abordagem, tudo o que observamos e consideramos nossa realidade é o resultado de uma distinção e, portanto, de uma seleção. A todo o momento, nós (assim como todos os sistemas sociais de comunicação) estabelecemos distinções, quando observamos. Às vezes, fazemos distinções muito explícitas, como aquelas que tomam a forma de um código binário (verdadeiro/falso, legal/ilegal, etc.), ou que comportam um termo e um "contratermo" (subjetivismo/objetivismo, retributivismo/utilitarismo, etc.). Outras vezes, fazemos distinções sem nos darmos conta, como: isto/todo o resto. Por exemplo, quando dizemos "tome o conceito x", nós o designamos como nosso *marked space* e o distinguimos de todo o resto, ou seja, do *unmarked space*. A distinção é, portanto, o instrumento por excelência da cognição. Como o salienta Luhmann, "é precisamente por meio da distinção que a cognição se separa de tudo o que não é cognição" (2002, p. 144). As distinções "marcam uma coisa como distinta de outra" (LUHMANN, 2000, p. 54).

A realidade é sempre, portanto, uma construção; mas uma construção (ou melhor, uma operação) de todos os sistemas observadores, e não apenas da consciência. Valendo-se dessa abordagem epistemológica, Luhmann propõe substituir a distinção sujeito/objeto, que é clássica, pela de operação/observação. Ele busca, assim, enfatizar, em primeiro lugar, a indissociabilidade entre o "sujeito" (o sistema observador) e o "objeto" (a observação); e, em segundo lugar, a pluralidade dos "sujeitos" da observação – isto é, sistemas observadores produtores de sentidos e construtores de suas realidades.

Para além do fato de que essa abordagem renova o debate epistemológico – por ter como objetivo "dessubstancializar" as categorias sociológicas tradicionais –, é importante lembrar que, ao atribuirmos um papel central às distinções, somos instados a constatar que toda observação é seletiva e contingente. Como ressalta Luhmann, a observação é uma operação de seleção, entre outras. Essa maneira de compreender a observação nos leva a examinar o fato propriamente dito de observar, e nos obriga a superar o *crying shame* da cultura ocidental (MATURANA e VARELA, 1987, p. 24), que corresponde à proibição enunciada contra a ação que busca "conhecer como se conhece". Ela nos obriga a propor a questão: "como sabemos o que acreditamos saber?" (WATZLAWICK, 1987). Ela nos permite, assim, realizar outras observações, isto é, realizar observações da segunda ordem.

Pressupõe-se, aqui, que não exista nem observador privilegiado, nem realidade distorcida, mas, sim, uma multiplicidade de pontos de partida (LUHMANN, 2002). Como diz Luhmann, "não é o crítico que sabe o que é melhor!" A observação da segunda ordem não visa ressaltar a falha, a fraqueza ou a lacuna. Como enfatiza Rasch (2002, p. 3), nas ciências sociais, observar outras observações significa, geralmente, revelar as latências e considerá-las um erro, uma ideologia, uma patologia, etc. O caráter radical da epistemologia de Luhmann se manifesta por "localizar latências em todas as observações". Retomando as palavras de Rash (2002, p. 4), "opacidades permanecem, independentemente do tamanho dos telescópios".

É aqui que aparece a utilidade da observação da segunda ordem. Luhmann (2002, p. 74) defende o seguinte argumento:

> A observação das observações pode atribuir atenção particular aos tipos de distinções que o observado usa. Pode-se perguntar o que o observador é capaz de ver, com as próprias distinções, e o que ele não é capaz de ver. A observação das observações pode se interessar pelo ponto cego do seu próprio uso de distinções ou pela unidade de suas distinções como condição da possibilidade de sua observação. [...] Ninguém é capaz de ver tudo. As distinções servem como formas dupla-face que direcionam as operações de designação, referência e conexão.

Cabe lembrar que todas as observações têm um ponto cego. Consequentemente, não podemos afirmar que uma observação observa tudo e não tem ponto cego, tampouco que uma observação é melhor do que a outra, devido às características do observador (ser objetivo, ser crítico, etc.). Entretanto, um observador pode afirmar que, sobre um assunto ou um tema de pesquisa determinados, tal esquema de observação permite obter melhores resultados de observação e de descrição, do que tal outro. Cada sistema social de função possui seus próprios mecanismos de controle da cognição. No que concerne à ciência, por exemplo, podemos questionar uma dada observação, baseando-nos em sua capacidade descritiva, na qualidade do método empregado, etc.

Essa abordagem epistemológica nos permite ver não o que o observador observa, mas como ele observa (LUHMANN, 2002, p. 140). Ela também possibilita apreender o caráter contingente da observação observada (observação da primeira ordem). Como salienta Luhmann, "pode compreender reinos mais amplos de seletividade e identificar contingências onde o observador de primeira ordem acredita estar seguindo um caminho necessário ou agindo de forma inteiramente natural" (2002, p. 62). É interessante notar que a observação proposta em nossa reflexão pode se tornar, ela também, objeto de outra observação. Ou seja, tudo o que estamos dizendo aplica-se, igualmente, à observação da segunda ordem. Todas as observações comportam limites estruturais, e nossa observação tem, ela mesma, seu ponto cego. Essa atitude epistemológica garante a possibilidade de observar diferentemente, a partir de outros tipos de distinções.

2. O contexto e a reforma penal de 1984 no Brasil

A partir dos anos 1970, houve uma série de congressos e conferências de que participou um grande número de juristas. Como assinala um deles, esse foi um "[...] período fértil em discussões e em projetos de revisão do Código penal, do Código de processo penal e da autonomia do direito de execução penal" (DOTTI, 1996, p. 315). Nesse contexto, em 1980, o ministro da Justiça ordenou à comissão que ele criara, formada exclusivamente por juristas, "estudar a legislação penal e introduzir as reformas necessárias" (Relatório dos motivos). Na sequência desses trabalhos, a comissão redigiu três documentos: o esboço da parte geral do Código penal, um Código de processo penal e a lei sobre a gestão da pena. Tendo em conta explicações apresentadas pelo ministro, podemos dizer que a reforma caminhou em duas direções: de um lado, ela pretendia impor limites à pena de prisão, buscando outras soluções[1] jurídicas para o crime; e, de outro lado, ela também almejava adaptar o direito criminal a um contexto mais violento (à época, surgiram as comunicações sobre os crimes violentos e, mais particularmente, sobre o tráfico de drogas, tido como muito preocupante).

Assim, em julho de 1984, criaram-se, no Brasil, duas leis em matéria criminal: a Lei n. 7.209/1984 e a Lei n. 7.210/1984, conhecidas, posteriormente, sob o nome de "reformas penais de 1984". A primeira lei apresentava uma parte geral nova, que compreendia os artigos relativos aos princípios de determinação da pena e, sobretudo, aos tipos de penas. Já a segunda lei concernia exclusivamente à gestão da pena, ou seja, remetia àquilo que acontece depois da condenação pelos tribunais. Cabe lembrar que há, no Brasil, um tribunal da gestão da pena e que é um juiz desse tribunal quem decide, por exemplo, sobre a liberdade condicional do condenado. Dois elementos tornam essas duas leis particularmente interessantes: seu processo de elaboração e a maneira como as reformas das quais provinham foram interpretadas à época (e ainda hoje) pelos juristas e pelos pesquisadores das ciências sociais.

Essas duas leis compreendiam certo número de modificações, que apresentaremos aqui, brevemente. *Grosso modo*, a primeira lei, que remete à parte geral do Código, marcava o fim de um sistema denominado "duplo

[1] A palavra "solução" pode ter vários sentidos; citemos dois: o de soluções sociais para o crime, como prevenção social sem modificar as estruturas jurídicas; também, o de soluções jurídicas que modificam as estruturas do direito criminal.

binário", e que possibilitava aplicar, simultaneamente, uma pena (a pena de privação de liberdade) e uma medida de segurança, no caso de um condenado considerado perigoso. Tal medida permitia, quando necessário, manter o condenado na prisão, expirada a duração de sua pena de encarceramento. Assim, depois da reforma, a medida de segurança foi aplicada apenas no caso de pessoas reconhecidas como não responsáveis criminalmente, e deveria ser considerada uma medida de "proteção", traduzindo-se na privação da liberdade e na internação em um hospital para tratamentos psiquiátricos, ou, ainda, nos tratamentos sem privação da liberdade. A primeira lei instituía penas restritivas de direitos (prestação de serviços à comunidade, suspensão temporária dos direitos, limitação dos deslocamentos nos fins de semana), podendo substituir a pena de prisão, sob certas condições. O recurso a essas penas foi bem limitado, e as seguintes condições foram impostas: 1) a pena de prisão fixada pelo juiz devia ser inferior a um ano; ou 2) o crime devia ter a imprudência como causa (por oposição aos crimes intencionais);[2] 3) o acusado não devia ser reincidente; 4) o juiz devia avaliar favoravelmente a culpabilidade, os antecedentes judiciais, a conduta social e a personalidade do condenado.

Na parte geral nova, a reforma acrescentava um artigo sobre a determinação da pena, endereçado exclusivamente aos juízes responsáveis pela instrução do processo. Tal artigo enuncia os objetivos de reprovação e de prevenção e exclui o de reabilitação, destinado ao juiz da gestão da pena. Ele se apresenta, conforme segue:

> Determinação da pena
>
> Art. 59. O juiz, segundo a culpabilidade, os antecedentes, a conduta social, a personalidade do agente, os motivos, as circunstâncias e consequências do crime, bem como o comportamento da vítima, determinará, como sendo necessárias e suficientes, para a reprovação e a prevenção do crime:
>
> I – as penas aplicáveis dentre aquelas previstas;
>
> II – a quantidade da pena aplicável segundo os limites previstos;
>
> III – o regime inicial do cumprimento da pena privativa de liberdade;
>
> IV – a substituição da pena privativa de liberdade aplicada por uma outra espécie de pena, se admitida.

[2] A distinção se refere, aqui, aos crimes cometidos em razão de um comportamento imprudente e aos crimes intencionais.

Já quanto à lei sobre a gestão da pena, ela introduzia quatro modificações importantes. A primeira residia na instauração de uma lei federal sobre a gestão da pena, que vinha uniformizar as leis estaduais. A segunda modificação consistia na instituição do cargo de juiz da gestão da pena. Anteriormente, a liberdade condicional era decidida pela organização político-administrativa, o sistema correcional dos estados, sem a participação de um juiz. Essa passagem de uma organização política (administração penitenciária) para uma organização jurídica (tribunal de gestão da pena) foi considerada uma "judiciarização" da gestão da pena. Isso significa que o que faltava na organização política não era a comunicação jurídica sobre a sanção criminal, mas sim a própria organização jurídica. A "judiciarização" implica uma mudança na organização que se encarrega da comunicação jurídica relativa à pena. A terceira modificação concernia em organizar gradualmente a passagem de um regime de prisão a outro (regime fechado, regime semiaberto e, depois, regime aberto) – o que constituía uma inovação. Os reformadores consideraram tal passagem absolutamente necessária: eles tinham de levar em conta a ressocialização do condenado e a individualização da pena, quando de sua execução no sistema penitenciário. É interessante notar que eles incluíam essa individualização e essa ressocialização na gestão da pena; ao passo que o juiz – que não dispunha de muita margem de manobra – era obrigado, de sua parte, a aplicar a sentença. Por fim, como última modificação introduzida pela lei sobre a gestão da pena, a adoção do plano de ação visando reabilitar (termo que significa relativamente o mesmo que ressocializar), dentro da gestão da pena e de limites bem definidos. Na exposição dos motivos dessa lei, cabia ao sistema penitenciário ocupar-se da reabilitação, um princípio central da intervenção penal, imediatamente depois da determinação da pena pelo juiz. Isso significava que a reabilitação constituía um elemento a ser considerado pelos juízes responsáveis pela gestão da pena, mas não pelos juízes do processo.

> O artigo primeiro contém dois tipos de finalidades: o cumprimento correto das disposições inscritas nas sentenças ou outras decisões; disposições estas, destinadas a reprimir e a prevenir os delitos, e a oferta de meios pelos quais os condenados e aqueles submetidos à medida de segurança podem ter uma participação construtiva na comunhão social. (EXPOSIÇÃO DOS MOTIVOS 213/1983)

Art. 1º A gestão da pena tem como objetivo cumprir as disposições da sentença ou da decisão criminal e proporcionar as condições para a integração social harmoniosa do condenado e do internado.

3. A reforma vista pelas ciências sociais: o caso de Fry e Carrara

A partir dessa breve descrição, a presente análise se baseia em um artigo escrito pelos antropólogos brasileiros Peter Fry e Sergio Carrara, e publicado na *Revista Brasileira de Ciências Sociais*, em 1986. O artigo tinha por objetivo analisar as modificações ocasionadas no Código penal, pela já mencionada reforma. Parece-nos pertinente ilustrar – como veremos – a maneira como habitualmente as ciências sociais consideram as reformas do direito criminal. Além disso, este é o único artigo que aborda específica e diretamente a reforma em questão.

Os autores se propõem a "enfatizar algumas ideias que seguem orientando o espírito dos reformadores, a fim de revelar o processo pelo qual algumas noções historicamente produzidas adquirem o estatuto de 'naturais', incontestáveis" (FRY e CARRARA, 1986, p. 48). Conforme apontam, eles pretendem discutir a opinião de alguns juristas, segundo a qual a reforma seria progressista em razão de seu caráter liberal e humanista. A posição deles em relação à questão merece um comentário.

A definição do lugar ocupado pelo observador, e fortemente enfatizado pelos autores, constitui o ponto de partida do artigo. De fato, eles concentram sua atenção em alguns elementos da reforma, considerados essenciais pelos juristas, tais como: o estabelecimento dos direitos dos detentos e a judiciarização da gestão da pena (visto que, anteriormente, a gestão da pena não concernia ao poder judiciário, mas, sim, à administração político-correcional). Em outros termos, eles salientam o fato de se colocarem de fora do direito, a fim de observá-lo e de evidenciarem uma série de aspectos que escaparam aos observadores jurídicos (os reformadores, os juristas, os profissionais jurídicos, etc.).

Para descrever e analisar a reforma de 1984, os autores recorreram à distinção escola clássica/escola positiva do direito criminal. Eles avaliam que essa reforma marca a vitória do pensamento positivista sobre o pensamento clássico ou liberal, em matéria de direito criminal. Além disso, eles utilizam a face "escola positiva" da distinção para caracterizar essa reforma. Assim, o debate que opõe as duas escolas teria como consequência tornar distinta qualquer codificação penal brasileira. Se, no passado, encontrava-se uma saída para o conflito, conciliando-se as duas escolas, a partir da reforma de 1984 – segundo Fry e Carrara – prevaleceriam as ideias positivistas em matéria criminal.

O pensamento clássico, abordado pelos autores, remete às ideias de Beccaria, Kant e Bentham, representantes da escola clássica do direito, que, na determinação da pena, conferem a preponderância da gravidade do crime sobre o risco de recidiva. Além disso, tal pensamento enfatiza mais a proteção da sociedade do que a defesa social. No que concerne ao pensamento positivista, Fry e Carrara se reportam às ideias da escola positiva italiana, representada por Lombroso, Ferri e Garofolo. Assim, do lado da "escola clássica", temos potencialmente, como teorias da pena, as teorias da dissuasão e da retribuição. Já do lado da "escola positiva" temos a teoria da reabilitação. Aqui, cabe notar que a teoria da reabilitação não é inteiramente própria à escola positiva italiana, como veremos mais adiante. De fato, a teoria da reabilitação já existia antes do surgimento da escola positiva, e existe uma teoria da reabilitação contemporânea, que não está em conformidade com a doutrina das escolas clássica e positiva. O Quadro 1 resume as características da escola clássica e da escola positiva.

Quadro 1 – **A escola clássica *versus* a escola positiva**

	Determinação da pena (fenômeno observado)	
	Escola clássica/Escola positiva (distinção norteadora)	
Critérios essenciais	• A gravidade do crime	• A periculosidade do indivíduo (o risco de reincidência que o Indivíduo apresenta)
Teorias modernas da pena referidas	• Teoria da retribuição • Teoria da dissuasão	• Teoria da reabilitação

Fonte: Elaboração própria.

O artigo aqui referido nega que a reforma tenha tido um caráter liberal, como pensavam os juristas. Esta – argumentam Fry e Carrara – não teria escolhido a conciliação entre a escola clássica e a escola positiva do direito, a qual era usual na legislação penal no Brasil. Comparando, então, o novo Código penal com o antigo – ou seja, o de 1940 –, os dois autores assinalam que esse último, com o sistema do "duplo binário", encontrou uma fórmula que faz coexistir os dois paradigmas. O antigo Código aceitava tanto o "paradigma da escola clássica" como o da "escola positiva". Essa harmonia entre as duas escolas foi observada pelas ciências sociais, da seguinte forma: o Código de 1940, com o "duplo binário", estabeleceu uma continuidade entre as duas escolas, visto que, em um primeiro momento, o juiz decidia a tarifa a pagar segundo a gravidade do crime, de acordo com a doutrina da escola clássica (as teorias da retribuição e da dissuasão); e, em um segundo momento, ele determinava, em conformidade com a escola positiva, se havia outro tratamento possível para reabilitar e atenuar a periculosidade. Essa harmonia implicava um sacrifício tanto da escola clássica quanto da escola positiva. Assim, o "duplo binário" pode ser representado como um copo meio cheio ou meio vazio. No Código penal de 1940, a escola liberal, de seu próprio ponto de vista, avalia que ganhou, porque o criminoso devia pagar ao menos a tarifa correspondente à gravidade do crime; porém, de outro lado, ela teria perdido, visto que a punição ao criminoso podia ser mais severa em razão de sua periculosidade. Já de seu ponto de vista, a escola positiva teria perdido, porque a pena aplicada ao crime podia ser menor do que ela julgava necessário; porém, de outro lado, ela teria ganhado, já que o criminoso permanecia na prisão por mais tempo do que se tivesse sido julgado unicamente em função da gravidade do crime.

Os especialistas das ciências sociais rejeitaram essa conciliação, na reforma de 1984. Segundo Fry e Carrara, dessa vez, a escola positiva teria ganhado. Entretanto, como eles podem afirmar que essa escola tenha predominado se a reforma excluiu um de seus pontos de doutrina essenciais, que reside na possibilidade de converter uma pena em medida de segurança, em razão da periculosidade do condenado? É interessante notar, aqui, a diferença entre a observação feita pelos reformadores (observação dentro do direito) e aquela feita pelas ciências sociais (observação fora do direito). De um lado, há os juristas e os reformadores, que consideram que a reforma dá primazia ao pensamento liberal sobre o pensamento positivista; e, de outro lado, há Fry e Carrara, que avaliam que, na reforma, o pensamento positivista predominou. Com efeito, quando ambos defenderam essa posição, os próprios reformadores ressaltaram a "opção pelo liberalismo, como vetor político do direito penal", conforme apontado por Miguel Reale Junior, René Ariel Dotti, Ricardo Antunes Andreucci e Sergio M. de Moraes Pitombo (1987, p. 30): todos eles juristas integrantes da comissão de reforma. A exposição dos motivos da reforma estabelece que "a medida de segurança, de caráter preventivo e assistido, está reservada àqueles que são penalmente não responsáveis. Em resumo, isso significa: culpabilidade – pena; periculosidade – medida de segurança".

Defendendo um ponto de vista contrário ao dos juristas, as ciências sociais conferem a vitória à escola positiva. Entretanto, como ela pode ganhar mais do que no passado, já que o "duplo binário" desapareceu? Na observação da reforma de 1984 (pelos reformadores) conclui-se o contrário: o criminoso não mais pode passar automaticamente maior tempo na prisão, conforme a sua periculosidade. O tribunal estabelece, portanto, desde o início, uma distinção fundamental entre os responsáveis e os "não responsáveis", a qual é própria à escola clássica. A medida de segurança não pode ser aplicada a todos. Nesse sentido, a observação do direito parece mais justa do que a observação das ciências sociais. É importante salientar que não está estabelecido que apenas uma dessas duas escolas saia ganhadora. Podemos, assim, constatar que uma observação realizada por um observador externo não observa necessariamente melhor do que outra conduzida por um interno. Como dissemos, não existe posição privilegiada para observar.

Podemos, então, perguntar: como Fry e Carrara observaram a reforma de 1984, e como a apreciaram em relação à abolição do "duplo binário"? Eles lembram que, antes, havia dois tipos de decisões penais: a pena e a medida de segurança. Com base em descrições feitas pelos juristas, eles chegam à conclusão de que a pena tem por finalidade punir, e que ela visa impedir a perpetração do crime, ou, simplesmente, "retribuí-lo". A imagem que se tinha do criminoso era a de um ser racional, autônomo, que escolheu cometer um crime. A pena corresponderia, portanto, à concepção da escola liberal do direito. Em contrapartida, a medida de segurança pertenceria à escola positiva do direito. Sua finalidade seria, simultaneamente, terapêutica e pedagógica, por estar relacionada à defesa social e o tratamento do criminoso. Seu princípio central seria a periculosidade do criminoso, que era visto como determinado ora por fatores biológicos, ora por fatores sociais ou morais (tomados no sentido psicológico).

Em geral, o Código de 1940 prescrevia a aplicação de uma pena aos responsáveis, e uma medida de segurança aos "não responsáveis"; porém, no caso das pessoas que cumpriam uma pena de prisão, ele previa a aplicação de uma medida de segurança, durante a gestão da pena, conforme a periculosidade do condenado. Por conseguinte, uma medida de segurança podia ser aplicada a uma pessoa penalmente responsável. O "duplo binário" se encontra, fundamentalmente, nessa disposição do Código – o que significa dizer que a duração do encarceramento, enunciada na sentença, podia ser aumentada durante a gestão da pena, e esta se transformaria em medida de segurança.

Com base na observação de Fry e Carrara, podemos resumir a regra do "duplo binário" do Código de 1940 de acordo com a Figura 1, a seguir.

Figura 1 – **Possibilidades de aplicação da pena e da medida de segurança, no Código de 1940**

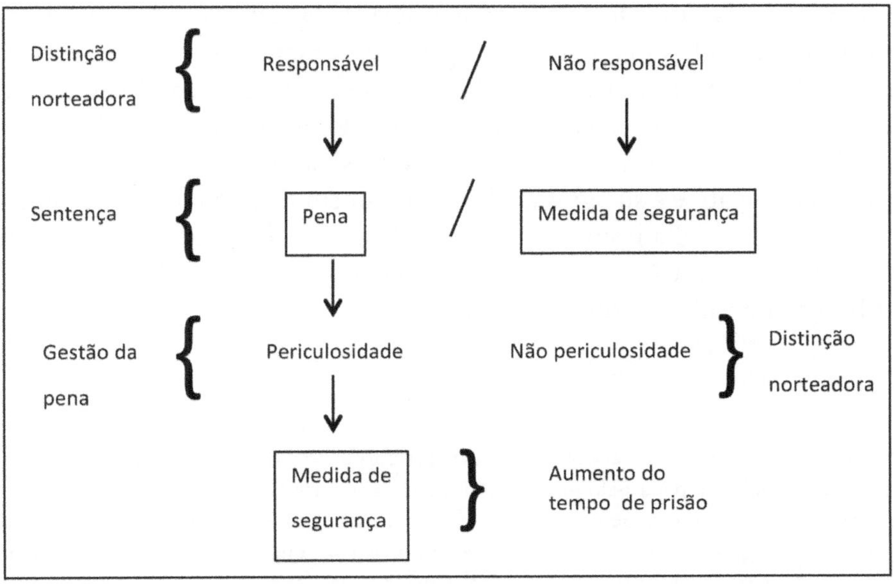

Fonte: Elaboração própria.

A reforma de 1984 aboliu a possibilidade de transformar a pena em medida de segurança durante a gestão da pena. Assim, quando considerado responsável, o criminoso recebia uma pena que não podia ser transformada, depois, em medida de segurança, a qual se aplicava somente às pessoas tidas como não responsáveis. Entretanto, a reforma buscou a possibilidade de, durante a gestão da pena, tomar uma decisão concernente ao tipo de regime de prisão a ser seguido (regime fechado, regime semiaberto e regime aberto). A decisão levava em conta a periculosidade do condenado. Assim, a reforma condicionava a progressão do regime de prisão e a liberdade condicional à periculosidade do condenado durante a gestão da pena, conforme a avaliação de psicólogos e interventores. Essa avaliação incide sobre as possibilidades de ressocialização de cada condenado, e não em sua periculosidade; contudo, mantivemos essa distinção, já que Fry e Carrara a utilizam. Notemos que o Código aboliu o termo "periculosidade" e fala mais em circunstâncias pessoais do acusado. Os reformadores consideraram que tal avaliação individualizava a pena; no entanto, ela difere daquela abordada pelo Código penal de 1940, em que era possível transformar a pena em medida de segurança. Na avaliação definida pela reforma de 1984, não mais é possível prolongar a pena de prisão além da duração fixada no enunciado da sentença. Assim, a partir de 1984, ao longo da gestão da pena, a duração do encarceramento não mais podia ser aumentada: ela podia ser mantida ou reduzida e ser acompanhada seja de uma progressão de regime, seja de uma liberdade condicional. A pena fixada no enunciado da sentença permanecia, assim, vinculada ao ato e à sua gravidade, em conformidade com a doutrina da escola clássica.[3] Ela podia ser modificada em caso de redução, mas não em caso de extensão. A Figura 2 resume as diversas possibilidades de aplicação contidas na reforma de 1984.

[3] É interessante notar que o art. 59, proposto pela reforma de 1984, incorporou, no momento da determinação da pena pelo juiz, a análise das características pessoais do condenado. Esse critério, atribuído ao pensamento positivista, está igualmente presente nessa etapa, e não apenas na gestão da pena. Todavia, a determinação da pena não é problematizada nem pelas observações do direito, nem pelas das ciências sociais. Uma das razões para isso pode ser o fato de que a determinação da pena é vista, no Brasil, como um processo mecânico de cálculo da pena (MACHADO, PIRES, FERREIRA e SCHAFFA, 2009).

Figura 2 – **Possibilidades de aplicação da pena e da medida de segurança, na reforma de 1984**

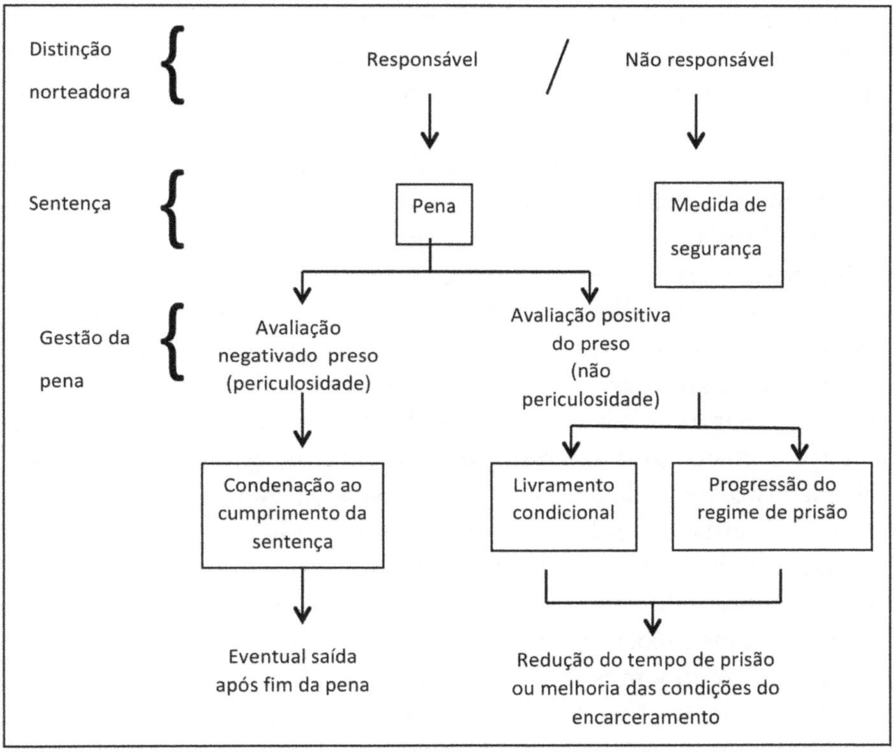

Fonte: Elaboração própria.

Para Fry e Carrara, a abolição desse sistema do "duplo binário" na reforma de 1984 não significaria a vitória do pensamento clássico liberal sobre o pensamento positivista. Mas por quê? Porque a novidade introduzida pela reforma, segundo a observação das ciências sociais, consistiria na criação, pelo direito, de um novo conceito de pena. Para esses autores, trata-se de um novo conceito, uma vez que a nova pena combinaria duas formas de reação penal: a pena – conceitualizada pelos liberais – e a medida de segurança – conceitualizada pelos positivistas. Ela teria como finalidade a punição (visando dissuadir ou "retribuir") e o tratamento.

A pena de prisão seria, portanto, composta de elementos liberais, tais como o limite (a reforma não manteve as penas indeterminadas), e também de elementos positivistas, como a avaliação da periculosidade do condenado. Essa maneira de considerar a pena, segundo Fry e Carrara, é explicada pela adoção do mecanismo de progressão do regime da "pena-prisão" – a passagem do regime fechado a um regime semiaberto ou aberto, durante a gestão da pena de prisão. Tal mecanismo, visto pelos reformadores como uma inovação liberal e humanista, prevê uma avaliação do condenado pelos psicólogos, a qual se baseará em seus antecedentes, sua periculosidade e seus riscos de recidiva; em resumo, sua moralidade. Assim, para esses autores, a obrigação de conduzir essa avaliação subjetiva do condenado ilustra bem a preponderância do pensamento da escola positiva, no direito criminal – o que explica o título dado ao seu artigo, "As vicissitudes do liberalismo no direito penal brasileiro", que visa evidenciar o caráter institucional do liberalismo penal no Brasil. Os princípios positivistas são hierarquicamente superiores aos da escola clássica, visto que toda decisão no âmbito da gestão da pena – tanto em relação à liberdade condicional como à progressão do regime de prisão (de regime fechado para o semiaberto) – depende de uma avaliação psicológica e moral do condenado, consistindo nos princípios positivistas defendidos pela escola italiana.

Todavia, como vimos, os critérios relativos à personalidade do condenado – utilizados no Código de 1940 para prolongar o tempo de encarceramento – são utilizados a partir de 1984 para reduzir a pena ou, ao menos, manter a pena já fixada na sentença. Assim, a partir da reforma de 1984, o juiz responsável pela gestão da pena fica impedido de aumentar a duração do encarceramento. Fry e Carrara consideram que o pensamento positivista tem predomínio, em contrapartida, sobre o capítulo da atenuação da pena. Anteriormente, havia a possibilidade de aplicar a medida de segurança aos responsáveis na gestão da pena; entretanto, a partir de 1984, ela passa a ser aplicada exclusivamente aos não responsáveis. A duração máxima da pena é função da gravidade do crime.[4] A personalidade do condenado influirá na manutenção da pena

[4] Entretanto, segundo o art. 59, com a nova redação apresentada pela reforma de 1984, o juiz deve considerar as características pessoais do acusado, no momento da determinação da pena. Em outras palavras, não se trata de um critério exclusivo da gestão da pena.

ou em sua atenuação durante a gestão da pena. O Quadro 2 descreve os ganhos das duas escolas, nos Códigos de 1940 e de 1984.

Quadro 2 – **Ganhos da escola clássica e da escola positiva, no Código de 1940 e na reforma de 1984**

Elemento observado pelos autores	Descrição	Observações
1) Distinção inicial	Responsável/não responsável	Sem modificação Ganho da escola clássica
2) Sentença	Pena ou medida de segurança	Sem modificação Ganho da escola clássica Elemento **não observado**
3) Gestão da pena	Periculosidade: pena máxima fixada na sentença	Ganho da escola clássica
	Não periculosidade: progressão de regime ou livramento condicional	Ganho "liberal" da escola positiva

Fonte: Elaboração própria.

Podemos notar, portanto, que a vitória do pensamento positivista está longe de ser garantida, já que a possibilidade de prolongar a pena para além da duração fixada pela sentença – o que a observação das ciências sociais considera um ganho da escola positivista – constitui, de fato, a possibilidade de atenuar a pena. Trata-se, assim, de um ganho da escola liberal, que resulta da aplicação de um princípio da escola positivista. Se tivéssemos de designar um ganhador, escolheríamos o garantismo liberal.

Em contrapartida, uma utilização inadequada do termo "liberal" torna confusa a observação dos reformadores do direito. Tal como empregado, o termo não permite dar conta corretamente das particularidades dessa reforma, como veremos mais adiante. A escola clássica e as teorias da retribuição e da dissuasão a ela relacionadas excluem a possibilidade de atenuar a pena. A teoria da pena, que entra em jogo nessa questão, é a teoria da reabilitação, e não as teorias da retribuição e da dissuasão. Por conseguinte, não há aí tampouco o ganho da escola liberal.

Apesar de tudo, Fry e Carrara, ao examinarem a reforma de 1984, afirmam que ela não atesta uma nova mentalidade em matéria penal, já que o ponto principal – a extinção da medida de segurança – não leva à abolição do pensamento que a subentende, que é o da escola positiva. Inversamente, isso significa, segundo os autores, a vitória do pensamento da escola positiva sobre o pensamento liberal (escola clássica de direito). Portanto, o paradigma positivista se torna "uma espécie de axioma implícito, que regula o pensamento jurídico moderno" (FRY e CARRARA, 1986, p. 6). Eles afirmam, ainda, que a reforma de 1984 pode ser considerada um "rito de reforma", que tem por efeito reforçar os valores e os princípios jurídicos modernos.

Os autores consideram, portanto, que, se existe continuidade da reforma, esta não lhes parece demarcar um progresso ou um avanço para o direito penal; ao contrário, eles entendem que a reforma reafirma o que é usual em matéria de direito criminal. Porém, como veremos mais adiante, o "axioma implícito" – este fundamento cognitivo de que falam os autores, e que regula o pensamento jurídico moderno – não é admitido somente pela escola positiva italiana, embora a distinção *escola clássica/escola positiva* nos impeça de ver isso. Efetivamente, não percebemos um progresso no plano das ideias, porque a reforma utiliza o mesmo sistema de ideias que mascara as similitudes entre essas duas escolas. Contudo, cabe mencionar que houve um progresso interno no que se refere às garantias jurídicas, embora seja um progresso bem específico, resultante da combinação exitosa entre o pensamento clássico e o pensamento positivista. A teoria clássica impediu a teoria positivista de punir, seja mais, seja menos. Já a teoria positivista impediu a teoria clássica de impor uma duração fixa para a pena; ela concedeu ao condenado a possibilidade de sair mais cedo da prisão. Portanto, a distinção escola clássica/escola positiva não é irredutível, visto que as duas escolas têm pontos comuns e podem se unir. O que essa distinção nos obriga a observar é a guerra interna entre essas duas escolas. O resultado dessa guerra é bastante claro. As duas escolas preconizam a mesma coisa: a prisão para todos.

4. A distinção *exclusão social/inclusão social* em substituição à distinção *escola clássica/escola positiva*

A distinção *escola clássica/escola positiva* representa um progresso no direito criminal, pois ela enfatiza um aspecto fundamental das reformas, frequentemente negligenciado pelos pesquisadores: as ideias que servem para justificá-las. Todavia, a distinção não permite obter uma boa descrição dessas ideias. Ela está baseada na maneira como as escolas se auto-observam, e no fato de que elas se dizem contrárias. Examinando as teorias da pena formuladas por essas escolas, podemos medir as dificuldades com as quais essa descrição pode se deparar. Em primeiro lugar, a escola clássica do direito penal se baseia principalmente nos trabalhos de Cesare de Beccaria (1738-1794) e de Jeremy Bentham (1748-1832), dois autores que construíram a teoria da dissuasão. Conforme Pires (1998, p. 147) salientou, a face "escola clássica" contribuiu geralmente para excluir os trabalhos de Kant relativos à teoria da retribuição da escola clássica do direito; e, além disso, ela não vê que a teoria da retribuição tem vários pontos em comum com a teoria da dissuasão, podendo ser vinculada à escola clássica do direito.

Outro inconveniente apresentado por essa distinção é o fato de que ela atribui a teoria da reabilitação à escola positiva italiana. Todavia, como mostrou Pires, a teoria da reabilitação é mais antiga do que a escola positiva italiana. Ela surgiu, como salienta Foucault, à época em que a prisão se tornou uma pena, por volta do final do século XVIII. Um dos autores de referência dessa teoria é John Howard, que, em 1789, publicou um relato sobre a prisão na Inglaterra e no País de Gales, intitulado *An Account of the Present State of the Prisons and Houses of Correction in the Home Circuit*. A correção moral, como objetivo da pena, já está presente. A reabilitação emerge, assim, como uma teoria da prisão. A escola positiva italiana tornará mais complexa a teoria da reabilitação, acrescentando a ela elementos de ordem médica, principalmente a partir dos trabalhos de Garofalo e de Ferri.

Tendo em conta essa dificuldade de a distinção *escola clássica/escola positiva* possibilitar a observação das teorias da pena, a teoria da RPM de Alvaro Pires apresenta outra distinção: a distinção *exclusão social/inclusão social*, que visa substituir as distinções clássicas na filosofia (*utilitarismo/retributivismo*), nas ciências sociais (*escola clássica/escola positiva do direito*) e nos estudos relativos às teorias da pena. Essa distinção foi ressaltada, tendo em conta recomendações feitas pelas teorias da pena às autoridades, no momento da tomada de decisões concernindo à sanção criminal. Os dois termos da distinção são, de um lado, as teorias que preconizam a exclusão social do indivíduo culpado ou que são indiferentes à sua inclusão social, e privilegiam a pena de prisão; e, de outro lado, aquelas que favorecem a inclusão social e sanções que não a prisão.

Essa distinção permite, assim, observar que a teoria moderna da dissuasão, elaborada por Beccaria (1764) e Bentham (no final do século XVIII e início do século XIX), e a teoria kantiana da retribuição (1797) vão, em conjunto, dar origem, ao longo do século XVIII, a um sistema de ideias denominado "racionalidade penal moderna"; um sistema dominante no sistema de direito criminal moderno, como demonstrou Pires (1998). As teorias da dissuasão e da retribuição abordam o direito criminal de uma maneira "hostil, abstrata, negativa e atomista":

> Hostil, porque se representa o desviante ("aquele que causa a decepção") como um inimigo do grupo inteiro. Abstrata, porque o mal (concreto) causado pela pena é percebido como *devendo causar* um bem moral imaterial ou um bem prático invisível e futuro. Negativa, pois essas teorias *excluem qualquer alternativa* que vise reafirmar o direito por uma ação positiva do desviante (a indenização, por exemplo), e estipulam que *somente o mal* concreto e imediato causado ao desviante (e ao seu entorno) pode produzir um bem-estar para o grupo ou reafirmar o valor da norma. E, por fim, atomista, porque a pena – na melhor das hipóteses – não tem de se preocupar com os laços sociais concretos entre as pessoas (como se elas não fizessem parte do "mesmo grupo"), a não ser de uma forma totalmente secundária e acessória. (PIRES, CELLARD e PELLETIER, 2001, p. 198)

Os elementos comuns a essas duas teorias da pena, que formam um sistema de ideias, são bem resumidos por Dubé (2008, p. 50):

> Uma representação do Estado e da lei penal como *únicos* defensores do contrato social e dos valores fundamentais da sociedade (Pires, 1998, p. 151); uma visão belicista da proteção da sociedade; uma representação fundamentalmente negativa do homem; uma obrigação pragmática ou política de punir; uma valorização exclusiva das penas aflitivas; a exclusão das sanções alternativas (indenização, etc.) e do perdão; uma definição

do conflito que exclui ou instrumentaliza a vítima; e uma ausência de consideração para com um restabelecimento concreto dos laços sociais ("inclusão social").

Sabemos já que as teorias da dissuasão e da retribuição diferem em determinados pontos. Os elementos enumerados na citação anterior evidenciam os pontos nos quais elas estão de acordo. Associando essas duas teorias modernas da pena, pretendemos reafirmar a tese de que elas estão na origem da RPM no Ocidente (PIRES, 1998, p. 93). Essas duas teorias constituem realmente o "núcleo duro" da RPM.

No que concerne à teoria da reabilitação, é importante observar que ela é mais complexa. Empregando novamente a distinção *exclusão social/ inclusão social*, Pires distingue duas teorias da reabilitação: a da primeira modernidade e a da segunda modernidade. A primeira teoria da reabilitação, defendida sobretudo pela escola positiva italiana, preconiza a exclusão social do condenado e o manda para a prisão, embora almeje a sua inclusão, futuramente – "excluir para melhor incluir" (DUBÉ, 2008, p. 285). Desse modo, ela se aproxima de outras teorias modernas da pena, como as da dissuasão e da retribuição, e se incorpora à RPM. Normalmente, ela está vinculada às teorias da pena que favorecem a exclusão social (PIRES, 2008). A segunda teoria começa a emergir nos anos 1960, e se distancia da antiga versão ao valorizar a inclusão social do indivíduo culpado. Essa nova teoria da reabilitação defende o princípio do menor sofrimento ou da menor intervenção e favorece o uso das sanções alternativas à prisão. Desse modo, ela se dissocia da RPM e se constitui como um discurso "contra-hegemônico", que circula – como sugere Pires – dentro do sistema de direito criminal e do sistema político, ainda que seu papel seja mais marginal. Integrando esse universo discursivo, a teoria da reabilitação da segunda modernidade poderia ser selecionada de uma maneira contingente pelos reformadores, tornando-se outro "vocabulário de "motivos" (Wright Mills) a ser associado à punição.

Utilizando a distinção *exclusão social/inclusão social*, podemos descobrir afinidades entre as ideias da escola clássica e da escola positiva; ideias que constituem a RPM. Podemos igualmente discernir as ideias dessas escolas, as quais se distanciam daquelas que integram tal sistema de ideias. Essas ideias valorizam a face "inclusão social" da distinção, como é o caso, entre outros, daquelas de Ferri, da escola positiva italiana

(MACHADO *et al.*, 2009; MACHADO, 2007). A distinção *exclusão social/ inclusão social* permite observar a formação desse sistema de ideias em torno das teorias da pena – o que é fundamental para compreender o direito criminal e seus atuais desafios. Tal sistema de ideias se tornou um obstáculo cognitivo dentro do sistema do direito criminal e do sistema político, pois ele impede de considerar diferentemente a sanção criminal, e mesmo o direito criminal (PIRES, 1995).

Pires nos ensina a atentar para os obstáculos cognitivos do direito criminal, e também a descrever as teorias modernas da pena de uma maneira extremamente original, com base na distinção *exclusão social/ inclusão social*. Observar essas teorias ajuda a compreender como o direito criminal foi constituído, bem como a relativizar e "desontologizar" a gramática dominante do direito criminal portadora de exclusão social; auxilia, ainda, a recuperar a sua historicidade e a implantar as suas ideias alternativas e marginalizadas.

Concluindo, consideramos que a utilização dessa distinção pode nos ajudar a compreender o papel desempenhado pela RPM na reforma de 1984. Ela nos liberta do ponto cego causado pelo conflito – já salientado – entre a escola clássica e a escola positiva. Ela permite ver que essas duas escolas estão dando aos reformadores as mesmas recomendações: punir mais, utilizando a pena aflitiva de prisão. Ela nos auxilia igualmente a observar a teoria da reabilitação e a maneira como ela figura na reforma de 1984, no Brasil. A reabilitação está ligada à gestão da pena, e não concerne aos juízes da determinação da pena, embora se revele útil, inclusive, para apreender a emergência de um novo discurso sobre a reabilitação, mais centrado na pessoa do indivíduo culpado, em seus laços sociais e em sua inclusão social. Esse é, provavelmente, o início da emergência, no Brasil, de ideias inovadoras que se distinguem da RPM, de "vozes dissonantes" que acabam enriquecendo o direito criminal brasileiro.

Referências

DOTTI, R. A. História da legislação brasileira (II): a reforma do CP 1940 (de 1942 a 1984). *Revista Brasileira de Ciências Criminais*, v. 13, p. 301-317, 1996.

DUBÉ, R. *Système de pensée et réforme du droit criminel*: les idées innovatrices du Rapport Ouimet (1969). 2008. Tese (Doutorado) – Departamento de Sociologia, Universidade do Quebec em Montreal, 2008.

FRY, P.; CARRARA, S. As vicissitudes do liberalismo no direito penal brasileiro. *Revista Brasileira de Ciências Sociais*, 2, 1, p. 48-55, 1986.

GARLAND, D. *The culture of control*: crime and social order in contemporary society. Chicago: University of Chicago Press, 2001.

LUHMANN, N. *Art as social system*. Stanford: Stanford University Press, 2000.

LUHMANN, N. *Theories of distinction*: redescribing the descriptions of modernity. Stanford: Stanford University Press, 2002.

LUHMANN, N. Cognition as construction. *In*: MOELLER, H. G. (org.). *Luhmann explained*: from souls to systems. Chicago: Open Court, 2006. p. 241-260.

MACHADO, M. R. A responsabilidade civil é independente da criminal em termos: a propósito da contribuição da criminologia positivista à transformação da responsabilidade civil. *Revista Brasileira de Ciências Criminais*, v. 65, p. 317-344, 2007.

MACHADO, M. R.; PIRES, A. P.; FERREIRA, C. C.; SCHAFFA, P. M. A complexidade do problema e a simplicidade da solução: a questão das penas mínimas. *Série Pensando o Direito*, v. 17, p. 1-71, 2009.

MATURANA, H. R.; VARELA, F. J. *The tree of knowledge*: the biological roots of human understanding. Boston/Londres: New Science Library/Shambhala Publications, 1987.

MOELLER, H. G. (org.). *Luhmann explained*: from souls to systems. Chicago: Open Court, 2006.

PIRES, A. P. Quelques obstacles à une mutation du droit pénal. *Revue Générale du Droit*, v. 26, n. 1, p. 133-154, 1995.

PIRES, A. P. Aspects, traces et parcours de la rationalité pénale moderne. *In*: DEBUYST, C.; DIGNEFFE, F.; PIRES, A. P. (org.). *Histoire des savoirs sur le crime et la peine*: la rationalité pénale et la naissance de la criminologie. Bruxelas: De Boeck Université, 1998. v. 2. p. 1-52.

PIRES, A. P. La recherche qualitative et le système pénal. Peut-on interroger les systèmes sociaux? *In*: KAMINSKI, D.; KOKOREFF, M. (org.). *Sociologie pénale*: système et expérience. Pour Claude Faugeron. Ramonville Saint-Agnès: Éditions Éres, 2004. p. 173-198.

PIRES, A. P. *Introduction aux théories de la peine*. Ementa do curso CRM 6760 – Filosofia penal, inverno de 2008. Inédito. Departamento de Criminologia: Universidade de Ottawa, 2008.

PIRES, A. P.; ACOSTA, F. Les mouches et la bouteille à mouches: utilitarisme et rétributivisme classiques devant la question pénale. *Carrefour, Revue de la Société de Philosophie de l'Outaouais*, v. XVI, n. 2, p. 8-39, 1994.

PIRES, A. P.; CELLARD, A.; PELLETIER, G. L'énigme des demandes de modifications législatives au Code criminel canadien. *In*: BONASTRA, Q. (org.). *Régulation et gouvernance*: le contrôle des populations et du territoire en Europe et au Canada. Une perspective historique. Barcelona: Universidade de Barcelona, 2001. p. 195-217.

RASCH, W. Introduction: The self-positing society. *In*: LUHMANN, N. (org.). *Theories of distinction*: redescribing the descriptions of modernity. Stanford: Stanford University Press, 2002. p. 1-28.

REALE, M. J.; DOTTI, R. A.; ANDREUCCI, R. A.; MORAES PITOMBO, S. M. de. *Penas e medidas de segurança no novo Código*. Rio de Janeiro: Forense, 1987.

ROBERT, Ph. *La sociologie du crime*. Paris: La Découverte, 2005.

WATZLAWICK, P. La mouche et la bouteille à mouches. *In*: WATZLAWICK, P. (org.). *L'Invention de la realité*: contributions au constructivisme. Paris: Éditions du Seuil, 1987. p. 269-276.

CAPÍTULO 6

A ascensão do closure: um aliado ou um perturbador para a racionalidade penal moderna?[1]

Jean-François Cauchie e Jean Sauvageau

Introdução

No clima político e jurídico ocidental[2] dos anos 1960 e 1970, o capital dos conhecimentos científicos acumulados, a vitalidade dos direitos humanos e os movimentos sociais do pós-Guerra propiciaram o reexame aprofundado das dimensões normativas e cognitivas do direito criminal (PIRES, 2001). Pressionado por seu meio, o direito criminal – tal como ele se constituíra historicamente na modernidade ocidental, a despeito de evidentes diferenças de um país a outro – deparou-se, nessa época, com um período de intensa autorreflexão. No plano cognitivo, trata-se principalmente de repensar não apenas os fundamentos do direito de punir, mas também conceitos como os de pena e vítima. No plano normativo, pensa-se em diminuir o número de leis penais, dar menos ênfase às responsabilidades individuais, escolher melhor os casos que devem ser submetidos aos tribunais (e, mais amplamente, ao direito criminal), recorrer a uma maior variedade de procedimentos, favorecer o relacional e a indenização ou recorrer menos ao encarceramento. Ressurge, inclusive, a ideia de rever as codificações penais (PIRES, 2002).

[1] Este capítulo, que conta com a amável autorização das Edições Larcier, retoma parcialmente os argumentos apresentados em: Cauchie e Sauvageau (2010, p. 237-251).

[2] Fazemos referência, aqui, sobretudo à Europa Ocidental, aos Estados Unidos e ao Canadá.

Contudo, é também nos anos 1970 que ocorre um fenômeno paradoxal: a justiça social e a justiça belicista não seriam necessariamente antinômicas. Durante essa década, as ciências humanas progressistas e os movimentos sociais humanistas passam a focar cada vez mais sua atenção na delinquência econômica e política, nos atentados contra o meio ambiente, na opressão das mulheres e das minorias étnicas. Eles também recriminam a repressão política e jurídica continuamente sofrida pelos "sem": os sem-documentos, os sem-teto, os sem-emprego, os sem-proteção social, etc. Ora, por mais nobres que sejam as causas que defendem, tanto os movimentos sociais como as ciências humanas identificarão muito frequentemente na criminalização e na (super)penalização dos comportamentos a única, ou em todo caso, a melhor maneira de denunciá-los (PIRES, 2001). Nem bem aberto, o debate parecia, portanto, já encerrado...

Na realidade, o debate está longe de estar concluído. Tendo de enfrentar, mesmo que geralmente por falta,[3] uma demanda crescente de intervenções em vários problemas sociais, o direito (criminal) não experimenta nenhuma dificuldade em justificar a sua presença em nossas vidas. Em contrapartida, a legitimação sob a qual ele deverá se proteger suscita mais debates. O mito dos fundamentos vacila, "sem que, pela primeira vez, talvez, uma nova mitologia surja para 'fundar o infundável', ou fixar o discurso jurídico em um lugar de verdade seguro" (DELCHAMBRE e REMY, 1995, p. 41). Em um mundo relativamente desencantado, mitologias como a transcendência da lei ou a infalibilidade do *expert* poderiam perfeitamente ser questionadas. Seríamos, então, convidados "a aceitar que a 'referência fundadora' sob a qual o discurso jurídico se difunde há séculos é [de fato] um 'espaço vazio'" (CARTUYVELS e MARY, 1997, p. 105). É nesse contexto incerto, que evoca areias movediças, que se desenvolve, entre outras, uma reflexão sobre a necessidade de repensar o papel e o estatuto das vítimas (e de seus familiares), no processo e na filosofia penais modernos.

Alguns se regozijarão, então, em ver, nesse novo jogo, o possível declínio de um direito bastante abstrato e desencarnado que, seguro de seu

[3] A presença massiva do direito (criminal) em nossas vidas resulta efetivamente, entre outros fatores, das políticas sociais intervencionistas, que contribuíram sobremaneira para reduzir o papel da família, dos pares, da paróquia ou do bairro, na resolução dos mais diversos litígios.

caráter equitativo, racional e formalizado, tinha tendência em esquecer os dramas humanos que deveria apaziguar. Outros, ao contrário, se inquietarão em ver a emoção e a dor comprometerem um distanciamento, por vezes, mais salvador do que parece, e temerão uma instrumentalização do ressentimento das vítimas para fins políticos pouco confessáveis. Sem dúvida, seria arriscado resolver abruptamente uma questão tão complexa quanto delicada.

Nossa reflexão se baseará em uma situação bem específica: o desejo de *closure* formulado para e pelos familiares de vítimas que morreram em consequência do cometimento de atos reconhecidos como "criminosos". Estaremos especialmente atentos às situações em que esses atos levaram à morte (homicídios, negligência criminal, conduções perigosas de um veículo motorizado, atos terroristas, etc.), e em que as penas previstas são as mais pesadas: pena de morte ou pena de prisão. Optamos por não traduzir o termo inglês "*closure*", em razão de sua acepção muito ampla. Por exemplo: ele pode remeter ao encerramento (de um dossiê), à liquidação (de um caso) ou à resolução (de um assunto). Na situação que nos interessa, ele evoca sobretudo a ideia de pôr fim ao sofrimento pela morte de um próximo:[4] um pai, um filho, uma prima, um marido, uma amante, um amigo, um colega, etc. Ele pode, assim, expressar também uma ideia de luto, sem que seja, contudo, possível determinar se consiste em um processo que permite iniciar uma elaboração do luto ou de um processo de luto que seria, enfim, concluído.

Em todo canto, na Europa, nos Estados Unidos e no Canadá, há vestígios da ideia de que não somente as expectativas de *closure* deveriam ter maior expressão (o que se insere, aliás, em uma tendência mais global de reconhecimento do estatuto de vítima de toda ordem), como também de que elas só poderiam ser satisfeitas do ponto de vista penal; e isto: por meio de uma informação fornecida sobre o acompanhamento das investigações policiais; pelo estabelecimento de um direito à informação referente às sequências dadas ao dossiê (duração do processo, conclusão da investigação policial); pela capacidade de orientar e controlar as ações empreendidas pelo ministério público; pela supressão das garantias

[4] Uma definição próxima dessa foi dada por Gerber e Johnson (2007, p. 124): o processo de *closure* é "[...] a necessidade psicológica de cura emocional dos amigos e parentes sobreviventes [...] uma catarse emocional, frequentemente expressada como paz, satisfação ou cura".

jurídicas que beneficiariam demasiadamente os pretensos culpados; pela possibilidade de manifestar-se diante de um tribunal (oralmente ou por escrito) antes do pronunciamento de uma sentença ou durante uma audiência de liberdade condicional; pelo pronunciamento e pela aplicação de penas mais severas; pela suspensão de ofício das liberdades condicionais; pela aceleração dos processos jurídicos que visam comutar a execução das penas de morte (retardando, assim, a elaboração de luto dos sobreviventes); e, por fim, pela possibilidade de assistir às execuções capitais.[5] Os dois últimos exemplos só se aplicam, evidentemente, aos Estados Unidos e, sobretudo, aos estados que lá ainda aplicam a pena de morte.

No direito criminal moderno ocidental, a vítima e seus familiares tiveram, até bem recentemente, quando muito um estatuto de testemunha ou de informante dos atos, das situações ou dos acontecimentos que lhes concerniam. Portanto, as coisas mudam, mas em ritmos variáveis. De nossa parte, mencionaremos somente casos específicos nos Estados Unidos (nos planos executivo e legislativo) e no Canadá (no plano judiciário), na medida em que, nesses dois países, a questão do *closure* concerne, mais do que alhures, à criação da lei, assim como ao pronunciamento e às condições de execução das penas[6] – dois aspectos que nos parecem particularmente interessantes para descrever, embora em termos ainda muito gerais,[7] a vitalidade da racionalidade penal moderna (RPM). Verificaremos que, nesses dois países, os debates acerca das penas de morte e do encarceramento, por vezes, fazem delas uma passagem obrigatória para que os que "sobreviveram" possam elaborar seu luto ao ser amado.

[5] Alguns estados, assim como o governo federal americano, chegam a efetivamente permitir que os familiares de uma vítima de homicídio assistam à execução do culpado, de modo a maximizar os "benefícios" de *closure* que a morte dele deveria lhes trazer. O senador americano Brooks Douglass, que perdeu seus pais em consequência de um assassinato, dirá sobre a execução do assassino: "É o encerramento (*closure*). Encerramento de uma era da minha vida que nunca escolhi viver. Encerramento de anos de raiva e de ódio" (BUNCH, 2001, p. 2).

[6] Diferentemente, por exemplo, de países como a França, onde os familiares das vítimas têm maior peso na fase *ante sentenciam*. Ver Rossi (2008).

[7] Nas pesquisas eventuais sobre a relação entre RPM e familiares das vítimas, seria de fato interessante verificar se os discursos apresentados neste capítulo poderiam dizer mais sobre a sua complexidade, flexibilidade e grau de solidez, como obstáculo cognitivo a qualquer filosofia alternativa do direito criminal atual.

Por fim, concluiremos, tecendo alguns comentários sobre os efeitos dessa nova situação na posição da criminologia crítica e no estado de espírito dos próprios familiares das vítimas.

1. O processo de *closure* nos Estados Unidos

Nos planos político, penal e midiático, o interesse pelo conceito de *closure* cresceu enormemente nos anos 1990, nos Estados Unidos.[8] Mencionemos, entre outros fatores, no plano executivo, a opinião absolutamente midiática formulada pelo governador do estado da Califórnia, Pete Wilson, sobre o processo de Ted Kaczynski, que representa um dos casos de terrorismo doméstico mais célebres nesse país. Entre 1978 e 1995, Kaczynski – um matemático superdotado e um fervoroso defensor das teses tecnofóbicas de Jacques Ellul – empenhou-se em conter o avanço da tecnologia, depositando bombas em universidades e companhias aéreas. Ele cometeu dezesseis atentados, matando três pessoas e ferindo 23. Passível da pena de morte, ele se declarou culpado em todas as acusações levantadas contra ele, e, em 1998, chegou-se finalmente a um acordo, pelo qual ele passaria o resto de sua vida na prisão, sem nenhuma possibilidade de obter a liberdade condicional (ele foi efetivamente condenado ao equivalente a quatro sentenças perpétuas).[9] Conforme ilustrado em uma crônica do *San Francisco Examiner*, publicada à época, o governador Wilson se disse prontamente chocado com o acordo que fora concluído, pois, a seu ver, deixar Kaczynski viver equivalia a impedir que aqueles e aquelas de quem se retirou um ente querido elaborassem seu luto:

> Estou profundamente decepcionado e perturbado pela decisão do governo federal de barganhar com o direito do júri de decidir se o múltiplo homicida Theodore Kaczynski deveria ter recebido a pena de morte. [...] Os parentes das vítimas de Kaczynski foram roubados da sua oportunidade de *closure*. (P. WILSON *apud* SALTER, 1998)

[8] Ver o gráfico elaborado a partir dos artigos publicados nas mídias escritas, nos Estados Unidos, entre 1986 e 2001, referentes ao conceito de *closure* (ZIMRING, 2003, p. 60, figura n. 3.1).

[9] Tudo indica que a principal razão por trás desse acordo de declaração de culpabilidade seria a vontade das autoridades judiciárias da Califórnia de pôr fim às consideráveis despesas invertidas em uma investigação policial que já durava 18 anos.

Em sua interpretação sobre a fala do governador, a cronista Stéphanie Salter afirma que, ao formular a sua opinião, ele expressava bem mais do que os interesses dos familiares das vítimas:

> Nos últimos anos, muitos californianos viram que o seu governador diz praticamente qualquer coisa se ele achar que com isso vai ganhar alguns pontos políticos junto aos conservadores. Quem ele estava cortejando com o comentário sobre *closure*, a respeito de Kaczynski? Todos aqueles tipos milicianos antigoverno que andam com uma cópia do "The Turner Diaries"[10] no bolso? (SALTER, 1998; aspas no próprio texto)

Alguns anos antes dessa publicação midiática da fala do governador, os legisladores federais americanos já discutiam as expectativas das vítimas e de seus familiares, nos casos de homicídios. Pouco depois dos atentados de Nova Iorque[11] (1993) e da cidade de Oklahoma[12] (1995), um exemplo desse contexto serão os dois projetos de lei penal, o *Effective Death Penalty Act of 1995* (CONGRESSO DOS ESTADOS UNIDOS DA AMÉRICA, 1995) e a sua versão ampliada, o *Antiterrorism and Effective Death Penalty Act of 1996* (CONGRESSO DOS ESTADOS UNIDOS DA AMÉRICA, 1996).[13] No Congresso americano, serão então abordadas

[10] *The Turner Diaries* é um romance de William Luther Pierce – escrito sob o pseudônimo de Andrew MacDonald –, publicado em 1978, que conta a história de uma revolução e de uma guerra nuclear nos Estados Unidos, levando ao extermínio completo de todas as minorias étnicas e à instauração de uma sociedade de raça exclusivamente branca. O romance é geralmente descrito como racista e antissemita, e é tido como um clássico nos meios promotores da supremacia branca nesse país.

[11] Atentado perpetrado contra o World Trade Center, em 1993. Em 26 de fevereiro, por volta de meio-dia, uma explosão massiva abalou o edifício de Nova Iorque, gerando gastos superiores a 300 milhões de dólares. Esse atentado causou a morte de seis pessoas e deixou mais de mil feridos. Um tribunal federal julgou quatro homens culpados de atos de terrorismo e os condenou à prisão perpétua.

[12] Trata-se, aqui, do atentado a bomba contra o edifício do governo federal, Alfred P. Murrah, causando a morte de 168 pessoas em abril de 1995, e pelo qual Timothy McVeigh foi condenado à morte e executado em 2001. Seu cúmplice, Terry Nichols, foi condenado à prisão perpétua, em 2004.

[13] A ideia de examinar os debates acerca da adoção desses dois projetos de lei foi sugerida por Zimring (2003, p. 61), que realmente afirma que o conceito de *closure* foi neles invocado provavelmente pela primeira vez na história legislativa dos Estados Unidos, embora não forneça nenhuma referência precisa nesse sentido.

as preocupações relativas ao *habeas corpus*[14] e, mais precisamente, à necessidade de facilitar as condenações à morte e acelerar as execuções, quando os assassinos são "não perdoáveis", a fim de, sobretudo, apoiar os familiares das vítimas a "seguir em frente" (*closure*). De um lado, consistirá de fato em limitar o poder discricionário de juízes demasiadamente "pró-criminosos"; e, de outro lado, em restringir os eventuais recursos dos condenados à morte[15] – sendo um dos argumentos alegados o de que o prolongamento do tempo transcorrido entre a condenação e a execução (fala-se em 10, 15 ou, por vezes, até mesmo em 20 anos, conforme as jurisdições) se mostraria intolerável, pois retardaria o luto ao ser amado dos que "sobreviveram". É também nessa época que, com a execução iminente de Timothy McVeigh, têm prosseguimento os debates sobre a possibilidade de autorizar os familiares das vítimas a assistir às execuções, para ajudá-los a se sentirem melhor...

Outro exemplo da mesma ordem é o de William McCollum, Jr., membro da Câmara dos representantes (um republicano da Flórida), que, logo no início de sua fala, afirma que:

> Senhor Presidente, H. R. 792, a *Effective Death Penalty Act* [Lei de Pena de Morte Efetiva] de 1995 é uma das leis penais mais importantes que o 104º Congresso irá considerar. Ela oferece alívio aos agentes da lei, *conforto e oportunidade de cura às vítimas de crimes*, e aumento da credibilidade

[14] O *habeas corpus* é um princípio que remonta às origens da *Common Law*, garantindo os direitos processuais fundamentais em virtude dos quais ninguém pode ser capturado, detido, acusado, considerado culpado e punido, injusta e arbitrariamente. No que se refere ao *habeas corpus*, ver, entre outros, o site Internet LectLaw.com: "Em Brown contra Vasquez, 952 F. 2d 1164, 1166 (9ª Cir. 1991), *certiorari* negado, 112 S. Ct. 1778 (1992), o juízo observou que a Suprema Corte havia 'reconhecido o fato de que "[o] mandado de *habeas corpus* é o instrumento fundamental para a salvaguarda da liberdade individual contra ações arbitrárias e ilegais do estado" Harris contra Nelson, 394 U. S. 286, 290-91 (1969).' Portanto, o mandado deve ser 'administrado com a iniciativa e a flexibilidade essenciais para garantir que os erros judiciais sob o seu alcance venham à tona e sejam corrigidos.' Harris, 394 U. S. em 291". Disponível em: www.lectlaw.com/def/h001.htm. Acesso em: 16 ago. 2009.

[15] Notadamente no que concerne às questões de luto mencionadas mais adiante, alguns verdadeiramente deploram que muitos dos condenados à morte, nos Estados Unidos, tenham sistematicamente utilizado, durante as últimas décadas, todas as disposições possíveis do *habeas corpus*, a fim de obter um novo processo, uma anulação do veredito de culpabilidade ou uma comutação da pena.

> do sistema jurídico criminal, pela clara e simples proposição de que deve haver um fim definido e uma pessoa responsabilizada. As vozes das vítimas foram ouvidas. Quando este projeto se tornar lei, as vítimas de crimes horríveis e violentos não precisarão mais esperar uma década para que a justiça seja feita. As vítimas não vão mais experimentar a revitimização causada pelo litígio incessante que segue avivando as memórias da dor e da agonia causadas pelo crime. (USCHR, 8 de fevereiro de 1995, H 1400, grifos nossos)

É evidente que, no texto citado, a referência às "vítimas" remete efetivamente aos seus familiares, visto que o projeto de lei concerne à pena de morte, a qual, na prática, só é, em geral, aplicada nos Estados Unidos em casos de homicídios. A propósito, McCollum retorna, mais adiante, à pertinência da pena de morte como meio de ajudar os familiares das vítimas a "superar". Ele argumenta que o *Effective Death Penalty Act*:

> representa uma clara e simples proposição de que deve haver finalidade e *accountability. As vozes das vítimas foram ouvidas.* Quando este projeto virar lei, as vítimas de tenebrosos crimes violentos não vão mais ter de esperar por uma década ou mais para que justiça seja feita. *Vítimas não vão mais ter de experimentar a revitimização causada por processos intermináveis que continuamente reavivam memórias de dor e agonia causadas pelo crime original.* (USCHR, 8 de fevereiro de 1995, H1400, grifos nossos)

Na mesma ordem de ideias, Randy "Duke" Cunningham, outro membro da Câmara dos representantes (um republicano da Califórnia), igualmente correlaciona a pena de morte ao processo de luto dos familiares das vítimas:

> Nosso sistema atual [de pena de morte] não funciona. Os recursos são infindáveis, e com frequência frívolos, com poucos limites quanto à discussão reiterada das mesmas questões. Hoje, prisioneiros no corredor da morte podem recorrer sempre que uma lei é alterada ou que uma nova decisão da Suprema Corte é publicada. Esse litígio sem fim custa milhões de dólares aos contribuintes e, mais importante ainda, *nega justiça às vítimas do crime.* (USCHR, 8 de fevereiro de 1995, E 308, grifos nossos)

Apenas um ano depois, os legisladores americanos debaterão os méritos do *Antiterrorism and Effective Death Penalty Act*. Por sua vez, Henry Hyde, outro membro da Câmara dos representantes (um republicano de Illinois), correlaciona – mais explicitamente impossível – a reforma do *habeas corpus* à execução rápida dos assassinos e ao *closure* para os familiares das vítimas:

> Agora, a reforma do *habeas corpus*, isso é o Santo Graal. Buscamos isso há 14 anos, que eu me recorde. O absurdo, a obscenidade que é esperar 17 anos desde o momento em que uma pessoa é sentenciada até essa sentença ser executada, com inúmeros recursos, para cima e para baixo na Justiça Estadual e na Justiça Federal, é uma zombaria com a lei. *Também impõe uma punição cruel às vítimas e aos familiares, e queremos pôr um fim a isso.* (USCHR, 18 de abril de 1996, H 3606, grifos nossos)

Hyde personalizará, inclusive, a questão, ao citar uma carta que lhe foi endereçada, nos seguintes termos:

> Diane Leonard, a esposa de um agente do Serviço Secreto que foi morto em Oklahoma City, enviou esta carta, que eu recebi hoje mesmo: "Caro Congressista Hyde, o projeto de lei antiterrorismo chegou até aqui e representa uma vitória para a grande maioria dos americanos contra os extremistas de esquerda e de direita. Uma vitória contra extremistas cujo volume por vezes se sobrepuja às vozes mais quietas que sabem a diferença entre o bem e o mal. As pessoas que assassinaram o meu marido, seus colegas de trabalho e outros americanos cumpridores da lei não estavam nem aí se matavam republicanos ou democratas. *Peço ao senhor que suscite nos seus colegas uma semelhante cegueira ao partidarismo, para alcançar uma coisa, e apenas uma coisa: justiça para nós*". (USCHR, 18 de abril de 1996, H 3606, grifos nossos)

Mais adiante em sua fala, Hyde será dos mais explícitos quanto ao que motiva os familiares das vítimas:

> *Os sobreviventes querem o* habeas corpus [no sentido das reformas compreendidas no projeto de lei]. O *habeas corpus* está amarrado ao terrorismo porque, quando um terrorista é condenado por assassinatos em massa, queremos ter certeza de que esse terrorista, derradeira e razoavelmente, terá a pena imposta a si. (USCHR, 18 de abril de 1996, H 3606, grifos nossos)

Veremos, mais adiante, que esse tipo de discurso não se restringe aos Estados Unidos, e que o conceito de *closure* aparece também nos discursos e no raciocínio de autoridades judiciárias que *a priori* não defendem a pena de morte, por exemplo no Canadá.

2. A ascensão do *closure* no Canadá

A pena de morte foi abolida no Canadá em 1976, mas o conceito de *closure* continua presente no contexto judiciário, quando se trata de julgar certas infrações graves que causem a morte. Leis foram notadamente alteradas, com vistas a responder às demandas relativas ao abreviamento dos sofrimentos dos familiares das vítimas. Pensemos, por exemplo, no papel desempenhado por grupos de pressão, como o "Vítimas de Violência", que, em 1997, reclamou a abolição da "cláusula da esperança mínima" (artigo 745.6 do Código criminal canadense) à qual são submetidos os indivíduos condenados à perpetuidade e culpados de homicídios múltiplos. Mediante algumas condições específicas, essa cláusula permitia que os indivíduos condenados à perpetuidade (e, portanto, somente admissíveis à liberdade condicional depois de 25 anos de prisão) se beneficiassem de uma liberdade condicional a partir de seu décimo quinto ano de prisão. O governo do Partido conservador tentou abolir essa cláusula para a totalidade dos infratores condenados à perpetuidade. Entre os principais motivos alegados para justificar o novo projeto de lei, há aquele fornecido pelo ministro da Justiça do Canadá, Rob Nicholson: "Queremos, aqui, poupar às famílias das vítimas a dor de assistir a audiências de admissibilidade à liberdade condicional e evitar-lhes ter de reviver essas tragédias indizíveis, reiteradamente" (JENISH, 2009).

Além disso, mesmo com a prudência devida, nota-se aqui igualmente o surgimento da ideia de *closure* nas argumentações sentenciais. Examinemos mais de perto um caso típico nesse sentido: Rainha contra Michel Bouchard[16] (R. contra Michel Bouchard). Em 12 de janeiro de 2006, o juiz Gabriel Lassonde pronuncia uma sentença de prisão de três anos contra Michel Bouchard e o proíbe de conduzir qualquer veículo motorizado, durante quatro anos, em consequência da declaração de culpabilidade do acusado, sob a acusação formal de condução perigosa

[16] Queremos agradecer à sra. Isabelle Richer, jornalista da Sociedade Rádio Canadá, por sua preciosa ajuda na identificação desse caso.

de um automóvel causando a morte de Marc-Antoine Trottier, de 5 anos de idade; e também sob a acusação de recusa a se submeter ao teste de alcoolemia exigido por um policial. O caminho tomado pelo juiz Lassonde para chegar a essa sentença se revelaria bem mais complexo do que o previsto, levando-o a também recorrer ao argumento de *closure*. Resumamos, primeiro, brevemente os fatos.

Em 28 de outubro de 2003, Michel Bouchard, um pai de família, de 55 anos, trafega de carro em uma municipalidade do Québec, Lac-Mégantic, e desobedece a uma parada obrigatória. Ele atinge, então, Marc-Antoine Trottier, que atravessava a rua em companhia de seu pai e de seus irmãos. A criança, de 5 anos, é imediatamente hospitalizada, mas acaba falecendo no próprio dia, em consequência dos ferimentos. Michel Bouchard permanece no local do acidente com a família. Ele é mais tarde detido e convocado a comparecer diante de um juiz, que o recoloca em liberdade condicional. Quatro acusações serão formalizadas contra ele:

1) No presumível dia 28 de outubro de 2003, em Lac-Mégantic, distrito de Mégantic, conduziu um veículo Pontiac Transport 1993, quando sua capacidade de conduzi-lo estava reduzida pelo efeito do álcool ou de uma droga, e causou a morte de Marc-Antoine Trottier, cometendo, assim, o ato criminoso previsto no artigo 255(3) do Código criminal (R. contra Michel Bouchard, parágrafo 2).
2) No presumível dia 28 de outubro de 2003, em Lac-Mégantic, distrito de Mégantic, por negligência criminal, causou a morte de Marc-Antoine Trottier, ao conduzir um automóvel, cometendo, assim, o ato criminoso previsto no artigo 220(b) do Código criminal (R. contra Michel Bouchard, parágrafo 2).
3) No presumível dia 28 de outubro de 2003, em Lac-Mégantic, distrito de Mégantic, conduziu um automóvel de uma maneira perigosa para o público, consideradas as circunstâncias, e causou, por isso, a morte de Marc-Antoine Trottier, cometendo, assim, o ato criminoso previsto no artigo 249(4) do Código criminal (R. contra Michel Bouchard, parágrafo 1).
4) No presumível dia 28 de outubro de 2003, em Lac-Mégantic, distrito de Mégantic, descumpriu a obediência a uma ordem que lhe dera um policial, nos termos do artigo 254 (3)a) do Código

> criminal, cometendo, assim, o ato criminoso previsto nos artigos 254(5) e 255(1) do Código criminal (R. contra Michel Bouchard, parágrafo 1).

Para cada uma das duas primeiras acusações formais, Bouchard recebe uma pena máxima de prisão perpétua; para a terceira, uma pena máxima de 14 anos de prisão; e, para a quarta, uma pena máxima de cinco anos de prisão. Em 19 de outubro de 2005, ele comparece perante o juiz Lassonde. O advogado de Bouchard registra uma declaração de culpabilidade[17] em nome de seu cliente para a terceira e a quarta acusações. Na sequência de tratativas entre o promotor e o advogado de defesa, a Coroa demanda ao juiz o pronunciamento de um *sursis* relativamente às duas primeiras acusações formais, em troca das declarações de culpabilidade para as duas últimas. O acordo entre a Coroa e a defesa não se restringe a isso: as duas partes estão igualmente de acordo em apresentar uma recomendação conjunta de sentença de dois anos de prisão menos um dia,[18] seguida de uma *probation* e de uma proibição de conduzir automóvel durante um período de quatro anos. O advogado de defesa, o primeiro a se manifestar perante o juízo, empenha-se em justificar a sentença recomendada. Durante essa primeira representação sobre a sentença, ocorre um incidente que explica o motivo pelo qual essa causa foi destacada para a nossa análise do conceito de *closure*.

Pierre Trottier, o pai da vítima, está presente à audiência. Ao compreender que a recomendação de sentença não iria ser contestada – e menos ainda alterada – pelo juiz, e que não haveria, portanto, sentença

[17] Nota do revisor: os autores fazem menção ao instituto do *plea bargain*, inexistente no ordenamento jurídico brasileiro. Nesse instituto, o processo penal é abreviado por meio de um acordo entre acusação e defesa, em que se apresenta uma sugestão de pena ao magistrado.

[18] Uma sentença de dois anos menos um dia não é rara no sistema judiciário canadense e pode ser imposta por razões específicas. A administração da justiça canadense repartiu a responsabilidade pela gestão dos presídios entre o governo federal – para as penas de dois anos e mais – e os governos provinciais – para as penas de menos de dois anos. Uma pena de dois anos menos um dia visa, entre outros, garantir que o indivíduo será detido em uma prisão provincial, a qual será geralmente mais próxima do local de moradia da família do detento do que a penitenciária federal, de modo a contribuir, portanto, para manter seu contato com a família.

mais severa, ele reage fortemente, em plena sessão do tribunal. O juiz Lassonde resume o incidente, conforme segue:

> Dr. Melançon [promotor] mal teve tempo de se dirigir ao tribunal, pois o sr. Pierre Trottier então interrompeu as representações do Dr. Leblanc [advogado] e a sessão do tribunal, com frases e reações muito impróprias; o que provocou um grande mal-estar em todos os presentes na sala de audiência *e, mais particularmente, junto ao tribunal.* (R. contra Michel Bouchard, parágrafo 19, grifos nossos)

O juiz Lassonde especifica, no parágrafo seguinte (R. contra Michel Bouchard, parágrafo 20), que, em cerca de 25 anos de carreira, jamais viu coisa semelhante. Entretanto, ele não se reporta a nenhuma "das frases e reações muito impróprias" de Pierre Trottier, embora as mídias de informação tenham divulgado, à época, a frase e o comentário seguintes: "'Meu filho está morto, é inacreditável! Sejam homens, alguém! É inacreditável!' – desafiou singularmente Trottier, alegando que o acusado era tratado como vítima" (RÁDIO-CANADÁ [R-C], 20 de outubro de 2005). As mídias relatam de outra forma as falas proferidas pelo juiz Lassonde. A R-C inicia a sua reportagem sobre a audiência do tribunal, exatamente nos seguintes termos:

> No momento em que o juiz Gabriel Lassonde, da Corte do Québec, *preparava-se para aquiescer* à sugestão comum da defesa e da Coroa, de impor uma pena de prisão de dois anos menos um dia ao acusado, o pai da vítima, Pierre Trottier, lançou um desabafo que abalou o magistrado. (R-C, 20 de outubro de 2005, grifos nossos)

O juiz Lassonde se deu conta de sua atitude quanto à sugestão comum de sentença: "Na leitura das notas estenográficas da audiência de 19 de outubro último, *fica evidente que o tribunal não sabia se era para seguir ou não a sugestão comum*, mas devido à importância desse dossiê, o tribunal decidiu conceder-se um período de reflexão" (R. contra Michel Bouchard, parágrafo 23, grifos nossos). A R-C esclarece que "o juiz Lassonde decidiu reportar o pronunciamento de sentença em 12 de janeiro [de 2006], e que ele advertiu *que a pena que imporá*, após esse período de reflexão, *será mais importante do que aquela proposta pelos advogados*" (R-C, 20 de outubro de

2005, grifos nossos). O juiz Lassonde explicitava claramente, portanto, as suas intenções. Via-se já despontar, aqui, certa preocupação com os sentimentos dos familiares da vítima, traduzindo-se na imposição de uma pena mais severa. Entretanto, o juiz precisará caminhar prudentemente sobre um campo minado, a fim de atingir seu intento.

Os três parágrafos a seguir, reportando a decisão pronunciada em 12 de janeiro de 2006 pelo juiz Lassonde, revelam que ele está ciente do dilema que enfrenta:

> Entende-se que o tribunal deve dar a sentença exclusivamente para os crimes aos quais o sr. Bouchard se declarou culpado, e isso, conforme os grandes princípios de nosso direito criminal e, mais particularmente, com base na prova apresentada e aceita. (R. contra Michel Bouchard, parágrafo 24)
>
> O tribunal não deve basear sua decisão nas declarações não juramentadas do sr. Trottier, nem em suas deploráveis reações, que perturbaram o andamento da audiência. *O tribunal não será influenciado por essas declarações e/ou essa manifestação.* O tribunal baseará sua sentença exclusivamente na prova juramentada e acatada, e nos depoimentos e na jurisprudência. (R. contra Michel Bouchard, parágrafo 25, grifos nossos)
>
> Seria contrário à jurisprudência e às regras do direito, que uma vítima ou qualquer outra pessoa viesse a fazer uma manifestação e/ou declarações não juramentadas, durante uma audiência, assim influenciando indevidamente uma decisão judicial (R. contra Michel Bouchard, parágrafo 26).

Os depoimentos são retomados no mesmo dia, "com mais calma e serenidade" (R. contra Michel Bouchard, parágrafo 27). Além do advogado de defesa e do promotor, o juiz Lassonde ouve o acusado, como também o pai da vítima, dessa vez devidamente juramentado. O juiz Lassonde resume o depoimento de Michel Bouchard, conforme segue:

> M. Bouchard pediu perdão à família Trottier por todo o pesar, sofrimento e dor causados. Ele pede perdão também à sua família e a seus filhos, pelo mal e a humilhação que lhes causou. Ele se dá conta do que ele destruiu à sua volta, mas ele não pode mudar isso. Ele precisa viver com essa dor. (R. contra Michel Bouchard, parágrafo 28)

Além dessas declarações, o juiz Lassonde beneficiará o acusado de circunstâncias atenuantes:

> Sobretudo, pelo fato de ter se declarado culpado, pelos remorsos manifestados, pelo respeito às condições de libertação há dois anos, pelo fato de não ter dirigido automóvel há dois anos, pelo fato de ter parado de consumir bebidas alcoólicas e de ter feito acompanhamento terapêutico no *Domaine de la Sobriété*.[19] Em decorrência desses acontecimentos, M. Bouchard optou, ainda, pela antecipação de sua aposentadoria. (R. contra Michel Bouchard, parágrafo 50)

Em contrapartida, cabe aqui reproduzir, integralmente, o longo resumo que o juiz apresentou sobre o depoimento de Pierre Trottier, a fim de melhor apreender o seu estado de espírito, no momento de pesar as circunstâncias agravantes e atenuantes, antes de dar a sentença:

> Ele morava em Lac-Mégantic há apenas dois meses, quando o acidente ocorreu. Ele estava separado da esposa, que vivia em Sherbrooke. Em consequência do falecimento de seu filho, eles deixaram Lac-Mégantic, pois não mais era possível viver lá, uma pequena cidade onde todos se conheciam. Eles se mudaram, então, para Sherbrooke, que foi o inferno para ele e seus filhos. Ele aceita pacificamente a morte de seu filho, Marc-Antoine, mas jamais aceitará as circunstâncias. Era uma visão de horror: ele gritou, quando o acusado atingiu seu filho. Jamais ele poderá esquecer isso. Ele ouvia o acusado, mais cedo nesse dia, testemunhado [*sic*] de todo o impacto desse acontecimento em sua vida. É difícil. *Ele e sua família são as vítimas.* Sua ex-mulher está em depressão há dois anos. Ele está sendo pessoalmente acompanhado por um médico, e está inapto ao trabalho. Seus filhos não mais prosperam na escola; ele vive do bem-estar social e mora em um H.L.M.[20] A pena de morte não traria seu filho de volta, e ele está bem consciente disso. No momento, sua vida está destruída. Ele deseja que a família do acusado o perdoe (acusado); *mas, em tempo algum, ele ou sua família o perdoarão.* (R. contra Michel Bouchard, parágrafo 30, grifos nossos)

[19] Nota do tradutor: *Le Domaine de la Sobriété* é um centro de terapia para a dependência em álcool e outras drogas. Essa organização sem fins lucrativos foi criada em 1985, e está sediada no Québec, Canadá.

[20] "Habitação de aluguel moderado": no Québec, imóvel de apartamentos destinado às pessoas de baixa renda.

No parágrafo seguinte, o juiz aponta que "esses depoimentos emocionaram muito o tribunal, mas este é impotente perante semelhante tragédia. E, nesse contexto, não será uma sentença muito longa de prisão que mudará essa situação, nem dará um novo sopro de esperança e de vida [outros diriam: 'porá um fim ao sofrimento deles'] à família Trottier" (R. contra Michel Bouchard, parágrafo 31). Ele acrescenta, um pouco adiante: "Profissionais como psiquiatras e psicólogos, ou bons amigos – com seus cuidados, seus conselhos e sua amizade – terão uma influência mais benéfica, do que uma longa sentença de prisão" (R. contra Michel Bouchard, parágrafo 32).

Pode-se constatar que o juiz Lassonde toma muito cuidado para não fazer nenhuma promessa à família da vítima, que levasse a crer que uma pena severa seria a solução ou, mesmo, parte dela. Ele também se encarrega de mostrar a independência do tribunal e da justiça em geral, em relação às expectativas de familiares de vítimas.

Em seguida, o juiz se entrega a uma explicação detalhada dos artigos da lei e da jurisprudência relativos às duas questões centrais do dilema que ele enfrenta. De um lado, a recomendação comum do promotor e do advogado de defesa incluiria o juiz (ver R. contra Michel Bouchard, parágrafos 35-43)? A resposta é, no fim das contas, negativa. De outro lado, quais foram as penas mínimas e máximas impostas, no passado, para esse tipo de infração (ver R. contra Michel Bouchard, parágrafos 44-54)? A mínima era de seis meses de prisão; a máxima, de seis anos. A autonomia do juiz Lassonde, depois de sua declaração, é reafirmada, e o leque das sentenças possíveis é ampliado. Examinemos como e em que medida ele coloca esse conjunto de coisas à disposição da família da vítima.

Renovando sua confiança em relação ao promotor e ao advogado de defesa, e também testemunhando a eles o seu respeito, o juiz Lassonde

> considera que a presente sugestão comum (de dois anos menos um dia de prisão) não leva em conta a jurisprudência, as circunstâncias agravantes das infrações, o antecedente criminal do acusado,[21] as *consequências para as vítimas* e os fatores de exemplaridade e de dissuasão que semelhante sentença deve comportar. (R. contra Michel Bouchard, parágrafo 43, grifos nossos)

[21] Michel Bouchard foi condenado a 300 dólares canadenses de multa, em 1995, por ter se recusado a cumprir uma ordem de um agente da lei (R. contra Michel Bouchard, parágrafo 15).

Além disso, no capítulo das circunstâncias agravantes, o juiz escreve que "é evidente que *a morte da jovem vítima*, Marc-Antoine Trottier, e *as consequências desse falecimento para a família Trottier constituem fatores importantes e muito agravantes*" (R. contra Michel Bouchard, parágrafo 49, grifo nosso). Está claro, portanto, que o juiz Lassonde ouviu o "desabafo" do pai da vítima no que se refere à severidade da sentença a ser imposta ao infrator. Embora ele modere as expectativas de *closure*, que se traduziriam em um equilíbrio psicológico readquirido, e mesmo em uma terapia exitosa, o juiz está disposto a considerar a dor da família e ajudá-la a superar a sua experiência. Como vimos, o sofrimento das vítimas é um elemento, entre outros, a levar o juiz a prolongar a sentença inicialmente prevista, que passa de dois anos menos um dia para três anos de prisão.

Pierre Trottier é sensível à preocupação demonstrada pelo juiz a esse respeito. Na sessão de 19 de outubro de 2005, ele já havia manifestado seu alívio em constatar o empenho do juiz Lassonde em pronunciar uma sentença mais severa do que aquela proposta pela Coroa e pela defesa. Depois do pronunciamento da sentença, em 12 de janeiro de 2006, a R-C reportava que

> Pierre Trottier se diz satisfeito com essa sentença [de três anos de prisão], ainda que já se tenha preconizado uma pena de quatro ou cinco anos de prisão para Bouchard. Ele afirma ter a impressão de que o juiz cumpriu seu trabalho, e estima que *esse julgamento lhe permitirá viver seu luto mais facilmente* [em outros termos, permitirá que o processo de *closure* siga seu curso]. (R-C, 12 de janeiro de 2006, grifos nossos)

Para a mãe da vítima, a conclusão do caso é menos evidente, como o demonstrava a reportagem da R-C: "Para Suzanne Grenon, a lembrança daquele que ela perdeu é ainda dolorosa. 'É evidente que mesmo se quiséssemos nos vingar, isso não traria de volta o meu filho'" (R-C, 12 de janeiro de 2006).[22]

[22] O último capítulo conhecido sobre essa história remonta a 2007. A R-C reportava, então, que: "Pierre Trottier está irado. Aquele que lhe arrancou mortalmente o filho, em Lac-Mégantic, em outubro de 2003, enquanto estava embriagado – Michel Bouchard –, foi libertado na quinta-feira. Bouchard [...] terá, enfim, purgado nove meses de prisão e oito meses em um centro de reabilitação. É uma aberração, segundo Pierre Trottier: 'É revoltante.

A análise da decisão do juiz Gabriel Lassonde na causa Rainha contra Michel Bouchard mostra claramente que o sentimento da família da vítima foi levado em conta no momento de escolher a pena de prisão. Tomando em consideração a dor da família pela perda de um dos seus, e testemunhando a vontade de ajudá-los a superar essa experiência (mesmo que isso não pareça agregar nenhum valor terapêutico à pena), o juiz acatou outras considerações, além daquelas classicamente relativas às teorias da pena (como a dissuasão, a retribuição, a denunciação ou a reabilitação).

3. RPM e *closure*

Seja como for, não sabemos ainda em qual medida o conceito de *closure* é novo nas decisões dos tribunais canadenses, se ele já foi introduzido há algum tempo, nem se seu emprego passou despercebido até agora. Somente uma análise detalhada de causas análogas à que examinamos poderia responder a essa questão. É possível que a causa *Rainha contra Michel Bouchard* continue sendo tão somente uma exceção ou uma anomalia, como pensam alguns.[23] Pode ser, ainda, que essa ideia de *closure* corresponda a uma realidade que já estava presente, mas que era descrita de outra maneira? De fato, se historicamente as teorias da RPM não deram tanta importância à palavra das vítimas (e ainda menos à de seus familiares), elas, em sua maioria, chegaram bem facilmente a inserir em seu quadro o sofrimento e os danos suportados pelas vítimas e seus familiares. Mas isso seria uma simples repetição, talvez um tanto insidiosa, da

Eu me pergunto qual seria a mensagem enviada aos jovens. Beba, bata em alguém, você vai se sair dessa, e não demorará muito', insurgiu-se Pierre Trottier" (R-C, 7 de junho de 2007). Tudo indica, além disso, que a família Trottier se voltou, desde então, para o ativismo social. O site de uma estação de rádio de Lac-Mégantic reportava, em 2007, a realização de uma quarta marcha anual e a criação de uma entidade em memória de Marc-Antoine Trottier. A rádio explicitava: "[Essa marcha se destina], em primeiro lugar e antes de tudo, às crianças, para informar a elas sobre a importância de circular adequadamente, quando caminham pelas ruas da cidade. [...] Após o falecimento [de Marc-Antoine Trottier], sua família procedeu, além disso, à criação de uma Fraternidade que visa planejar atividades de prevenção contra o álcool ao volante" (BROCHU, 18 de outubro de 2007).

23 Em uma pesquisa realizada sobre as declarações das vítimas ao longo de um processo, Roberts (2008, p. 6) observa, entretanto, que, de um lado, os juízes e os promotores canadenses entendem que a declaração das vítimas representa um papel no processo de determinação da pena; e que, de outro lado, "os juízes mencionam frequentemente as declarações de vítimas nas justificações da pena infligida".

história da filosofia penal moderna? Será que isso constituiria apenas um argumento a mais para reforçar os motivos invocados anteriormente para justificar as penas aflitivas? Deve-se ver nisso os traços de uma ordem vitimária, que obrigaria o direito criminal a satisfazer expectativas por vezes complexas e heterogêneas?

O fato de levar em conta os danos sofridos talvez não seja propriamente uma novidade penal; contudo, pode-se indagar se o direito penal não estaria mais atento ao olhar das vítimas e de seus familiares sobre esses danos; e também, se ele conferiria maior importância às expectativas das vítimas ou de seus familiares quanto às penas a aplicar. Tudo indica que, em sua decisão, o juiz Gabriel Lassonde tenha considerado mais o dano causado aos familiares da jovem vítima do que as suas necessidades terapêuticas. Contudo, a questão não reside apenas em responder a um sofrimento, mas também em elaborar os argumentos quanto à existência, gravidade ou duração de uma pena. Além disso, é possível supor que sem certos elementos contingentes (a intervenção e o desespero de Pierre Trottier), sem a crescente atenção com os familiares das vítimas pelas instâncias políticas, jurídicas e midiáticas, e, ainda, sem a aprovação desse tipo de discurso e sua inserção na RPM,[24] a duração da pena de prisão de Michel Bouchard não teria sido aumentada.

O sucesso atual do conceito de *closure* nos debates sobre a pena de morte e as penas de prisão não tem, certamente, nada de anódino. Ele faz parte de uma reflexão sobre as mudanças de estratégia política e jurídica, apontando que as sanções penais mais simbólicas não constituem um abuso de poder do e pelo Estado (ZIMRING, 2003, p. 62). O Estado que se limitasse a servir aos interesses da vítima (e de seus familiares), e que permitisse ao júri valorizar a vida da vítima e a restituir a saúde àqueles e àquelas que escaparam da pena de morte e sobreviveram à prisão, tornar-se-ia um mero fornecedor de serviços, um escravo da comunidade, e não seu senhor (ZIMRING, 2003, p. 62). No que concerne à pena de morte, o horripilante processo de execução de um ser humano seria amenizado por sua "asseptização" (a utilização da injeção letal transformaria a execução em um ato médico rápido e indolor), bem como pela nova finalidade a

[24] Pode-se efetivamente imaginar que, no pronunciamento de sua sentença, o juiz Lassonde tivesse maior dificuldade em considerar as demandas dos familiares da vítima no sentido de uma reconciliação, de um perdão ou até da desjudiciarização do caso.

atingir: não mais fazer pagar e se vingar, mas simplesmente encerrar um capítulo, fechar as feridas, recomeçar a viver (ZIMRING, 2003, p. 62).

Pode-se agora indagar se, hoje, os familiares das vítimas (termo em si muito fluido) influenciam significativamente a maneira pela qual o direito criminal se comunica e se autodefine. Nos Estados Unidos, no Canadá ou na Europa, a maioria dos argumentos modernos a favor ou contra a pena de morte (sejam, ou não, jurídicos) não considerou, ao menos explicitamente, os familiares de vítimas.[25] Em um sentido ou outro, tais argumentos evocaram sobremaneira o dano causado, o grau de culpabilidade, a periculosidade, a proteção da sociedade, a religião, a forma da execução, a profissão do executor, o risco de erro judiciário, a falta ou não de discriminação, a redenção do contraventor, etc. Salvo algumas diferenças (relativas à pena de morte), o mesmo se aplica em relação aos argumentos a favor ou contra a prisão. Quanto aos argumentos jurídicos propriamente ditos, a constatação é a mesma. De fato, é difícil apreender, nas teorias da retribuição, da dissuasão, da denunciação e da reabilitação, uma relação direta com os familiares das vítimas – o que não significa, evidentemente, que as três primeiras teorias não possam adequar-se perfeitamente a um discurso pró-sofrimento, remetendo aos familiares de vítimas.

Considerando tudo o que foi dito até o momento sobre o tema, mesmo sem o examinar em profundidade, cabe pensar que os familiares das vítimas possam agora constituir o ponto de partida de uma nova teoria da pena, que venha a concorrer com aquelas já existentes? Em caso afirmativo, ela poderia ser inserida na RPM? Os familiares das vítimas poderiam representar um papel de primeiro plano, embora muitos deles não cheguem a perceber isso?[26] Bastaria que as pessoas que "sobreviveram" às vítimas

[25] Um dos autores deste capítulo realizou uma pesquisa referente aos debates legislativos sobre a pena de morte no Canadá (século XX) e na Bélgica (século XIX), pesquisa essa que compreendia uma vasta revisão da literatura sobre a pena de morte, da qual, entretanto, não se depreendeu nenhuma referência a uma preocupação com o bem-estar dos familiares das vítimas de homicídio (SAUVAGEAU, 1998).

[26] Um papel que alguns familiares de vítimas dirão, no entanto, lamentar amargamente, a ponto, por exemplo, de agora clamarem ao Estado "para não mais matar em seu nome". Ver a respeito, por exemplo, o livro de Rachel King, *Don't kill in our names. Families of murder victims speak out against the death penalty.* Na mesma linha de pensamento, Roberts (2008) salienta que bem poucos familiares de vítimas recorrem à declaração que lhes é oferecida,

de atos criminosos constem das várias etapas do processo judicial, para justificar não só o estabelecimento de uma nova teoria da pena, como também, e sobretudo, a sua institucionalização? Certamente, não.

É importante mostrar prudência antes de preconizar a construção de uma nova teoria da pena e, mais ainda, a execução de um processo de institucionalização. Uma teoria da pena pode ser descrita como um quadro de reflexão e uma estrutura na qual todos os elementos interagem e se reforçam mutuamente, tornando possível a tomada de decisões, no plano político ou jurídico, em matéria de penas.[27] Uma teoria da pena aporta, entre outros, um fundamento às decisões de tribunais, e serve de guia para agir e para justificar uma sentença, *a posteriori*.[28] Uma tal teoria pode, evidentemente, surgir em uma obra científica, mas isso não influenciaria em nada o processo de sua institucionalização jurídica ou política. Para tanto, ela deveria figurar e ser regularmente mobilizada em comunicações jurídicas ou políticas significativas: criação de leis, decisões dos tribunais e mesmo da Suprema Corte, doutrina, jurisprudência, etc.

Dito isso, se as concepções que associam severas sanções penais (pena de morte, penas de prisão) e *closure* deviam levar à elaboração de uma teoria da pena, talvez fosse possível ver aí o vestígio, *a priori* absurdo, de

e que as razões desse fenômeno ainda são, segundo ele, mal conhecidas. Rossi (2008) tenta explicar esse "absenteísmo" um tanto surpreendente. Recusando-se a dar declarações, os familiares de vítimas correm o risco de se sentirem traidores da causa do ente querido ou, então, culpados de não proteger a sociedade. Entretanto, o desconforto experimentado é geralmente menor do que aquele que acarretaria o fato de mais uma vez mergulhar em um drama do qual se busca exatamente sair. É possível ainda acrescentar a isso dois outros sentimentos: 1) a frustração de ver suas declarações parcialmente censuradas pela Coroa, antes da leitura pelo juiz; e 2) o desprazer provocado pelo fato de que o reconhecimento penal seja considerado menos importante do que a indenização dos prejuízos sofridos nos planos afetivo, relacional, profissional, etc.

[27] Na RPM, uma teoria da pena "concluída" deveria, segundo Pires (1998), poder responder às sete questões seguintes: Em nome do que o Estado pune? Qual é a finalidade da pena? Quem se pode punir? O que deve ser sancionado por uma pena, ou não deve sê-lo? Quais são os deveres da autoridade jurídica e política? Qual tipo de pena deve ser escolhido? Qual grau de privação deve ser imposto? Dito isso, uma teoria da pena pode fundar-se perfeitamente sobre outras bases.

[28] Uma teoria da pena não explica por si mesma, contudo, o comportamento de um juiz, o número de anos de prisão ou o tipo de sanção infligida (prisão, tornozeleira eletrônica, multa, *sursis*, tortura, etc.).

ideias...[29] neorreabilitadoras. Por que falar em um vestígio *a priori* absurdo? Porque a teoria da reabilitação parece bem menos apta a se adequar aos discursos pró-sofrimento dos familiares de vítimas[30] do que as três outras teorias (retribuição, dissuasão, denunciação). Por que falar, então, em neorreabilitação? Porque nela reside a ideia de que seria preciso passar de uma experiência dolorosa a outra, para que se pudesse evadir daquela que se sofre. Poderíamos ver nisso uma espécie de espelho reverso da teoria da reabilitação, a qual exige, por sua vez, que o infrator a ser reabilitado seja submetido a uma verdadeira provação. Há, contudo, entre essas duas filosofias da reabilitação uma diferença de atitude. Aqui, não se fala mais na reabilitação do infrator, mas sim na das vítimas e de seus familiares. Das vítimas, porque, mesmo que já falecidas, as penas de morte ou de prisão as reabilitariam como seres humanos, depois do drama que vivenciaram. Dos familiares das vítimas, porque as penas de morte ou de prisão os reabilitariam, visto que eles readquiririam, por fim, certo equilíbrio psicológico. Basicamente, o que mudaria com o *closure* seria a identidade das pessoas reabilitadas. Pode-se ainda indagar se não haveria aqui uma indenização afetiva. Para indenizar afetivamente os familiares das vítimas (e, certamente, as próprias vítimas), o infrator deve morrer[31] ou, ao menos, passar inúmeros anos de sua vida na prisão.

Conclusão

Para os oponentes da pena de morte e das longas penas de prisão, a nova situação está definitivamente longe de ser fácil de compreender. O *expert* que hoje se declara, nas mídias, contrário à pena de morte ou que ressalta os inconvenientes da prisão não pode mais se contentar em denunciar os abusos do Estado; ele está diretamente em confronto com o sofrimento espontâneo e brutal dos familiares das vítimas, dos "sobreviventes". Porém,

[29] Preferimos evitar, aqui, o termo "teoria".

[30] Absurda não no sentido de que a teoria da reabilitação da primeira modernidade não visaria fazer sofrer (sua intenção é clara: eliminar o desejo de recidivar por meio da aplicação de um *castigo*), mas sim no sentido de que, diferentemente das três outras teorias, ela está, apesar de tudo, focada na melhoria do delinquente, e parece, por isso, estar menos sujeita à incorporação de um discurso pró-sofrimento para ou pelas vítimas ou seus familiares.

[31] Em uma conferência que realizamos sobre o tema, Dan Kaminski, professor de criminologia na Universidade Católica de Louvain (Bélgica), propôs, muito apropriadamente, o termo "pena de morte reparadora".

isso não é tudo: a nova situação pode também desagradar aos familiares das vítimas que desejem apenas exprimir o que sentem. Sentir raiva ou ódio não significa necessariamente promover a pena de morte. Por outro lado, para um familiar da vítima, o fato de ser levado a tomar posição sobre a libertação do condenado pode ter, paradoxalmente, o efeito de impedir o processo de luto que a justiça pretendia, contudo, favorecer (ROSSI, 2008). Isso sem contar o fato de que, se um familiar da vítima se recusar a aceitar tomar posição, ele correrá o risco de reforçar a sua culpabilidade latente (ROSSI, 2008).

A ascensão do *closure* pode levar a estabelecer uma distinção entre os "bons" e os "maus" familiares das vítimas, e é importante que nós mesmos não caiamos nessa armadilha. Não se trata, aqui, de demonizar o pai desorientado que deseja a execução ou ao menos a prisão do assassino de sua filha, tampouco angelizar a irmã que perdoa o mau motorista que matou seu irmão. Não! Trata-se, isto sim, de examinar o fundamento de uma filosofia penal que se baseia na palavra e, mais propriamente, em certas falas – a dos familiares das vítimas – para legitimar uma evidência que não é senão a de um jogo nulo, que faria crer que, ao infligir mais dor a alguém, alivia-se a dor do outro.

É normal, portanto, e até desejável conceder maior espaço de fala aos familiares das vítimas, embora ainda seja preciso persuadir-se de sua necessidade e defini-la corretamente. Quando um familiar de uma vítima de homicídio está perante um tribunal, não é necessariamente para se vingar. Esse pode ser o caso, mas também pode ser para descarregar sua ira no infrator, para representar a pessoa desaparecida, para defender a memória dela, para obter indenizações por reparação aos prejuízos sofridos, etc. (ROSSI, 2008). A maior parte dessas motivações é compreensível, e algumas são, inclusive, nobres. Será, no entanto, necessário, pelos dramas ocorridos e pelas respectivas expectativas, "libertar da dor" (CHRISTIE, 2005) quando as pessoas que sofreram o reivindicam?[32] Quando os indivíduos vivenciam uma perda súbita (por exemplo, depois

[32] Notemos, também, que estamos longe de pretender que o papel ativo desempenhado pelos familiares de vítimas, no processo penal, tenha inevitavelmente o efeito de aumentar a cota penal imposta aos infratores. Roberts (2008, p. 7) salienta, entre outros pontos, que as pesquisas não demonstraram que as declarações das vítimas tenham efeitos amplificadores no montante da pena.

da queda de um viaduto, um acidente de carro devido à má conservação da estrada, uma cirurgia malsucedida ou, ainda, um assassinato brutal), é legítimo pensar em oferecer uma tábua de salvação aos familiares das vítimas. Porém, para "superar", eles teriam realmente necessidade do direito criminal moderno, de penas mais severas, de torrentes de sangue? Não se pode deixar de pensar que aqui haveria ambiguidade quanto à identidade daquele que demanda, sobre aquilo que é demandado e a quem. Pode, de fato, parecer evidente que sejam os familiares das vítimas que pedem justiça; entretanto, não é a própria justiça penal que uniformiza e banaliza, ao passo que as expectativas em matéria de justiça podem tomar formas muito variadas? Coloca-se, portanto, a seguinte questão: para ser plenamente reconhecida, a justiça penal não teria tanta necessidade (e até, mais ainda) dos familiares das vítimas[33] quanto do inverso? O caso Bouchard-Trottier ilustra bem isso: mais do que prolongar e agravar uma pena, o argumento do *closure* serve para justificar a existência da pena.

[33] Se ela reavivou recentemente, a filosofia penal moderna foi objeto de intensas críticas ao longo dos últimos cinquenta anos. Entre as críticas formuladas, citemos: 1) a expressão de uma aversão crescente dos indivíduos e das instituições à violência física e ao sofrimento; 2) o postulado de uma interiorização gradual de coerções sociais pelos indivíduos ou a inclusão destas em um processo de civilização dos costumes; 3) a soma de saberes acumulada pelas ciências humanas (incluindo a medicina), que mostram os perigos relacionados à criminalização e à penalização de todo um conjunto de problemas sociais; 4) a demolição metódica das teorias da pena (retribuição, dissuasão, tratamento), sobre as quais se erigira o direito criminal há 250 anos; 5) a tentativa de desacreditação dos objetivos menos louváveis e, portanto, menos confessáveis das prisões, a saber: a exclusão espacial e social de excedentes considerados socialmente improdutivos; 6) a autorreflexão e o exame de seus próprios fundamentos, aos quais se dedica o direito criminal ocidental, desde os anos 1960 e 1970; 7) o sucesso, certamente relativo, alcançado pelos defensores dos "grupos minoritários" ou dos "grupos fragilizados" (os *detentos*, as *mulheres* detentas, os detentos com *deficiência*, os detentos *imigrantes*, os detentos *autóctones*, os detentos *doentes*, os detentos *idosos*, etc.); 8) a organização mais estruturada e mais bem documentada dos grupos de pressão, das associações, das mídias e, por vezes, até dos partidos políticos que denunciam a aporia penal e o escândalo carcerário; 9) a tomada de posição desses mesmos grupos a favor de soluções alternativas concretas, e também de outros modos de avaliação das sanções penais (CAUCHIE, 2009).

Referências

BROCHU, M. La grande marche des enfants: la mémoire de Marc-Antoine Trottier. *CJIT 106.7 FM*, 18 out. 2007. Disponível em: http://72.29.76.55/~cjitfmco//llongchamps/spip.php?article577.

BUNCH, K. Does seeing execution help or hurt? *WebMD*, 2 abr. 2001. Disponível em: www.webmd.com/balance/features/does-seeing-execution-help-hurt.

CANADIAN BROADCASTING CORPORATION. *Tories to repeal "faint hope" parole clause*, 5 jun. 2009. Disponível em: www.cbc.ca/canada/story/2009/06/05/faint-hope-clause060509.html.

CARTUYVELS, Y.; MARY, Ph. Malaise de la justice: et au-delà? *In* : L'Affaire Dutroux. *La Belgique malade de son système*. Bruxelles: Complexe, 1997. p. 97-126.

CAUCHIE, J.-F. *Peines du travail*: justice pénale et innovation. Bruxelas: De Boeck – Larcier, 2009.

CAUCHIE, J.F.; SAUVAGEAU, J. Le deuil des proches de victimes au service de la pénalité. Quand livrer de la douleur met un peu de baume au cœur. *In*: TULKENS, F.; CARTUYVELS, Y.; GUILLAIN, C. (org.). *La peine dans tous ses états*: hommage à Michel van de Kerchove. Bruxelas: Edições Larcier, 2010. p. 237-251.

CHRISTIE, N. *Au bout de nos peines*. Bruxelas: Larcier/De Boeck, 2005.

COUR DU QUÉBEC. *R. c. Michel Bouchard*, 12 jan. 2006. Distrito de Lac-Mégantic, Câmara criminal, QCCQ 6395, n. 480-01-000218-034.

DELCHAMBRE, J.-P.; REMY, J. *Travail et lien social*. Bruxelas: Fondation Roi Baudouin, 1995.

GERBER, R.; JOHNSON, J. D. *The top ten death penalty myths*: the politics of crime control. Westport (Connecticut): Praeger, 2007.

JENISH, D. Faint hope: background. *The Canadian Encyclopedia*, 2009. Disponível em: https://thecanadianencyclopedia.ca/en.

PIRES, A. P. Aspects, traces et parcours de la rationalité pénale moderne. *In*: DEBUYST, C.; DIGNEFFE, F.; PIRES, A. P. (org.). *Histoire des savoirs sur le crime et la peine*: la rationalité pénale et la naissance de la criminologie. Bruxelles/Ottawa: De Boeck Université, 1998. v. 2. p. 3-52.

PIRES, A. P. La rationalité pénale moderne, la société du risque et la juridicisation de l'opinion publique. *Sociologie et Société*, v. 23, n. 1, p. 179-204, 2001.

PIRES, A. P. Codifications et réformes pénales. *In*: MUCCHIELLI, L.; ROBERT, Ph. (org.). *Crime et securité*: L'état des savoirs. Paris: La Découverte, 2002. p. 84-92.

RADIO-CANADA. *Le cri du coeur d'un père ébranle un juge*, 20 out. 2005. Disponível em: www.radio-canada.ca/regions/estrie/nouvelles/200510/19/001-michel_bouchard.shtml.

RADIO-CANADA. *Trois ans de prison pour Michel Bouchard*, 12 jan. 2006. Disponível em: www.radio-canada.ca/regions/estrie/2006/01/12/003-bouchard.shtml.

RADIO-CANADA. *Un père outré*, 7 jun. 2007. Disponível em: www.radio-canada.ca/regions/estrie/2007/06/07/004-pierre_trottier_outre.shtml.

ROBERTS. J. V. Déclaration des victims: enseignements tirés et priorités pour l'avenir. *In*: MINISTÈRE DE LA JUSTICE. *Victimes d'actes criminels*: recueil des recherches n. 1. Ottawa: Ministério da Justiça, 2008. p. 3-16.

ROSSI, C. *Le double visage des proches des victimes d'homicides*: approche comparée en droit pénal et victimologie. 2008. Tese de Doutorado – Escola de Criminologia, Universidade de Montreal. Montreal, 2008.

SALTER, S. Closure, politics, and justice. *San Francisco Examiner*, p. A-13, 27 jan. 1998.

SAUVAGEAU, J. *Le discours parlementaire sur la peine de mort*: essai de criminologie réflexive du passage à l'acte législatif. 1998. Tese (Doutorado) – Escola de Criminologia, Universidade Católica de Louvain. 1998.

U. S. CONGRESS. House of Representatives (1995), 104th Congress, *H.R. 729, Effective Death Penalty Act of 1995.*

U. S. CONGRESS. House of Representatives (1996), 104th Congress, *S. 735, Antiterrorism and Effective Death Penalty Act of 1996.*

U. S. CONGRESS. House of Representatives (8/9 de fevereiro de 1995), 104th Congress, Congressional Record. Proceedings and Debates, 141 (1), Committee of the Whole House on the State of the Union for the consideration of bill *H.R. 729, Effective Death Penalty Act.* Washington, D.C.

U. S. CONGRESS. House of Representatives (18 de abril de 1996), 104th Congress, Congressional Record. Proceedings and Debates, 142 (1), Conference Report on bill *S. 735, Antiterrorism and Effective Death Penalty Act.* Washington, D.C.

ZIMRING, F. E. *The contradictions of american capital punishment.* Nova Iorque: Oxford University Press, 2003.

PARTE 3

A RACIONALIDADE PENAL MODERNA NA FORMAÇÃO E NA INTERPRETAÇÃO DA LEI PENAL

CAPÍTULO 7

As invasões bárbaras: racionalidade penal moderna no sistema jurídico juvenil canadense[1]

VERONICA PIÑERO

Introdução

R. contra D.B.,[2] uma decisão da Suprema Corte do Canadá em 2008, foi um marco divisor na história do sistema jurídico juvenil. A maioria da Suprema Corte considerou que a presunção automática de penas graves para crimes graves cometidos por jovens era contrária à Seção 7 da *Charter*, e que essa violação não era justificada pela Seção 1 da *Charter*

[1] O título deste capítulo é um jogo com o comentário feito por Alvaro Pires ao discutir a necessidade de focar em "garantias positivas do devido processo legal" em vez de "garantias negativas" (PIRES, in De GIORGI, 2002, p. 511). A autora gostaria de agradecer o generoso financiamento do Conselho de Pesquisa em Ciências Humanas e Sociais do Canadá.

[2] D.B. foi um jovem de 17 anos (jovem na acepção da *Youth Criminal Justice Act*) que se declarou culpado de homicídio culposo. Como esse é um "crime presumido", D.B. precisou demonstrar – no lugar da Coroa – por que era cabível uma pena juvenil em vez de uma pena adulta. Jovens que cometem crimes, exceto os "crimes presumidos", têm direito a penas juvenis – mais lenientes que penas adultas – e à proibição de publicação de suas informações pessoais. D.B. questionou a constitucionalidade da provisão sobre o ônus no regime de crimes presumidos com base na Seção 7 [direito à vida, liberdade e segurança da pessoa] da *Canadian Charter of Rights and Freedoms* [Carta Canadense de Direitos e Liberdades]. O juiz deferiu o questionamento baseado na *Charter*, e D.B. recebeu uma pena juvenil. A Coroa recorreu, e o Tribunal de Segunda Instância de Ontário manteve a decisão. Essa decisão foi alvo de recurso à Suprema Corte do Canadá e foi mantida por cinco membros (quatro concluíram que crimes presumidos não eram contrários à Seção 7 da *Charter*).

(1982).[3] Essa regulamentação, também conhecida como "crimes presumidos", faz parte da recente *Youth Criminal Justice Act* [Lei de Justiça Penal Juvenil] (2002), segundo a qual jovens infratores a partir de 14 anos de idade que cometerem homicídio em primeiro e segundo grau, tentativa de homicídio, homicídio doloso e estupro qualificado, ou que tiverem uma terceira condenação por crime violento grave, devem receber automaticamente uma pena adulta, no lugar de uma pena juvenil.[4] Além disso, não se aplica a proibição de publicar informações pessoais dos jovens infratores. Depois de várias decisões contraditórias em nível provincial,[5] a maioria da Suprema Corte decidiu que a regulamentação dos "crimes presumidos" infringia a *Charter* em três pontos principais. Primeiro, essa regulamentação era contrária à presunção de culpabilidade moral reduzida com base na idade, que o tribunal entendeu como princípio fundamental de justiça. Entretanto, a Suprema Corte sustentou que essa presunção poderia ser relativa – mas não comentou sobre o procedimento cabível:

[3] Seção 1: A *Canadian Charter of Rights and Freedoms* [Carta Canadense de Direitos e Liberdades] garante os direitos e as liberdades nela previstos, sujeitos apenas aos limites razoáveis prescritos na lei e justificáveis em uma sociedade livre e democrática. Seção 7: Todos têm o direito à vida, à liberdade e à segurança da pessoa e o direito de não ser disso privado, exceto quando de acordo com os princípios da justiça fundamental.

[4] "Crime presumido" significa (a) um crime cometido, ou supostamente cometido, por jovem que tenha completado quatorze anos ou, em província onde o tenente-governador tenha fixado idade superior a quatorze anos de acordo com a Seção 61, que tenha completado a referida idade, de acordo com uma das seguintes provisões do *Criminal Code*: [Código Penal] (i) Seção 231 ou 235 (homicídio em primeiro grau ou homicídio em segundo grau no âmbito do significado da Seção 231), (ii) Seção 239 (tentativa de homicídio), (iii) Seção 232, 234 ou 236 (homicídio culposo) ou (iv) Seção 273 (estupro qualificado); ou (b) um crime violento grave que sujeite um adulto a pena superior a dois anos, cometido ou supostamente cometido por jovem depois da entrada em vigor da Seção 62 (pena adulta) e depois de o jovem ter completado a idade de quatorze anos ou, em província onde o tenente-governador tenha fixado idade superior a quatorze anos de acordo com a seção 61, após ter completado a referida idade, se, quando cometeu ou quando se alega ter cometido o crime, ao menos duas determinações judiciais tenham sido prolatadas de acordo com a Subseção 42(9), em procedimentos diferentes, determinando que o jovem cometeu crime violento grave.

[5] Quebec (Ministro da Justiça) contra Canadá (Ministro da Justiça) (2003); R. contra D.B. (2006); R. contra K.D.T. (2006).

> *[a] questão não é se jovens que cometem crimes mais graves podem atrair penas mais graves. Eles podem. Em alguns casos, talvez até devam receber a mesma pena de um adulto.* O que estamos discutindo, entretanto, é se jovens que cometem crimes presumidos deveriam *automaticamente* atrair, presumidamente, uma pena adulta, ou se, como ocorria antes, eles continuam sujeitos às provisões de apenamento da justiça juvenil salvo quando a Coroa conseguir demonstrar que a combinação das circunstâncias do crime e do perpetrador garantem a imposição de uma pena adulta. (R. contra D.B., 2008, parágrafo 5, grifo nosso)

Segundo, a presunção de pena adulta exigia que jovens infratores investigassem por que uma sentença juvenil deveria lhes ser imposta, em vez de uma sentença adulta. Como uma pena adulta é consideravelmente mais rigorosa que uma pena juvenil, geralmente é a Coroa que deve comprovar ao Juízo quaisquer fatores agravantes que justifiquem uma pena mais grave.[6] De acordo com o Juízo, o ônus de demonstrar por que uma pena mais rigorosa é necessária deve ser atribuído à Coroa, e não aos jovens infratores: "[o] ônus imposto ao jovem inverte o ônus tradicionalmente atribuído à Coroa e é, por conseguinte, uma violação da s. 7 [da *Charter*]" (R. contra D.B., 2008, parágrafo 82). Terceiro e último, como a pena adulta acarreta suspensão da proibição de publicação, e tal proibição é parte integrante da pena, isso deixou "o jovem vulnerável a maior estresse psicológico e social" (estigmatização) (R. contra D.B., 2008, parágrafo 87). Como resultado, suspender a proibição de publicação "torna a pena significativamente mais rigorosa" (R. contra D.B., 2008, parágrafo 87). Novamente, para o Juízo, era a Coroa que deveria justificar o aumento da gravidade, e não o jovem; a inversão do ônus também constituiria violação da *Charter* (R. contra D.B., 2008, parágrafo 87).

A decisão Suprema Corte foi amplamente apreciada, mas em lugar algum do voto da maioria encontramos "o melhor interesse da criança" como motivo para a decisão. Por outro lado, o voto da minoria colocou

[6] A pena adulta máxima no caso de crimes presumidos é, por definição, mais rigorosa que o máximo permitido em uma pena juvenil. Uma pena juvenil por homicídio não pode ultrapassar dez anos; por homicídio em segundo grau, sete anos; e por homicídio culposo, três. A pena adulta máxima para esses crimes é a prisão perpétua.

grande ênfase na necessidade de proteger a sociedade, e em como a regulação dos "crimes presumidos" é uma medida adequada para oferecer essa segurança à sociedade. Enquanto isso, o *Private Bill C-424* [Projeto de Lei Privado C-424] da Câmara dos Comuns propõe que a "proteção do público" se torne o princípio central do sistema jurídico juvenil.

A decisão da Suprema Corte do Canadá foi publicada 100 anos depois da criação do primeiro sistema jurídico juvenil canadense, o qual se firmou profundamente na noção de "proteção da criança". De fato, esse sistema se baseou amplamente no equilíbrio entre "proteção da criança" e "proteção da sociedade", apresentando o primeiro como meio para o segundo: "[a]o proteger a criança, fazemos dela um bom cidadão, assim evitando o crime" (TRÉPANIER e TULKENS, 1993, p. 197). Por outro lado, desde o século XVIII, o sistema jurídico adulto se preocupa principalmente com a proteção da sociedade e com a exclusão social do infrator (MEAD, 1918; MACK, 1909). Como a proteção da sociedade se tornou o principal objetivo do sistema jurídico juvenil, deixando de lado a "proteção da criança"?

Este capítulo foca na necessidade atual de infligir punições severas a jovens infratores como forma de proteger a sociedade (pretensão punitiva), a despeito das origens calcadas numa lógica de *welfare* da legislação de justiça juvenil. Na realidade, argumenta-se que, mesmo se as seções anteriormente identificadas da *Youth Criminal Justice Act* forem contrárias à Seção 7 da *Charter*, elas são consistentes com uma filosofia de direito penal que destaca o valor da "punição" e enfatiza a "exclusão do infrator" como meio de "proteger a sociedade". Essa filosofia de direito penal, que caracteriza o sistema jurídico penal adulto desde o século XVIII, vem sendo gradualmente introduzida na área da intervenção penal juvenil desde a segunda metade do século XX. Tal estratégia de intervenção se caracteriza pela ênfase no tipo de comportamento criminoso cometido pelo jovem infrator e na "parafernália de procedimentos hostis", no lugar do conceito de "proteção da criança" (reabilitação e reintegração). O foco deste capítulo está no que aconteceu durante esse período de 100 anos e em como a "racionalidade penal moderna (RPM)" "invadiu" o sistema jurídico juvenil. Para esse fim, traça-se a genealogia do sistema jurídico juvenil canadense e exploram-se eventos importantes que impactaram essa filosofia.

1. Para uma abordagem *welfare* à delinquência: a *Juvenile Delinquents Act*[7]

No Canadá, a primeira tentativa de esboçar uma distinção entre os sistemas criminais adulto e juvenil teve origem em meados do século XIX. Em 1857, a Província do Canadá aprovou estatutos para oferecer aos jovens procedimento penal célere e instalações especiais para detenção.[8] A despeito do número de estatutos promulgados no período de 1857-1907, a primeira legislação canadense mais ampla de justiça juvenil a impor clara distinção entre os sistemas jurídicos adulto e juvenil foi a *Juvenile Delinquents Act* [Lei de Delinquentes Juvenis] (1908), que entrou em vigor no dia 20 de julho de 1908. Esse estatuto, que estabeleceu o tom da abordagem canadense à delinquência juvenil até 1984 (quando a *Young Offenders Act* [Lei de Jovens Infratores] recebeu eficácia parcial), não apresentava uma clara declaração de princípios (Trépanier, 1990). Não obstante, é patente que essa base filosófica remetia à doutrina de *parens patriae*.[9] Seu principal objetivo era oferecer "cuidado, tratamento e controle sensatos" aos jovens que haviam cometido atos proibidos pelo *Canadian Criminal Code* [Código Penal Canadense] ou por qualquer outra legislação provincial ou municipal (*An Act respecting Juvenile Delinquents* [Lei sobre Delinquentes Juvenis] 1908, preâmbulo).

A *Juvenile Delinquents Act* foi apresentada ao Senado do Domínio do Canadá como *Bill (FFF) An Act respecting juvenile delinquents* [Projeto de Lei sobre Delinquentes Juvenis], em 1907, pelo Secretário de Estado, o Hon. Sr. Scott. O projeto foi eliminado da Ordem do Dia do Parlamento

[7] A análise a seguir trata da legislação federal canadense. A análise de legislações provincianas promulgadas na área da proteção juvenil está fora do escopo deste capítulo.

[8] Esses estatutos são: *An Act for the More Speedy Trial and Punishment of Juvenile Offenders, Statutes of the Canadian Province* [Lei para Julgamento e Punição mais Céleres de Infratores Juvenis, Estatutos da Província Canadense] (1857); *An Act for the Establishment of Prisons for Young Offenders – for the Better Government of Public Asylums, Hospitals and Prisons, and for the Better Construction of Common Gaols, Statutes of the Canadian Province* [Lei para o Estabelecimento de Prisões para Jovens Infratores – pela melhor administração de asilos, hospitais e prisões públicos, e pela melhor construção de cadeias comuns, Estatutos da Província Canadense] (1857) (respectivamente).

[9] O conceito da doutrina de *parens patriae* é definido por Faust e Paul como "[a] provisão legal a partir da qual o estado pode assumir a responsabilidade parental derradeira pela custódia, cuidado e proteção de crianças no âmbito de sua jurisdição" (FAUST e BRANTINGHAM, in FAUST e BRANTINGHAM, 1979, p. 32).

quando a sessão foi suspensa; no entanto, foi reapresentado na sessão seguinte como *Bill (QQ) An Act respecting Juvenile Delinquents* e aprovado como *An Act respecting Juvenile Delinquents* em 20 de julho de 1908.[10] Quando o projeto foi apresentado pela primeira vez, o Hon. Sr. Scott discorreu suas finalidades acerca das "crianças famintas" carentes:

> [o] projeto de lei agora nas mãos dos honoráveis cavalheiros propõe discutir outra questão, que não se trata de novidade, mas que, em minha opinião, é um Projeto importante. *Destina-se ao melhoramento de uma ampla classe da comunidade, as crianças que se encontram cercadas por um ambiente que leva ao mal, e a finalidade deste Projeto é estabelecer métodos para um procedimento que possa, em todo o caso, minimizar a tendência ao crime em crianças que se veem infelizmente situadas em lares onde os exemplos perante si não são de boa ordem, ou que, por outros motivos, inclinam-se ao mal.* (SENADO, 1907, p. 804, grifo nosso)

Vale observar que ele estabeleceu fez uma distinção clara entre os dois grupos de situações problemáticas envolvendo crianças: 1) "crianças negligenciadas" e "crianças abusadas"; e 2) "crianças em conflito com a lei". Enquanto o primeiro grupo representa crianças vitimadas por falta de cuidados ou por agressão física, emocional ou psicológica, o segundo refere-se a crianças que cometeram atos proibidos pelas leis penais. Na realidade, parece que o Hon. Sr. Scott tentou tratar de ambas as categorias com o mesmo tipo de intervenção (a lei penal). O equívoco acerca dessas duas categorias de situações problemáticas envolvendo crianças se fez presente nas duas discussões no Senado realizadas nas sessões parlamentares de 1906-1907 e 1907-1908 (HYLTON, 2001). De fato, isso levantou a questão acerca de quem detinha autoridade legislativa para aprovar leis sobre o assunto. Trépanier e Tulkens (1995) argumentam que os parlamentares se voltaram para a lei penal, na regulamentação de delinquência juvenil, por motivos de jurisdição: enquanto o Parlamento

[10] Leon observa que, quando o Senador Scott apresentou o *Bill (FFF)* ao Senado, ele "deixou de consultar o Ministro da Justiça, Sr. Aylesworth. Sentindo-se ofendido, Aylesworth se recusou a apoiar a legislação proposta e passou-se um ano até que ele concordasse, sob grande pressão, a apresentar o Projeto à Casa dos Comuns. Entretanto, o Senador Scott teve permissão para apresentar o Projeto ao Senado em abril de 1907 como forma de gerar debate, sob a condição de que não fosse além da segunda leitura" (LEON, 1978, p. 45).

tinha (e tem) poder legislativo exclusivo para regular todos os assuntos envolvendo direito penal, as legislaturas provincianas tinham (e têm) poder legislativo exclusivo para aprovar normas relacionadas à proteção e ao bem-estar das crianças.[11] Como resultado, os parlamentares associaram "crianças negligenciadas" e "crianças abusadas" (jurisdição provinciana) a "crianças criminosas" (jurisdição federal) e, desse modo, obtiveram a jurisdição para tratar de todas essas situações.[12] Outra razão para se voltar ao direito penal no tratamento da delinquência juvenil foi o fato de alguns dos comportamentos que os parlamentares desejavam controlar já estarem regulados ("criminalizados") pelo *Canadian Criminal Code*. Desse modo, os parlamentares podiam usar as normas existentes (regulação de comportamentos) ao mesmo tempo em que evitavam a "parafernália de procedimentos hostis" com o uso dos tribunais juvenis (regulação de procedimento e sanção).

A ausência da distinção entre 1) "crianças negligenciadas" e "crianças abusadas" e 2) "crianças em conflito com a lei" também era observada na sociedade canadense (BENNETT, 1988). Trépanier e Tulkens (1995) notam que a sociedade canadense do século XIX enfrentava diversas transformações quanto ao *status* sociolegal das crianças: a urbanização e o desenvolvimento da economia nacional causaram impacto na estrutura familiar típica, e os papéis específicos aos gêneros levaram as mulheres a se voltarem para a educação das crianças, tanto dentro como fora da estrutura familiar. Mulheres da classe média formaram associações para discutir quais eram os melhores interesses das crianças, e como atingi-los. Além

[11] Não obstante, em A. G. (Quebec) contra Lechasseur *et al.* (1981), a Suprema Corte do Canadá manteve a supremacia da legislação "penal juvenil" federal sobre a legislação de "proteção da criança" provinciana. Observe-se que, apesar de ambas as leis serem válidas, a solução oferecida pela legislação federal foi considerada superior. Portanto, se leis federais e provincianas oferecem diferentes soluções para a mesma situação, a solução federal é preferível à solução provinciana. Nesse caso, a Suprema Corte do Canadá não declarou a inconstitucionalidade da lei provinciana, e sim sua inoperabilidade.

[12] Em Procurador-Geral da Colúmbia Britânica contra Smith (1967), foi arguido que a *Juvenile Delinquents Act* (1908) se tratava de uma lei *ultra vires*, visto que se referia ao bem-estar das crianças, e tal assunto é de autoridade das legislaturas provincianas. A Suprema Corte do Canadá manteve a validade da *Juvenile Delinquents Act* (1908), defendendo que a Lei "é uma legislação genuína em relação ao direito penal em seu sentido amplo" (Procurador-Geral da Colúmbia Britânica contra Smith, 1967, p. 712).

disso, instituições filantrópicas e movimentos de pureza social começaram a se concentrar nas crianças como os principais sujeitos de intervenção, em uma tentativa de "moldar a nação" (VALVERDE, 1991). Leis trabalhistas retiraram as crianças das fábricas, e comunidades investiram em educação infantil para produzir "crianças úteis", bem ajustadas aos seus futuros papéis na sociedade (NELSON, 2000; GAFFIELD e WEST, in BERKELEY, GAFFIELD e WEST, 1978). Esses movimentos, guiados principalmente por uma ideologia de classe média sobre a infância,[13] estavam interessados em regular a moralidade – especialmente a moralidade sexual – e o bem-estar das crianças, em uma tentativa de alcançar certo tipo de vida humana (VALVERDE, 1991). "Salvem as crianças, e você moldará a nação": esse era um dos três lemas do Departamento de Educação Moral da *Woman's Christian Temperance Union* [União Cristã de Mulheres pela Temperança] (WCTU), proferido em 1910 (VALVERDE, 1991). Essa linguagem de "maternidade social" estava presente na maior parte das intervenções voltadas para crianças durante o período, nos discursos da esfera política e dos ativistas pela pureza social.

A *Juvenile Delinquents Act* estava profundamente arraigada na noção de "proteção da criança", e, como observa Trépanier (1990), os parlamentares não viam contradição entre esse objetivo e a noção de "proteção da sociedade". A abordagem socioambiental em que a *Juvenile Delinquents Act* se baseava via a "proteção da criança" como meio para a "proteção da sociedade": "[a]s crianças não nascem criminosas; elas são transformadas em criminosos pelo ambiente onde se encontram. Remova o ambiente, e a criança se desenvolverá com um caráter completamente diferente" (SENADO, 1907, p. 806).[14] Como as fontes da delinquência juvenil estavam fortemente associadas ao ambiente sociofamiliar da criança, qualquer tipo de intervenção dirigida à "remoção da criança" de um ambiente sociofamiliar não aceitável era visto como forma de "proteger a criança". A criança "removida" desse ambiente indesejável e "apresentada" aos valores morais canadenses da classe média protestante se tornaria um cidadão obediente à lei e um membro útil da sociedade (VALVERDE,

[13] Para uma discussão sobre o papel dos interesses da classe média no processo legislativo (*controle social formal*), ver Hagan e Leon (1977).

[14] Bennett (1988) observa que os reformadores voltados para a salvação das crianças, ao final da era vitoriana no Canadá, tinham uma visão socioambiental da criminalidade juvenil.

1991). De acordo com a *Juvenile Delinquents Act*, o principal fator na decisão sobre o tipo de intervenção penal a ser imposta aos jovens não era nem a gravidade do crime, nem o grau de responsabilidade, e sim seu ambiente sociofamiliar e suas necessidades (TRÉPANIER, 1990).[15]

Quais foram os motivos para a promulgação da *Juvenile Delinquents Act*? O preâmbulo de 1908 destacava a necessidade de criar uma distinção entre os procedimentos criminais para jovens e para adultos. Isso foi uma tentativa de "proteger o jovem infrator" da influência de infratores adultos ("resgatar o jovem infrator"), algo visto como necessário para garantir a "proteção da sociedade". Além disso, para a *Juvenile Delinquents Act* (1908), os dois objetivos estavam "de mãos dadas":

> *[a]o passo que é desaconselhável classificar ou tratar os infratores juvenis como criminosos comuns – o bem-estar da comunidade exige, outrossim, que sejam protegidos da associação ao crime e aos criminosos –*, devendo receber cuidado, tratamento e controle, de forma a amenizar suas tendências ruins e fortalecer seus instintos melhores [...]. (*JUVENILE DELINQUENTS ACT*, 1908, Preâmbulo, grifo nosso)

Dessa maneira, a *Juvenile Delinquents Act* (1908) criou uma distinção entre delinquentes adultos e delinquentes juvenis, definindo estes como:

> qualquer criança que viole provisão do Código Penal, capítulo 146 dos Estatutos Revisados, 1906, ou de qualquer estatuto provincial ou de Domínio, ou de regulamento ou portaria, ou de qualquer municipalidade, cuja violação seja punível com multa ou prisão; ou quem esteja sujeito, por qualquer outro ato, a ser internado em escola industrial ou reformatório juvenil sob as provisões estatutárias de qualquer Domínio ou província. (*JUVENILE DELINQUENTS ACT*, 1908, Seção 2[c])

De acordo, a *Juvenile Delinquents Act* (1908) definiu "criança" como "o menino ou a menina que aparente ter ou que de fato tenha menos

[15] Entretanto, a *Juvenile Delinquents Act* (1908) estabeleceu distinção entre comportamentos criminais, tais como crimes denunciáveis e não denunciáveis. Não obstante, essa regulação seria implementada por meio dos princípios do bem-estar da criança.

que dezesseis anos de idade" (*JUVENILE DELINQUENTS ACT*, 1908, Seção 2[a]).[16]

A *Juvenile Delinquents Act* (1908) pretendia apenas tratar de comportamentos proibidos pela lei penal, ou de "situações perigosas/arriscadas" também? De acordo com o estatuto, havia a necessidade de incluir comportamentos que poderiam levar os jovens a se tornarem "jovens infratores". Além disso, em uma tentativa de "resgatar o jovem", a *Juvenile Delinquents Act* (1908) regulava "situações" que não configuravam crimes.[17] A justificativa para tal intervenção era a "proteção da sociedade":

> [a]o passo que é desaconselhável classificar ou tratar os infratores juvenis como criminosos comuns – o bem-estar da comunidade exige, ademais, que sejam protegidos da associação ao crime e aos criminosos –, *devendo receber cuidado, tratamento e controle, de forma a amenizar suas tendências ruins e fortalecer seus instintos melhores*. (*JUVENILE DELINQUENTS ACT*, 1908, Preâmbulo, grifo nosso)

> [e]sta Lei deverá ser livremente interpretada a fim de que seu propósito seja alcançado, a saber: que *o cuidado, a guarda e a disciplina do delinquente juvenil se aproxime tanto quanto possível do que seria oferecido pelos pais, e que, até onde for praticável, cada delinquente juvenil será tratado não como criminoso, mas como criança mal direcionada e mal guiada, alguém que necessita amparo, encorajamento, ajuda e assistência*. (*JUVENILE DELINQUENTS ACT*, 1908, Seção 31, grifo nosso)

[16] A idade máxima para que um jovem fosse considerado criança foi alvo de várias modificações durante o período de 1908 a 1981, e as províncias detinham poder discricionário para escolher a idade máxima que melhor se adequava às suas necessidades. Consequentemente, todas as províncias canadenses regularam de forma diferente a idade máxima para que crianças fossem processadas no âmbito do sistema jurídico juvenil.

[17] Por exemplo, a *Juvenile Delinquents Act* (1908) considerava delinquências faltar à escola, vadiar, fumar, brincar na rua, etc. Em 1924, a definição de "delinquente juvenil" foi emendada e passou a incluir a frase "que seja culpada de imoralidade sexual ou de qualquer outro vício similar". Dessa maneira, a definição foi ampliada: "delinquente juvenil" significa qualquer criança que viole provisão do Código Penal, Capítulo 146 dos Estatutos Revisados, 1906, ou de qualquer estatuto provincial ou regional, ou de regulamento ou portaria, ou de qualquer municipalidade, cuja violação seja punível com multa ou prisão, *ou que seja culpada de imoralidade sexual ou de qualquer outro vício similar*; ou quem estiver sujeito, por qualquer motivo ou ato, a ser internado em escola industrial ou reformatório juvenil sob as provisões estatutárias de qualquer região ou província (*An Act to amend the Juvenile Delinquents Act* [Lei de emenda à Lei de Delinquentes Juvenis] 1924, Seção 1).

Uma das principais inovações dessa lei foi a criação dos foros juvenis para tratar dos delinquentes juvenis (*JUVENILE DELINQUENTS ACT*, 1908, Seção 4). O foro juvenil pretendia oferecer às crianças não apenas um ambiente judicial que evitasse a "parafernália do processo hostil", mas que também permitisse um procedimento especial, preocupado com as suas necessidades (*JUVENILE DELINQUENTS ACT*, 1908, Seções 5, 7, 10-14, 22, 31). Além disso, sendo a criança considerada delinquente juvenil, a lei estabelecia a possibilidade de entregá-la "ao cuidado ou guarda de um oficial de justiça ou de qualquer outra pessoa adequada... [ou] de qualquer sociedade de amparo à criança... [ou], se menino, de uma escola industrial para meninos ou, se menina, de uma escola industrial ou refúgio para meninas" (*JUVENILE DELINQUENTS ACT*, 1908, Seção 6[1]).

O *Bill FFF* foi eliminado da Ordem do Dia do Parlamento durante a prorrogação; no entanto, foi reapresentado com pequenos ajustes, na sessão seguinte do Senado, como *Bill (QQ)* (SENADO, 1908). Várias petições foram apresentadas à Casa dos Comuns durante a sessão de 1907-1908, "rogando pela promulgação de uma Lei de Delinquência Juvenil, semelhante àquela submetida ao Senado pelo Honorável Secretário de Estado, em 1907" (CASA DOS COMUNS, 1908, p. 219). Esse método não era incomum. Órgãos privados, entre eles movimentos de pureza social, dependiam amplamente das instituições governamentais para implementar suas reformas (VALVERDE, 1991). Por exemplo, o Hon. Sr. Scott – quem apresentou inicialmente esse projeto ao Senado – declarou conhecer instituições de amparo às crianças, tendo seu filho presidido uma delas durante anos (SENADO, 1908).[18] De acordo com Valverde, "na década de 1880, ambos os estados federais e provinciais parecem ter adquirido uma legitimidade quase inabalável aos olhos da classe média anglófona educada" (VALVERDE, 1991, p. 34). Os ativistas da pureza social contavam com seu trabalho, além de outros procedimentos, nas suas cartas endereçadas aos políticos:

> [e]stes órgãos privados, no entanto, interagiam intensamente com o estado. Organizavam seu trabalho com vistas a influenciar a legislação e as políticas estaduais, bem como a estabelecer projetos pilotos na educação pública e

[18] O filho era W. L. Scott, Mestre Local da Suprema Corte de Ontário e Presidente da *Ottawa Children's Aid Society* [Sociedade de Amparo à Criança de Ottawa].

> no trabalho de resgate que, posteriormente, poderiam vir a ser assumidos, ou pelo menos financiados, pelo estado. O estado, por sua vez, respondia à pressão dessas organizações e da opinião pública, moldada pelos reformadores da moral, tomando iniciativas morais com maior ou menor entusiasmo. Os órgãos privados eram muito mais poderosos do que seus sucessores modernos: na ausência de grandes burocracias governamentais e associações profissionais, as igrejas e os grupos de mulheres recebiam grande respeito e eram, de várias formas, tratados como especialistas, não como grupos de interesses tendenciosos. (VALVERDE, 1991, p. 52)

A linguagem da moral e do *welfare* também pode ser observada no discurso do Hon. Sr. Beique ao Senado durante a segunda leitura do *Bill QQ*: "crianças ativas são travessas, e tendências viciosas são desenvolvidas facilmente se a ocasião surgir" (SENADO, 1908, p. 975); "ainda mais desejável é não poupar esforços no resgate dos pobres, especialmente das crianças" (SENADO, 1908, p. 975).

Muito da discussão no Senado sobre o *Bill QQ* foi dedicado à regulamentação dos tribunais juvenis e às características pessoais necessárias aos juízes desses tribunais.[19] Quanto à regulamentação, vários membros do Senado estavam preocupados com o fato de que a regulação desses tribunais pelo governo federal acabasse infringindo a Seção 92(6) da *British North America Act* [Lei da América do Norte Britânica] (1867). De acordo com essa subseção, as províncias detêm poderes legislativos exclusivos para regulamentar "[o] estabelecimento, a manutenção e a gestão das prisões públicas e reformatórias, na e em nome da província". Entretanto, esse argumento foi rejeitado: o *Bill QQ* foi redigido de maneira a evitar que o governo federal infringisse a jurisdição federal e interferisse nas suas instituições (SENADO, 1908). Em relação às características pessoais necessárias aos juízes de tribunais juvenis, a necessidade de um papel paternal foi destacada pelo Hon. Sr. Coffey:

> [n]ão importa o prestígio de que o candidato desfrute na comunidade – não importa a persistência e ardor com que seus amigos apoiem sua indicação como juiz de tribunal juvenil, seria quase um crime lhe nomear se ele não

[19] Para uma análise do desenvolvimento dos tribunais juvenis nos Estados Unidos, ver Platt (1977).

possuísse uma mente equilibrada e uma natureza calorosa e empática – firme quando necessária, mas sempre reconhecendo no pária à sua frente uma criança da natureza que se perdeu do caminho da retidão, mas que deve ser redirecionada a esse ideal. (SENADO, 1908, p. 976)

O *Bill QQ* foi lido pela terceira vez no Senado em 16 de junho de 1908 e passou à Casa dos Comuns para sua ratificação, onde recebeu a Aprovação Real em 20 de julho de 1908, com quase nenhuma oposição. Essa lei foi mantida até 1984 sem grandes emendas, até que a *Young Offenders Act* entrou em vigor, revogando-a.

2. A necessidade de "proteger a sociedade": a *Young Offenders Act* (1982) e a *Youth Criminal Justice Act* (2002)[20]

Em 1961, o Departamento de Justiça nomeou um comitê consultivo para avaliar o problema da delinquência juvenil no Canadá, o qual publicou seu relatório quatro anos depois (CANADÁ, 1965). Esse comitê ficou encarregado de fazer "recomendações acerca das medidas que poderiam ser adotadas pelo Parlamento e Governo canadenses para tratar do problema da delinquência juvenil no Canadá" (CANADÁ, 1965, p. 2). Nesse sentido, o comitê publicou 100 recomendações, todas deveras orientadas à noção de "proteção da criança". Entre elas, havia a recomendação de que "as atribuições do policiamento juvenil referentes a detecção, apreensão e dissuasão devem ser realizadas de forma a não comprometer os princípios efetivos de reabilitação e a não negligenciar as funções preventivas" (CANADÁ, 1965, p. 288). Em relação a esse princípio, é possível identificar em sua "semântica" as noções de "proteção da sociedade" (detecção, apreensão e dissuasão do comportamento criminoso) e de "proteção da criança" (reabilitação e prevenção). Além disso, de acordo com o Comitê, deveria haver equilíbrio entre os dois conceitos, e o propósito da intervenção da lei penal juvenil ainda era essencialmente voltado à noção de "proteção da criança". As recomendações publicadas no relatório, que sugeriam emendas em maior e menor grau à *Juvenile Delinquents Act*, não resultaram em nenhuma alteração da lei.

[20] A análise a seguir trata da legislação federal canadense. Legislações provinciais estão fora do escopo deste capítulo.

Em 1973, o Procurador-Geral do Canadá criou um comitê para realizar "uma revisão do progresso ocorrido na área desde o *Bill C-192*" (PROCURADOR-GERAL, 1975, p. 6).[21] Além disso,

> o Comitê deveria considerar as deliberações de um Grupo Misto de Revisão Federal/Provincial [...] com o propósito de revisar os programas, serviços e implicações financeiras, bem como a legislação acerca de jovens em conflito com a lei no Canadá. (PROCURADOR-GERAL, 1975, p. 6)

O relatório de 1975 adotou um tratamento diferente da delinquência juvenil em relação ao relatório de 1965: em primeiro lugar, não recomendou a alteração da *Juvenile Delinquents Act*, e sim a promulgação de uma nova lei (PROCURADOR-GERAL, 1975, p. 7). Em segundo lugar, reconheceu expressamente que as noções de "proteção da criança" e de "proteção da sociedade" poderiam por vezes entrar em conflito (PROCURADOR-GERAL, 1975, p. 3, 59-60, 70). Por último, esse relatório demonstrou preocupações acerca da observância aos direitos do devido processo legal em juizados juvenis (PROCURADOR-GERAL, 1975, p. 3, 11, 15, 33-36).

Em 1977, o Procurador-Geral do Canadá publicou outro relatório baseado nas propostas, recomendações, objeções e emendas apresentadas durante as discussões sobre o relatório de 1975 (PROCURADOR-GERAL, 1977). O relatório de 1977 também propôs a substituição da *Juvenile Delinquents Act* por uma nova lei, a *Young Offenders Act* (PROCURADOR-GERAL, 1977, p. 12). Entretanto, a legislação proposta não era inédita, mas sim uma versão emendada da *An Act respecting young persons in conflict with the law and to repeal the Juvenile Delinquents Act* [Lei sobre jovens em conflito com a lei, revogando a Lei de Delinquentes Juvenis], de 1975. A proposta de 1977 tratava das recomendações feitas à proposta de 1975 por governos provinciais e territoriais e por indivíduos e grupos interessados.

O conflito entre as noções de "proteção da criança" e "proteção da sociedade" no relatório de 1977 é muito mais evidente do que no relatório de 1975. Por exemplo, ambas as propostas traziam uma declaração de princípios no preâmbulo, mas as abordagens para o crime juvenil eram diferentes. O primeiro parágrafo do preâmbulo da proposta de 1975 declarava que:

[21] O *Bill C-192* foi um esboço anterior da *Young Offenders Act* (1982).

> [j]ovens em conflito com a lei devem ser responsabilizados por suas contravenções, mas não devem ter a mesma responsabilidade – ou sofrer as mesmas consequências – que os adultos; em vez disso, devem ser considerados como pessoas que, em razão do seu estado de dependência e do nível de desenvolvimento e maturidade, têm necessidades especiais e precisam de auxílio, encorajamento e orientação e, quando apropriado, supervisão, disciplina e controle. (PROCURADOR-GERAL, 1975, p. 84)

Por outro lado, os primeiros três parágrafos do preâmbulo da proposta de 1977 dão mais ênfase à noção de "proteção da sociedade" do que à noção de "proteção da criança":

> [j]ovens que cometem crimes devem ser responsabilizados por suas contravenções e, ainda que esses jovens não devam, *em todos os casos*, ter a mesma responsabilidade – ou sofrer as mesmas consequências – que os adultos, *a sociedade deve receber, não obstante, a proteção necessária contra comportamentos ilegais.*
>
> *Ao proteger a sociedade contra comportamentos ilegais*, devemos reconhecer que os jovens necessitam supervisão, disciplina e controle, mas, também, em decorrência do seu estado de dependência e do nível de desenvolvimento e maturidade, que têm necessidades especiais e precisam de orientação e auxílio.
>
> *Exceto em caso de inconsistência com a proteção da sociedade*, deve-se considerar o uso de medidas sociais e legais alternativas no tratamento dos jovens que cometeram crimes, no âmbito da jurisdição desta Lei. (PROCURADOR-GERAL, 1977, p. 12, grifo nosso)

O preâmbulo da *Young Offenders Act*, depois de algumas pequenas emendas, seguiu essa segunda versão. A proposta de 1977 foi apresentada ao Parlamento como *Bill C-61*, o *Young Offenders Bill*, pelo Procurador-Geral (Hon. Bob Kaplan) em 16 de fevereiro de 1981. Esse projeto recebeu o Consentimento Real em 7 de julho de 1982.

Durante a segunda leitura do projeto, o Procurador-Geral comentou:

> A legislação proposta combina três princípios. O primeiro, de que os jovens devem ser mais responsabilizados por seu comportamento, mas não

> inteiramente responsabilizados, já que não estão totalmente amadurecidos e ainda dependem de terceiros. *O segundo, de que a sociedade tem direito a proteção contra comportamentos ilegais, mesmo quando cometidos por menores.* O terceiro, de que os jovens têm o mesmo direito ao devido processo legal, à justiça natural e ao tratamento justo e igualitário que têm os adultos, e que esses direitos devem ser garantidos por salvaguardas especiais. Assim, o projeto tem o objetivo de alcançar um equilíbrio razoável e aceitável entre as necessidades dos jovens infratores e os interesses da sociedade. (CASA DOS COMUNS, 1981, p. 9308, grifo nosso)

É importante notar que, para o Procurador-Geral, as noções de "proteção da criança" e "proteção da sociedade" eram princípios persuasivos, mas, ao mesmo tempo, princípios que poderiam entrar em conflito – além disso, a noção de "proteção da criança" começou a ser esvaziada. Posições semelhantes foram sustentadas por diversos parlamentares:

> *[n]ós precisamos velar pela proteção da sociedade.* O estado tem um dever para com seus cidadãos. Os cidadãos têm o direito de viver suas vidas pacíficas, incólumes. Eu não deveria precisar correr o risco de ser assaltado ou roubado, ou de me tirarem a vida ou vandalizarem minha propriedade. Esse não é o papel dos nossos cidadãos. *Protegê-los é o dever do estado.* O dever dos demais é não causar esses danos aos seus concidadãos. (CASA DOS COMUNS, 1981, p. 9657, Hon. Marcel Lambert, grifo nosso)

> [a] minha crítica é que o projeto não vai longe o suficiente. Por exemplo, *acredito que o conceito de retribuição pode muito bem ser aplicado em relação aos jovens. Um jovem envolvido numa contravenção ou crime deve pagar a dívida que tem com a sociedade* e com a pessoa ou pessoas contra quem ele cometeu seu crime. (CASA DOS COMUNS, 1981, p. 10079, Hon. Arnold Malone, grifo nosso)

> Agora gostaria de tratar do conteúdo do projeto, que, como mencionei, traz diversas mudanças substanciais, deveras necessárias. *No* Bill C-61 [*Young Offenders Bill*], *observamos que a filosofia geral migrou da responsabilidade parental, contida na* Juvenile Delinquents Act, *para a abordagem mais aceitável e mais prática de responsabilizar o jovem, até certo grau, por sua ação.* (CASA DOS COMUNS, 1981, p. 9521, Hon. Albert Cooper, grifo nosso)

A mudança da noção de "proteção da criança" para a noção de "proteção da sociedade" como objetivo principal da intervenção da justiça juvenil foi, também, claramente reconhecida durante as discussões no Parlamento:

> [f]oi sugerido pelos autores da legislação que houvesse uma mudança na ênfase atribuída pelo importante princípio de 1908. De fato, um analista do Departamento do Procurador Geral, Sr. Tom Sterritt, tem se envolvido muito ativamente na criação do projeto. Ele declarou que o novo projeto altera o foco da lei e *que talvez as necessidades ou o bem-estar da criança não sejam mais a questão central; talvez essa seja a proteção da sociedade. Realmente, a proteção da sociedade tem a maior importância, mas devemos nos perguntar se, ao substituirmos as crianças pelo Código Penal, estaremos aumentando a proteção da sociedade.* Sugiro que as evidências apontem justamente para o contrário. (CASA DOS COMUNS, 1981, p. 9316, Hon. Svend J. Robinson, grifo nosso)

Por outro lado, também havia uma posição que tentava reconciliar a noção de "proteção da criança" e a noção de "proteção da sociedade": "nós podemos estabelecer dois objetivos em um sistema juvenil progressista; *podemos proteger a sociedade e o bem-estar da criança.* Esses objetivos não são mutuamente excludentes" (CASA DOS COMUNS, 1981, p. 9648, Hon. Sr. Waddell, grifo nosso). Não obstante, ele também observou que "[o] projeto perante nós hoje, em contraste, não é muito progressista. *Basicamente, cria um código penal para os jovens.* Menciona-se alguma mudança de direção, mas, no fundo, é um código penal para os jovens" (CASA DOS COMUNS, 1981, p. 9650, Hon. Sr. Waddell, grifo nosso).

O *Bill C-61* foi lido pela terceira vez na Casa dos Comuns em 17 de maio de 1982, e então remetido ao Senado para aprovação. Durante a segunda leitura do projeto, o Hon. Joan Neiman comentou acerca da declaração de princípios:

> [a] nova legislação tem o objetivo de criar um processo abrangente para o tratamento do crime juvenil, que encoraje respeito pela lei e promova o bem-estar de ambos jovens infratores e sociedade. Os princípios-chave subjacentes à *Young Offenders Act* são:

- Os jovens devem ser mais responsabilizados por seu comportamento, mas não inteiramente responsabilizados, já que ainda não estão totalmente amadurecidos;
- *A sociedade tem direito a proteção contra comportamentos ilegais*;
- Os jovens têm o mesmo direito ao devido processo legal e ao tratamento justo e igualitário que têm os adultos, e esses direitos devem ser garantidos por salvaguardas especiais;
- Os jovens têm necessidades especiais porque são dependentes em níveis variados de desenvolvimento e maturidade e, portanto, também necessitam de orientação e assistência.

Esses princípios refletem a intenção do governo federal de alcançar um equilíbrio razoável e aceitável entre as necessidades dos jovens infratores e os interesses da sociedade. (CASA DOS COMUNS, 1982, p. 4181, grifo nosso)

A *Young Offenders Act* recebeu o Consentimento Real em 7 de julho de 1982 e trouxe consigo uma nova abordagem à legislação penal juvenil, que pode ser considerada um ponto de ruptura (BARON e HARTNAGEL, in FLEMING, O'REILLY e CLARK, 2001). Por outro lado, a *Young Offenders Act* se afastou da filosofia anterior sobre a criminalidade juvenil, que se baseava em um conceito unificado de proteção em que as noções de "proteção da criança", "proteção da sociedade" e "reabilitação e reintegração" andavam "de mãos dadas". De agora em diante, o sistema jurídico juvenil daria maior peso às noções de "responsabilidade juvenil", "dissuasão" e "proteção da sociedade". Essa abordagem não apenas se opôs à noção de "proteção da criança", como também aproximou o sistema jurídico juvenil da racionalidade penal do sistema jurídico adulto. Como observa Trépanier (1990), a *Young Offenders Act* adotou o tipo de comportamento criminoso praticado como o principal fator no apenamento.[22] Para esse

[22] A promulgação da *Young Offenders Act* marcou uma profunda mudança na filosofia do tratamento de jovens infratores. A *Juvenile Delinquents Act*, R. S. C. 1970, c. J-3, em vigor anteriormente, exigia (S. 38) que o infrator juvenil "fosse tratado não como criminoso, mas como criança maldirecionada e malguiada, que precisa de auxílio, encorajamento, ajuda e assistência". A declaração de princípios na S. 3 da *Young Offenders Act* (citada em parte) atribui uma ênfase muito maior à responsabilidade dos jovens por suas próprias ações, enquanto prescreve que eles não devem "em todos os casos ser considerados responsáveis da mesma

estatuto, as noções de "proteção da criança" e "proteção da sociedade" eram objetivos opostos e coexistentes que, em algumas situações, poderiam levar a tipos diferentes de intervenção. Além disso, a lei deu mais ênfase ao direito de proteção da sociedade contra o crime do que à abordagem *welfare* à criança, característica da filosofia *parens patriae* e que fundamentava a *Juvenile Delinquents Act*. A declaração final de princípios, como foi publicada em 1982, dizia:

3. (1) Fica reconhecido e declarado que

(a) enquanto os jovens não devem, em todos os casos, ser considerados responsáveis da mesma forma, ou sofrer as mesmas consequências pelos seus comportamentos que os adultos, *os jovens que cometem crimes devem, não obstante, ser responsabilizados pelos seus atos*;
(b) *a sociedade deve, mesmo sendo responsável por tomar providências razoáveis para a prevenção da criminalidade juvenil, ter as condições necessárias para se proteger contra comportamentos ilegais*;
(c) *os jovens que cometem crimes precisam de supervisão, disciplina e controle*, mas, em razão do seu estado de dependência e do nível de desenvolvimento e maturidade, eles também possuem necessidades especiais e precisam de orientação e assistência;
(d) *salvo quando inconsistente com a proteção da sociedade*, deve-se considerar não tomar providências ou tomar providência outra que não o processamento judicial sob esta Lei, no tratamento de jovens que cometeram crimes;
(e) os jovens têm direitos e liberdades próprios, incluindo aqueles contidos na *Canadian Charter of Rights and Freedoms* e na *Canadian Bill of Rights*, e, em particular, têm o direito de ser ouvidos no decorrer de, ou de participar em processos que levem a decisões que os afetem, e os jovens devem ter garantias especiais a seus direitos e liberdades;
(f) na aplicação desta Lei, *os direitos e as liberdades dos jovens incluem o direito ao mínimo possível de interferência na sua liberdade, de forma consistente com a proteção da sociedade, levando em consideração as necessidades dos jovens e os interesses de suas famílias*;

forma, ou sofrer as mesmas consequências pelos seus comportamentos que os adultos" (R. contra M. [S. H.], 1987, parágrafo 524).

(g) os jovens têm o direito, em todos os casos nos quais seus direitos ou liberdades possam ser afetados por esta Lei, a ser informados acerca desses direitos e liberdades; e

(h) os pais detêm a responsabilidade pelo cuidado e supervisão de seus filhos e, por esse motivo, os jovens só devem ser removidos da supervisão parental, parcial ou inteiramente, quando as medidas que viabilizam a supervisão parental continuada forem inadequadas. (*YOUNG OFFENDERS ACT*, 1982, Seção 3, grifo nosso)

Essa declaração de princípios permitiu a implementação de teorias de dissuasão e retribuição no âmbito do sistema jurídico penal juvenil. Além disso, não resolveu o problema sobre se o sistema jurídico juvenil deveria priorizar a noção de "proteção da criança" ou a noção de "proteção da sociedade". Na realidade, parece que a *Young Offenders Act* deu prioridade à segunda, em detrimento da primeira (ver Subseção 3.1.d).

Durante um período de 20 anos – desde 2 de abril de 1984, quando a *Young Offenders Act* (1982) entrou em vigor, até 1º de abril de 2003, quando a *Youth Criminal Justice Act* (2002) entrou em vigor –, a *Young Offenders Act* (1982) recebeu 20 emendas. Entretanto, apenas uma dessas emendas introduziu uma modificação nos princípios legislativos declarados do sistema jurídico penal juvenil: *An Act to amend the Young Offenders Act and the Criminal Code* [Lei de emenda à Lei dos Jovens Infratores e ao Código Penal] (1995). O estatuto alterava várias seções da *Young Offenders Act* (1982), entre elas a sua declaração de princípios. O parágrafo 3 (1) (a) foi alterado com a inclusão da ideia de "prevenção ao crime" nos objetivos do sistema jurídico penal juvenil.

3 (1) (a). *a prevenção ao crime é essencial à proteção a longo prazo da sociedade* e exige a discussão das causas subjacentes ao crime cometido por jovens e o desenvolvimento de abordagens multidisciplinares, para identificar e responder efetivamente a crianças e jovens sob o risco de praticar comportamentos criminosos no futuro;

(a. 1) enquanto os jovens não devem, em todos os casos, ser considerados responsáveis da mesma forma, ou sofrer as mesmas consequências pelos seus comportamentos que os adultos, os jovens que cometem crimes devem, não obstante, ser responsabilizados pelos seus atos; (grifo nosso)

A Subseção 3 (1) (c. 1), identificando a proteção da sociedade como o principal objetivo do sistema jurídico, foi acrescentada à Subseção 3 (1) (c):

> 3 (1) (c. 1) *a proteção da sociedade, objetivo primário da lei penal aplicada aos jovens*, é melhor servida pela reabilitação, sempre que possível, dos jovens que cometem crimes, e a reabilitação é alcançada tratando das necessidades e circunstâncias dos jovens que são relevantes ao comportamento infrator desses jovens; (grifo nosso)

Como resultado dessas emendas, a *Young Offenders Act* impôs sua preferência pela noção de "proteção da sociedade", em detrimento da noção de "proteção da criança". A noção de "proteção da sociedade" não apenas foi mencionada expressamente na emenda, como também direcionou as medidas a serem implementadas na sua consecução.

Essa emenda foi apresentada e lida pela primeira vez na Casa dos Comuns como *Bill C-37, An Act to amend the Young Offenders Act and the Criminal Code* [Projeto de Lei C-37, para emenda da Lei de Infratores Juvenis e do Código Penal], em 2 de junho de 1994, pelo Ministro da Justiça Hon. Alan Rock. Durante a segunda leitura do projeto, ele observou que:

> [a]o apresentar o *Bill C-37*, o governo tratou da preocupação pública, muito real, com os crimes violentos cometidos por jovens no Canadá. *O governo reconhece a importância da proteção pública no sistema jurídico*, mas reconhece que a proteção do público é alcançada com maior eficácia por meio da reabilitação dos infratores sempre que possível. O governo enfatizou o aspecto da responsabilidade do sistema jurídico e, ao mesmo tempo, cumpriu com os compromissos que havia assumido perante o eleitorado ano passado, durante a campanha eleitoral [políticas de prevenção de crimes para a redução das taxas de criminalidade]. (CASA DOS COMUNS, 1994, p. 4872, grifo nosso)

A noção de "proteção da sociedade" estava presente, também, no discurso de outros membros do Parlamento: "*[o] sistema jurídico juvenil, em sua operação, deve espelhar o sistema adulto tanto quanto possível, se quiser ser compreendido pela comunidade e desenvolver dissuasores gerais*" (CASA DOS COMUNS, 1994, p. 4886, Hon. Paul Forseth, grifo nosso). Não obstante, também houve grande oposição a esse projeto de lei: "o Ministro da Justiça finalmente cedeu às pressões dos elementos mais conservadores do seu partido. O Bill C-37, que propõe emendas à Young Offenders Act e ao

Código Penal, *se inspira numa filosofia de repressão*" (CASA DOS COMUNS, 1994, p. 4875, Hon. Pierrette Venne, grifo nosso). A Hon. Pierrette Venne, referindo-se à modificação dos objetivos da declaração de princípios da *Young Offenders Act*, comentou que: "[a] cláusula 1 [emendas propostas às Subseções 3 (1) (a) e 3 (1) (c)] *marca o fim da filosofia de reabilitação.* Assina sua pena de morte, garantindo o sepultamento no labirinto correcional. É uma cortina de fumaça" (CASA DOS COMUNS, 1994, p. 4876, grifo nosso). Ela continua: "[a]o se voltar à repressão, o ministro instalou mecanismos que inevitavelmente desafiarão a própria lei. A reabilitação não será mais um objetivo; a reintegração social é agora apenas um objetivo remoto. *A palavra-chave agora é proteção da sociedade*" (CASA DOS COMUNS, 1994, p. 4877, grifo nosso). O *Bill C-37* foi lido pela terceira vez na Casa dos Comuns em 28 de fevereiro de 1995 e foi remetido ao Senado para aprovação; em 22 de junho de 1995, recebeu o Consentimento Real.

Enquanto isso, havia propostas de revisão abrangente da *Young Offenders Act* (1982), que enfrentava algumas questões problemáticas, tais como a transferência de jovens infratores para tribunais adultos, a superutilização de tribunais juvenis em casos secundários e as altas taxas de encarceramento, tanto como forma de punição e como medida anterior ao julgamento (BARNHORST, 2004). Em decorrência disso, em 2 de junho de 1994, o então Ministro da Justiça e Advogado Geral (Hon. Allan Rock) escreveu ao presidente do Comitê Permanente de Justiça e Assuntos Legais da Casa dos Comuns, Hon. Warren Allmand, solicitando

> Uma revisão abrangente da *Young Offenders Act* e do sistema jurídico juvenil do Canadá como um todo; o exame das atuais circunstâncias sociais; o exame da experiência com a *Young Offenders Act* nos últimos dez anos; o engajamento dos canadenses na discussão; a oitiva de uma vasta gama de pessoas com experiência em relação a essa lei; o exame de como o sistema jurídico juvenil, no geral, poderia ser melhorado; o exame do custo, *do propósito e dos princípios dessa lei; a determinação de como entrelaçar no sistema nossa prioridade de prevenção do crime*; o comentário sobre como o sistema jurídico juvenil deve refletir as mudanças que estamos considerando quanto à revisão especial do programa, sobre como fazer com que os pais tenham maior envolvimento na justiça juvenil e sobre a melhor forma de restaurar e melhorar a confiança pública no sistema jurídico juvenil. (CASA DOS COMUNS, 1994, p. 4874, grifo nosso)

Em abril de 1997, o Comitê Permanente de Justiça e Assuntos Legais da Casa dos Comuns publicou seu relatório intitulado "Renewing Youth Justice" [Renovando a Justiça Juvenil] (CASA DOS COMUNS, 1997). Esse relatório, bastante orientado para a noção de "proteção da sociedade", apresentava 14 recomendações. Entre elas, estava a recomendação de emendar a *Young Offenders Act* para tratar de questões relevantes, tais como a redução da maioridade penal para alguns crimes graves (que resultem em morte ou lesão grave) de 12 anos para 10 (CASA DOS COMUNS, 1997, Recomendação 9) e a possibilidade de juízes de tribunais juvenis permitirem a publicação dos nomes dos jovens infratores quando as autoridades públicas considerarem essa medida importante para a "segurança pública" (CASA DOS COMUNS, 1997, Recomendação 13). Em relação aos objetivos e princípios da intervenção penal juvenil, a "proteção da sociedade" foi identificada como objetivo principal:

> [o] Comitê recomenda que a *Young Offenders Act* seja emendada, com a substituição da atual declaração de princípios por uma declaração de objetivos e um enunciado de princípios norteadores para sua implementação em todas as partes do sistema jurídico juvenil. *A declaração deve estabelecer que a proteção da sociedade é o objetivo principal da lei penal* e que a proteção da sociedade, a prevenção de crimes e a reabilitação são estratégias e valores que reforçam uns aos outros e que podem ser aplicadas e realizadas de maneira eficiente no tratamento da infração juvenil. (CASA DOS COMUNS, 1997)

Em 12 de maio de 1998, o Governo Federal publicou um relatório em resposta ao relatório do Comitê Permanente de Justiça e Assuntos Legais da Casa dos Comuns (DEPARTAMENTO DE JUSTIÇA, 1998). Esse segundo relatório, também orientado pela noção de "proteção da sociedade", recomendou várias estratégias para a redução das taxas de criminalidade juvenil, entre elas a promulgação de nova lei para substituir a *Young Offenders Act*: o *Bill C-68, An Act in respect of criminal justice for young persons and to amend and repeal other acts* [Projeto de Lei C-68, referente à justiça penal juvenil, para emendar e ab-rogar outras leis] foi apresentado na Casa dos Comuns pela Ministra da Justiça e Advogada Geral (Hon. Anne McLellan) em 11 de março de 1999. Esse projeto foi eliminado da Ordem do Dia do Parlamento quando a sessão foi prorrogada, mas foi reapresentado na sessão seguinte como *Bill C-3, An act in respect of criminal justice for young persons and to amend and repeal other acts* [Projeto de Lei C-3, referente à justiça penal juvenil, para emendar e ab-rogar outras leis]. Entretanto, esse projeto teve destino similar. Com um texto semelhante ao dos dois projetos anteriores, o *Bill C-7, An Act in respect of criminal justice for young persons and to amend and repeal other acts* (*Youth Criminal Justice Act*) [Projeto de Lei C-7, referente à justiça penal juvenil, para emendar e ab-rogar outras leis (Lei de Justiça Penal Juvenil)] foi apresentado em 5 de fevereiro de 2001 e promulgado em 19 de fevereiro de 2002.

Durante a segunda leitura do *Bill C-7*, a então Ministra da Justiça e Advogada-Geral (Hon. Anne McLellan) declarou que os propósitos desse projeto uniam as noções de reabilitação e reintegração para atingir o objetivo de "proteção da sociedade":

> Os canadenses querem um sistema que previna crimes tratando das circunstâncias subjacentes ao comportamento criminoso dos jovens, que reabilite os jovens infratores e que os reintegre em segurança à comunidade, e garantindo que o jovem seja exposto às consequências significativas e adequadas do seu comportamento criminoso. *Os canadenses em todo o país sabem que essa é a maneira mais eficiente de alcançar a proteção a longo prazo da sociedade.* O *Bill C-7* constrói um sistema jurídico juvenil que fará exatamente isso. (CASA DOS COMUNS, 2001, p. 701, grifo nosso)

Ela observou, ainda, que, "[d]iferentemente da YOA [*Young Offenders Act*], a lei de justiça penal juvenil proposta orienta sobre a prioridade que deve ser atribuída a princípios-chave" (CASA DOS COMUNS, 2001, p. 704). Apesar de a *Youth Criminal Justice Act* ter uma declaração de princípios mais clara do que a constante na *Young Offenders Act*, ainda foi mantido o conflito entre "proteção da criança" e "proteção da sociedade", esta tendo maior chance de prevalecer sobre aquela:

> 3. (1) Os seguintes princípios aplicam-se a esta Lei:
> (*a*) o sistema jurídico penal juvenil tem o propósito de
> (i) *prevenir crimes*, tratando das circunstâncias subjacentes ao comportamento criminoso dos jovens,
> (ii) reabilitar os jovens que cometem crimes e os reintegrar à sociedade, e

(iii) garantir que os jovens sejam expostos às consequências significativas de seu comportamento criminoso, a fim de promover a *proteção do público a longo prazo*;

(*b*) o sistema de justiça penal para jovens deve ser separado do sistema para adultos e enfatizar o seguinte:
(i) reabilitação e reintegração,
(ii) responsabilização justa e proporcional que seja consistente com o nível maior de dependência dos jovens e com seu nível reduzido de maturidade,
(iii) maior proteção procedimental, para garantir que os jovens sejam tratados de forma justa e que seus direitos, incluindo o direito à privacidade, sejam protegidos,
(iv) intervenção oportuna, que reforce o elo entre o comportamento criminoso e suas consequências, e
(v) a presteza e velocidade com as quais devem agir as pessoas responsáveis por executar esta Lei, dada a percepção de tempo que têm os jovens;

(*c*) dentro dos limites da responsabilidade justa e proporcional, as medidas adotadas contra jovens que cometem crimes devem
(i) reforçar o respeito pelos valores sociais,
(ii) encorajar o reparo dos danos às vítimas e à comunidade,
(iii) ser significativas para o jovem, considerando suas necessidades e seu nível de desenvolvimento e, quando apropriado, envolver os pais, os familiares próximos e os órgãos comunitários e sociais, dentre outros, na reabilitação e reintegração do jovem, e
(iv) respeitar as diferenças de gênero, etnia, cultura e língua, e atender às necessidades dos jovens aborígenes e dos jovens com necessidades especiais; e

(*d*) adota-se considerações especiais nos procedimentos contra os jovens e, em particular,
(i) os jovens têm direitos e liberdades por si próprios, tais como o direito de ser ouvidos no decorrer de, e de participar em processos, exceto na decisão de processar, que levem a decisões que os afetem, e os jovens devem ter garantias especiais a seus direitos e liberdades;
(ii) as vítimas devem ser tratadas com cortesia, compaixão e respeito pela sua dignidade e privacidade, e devem sofrer o mínimo

possível de inconveniência como resultado de seu envolvimento no sistema jurídico penal juvenil,

(iii) as vítimas devem receber informações sobre os procedimentos e devem ter a oportunidade de participar e de ser ouvidas, e

(iv) os pais devem ser informados sobre as medidas e os procedimentos que envolvam seus filhos, e devem ser encorajados a apoiá-los nas consequências de seu comportamento infrator.

(2) Esta Lei deve ser interpretada liberalmente de forma a garantir que os jovens sejam tratados de acordo com os princípios estabelecidos na subseção (1). (*YOUTH CRIMINAL JUSTICE ACT*, 2002, Seção 3, grifo nosso)

É importante observar as diferentes mensagens filosóficas e normativas da *Juvenile Delinquents Act* (1908) e da *Youth Criminal Justice Act* (2002). Mesmo que a primeira não apresentasse declaração de princípios, era filosoficamente baseada na noção de *parens patriae*. O propósito dessa lei era "proteger a criança", medida que andava de "mãos dadas" com a noção de "proteção da sociedade". Além disso, seu propósito era claramente "reparar, se possível, a situação irregular e reintegrar o indivíduo em erro [...] [sem recorrer a] grande parte da parafernália do procedimento hostil" (MEAD, 1918, p. 594). Por outro lado, a *Youth Criminal Justice Act* tem uma declaração explícita de princípios, que opõe a noção de "proteção da sociedade" à noção de "proteção da criança", dando prioridade à primeira sobre a segunda.

Conclusão

No Canadá, o problema do mau comportamento juvenil foi tratado originalmente com uma abordagem paternalista firmemente baseada na noção de "proteção da criança", inteiramente compatível com a noção de "proteção da sociedade". Tal abordagem teórica foi completamente modificada com a promulgação da *Young Offenders Act* (1982) e da *Youth Criminal Justice Act* (2002). A preocupação central de ambas as leis é a gravidade do delito cometido e a forma de proteger a sociedade dos perigos que esse comportamento acarreta. É bem possível afirmar que a tendência na legislação jurídica juvenil observa duas características principais: por um lado, um discurso poderosamente firmado nos conceitos de legalidade e de direito ao devido processo legal. Por outro, há uma ênfase na gravidade do ato cometido, na periculosidade do comportamento para a segurança da comunidade e nas teorias repressivas de intervenção penal (tais como dissuasão e retribuição). Os jovens em conflito com a lei não são tratados como "crianças que precisam de proteção", mas como crianças que deverem ser responsabilizadas pelos seus atos – e punidas de acordo. O discurso da legalidade e do devido processo legal aparece como forma de "compensação" de uma abordagem filosófica explicitamente centrada na punição. De alguma maneira, a intervenção penal, originalmente baseada na noção de "proteção da criança", direcionou-se para uma intervenção fortemente baseada na abordagem teórica da intervenção penal adulta – cuja preocupação central não são as circunstâncias que levaram alguém a cometer um crime, mas sim a gravidade do crime e a forma de evitar ameaças futuras que possam colocar a sociedade em risco.

Referências

BARNHORST, R. The Youth Criminal Justice Act: New Directions and Implementation Issues. *Canadian Journal of Criminology and Criminal Justice*, v. 46, n. 3, p. 231-250, 2004.

BARON, S. W.; HARTNAGEL, T. F. "Lock'em up": Attitudes toward Punishing Juvenile Offender. *In*: FLEMING, T.; O'REILLY, P.; CLARK B. (org.). *Youth Injustice*: Canadian Perspective, 2. ed. Toronto: Canadian Scholar's Press, 2001. p. 371-395.

BENNETT, P. Taming "Bad Boys" of the "Dangerous Class": Child Rescue and Restraint at the Victoria Industrial School, *Social History*, v. 21, n. 41, p. 71-96, 1988.

FAUST, F. L.; BRANTINGHAM, P. J. Origins of the Juvenile Court. *In*: FAUST, F. L.; BRANTINGHAM, P. J. (org.). *Juvenile Justice Philosophy*. Readings, Cases and Comments. St. Paul: West Publishing Co., 1979. p. 27-138.

GAFFIELD, C.; WEST, W. G. Children's Rights in the Canadian Context. *In*: BERKELEY H.; GAFFIELD, C.; WEST, W. G. (org.). *Children's Rights*: Legal and Educational Issues. Toronto: The Ontario Institute for Studies in Education, 1978. p. 4-33.

HAGAN, J.; LEON, J. Rediscovering Delinquency: Social History, Political Ideology and the Sociology of Law. *American Sociological Review*, v. 42, p. 587-598, 1977.

HYLTON, J. H. Get Tough or Get Smart? Options for the Canada's youth justice system in the twenty-first century. In: FLEMING, T.; O'REILLY, P.; CLARK, B. (org.). *Youth Injustice*: Canadian Perspective. 2. ed. Toronto: Canadian Scholar's Press, 2001. p. 563-580.

LEON, J. S. New and old themes in Canadian juvenile justice: the origins of delinquency legislation and the prospects of recognition of children's right. *In*: BERKELEY, H.; GAFFIELD, C.; WEST, W. G. (org.). *Children's Rights*: Legal and Educational Issues. Toronto: The Ontario Institute for Studies in Education, 1978. p. 35-58.

MACK, J. W. The Juvenile Court. *Harvard Law Review*, v. 23, p. 104-122, 1909.

MEAD, G. The Psychology of Punitive Justice. *American Journal of Sociology*, v. 23, p. 577-602, 1918.

NELSON, W. "Rage against the Dying of Light": Interpreting the Guerre des Eteignoirs. *The Canadian Historical Review*, v. 81, n. 4, p. 551-581, 2000.

PLATT, A. M. *The Child Savers* –The Invention of Juvenile Delinquency. 2. ed. Chicago: University of Chicago, 1977.

PIRES, A. La"Ligne Maginot"en droit criminel: la protection contre le crime versus la protection contre le prince. *In*: DE GIORGI R. (org.). *Il Diritto e la Differenza*: Scritti in onore di Alessandro Baratta, vol. 1. Lecce: Edizione Pensa Multimedia, 2002. p. 509-534.

PRENTICE, A. The School Promoters. Education and Social Class in Mid-Nineteenth Century Upper Canada. Toronto: McClelland and Stewart, 1977.

TRÉPANIER, J. La loi canadienne sur les jeunes contrevenants: principes et objectifs guidant le choix des mesures ordonnées par les tribunaux. *Revue Internationale de Criminologie et de la PoliceTechnique*, v. 3, p. 273-308, 1990.

TRÉPANIER, J.; TULKENS, F. Juvenile justice in Belgium and Canada at the beginning of the century: two models or one? *The International Journal of Children's Rights*, v. 1, p. 189-211, 1993.

TRÉPANIER, J.; TULKENS, F. Délinquance & Protection de la jeunesse (aux sources des lois belge et canadienne sur l'enfance). Bruxelas: De Boeck- Wesmael, 1995.

VALVERDE, Mariana. *The Age of Light, Soap, and Water*: Moral Reform in English Canada, 1885-1925. Toronto: McClelland & Stewart, 1991.

Jurisprudência

A. G. (Quebec) v. Lechasseur et al., (1981) 2 S. C. R. 253, 28 C. R. (3d) 44. Attorney General of British Columbia *v*. Smith, (1967) S. C. R. 702, 65 D. L. R. (2d) 82.

Quebec (Minister of Justice) v. Canada (Minister of Justice) (2003) (Quebec), 175 C. C. C (3d) 321, 228 D. L. R. (4th) 63.

R. *v*. D. B., 2008 S. C. C. 25, (2008) 2 S. C. R. 3.

R. *v*. D. B., 2008, O. A. C. 225, (2006) O. J. No. 1112.

R. *v*. K. D. T., 2006 B. C. C. A. 60, 222 B. C.A. C. 160.

R. *v*. M. (S. H.) (1987), 78 A. R. 309, 35 C. C. C. (3d) 515 (C.A.).

Legislação

An Act for the Establishment of Prisons for Young Offenders – for the Better Government of Public Asylums, Hospitals and Prisons, and for the Better Construction of Common Goals, Statutes of the Canadian Province, 1857, c. 28.

An Act for the More Speedy Trial and Punishment of Juvenile Offenders, Statutes of the Canadian Province, 1857, c. 29.

An Act in respect of Criminal Justice for Young Persons and to Amend and Repeal other Acts, S. C. 2002, c. 1.

An Act respecting Juvenile Delinquents, S. C. 1908, c. 40.

An Act to amend the Juvenile Delinquents Act, S. C. 1924, c. 53.

An Act to Amend the Young Offenders Act and the Criminal Code, S. C. 1995, c. 19.

Bill C-424, *An Act to amend the Youth Criminal Justice Act* (protection of the public), 2nd Sess., 40th Parl., 2009, cl.1.

Canadian Charter of Rights and Freedoms, Part I of the Constitution Act, 1982, being Schedule B to the Canada Act 1982 (U. K.), 1982, c. 11.

Constitution Act, 1867 (U. K.), 30 & 31Vict., c. 3, s. 92 (6), reprinted in R. S. C. 1985, App. II, No. 5.

Young Offenders Act, R. S. C. 1985, c.Y-1.

Documentos governamentais

CANADA. DEPARTMENT OF JUSTICE. Report of the Committee on Juvenile Delinquency, *Juvenile Delinquency in Canada.* Ottawa: Queen's Printer, 1965.

CANADA. DEPARTMENT OF JUSTICE. *A Strategy for the Renewal of Youth Justice.* Ottawa: Ministry of Supply and Services, 1998.

CANADA. SOLICITOR GENERAL. Report of the Solicitor General's Committee on Proposals for New Legislation to Replace the Juvenile Delinquents Act, *Young Persons in Conflict with the Law.* Ottawa: Queen's Printer, 1975.

CANADA. SOLICITOR GENERAL. *Highlights of the Proposed New Legislation for Young Offenders.* Ottawa: Queen's Printer, 1977.

Debates of the House of Commons, 32nd Parl., 1st Sess.

Debates of the House of Commons, 35th Parl., 1st Sess.

Debates of the House of Commons, 37th Parl., 1st Sess.

Debates of the Senate, 10th Parl., 2nd Sess.

Debates of the Senate, 10th Parl., 3rd Sess.

Debates of the Senate, 32nd Parl., 1st Sess.

House of Commons, *Journals,* 10th Parl., 3rd Sess.

House of Commons, *Thirteen Report of the Standing Committee on Justice*

and Legal Affairs: Renewing Youth Justice. Ottawa: Ministry of Supply and Services, 1997.

CAPÍTULO 8

A racionalidade penal moderna e o sistema político: os paradoxos da criação da lei contra a tortura no brasil

MARIANA T. POSSAS

Introdução

A pesquisa de Pires sobre a *racionalidade penal moderna* (RPM) – sistema de ideias relativo à pena criminal, construído no Ocidente na segunda metade do século XVIII, e baseado nas teorias (modernas) da pena – concentra-se notadamente em sua atualização, pelo sistema jurídico (PIRES, 1998, 2001, 2008a). Esse sistema de ideias já estava presente no sistema político (governo, parlamento), no momento da instauração de leis penais (PIRES, CELLARD e PELLETIER, 2001; PIRES, 2002; PIRES e GARCIA, 2007).

Efetivamente, as pesquisas realizadas sobre a RPM mostraram que as teorias da pena são atualizadas em diversas redes e circuitos de comunicação: na religião, na filosofia penal, no governo, no direito criminal, nos movimentos sociais, entre os educadores, nas mídias de massa, nas ciências, etc. Pires (2008b) chama a atenção para o fato de que as diversas *atualizações* não são sempre *da mesma ordem*. Com efeito, as teorias da pena podem ser atualizadas para "apoiar" ou para "acompanhar" protestos ou reivindicações. Esse é geralmente o caso nas comunicações elaboradas por movimentos sociais ou mídias de massa. O sistema de ideias pode também ser atualizado, para apoiar ou acompanhar (ou reagir contra) *decisões* tomadas por *organizações*, que têm por função deliberar *política* ou *juridicamente* sobre as penas a aplicar (parlamento, tribunais, administração penitenciária, etc.).

Assim, pode-se dizer que, em alguns tipos de operações, o sistema político e o sistema de direito criminal atualizam o *mesmo sistema de ideias*. Ora, tal sistema de ideias está integrado às operações decisionais e ao estabelecimento dos autorretratos dominantes do sistema de direito criminal. As teorias da pena, por exemplo, são consideradas teorias "fundadoras" do direito criminal, na doutrina jurídica. No que se refere ao sistema político, cabe inicialmente assinalar que essas teorias da pena não o "fundam" de modo algum. Elas são, quando muito, uma forma de expressão do poder político; uma forma de "vingança do rei" ou da "sociedade", exercida pela autoridade política (FOUCAULT, 1975), que edita uma lei dotada de um estatuto particular e heterogêneo de penas particulares, fundando-se, ela também, nesse mesmo sistema de ideias.

Em primeiro lugar, no plano da reprodução das ideias, é preciso atentar para uma série de características próprias aos sistemas sociais (segundo a teoria dos sistemas),[1] os quais não incorporam tal e qual as informações que vêm de fora: o sistema que as recebe trata-as antes de inseri-las em sua própria dinâmica interna. E esse "tratamento" se baseia nos parâmetros internos do sistema, ou seja, em seu código, seus programas, suas finalidades, sua linguagem, etc. Assim, as teorias da pena são tratadas diferentemente por cada sistema, mesmo que eles não modifiquem os enunciados particulares, que são atualizados em suas comunicações respectivas. Apesar de existir um sentido compartilhado, há também uma *modificação informativa* do sentido, em razão do próprio processo de recepção (PIRES, 2009, p. 3). As teorias da pena devem ser, portanto, carregadas de sentido pela autopoiesis do sistema político, bem como pela do sistema de direito criminal. Poderíamos então dizer que o sistema receptor determina a forma que o enunciado ou a teoria transferida adquirirá.

Visando estimular o debate sobre a RPM e o sistema político, este capítulo analisa a atualização desse sistema de ideias no contexto da formação de leis. Focarei minha atenção no processo (parlamentar) de criação de leis criminais e, mais especialmente, da lei contra a tortura, promulgada no Brasil em 1997, tomando como base as análises do material

[1] Cabe salientar que a teoria dos sistemas de Niklas Luhmann foi utilizada neste capítulo para a abordagem de conceitos-chave como "sistema político", "sistema jurídico", "comunicação" e "observação".

empírico coletado durante minha pesquisa de doutorado (tese depositada em 2009, na Universidade de Ottawa); esse material é composto notadamente de entrevistas qualitativas realizadas com políticos que participaram da elaboração da lei em questão, e também com militantes dos direitos humanos contrários à tortura no Brasil.[2]

Analisar o caso da criação do crime de tortura e da pena correspondente representa um desafio, pois se trata de fazer a crítica da utilização massiva da pena aflitiva de exclusão social, nos casos de crimes considerados especialmente abjetos ou repugnantes. O primeiro ponto a considerar, em relação ao crime de tortura, é que há vários tipos de tortura, praticados contra distintas vítimas (pensemos nos casos de violência policial produzidos nas delegacias policiais, e nos maus-tratos que os cuidadores impõem às crianças de quem cuidam). A pena severa de prisão poderia ser realmente aplicada em todos os casos de tortura abordados pela lei?[3] Dado o drama que representa a persistência da prática da tortura pela polícia no Brasil, por qual razão seria necessário abster-se de fazer a crítica da atualização da RPM? Subtrair de crítica ou de reflexão as penas (ou a maneira de concebê-las) atribuídas em crimes considerados mais graves significa, a meu ver, perpetuar o sistema de pensamento dominante, no qual a prisão aparece sempre como a única solução possível ou viável. Em outras palavras, estaríamos ainda aprisionados na "garrafa de moscas" (PIRES e ACOSTA, 1994)[4] da RPM.

1. As categorias *(auto)retrato*, *ideia-motivação* e *ideia-meio*: as possibilidades analíticas

A análise de meus dados me levou a destacar uma série de situações em que a RPM estava presente nas comunicações políticas, incluindo aquelas que alcançaram uma decisão de natureza legislativa (como a proposição

[2] Realizei ao todo 28 entrevistas para a minha pesquisa de doutorado, sendo 20 com políticos e oito com militantes dos direitos humanos.

[3] A lei brasileira contra a tortura (Lei n. 9.455/1997) define o crime de tortura de maneira muito aberta e engloba atos diversos, cometidos tanto por funcionários como por cidadãos comuns.

[4] A ideia de "garrafa de moscas" foi empregada por Pires e Acosta (1994) para designar o obstáculo cognitivo que a RPM representa. Assim como moscas presas no interior de uma garrafa, o pensamento moderno sobre as penas permanece aprisionado pela RPM e não consegue sair dela, mesmo se a garrafa estiver aberta.

de um projeto de lei, o voto de uma emenda a uma lei, etc.). Do ponto de vista analítico, uma das situações interessantes evidenciada pela pesquisa concerne ao recurso à distinção "conservador/progressista", para qualificar posições políticas em matéria criminal.

Os termos "conservador" e "progressista" são empregados pelos políticos para designar a eles mesmos ("auto-observação") ou para designar seus colegas ("observação externa"); também podem ser utilizados para qualificar seu *retrato* ou sua imagem política geral, bem como as *ideias* comunicadas no que se refere às penas. Eu distingo dois tipos de ideias: as "ideias-motivações" ou "razões de agir" (defender os direitos fundamentais, aumentar a segurança pública, etc.) e as "ideias-meios" ou "maneiras de agir" (criar uma nova pena, anular os direitos de visita nas prisões, etc.).

Essas categorias me permitiram ver que a maneira como os políticos empregam a referida distinção em seus discursos cria um "ponto cego", que os impede de considerar criticamente as suas próprias escolhas em matéria de penas. Eles não percebem as contradições contidas em seus discursos sobre a pena. Muito frequentemente, um político tido como "progressista" chega a ponto de neles preconizar ideias "conservadoras" em matéria de punição, além de clamar, por exemplo, por penas de prisão ainda mais severas. Essa é exatamente a questão que pretendo descrever e discutir neste capítulo.

Cabe fazer agora uma observação de ordem metodológica: do ponto de vista da auto-observação, a maioria dos entrevistados se considerava progressista (na medida em que eles mesmos se distinguiam dos conservadores). Assim, deve-se presumir que a oposição conservador/progressista tenha sido sobretudo enfatizada pelos progressistas, ou que ela resulte de auto-observações efetuadas por eles. Como disponho de bem menos dados sobre os políticos que se julgam "conservadores", ou mesmo que pertencem a partidos políticos associados à direta, fica difícil afirmar se os dois grupos utilizam a oposição conservador/progressista ou se ela é mais própria da esquerda (ou dos progressistas). Entretanto, pude apreender entre os conservadores (com base nas entrevistas) uma tendência a imitar a maneira como os progressistas distinguem as duas categorias (conservadores/progressistas).

Consideremos, inicialmente, as categorias *retrato* e *ideia-meio*: tendo em conta todas as possibilidades de observação, e presumindo que não exista nenhuma garantia de coerência "ideológica" (os retratos conservadores e os retratos progressistas podem, respectivamente, não veicular exclusivamente ideias conservadoras e ideias progressistas), obtém-se um quadro constituído por quatro combinações possíveis: (auto)retratos conservadores com ideias-meios conservadoras; (auto)retratos progressistas com ideias-meios progressistas; (auto)retratos conservadores com ideias-meios progressistas; e, por fim, (auto)retratos progressistas com ideias-meios conservadoras. O Quadro 1, a seguir, apresenta os auto(retratos) e as ideias-meios.

Quadro 1 – **(Auto)retratos e ideias-meios**

		(AUTO)RETRATOS	
		conservadores (poC)	**progressistas (poP)**
IDEIAS-MEIOS	Conservadoras (iC)	**CASO 1 (poC-iC)**	CASO 2 (poP-iC)
	Progressistas (iP)	CASO 3 (poC-iP)	**CASO 4 (poP-iP)**

Fonte: Elaboração da autora.

Os casos 1 (poC-iC) e 4 (poP-iP) são os mais esperados, pois eles são os mais "coerentes": espera-se que um político, tendo traçado um *(auto)retrato* conservador, defenda *ideias-meios* conservadoras – em todos os campos, incluindo o penal. De igual modo, espera-se normalmente que um político, tendo esboçado um (auto)retrato progressista, defenda ideias-meios progressistas. Por outro lado, os casos 2 (poP-iC) e 3 (poC-iP) são menos visíveis ou completamente não visíveis, mesmo sendo muito frequentes concretamente. Considerarei esses dois últimos casos *situações* ou *pontos de cegueira*.

Com base em meus dados, pude distinguir várias situações em que o caso 2 (poP-iC) aparece, isto é, em que os retratos tidos como progressistas veiculam ideias-meios conservadoras, em matéria de penas. O caso 3 (poC-iP) está também presente em meus dados, mas é muito menos frequente. Contudo, isso não pode ser concebido como uma informação pertinente para a análise, visto que, em meu universo empírico, os indivíduos considerados conservadores são bem pouco numerosos.

Por um lado, nessas mesmas situações empíricas, constatei que as ideias-motivações correspondiam aos retratos: os retratos progressistas apresentavam "motivações" consideradas progressistas (como a defesa dos direitos fundamentais, da dignidade humana, do princípio de liberdade, etc.). O mesmo se verificou para os conservadores. Entretanto, a ideia-meio não corresponde necessariamente ao retrato, nem à ideia-motivação que o acompanha. Consideremos, por exemplo, uma situação bastante frequente nas entrevistas: um militante, que se vê como progressista, reivindica, em nome dos direitos humanos (motivação progressista ou de "esquerda"), longas penas de prisão (ideia-meio conservadora, relativamente às penas).

Por outro lado, também encontrei políticos conservadores que, com o objetivo de eliminar os "maus elementos" da sociedade, em nome da ordem e da segurança pública (ideia-motivação conservadora), pediam penas menos severas ou mesmo a abolição das penas de prisão (ideias progressistas). Em suma, é importante salientar que as motivações não determinam a "qualidade" das ideias-meios relativas às penas. Qualificarei essas situações inesperadas como *paradoxo conservador-progressista* (caso 3 do Quadro 1), e como *paradoxo progressista-conservador* (caso 2 do Quadro 1).

A hipótese que defendo neste capítulo é a de que a atualização da ideia-motivação ("razões de agir") pode obnubilar o exame crítico das ideias-meios ("maneiras de agir"). Em outras palavras, a motivação, tida como progressista, detém um tal poder justificador, que ela impede de ver que a ideia-meio defendida pode ser oposta ao (auto)retrato a ela aí associado. Assim, como já dito, um político progressista, tendo uma ideia-motivação que ele julga progressista, irá frequentemente defender uma ideia-meio conservadora em matéria de penas, tal como o aumento das penas de prisão. No entanto, isso não o fará questionar absolutamente a sua auto-observação como progressista. O mesmo se dá para os políticos conservadores: um (auto)retrato conservador, cuja motivação é vista também como conservadora, será acompanhado de uma ideia-meio progressista em matéria de penas, tal como a atenuação da pena de prisão. E isso também não afeta em nada sua auto-observação.

Coloquemos, então, as três categorias juntas no Quadro 2.

Quadro 2 – **(Auto)retratos, ideias-motivações e ideias-meios conservadoras e progressistas**

<table>
<tr><td colspan="2"></td><td colspan="4">(AUTO)RETRATOS</td></tr>
<tr><td colspan="2"></td><td colspan="2">CONSERVADORES
(poC)</td><td colspan="2">PROGRESSISTAS
(poP)</td></tr>
<tr><td colspan="2"></td><td colspan="4">IDEIAS-MOTIVAÇÕES</td></tr>
<tr><td colspan="2"></td><td>Conservadoras
(moC)</td><td>Progressistas
(moP)</td><td>Conservadoras
(moC)</td><td>Progressistas
(moP)</td></tr>
<tr><td rowspan="2">IDEIAS-
-MEIOS</td><td>Conservadoras
(iC)</td><td>CASO 1
(poC-moC-iC)</td><td>CASO 2
(poC-moP-iC)</td><td>CASO 1’
(poP-moC-iC)</td><td>CASO 2’
(poP-moP-iC)</td></tr>
<tr><td>Progressistas
(iP)</td><td>CASO 3
(poC-moC-iP)</td><td>CASO 4
(poC-moP-iP)</td><td>CASO 3’
(poP-moC-iP)</td><td>CASO 4’
(poP-moP-iP)</td></tr>
</table>

Fonte: Elaboração da autora.

O Quadro 2 apresenta combinações que fazem intervir *situações paradoxais*. Notemos que se trata, aqui, de possibilidades lógicas, que não são necessariamente observadas nos fatos. As únicas *situações de coerência total* são o caso 1 (poC-moC-iC) – no qual o (auto)retrato, a ideia-motivação e a ideia-meio são conservadoras – e o caso 4’ (poP-moP-iP), em que o (auto)retrato, a motivação e a ideia-meio são progressistas. Os casos 2’ e 3 correspondem às situações paradoxais por mim destacadas, e nas quais as *ideias-meios* e as *motivações* são opostas entre si.

Os casos restantes – 2 (poC-moP-iC), 4 (poC-moP-iP), 1’ (poP-moC-iC) e 3’ (poP-moC-iP) – são novos, pois comportam outros paradoxos além dos apontados no Quadro 1. O caso 4 (poC-moP-iP), por exemplo, se apresentaria quando um retrato conservador, associado a um tema progressista, fosse acompanhado de uma ideia progressista – o que corresponderia ao caso de um político conservador que, para defender os direitos fundamentais, proporia uma melhoria das condições carcerárias ou uma atenuação das penas de prisão. O que o conservador expressa, aqui, não está de acordo com seu autorretrato. Trata-se aí de uma combinação empiricamente possível, embora eu não posso analisá-la, já que ela não ocorreu em minha pesquisa.

O caso 1' (poP-moC-iC) é análogo: é possível imaginar um político de esquerda que, interessando-se pelo problema da segurança pública das classes médias e ricas, nas grandes cidades (ideia-motivação conservadora),[5] proponha o endurecimento das penas de prisão (ideia-meio conservadora). Todavia, tampouco disponho de dados que me permitiriam examinar detalhadamente tal suposição, nem, aliás, os dois outros casos, o 2 e o 3'. Em ambos, haveria desacordo entre o autorretrato e a motivação e entre a ideia-motivação e a ideia-meio; ainda, a ideia-motivação seria oposta aos retratos e às ideias-meios. Da mesma forma, os casos 2 e 3' são possíveis, mas pouco prováveis.

No que se refere ao estabelecimento da lei contra a tortura, disponho de vários exemplos dos casos 3 (poC-moC-iP) e 2' (poP-moP-iC), nos quais há acordo *parcial*, isto é, acordo entre o retrato e a motivação. Como já afirmei, os dois outros casos de variação entre a ideia-motivação e a ideia-meio, o 2 (poC-moP-iC) e o 3' (poP-moC-iP), não figuram em meus dados. Notemos que, aqui, a falta de acordo concerne, em primeiro lugar, ao retrato e à motivação. Pode ser meramente casual que esse tipo de caso não apareça em minha pesquisa; entretanto, pode ser que se tenha encontrado um elemento de resposta à maneira como os políticos ou os militantes dos direitos humanos constroem a sua identidade política: eles se baseariam, portanto, na "qualidade" de suas ideias-motivações, e não na de suas ideias-meios relativas às penas.

2. Conservadores e progressistas em face da punição aos crimes "comuns"

Os progressistas se distinguem dos conservadores por se colocarem do lado "positivo" da distinção ou do lado da "má consciência" do direito penal repressivo, isto é, do lado no qual um olhar crítico é lançado sobre o direito penal (TULKENS, VAN DE KERCHOVE, *apud* DE HERT, GURTWICH, SNACKEN e DUMORTIER, 2006). Segundo os relatos apresentados nas entrevistas, os progressistas se definirão de diversas maneiras: 1) como pessoas que conferem maior importância à prevenção

[5] No Brasil, existe certa tendência em considerar conservadora a preocupação com a segurança da classe média ou da classe abastada. Tal preocupação é estranha à luta contra as desigualdades sociais e ao nivelamento das diferenças de oportunidades existentes entre as classes.

(social) do crime do que à simples reação, e que promovem a educação, o bem-estar social, etc.; 2) como pessoas que se opõem ao endurecimento das penas como forma de solucionar o problema do crime (evidentemente, isso não significa que eles reivindiquem a *redução* das penas); 3) como pessoas que recomendam a aplicação de penas alternativas para determinados crimes, em condições específicas; e, por fim, 4) como pessoas que defendem a reabilitação do prisioneiro e a melhoria das condições de vida na prisão.

Os conservadores, buscando reafirmar a "boa consciência" da razão punitiva de um direito penal repressivo e não crítico (DE HERT, GURTWICH, SNACKEN e DUMORTIER, 2006), utilizariam as penas de uma forma mais reativa ou punitiva, sem se preocupar com a reabilitação nem com as condições carcerárias Eles considerariam, assim, que a pena de prisão é o único ou o melhor meio de eliminar a criminalidade, e que as penas alternativas não podem ser objeto de um "debate sério" sobre as sanções criminais. Essa diferença entre os conservadores e os progressistas, quanto à maneira de considerar a punição, aparece para os progressistas como não problemática e incisiva.

No que concerne aos conservadores, os "progressistas" os definem, *grosso modo*, de duas maneiras: 1) eles avaliam que o recurso ao direito criminal constitui a resposta "natural" aos problemas; 2) eles preconizam penas (carcerárias) severas para os crimes em geral (sua atitude é, por assim dizer, mais "punitiva" com os criminosos do que o é a dos progressistas).

É importante assinalar que o designativo "conservador" foi atribuído, nas entrevistas, a partir de uma ideia bem geral, independentemente do tipo específico de crime examinado – o que teria podido modificar por completo a perspectiva. Iniciemos pelo excerto do relato de um militante:[6]

[6] Numerei todas as entrevistas, distinguindo entre os militantes e os políticos: os últimos são indicados pela letra P acompanhada de um número, enquanto os primeiros são identificados pela letra M, igualmente seguida de um número.

1 Então, a ala conservadora do Parlamento quer penas severas para os crimes comuns; ela quer a redução da idade penal para 14 ou 16 anos. Atualmente, a idade penal é de 18 anos [...]. Creio que isso não resolve o problema da segurança pública e da violência. Acredito que precisamos de mais projetos proativos, que trabalhem mais com a prevenção da violência, do que com as ações tomadas depois que a violência foi cometida. [...] Esse é um olhar específico do Parlamento brasileiro: em sua maioria, ele pensa nos projetos de lei relativos à criminalidade, de maneira reativa. Então, ele vai sempre pensar em penas mais duras, nas quais a sociedade pensaria, pois, no Parlamento, a fração mais conservadora da sociedade está mais representada [...]. A sociedade civil tem tendência a pensar de maneira mais proativa, do que reativa (M2).	Resposta reativa (pena)/resposta proativa (medidas sociais) Efeitos imediatos/ efeitos a médio e a longo prazo

Aqui, especifica-se o ponto no qual reside a distinção conservador/ progressista: os primeiros valorizam sobretudo a resposta penal, enquanto os segundos valorizam também respostas alternativas ao penal. Para o militante anteriormente referenciado, os conservadores são aqueles que valorizam as respostas "imediatas" e "reativas" ao problema da criminalidade, tais como as longas penas de prisão. Os progressistas seriam aqueles que valorizariam respostas "não reativas" ou mesmo "proativas". Se uma resposta não é "reativa", ela só pode ser normalmente "preventiva", embora a resposta aqui em questão consista, geralmente, em prevenir o ato, mais do que em reagir ao ato depois da sua execução. Notemos que, aqui, a noção de "prevenção" não tem relação direta com a de "prevenção penal", que tem o sentido de dissuasão. Tudo indica que, em sua fala, o militante quisesse enfatizar medidas de natureza "social", tais como a educação, a distribuição da riqueza, etc.

Há ainda outra distinção que pode ser extraída dos relatos mencionados. De um lado, há as *respostas imediatas*, e, de outro lado, as *respostas não imediatas ou a médio e a longo prazo*. Os conservadores seriam, então, aqueles que propõem respostas imediatas ao crime, tais como o estabelecimento de penas severas, enquanto os progressistas sugeririam respostas não imediatas ao crime e à violência, consistindo nas medidas preventivas mencionadas, que excluem a punição carcerária. Essa segunda distinção contém, portanto, uma dimensão temporal, que não consta na primeira.

Examinemos agora, mais atentamente, as duas distinções que identificamos: 1) valorização das sanções criminais (penas carcerárias)/valorização das medidas preventivas; e 2) respostas imediatas (longas penas de prisão)/ respostas a médio e a longo prazo (medidas preventivas). Considerando o ponto de vista dos progressistas (valorização das medidas preventivas e respostas a médio e a longo prazo), não se verifica nenhuma menção às sanções criminais. Isso não significa que os progressistas sejam contra as sanções criminais ou mesmo que estas devam ser menos utilizadas ou substituídas por programas de prevenção do crime. A distinção nos indica apenas que os progressistas valorizam as medidas sociais, ao passo que os conservadores não o fazem. Em outras palavras, o fato de contrapor os progressistas aos conservadores unicamente com base na valorização de respostas ao crime – além da pena – não permite inferir a sua posição quanto às sanções criminais, tampouco determinar se eles são realmente menos punitivos do que os conservadores.

Passemos à distinção conservador/progressista, relativamente à questão das sanções criminais. Identifiquei, aqui, dois tipos de atribuição de sentido: primeiro, existe oposição entre os políticos preocupados com a reabilitação e os que não o são, para os quais uma pena severa constitui uma "boa" punição:

2 No Brasil, não se pensa muito na ressocialização, na reintegração. Assim, se o cara comete um crime e, sobretudo, se este crime afeta todo mundo, mais especialmente a classe média, a repercussão será muito maior, pois os meios reacionários entendem que a pena severa e o aparelho estatal punem o crime de forma justa. (P1)	Ressocialização/ pena estritamente repressiva

Esses relatos contêm implicitamente a distinção entre *penas de prisão sem programa de reabilitação* e *penas de prisão com programas de reabilitação*. Os progressistas seriam aqueles que querem a reabilitação dos condenados, enquanto os conservadores seriam indiferentes a isso. Considerando unicamente os termos da distinção, é impossível afirmar se existe diferença entre as posições dos conservadores e as dos progressistas quanto à questão do recurso às penas de prisão ou mesmo à de sua severidade. Promover a reabilitação não significa necessariamente favorecer a abolição da pena de prisão ou uma redução de sua duração, indica apenas uma posição referente à questão dos efeitos da pena sobre o condenado.

Há também um número de entrevistas em que a distinção conservador/progressista recai sobre o grau de severidade das penas: de um lado, há aqueles que demandam *penas mais severas*, e, de outro, os que querem *penas menos severas*. Evidentemente, trata-se aqui das penas de prisão:

3 Isso porque os juristas, assim como os políticos, acreditam, de modo geral, que a prisão deve existir. Eles podem até ser contra o endurecimento das penas, ou as penas severas; mas os progressistas são contra tal endurecimento. Já eu não separo o direito da política, no que se refere à questão das penas. Eu penso que são as práticas conservadoras, que defendem certas posturas políticas [...]. (M3)	Pena maior/menor (questão de *quantum*)

Os progressistas, aqui, seriam aqueles que se pronunciam contra o endurecimento das penas, enquanto os conservadores seriam os que querem torná-las ainda mais severas. Novamente, tal distinção não nos permite afirmar muita coisa sobre a posição dos progressistas quanto às penas: a partir dela, somos incapazes de dizer, por exemplo, se os progressistas são a favor das penas alternativas ou mesmo das penas leves de prisão. Ela nos permite tão somente afirmar que, em comparação aos conservadores, os progressistas seriam "menos" repressivos, pelo fato de serem de certa forma contrários à criação de penas ainda mais longas (ainda que tampouco se possa saber quais são os critérios que permitem definir uma pena longa ou curta) ou unicamente repressivas (que não ressocializam).

Essas reflexões sobre os "pontos cegos" do lado "positivo" da distinção têm por objetivo lançar uma nova luz sobre a questão da lógica seguida pelos progressistas, a qual consiste no fato de que sua posição sobre a questão do recurso à pena de prisão é ambígua. Quando eles afirmam que os conservadores são a favor de penas carcerárias severas, eles não dizem se eles próprios também o são e em qual medida. Ou seja, eles não afirmam explicitamente se também são a favor da punição ou mesmo se esta deve ser acompanhada de outras medidas sociais. Por não reconhecerem que favorecem a punição, os progressistas continuam se considerando diferentes dos conservadores, e se abstendo de criticar a sua própria posição.

Na citação a seguir, a questão salientada pelo político se aproxima daquela que foi distinguida na citação anterior (mais penas/menos penas), salvo que aqui o político se mostra explícito na distinção que ele valoriza: os progressistas preconizam uma utilização "minimalista" da prisão, enquanto os conservadores estão prontos para "aprisionar todo mundo". Nas falas citadas, os termos "conservadores" ou "progressistas não são encontrados. Porém, o entrevistado descreve com perfeição a posição do governo (formado por partidos tradicionalmente identificados com a esquerda, como o Partido dos Trabalhadores – PT) em relação à questão das penas:

4 Ah, o Brasil adotou uma maneira de pensar diferente. Há sempre pessoas, no Brasil, que adoram a política penitenciária dos Estados Unidos, de aprisionar todo mundo, o máximo de pessoas, tolerância zero. Aqui, no Brasil, uma outra filosofia está sendo construída: ela consiste em mandar para a prisão somente os casos em que é necessário privar a sua liberdade. E também a ideia de que a prisão não reabilita, não ressocializa; que isso é muito difícil. Portanto, a privação de liberdade deve estar restrita aos casos de extrema necessidade. Essa é a linha de pensamento que surgiu no Brasil, que é a do nosso governo, do PT; a visão do nosso governo. (P4)	Prisão/o mínimo de prisão possível

Há, ainda uma vez, a distinção entre *o máximo de prisões possível/o mínimo de prisões possível.* Nesse caso específico, os conservadores valorizam a prisão e aprovam a política norte-americana de "tolerância zero", enquanto os progressistas consideram que a prisão deve ser utilizada o menos possível, unicamente nos casos de extrema necessidade.

O Quadro 3 resume todas as distinções que foram identificadas.

Quadro 3 – **A distinção conservador/progressista considerada do ponto de vista das ideias-meios relativas aos crimes "comuns"**

Conservadores (ideias-meios)	**Progressistas (ideias-meios)**
1 Respostas reativas-punitivas (não valorização das medidas sociais preventivas)	Respostas proativas [valorização das medidas (sociais) preventivas]
2 Valorizar as reações imediatas (efeitos imediatos) (por meio da pena carcerária)	Valorizar as respostas a médio/longo prazo (efeitos a médio/longo prazo) (por meio da prevenção social)
3 Utilizar a prisão o máximo possível	Utilizar a prisão o mínimo possível
4 Penas severas de prisão, em geral	Penas menos severas de prisão, em geral
5 Penas de prisões sem programas de reabilitação	Penas de prisão com programas de reabilitação

Fonte: Elaboração da autora.

3. Conservadores e progressistas em face da punição ao crime de tortura

Em qual ponto reside a distinção *conservadores/progressistas*, no capítulo da punição ao crime de tortura? Em geral, quando se passava de um crime "comum" a um crime de tortura, o ponto de oposição mudava consideravelmente.

As citações das entrevistas serão classificadas em duas categorias: 1) aquelas em que a prisão aparece como a única pena aceitável para o crime de tortura, excluindo, portanto, a possibilidade de aplicar penas alternativas ou uma multa; 2) aquelas que prescrevem explicitamente uma pena de prisão severa.

Na primeira categoria, identifiquei os excertos das falas contrárias à aplicação de penas alternativas (prestação pecuniária, confisco de bens, trabalhos comunitários, supressão de alguns direitos e restrição dos deslocamentos durante os fins de semana) daqueles outros que rejeitam considerar a multa uma pena aceitável para a tortura. Assinalemos que, no Brasil, a multa não é considerada uma pena alternativa (ou "restritiva de direitos", segundo os termos do Código Penal brasileiro). A multa pode substituir a prisão (em casos específicos, o Código Penal possibilita a escolha entre a pena de prisão e a multa) ou pode ser acrescentada à pena de prisão (prisão *e* multa).[7] Já quanto às penas alternativas, na maioria dos casos elas não figurarão na lei depois de cada crime, como a pena prevista, salvo algumas exceções. Elas podem ser, contudo, aplicadas *pelo juiz* (e não pelo legislador), nos casos em que se impõe menos de um ano de prisão ou nos casos de crimes "sem intenção" (crime *culposo*; art. 54 do Código Penal brasileiro). Essas penas substituem as penas de prisão, em casos considerados menos graves.

Nas duas citações a seguir, os entrevistados (um militante e um político, ambos de um partido de esquerda) se declararam explicitamente contra a aplicação das penas alternativas para os casos de tortura:

> 5 Você me pergunta se é possível haver uma pena alternativa para uma pessoa que pratica a tortura. Eu penso que não, em nenhum caso. É preciso haver uma pena de prisão para aquele que emprega a tortura, porque se trata de um crime de lesa-humanidade; não se pode tratá-lo como um crime comum.
> (M2)

> 6 Eu penso que, de início, as penas alternativas são um presente. Eu torturei e fui condenado a pagar 500 reais, 1.000 reais? Ou eu devo fazer serviços de pintura nas ruas? Acho que isso é muito pouco... muito pouco. [...] Na minha opinião, é preciso uma pena que prive a liberdade.
> (P6)

[7] O art. 180 do Código Penal brasileiro define, por exemplo, o crime constituído pela receptação do produto do crime, com pena de 1 a 4 anos de prisão com multa. No art. 184 do mesmo Código, referente ao crime de violação dos direitos autorais, a pena prevista é de 3 meses a 1 ano de prisão, ou uma multa.

No caso da tortura, a multa também está completamente descartada. Nas três citações a seguir, os entrevistados se negam a considerar a multa uma pena "séria" para punir a tortura. A primeira citação é de um político de esquerda, e as duas seguintes são de políticos de partidos de centro:

> 7 No caso da tortura, eu penso que efetivamente a pena ideal é a prisão. Acho muito difícil impor, aqui, uma sanção pecuniária [...] para um crime tão ofensivo para com o ser humano.
> (P1)

> 8 Como o crime é grave, a punição também deve sê-lo. Você pode conceber que alguém que torture receba uma simples multa? É absurdo; a natureza do crime é muito grave, para que o culpado receba uma pena menos grave do que a prisão.
> (P7)

> 9 O crime de tortura não pode ser combinado com a multa; isto é, ninguém aceitaria a multa como pena. Ninguém teria a audácia de pensar que é possível resolver o problema da tortura com a multa.
> (P8)

Mesmo sendo a multa uma pena "por excelência", segundo a lei penal – isto é, uma pena que está prevista na lei, e que não depende necessariamente da decisão do juiz –, nada indica que ela se mostre para os políticos (progressistas) e para os militantes como uma pena convincente para o crime de tortura. Assim como no caso das penas alternativas, os entrevistados também foram bastante explícitos: para eles, somente a pena de prisão pode ser aplicada em caso de tortura. A razão do não recurso a esse tipo de pena alternativa é, uma vez mais, o fato de a tortura ser um crime demasiado grave, por ser um crime contra a dignidade humana. Por isso, para protegê-la, é preciso uma pena (severa) de prisão.

Consideremos, agora, as citações que falam na severidade da pena, e que fazem valer, de maneira explícita, a necessidade de impor uma pesada pena de prisão:

> 10 Na verdade, o ideal é que a pena infligida para a tortura seja a pena mais grave inscrita no Código. [...] considerar a tortura como uma ação tendo simplesmente provocado uma lesão corporal não é verdadeiramente punir, pois a pena é muito leve e muito curta; é muito humana... Por exemplo, quando eu era *ombudsman* da polícia, policiais atacaram um cidadão que estava bebendo, era maltrapilho, etc.; os policiais o retiraram do bar e o espancaram durante horas. [...] Os policiais foram condenados a um ano de prisão por lesões corporais, mas ficaram menos de um dia na prisão.
> (M2)

Aqui, o entrevistado evidencia o problema que representa considerar a tortura um ato que ocasiona lesões corporais, simplesmente – atitude que era frequente no passado, sobretudo antes da promulgação da lei. Ele entende que punir a tortura como se fosse um crime que somente provocara lesões corporais é o mesmo que não punir, porque a pena seria muito leve. Ainda mais porque, como já dissemos, quando as penas de prisão são leves (até um ano de prisão), o juiz pode substituí-las por penas alternativas. Nesse caso, os acusados não são mandados para a prisão – o que é inaceitável, para um defensor dos direitos humanos. Aqui, portanto, a ausência de pena de prisão ou mesmo a leveza dela equivale a uma "não punição".

Enfim, quando se trata de crime de tortura, os progressistas (o que inclui os militantes dos direitos humanos, os políticos de esquerda e alguns políticos de centro) defendem uma "não diversificação" da reação do Estado, a qual deve consistir unicamente na aplicação de uma pesada pena de prisão.

Em resumo, as posições adotadas pelos progressistas e pelos conservadores quanto às penas para o crime de tortura diferem pelas seguintes características:

1. Os conservadores defendem a aplicação de penas *menos pesadas*. Isso não significa que eles rejeitem a pena de prisão para o crime de tortura; eles demandam simplesmente uma diminuição da duração do encarceramento. Antes de tudo, eles buscam não restringir em demasia a ação da polícia, quando ela deve ser violenta ou mais repressiva.
2. Os progressistas defendem penas carcerárias muito severas, seja visando levar a sociedade a enfatizar devidamente que ela condena esse tipo de comportamento, seja para eliminar a prática da tortura (lembremos que, nos projetos de lei sobre o crime de tortura, uma das demandas formuladas frequentemente pelos progressistas era a de agravar a pena para tortura seguida de morte, condicionando-a a um máximo de 30 anos de prisão).[8] As penas alternativas são, em geral, completamente descartadas, bem como qualquer outra punição que não a prisão.

Quadro 4 – **A distinção conservador/progressista, do ponto de vista das posições relativas às penas para o crime de tortura**

(Auto)retratos	Conservadores	Progressistas
Ideias-motivações	Não limitar demais a ação (violenta) da polícia	Diminuir a violência da polícia, demonstrar que a sociedade condena esse tipo de violência, defender os direitos humanos
Ideias-meios	Penas menos pesadas de prisão	Penas muito pesadas de prisão

Fonte: Elaboração da autora.

O Quadro 4 revela uma concordância entre os *retratos* e as *ideias-motivações*: os políticos conservadores defendem uma posição considerada

[8] No Brasil, de acordo com uma regra constitucional, as penas de prisão não podem, em nenhum caso, exceder 30 anos (art. 75 do Código Penal).

conservadora (aprovação do recurso à violência pela polícia, em determinados casos), ao passo que os políticos de esquerda e os militantes (os progressistas) defendem a dignidade humana em oposição à violência policial ("motivação" progressista). Todavia, no que se refere às ideias-meios, observou-se o inverso: as ideias-meios dos conservadores (penas de prisão menos pesadas) refletem uma posição mais progressista, enquanto as dos progressistas (penas de prisão mais pesadas) são mais *conservadoras*. Surgem, assim, as situações paradoxais, já mencionadas na Introdução deste capítulo.

No excerto a seguir, um militante distingue dois tipos de estratégias efetuadas pelas organizações dos direitos humanos, estratégias que, no âmbito deste capítulo, podem ser consideradas *progressistas*. A primeira estratégia privilegia as penas alternativas, a mediação nos conflitos, assim como as medidas preventivas, enquanto a segunda defende a denunciação expressa do crime e a aplicação de penas severas (a prisão, evidentemente).

11 Mesmo havendo, no movimento nacional dos direitos humanos, um discurso favorável às penas alternativas e à resolução externa aos conflitos, o tratamento, para certos tipos de crimes – as graves violações dos direitos humanos –, consiste em criminalizar, penalizar, etc., sendo que, paralelamente, aplicam-se medidas de prevenção. (M1)	Penas severas para os crimes contra a humanidade

No excerto precedente, a distinção conservador/progressista, relativa às penas, recai na maneira como os progressistas (organizações dos direitos humanos) consideram a questão da pena (de um ponto de vista conservador ou que formule *ideias conservadoras*). O militante avalia que o recurso (exclusivo) às penas severas para punir determinados crimes é próprio da mentalidade conservadora. Como a tortura é considerada, pelas organizações dos direitos humanos, um crime muito grave, ela merece uma pena bem severa.

Por outro lado, esse mesmo militante observa que tais organizações também defendem as penas alternativas e a resolução externa aos conflitos, o que é em geral visto, no penal, como uma atitude progressista. Isso significa que ele constata igualmente a presença de ideias progressistas entre os progressistas, permitindo-lhe, ainda, tecer um paralelo entre a defesa de algumas ideias (progressistas) relativas às penas e uma ideia conservadora que seria favorável a penas mais severas.

4. As situações paradoxais

As citações mostram que as posições podem variar nos discursos progressistas: elas podem ser, ao mesmo tempo, progressistas e conservadoras, como o atesta o caso da demanda de penas severas para a punição da tortura. Estamos, assim, diante da situação paradoxal correspondente ao caso 2 (poP-moP-iC). Os retratos e as ideias-motivações concordam (progressistas); porém, quando as ideias-meios são aí acrescentadas, o acordo desaparece: os progressistas acabam defendendo uma ideia-meio normalmente considerada conservadora.

Por outro lado, quando examinamos a percepção da posição dos conservadores quanto à punição do crime de tortura, conseguimos observar a situação paradoxal – mencionada no início deste capítulo – correspondente ao caso 3 (poC-moC-iP). Se, para os crimes comuns, os conservadores encontram-se em uma situação de coerência total – retrato conservador, ideia-motivação conservadora, ideia-meio conservadora –, em contrapartida, quando se trata do crime de tortura, a situação torna-se paradoxal. Assim como no caso precedente, considerarei que o fato de defender penas menos severas é sobretudo uma ideia progressista: tem-se, então, um retrato e uma ideia-motivação conservadores (o fato de se aprovar o uso da força ou da violência pela polícia é usualmente concebido como uma posição conservadora em matéria de segurança pública), associados a uma ideia-meio progressista (mínimo de punições).

Diante dessas *situações paradoxais* – os casos 2 (poC-moP-iC) e 3 (poC-moC-iP) –, eu observava aos entrevistados que seus discursos pareciam incoerentes. Os políticos, que se diziam progressistas e afeitos a ideais da esquerda – tais como a promoção dos direitos humanos –, reivindicavam penas de prisão mais severas do que os políticos de direita, que, por sua vez, interessavam-se mais por questões relativas à segurança pública da classe média. Cohen (1992, p. 100) já havia abordado as contradições surgidas durante discussões políticas relativas à tortura:

> E, no contexto de uma questão crucial – o que acontece com criminosos do estado, tal como torturadores após a democratização ou a mudança de

regime – essa distinção se desfaz por inteiro. Aqui, são os "radicais" que clamam por punição e justiça retributiva, enquanto os "conservadores" invocam ideais como a reconciliação, para garantir impunidade.

Nas entrevistas, diante das configurações do caso 2' (poP-moP-iC), mais frequentemente observado em minha pesquisa empírica, mesmo reconhecendo de fato a tortura como um crime horrendo, eu lembrava aos entrevistados o paradoxo: "mas você não estava justamente me dizendo que é a favor da promoção dos direitos humanos? Como um defensor dos direitos fundamentais pode demandar uma pena aflitiva de exclusão social?".

Os políticos (progressistas) e os militantes respondiam a esse tipo de questão dizendo que a tortura é um caso "diferente" e que, por isso, o discurso que eles defendem nesse caso difere muito daquele utilizado em casos "normais":

12 [...] a Comissão dos direitos humanos da Câmara dos Deputados reivindica penas mais moderadas, bem como a aplicação de penas alternativas [...]. Porém, no caso da tortura, é diferente. Os membros dessas comissões têm uma experiência bastante explícita [...] do que foi a tortura em uma época da história brasileira. (P1)	A tortura é "diferente"

13 Somente quando se trata da tortura, as organizações dos direitos humanos demandam penas severas. Nenhuma ONG dos direitos humanos reivindica o agravamento das penas para a criminalidade comum [...]. De fato, essa é uma luta mais dos setores conservadores, do que das organizações dos direitos humanos. (M2)	Penas severas somente para a tortura

A tortura constitui exceção, pois, como já dissemos, ela viola os direitos humanos. Seu caráter excepcional parece acarretar uma "tranquilidade de consciência" nos progressistas: o fato de a tortura ser um "crime contra a humanidade" justifica, na opinião deles, a imposição de punições severas. Ou seja, a combinação entre ideias-motivações progressistas e ideias--meios conservadoras (moP-iC) não traz nenhum tipo de questionamento aos progressistas quanto às soluções encontradas, embora eles também reconheçam que uma pena de prisão suscita problemas.

14 Se a questão reside em saber se ele deve ser preso, evidentemente que deve, pois não há nenhuma ideia melhor a propor. Mas, isso é decididamente importante, por impor limites aos torturadores. Obviamente, esta solução não nos satisfaz; eu não penso que a prisão vá mudar as coisas... (M3)	Paradoxo

O paradoxo constituído por tal combinação passa despercebido. Tem-se a impressão de que – retomando as palavras de Pires e Garcia (2007, p. 293) – a pessoa adere de tal modo às ideias dele, que ela acaba não se dando conta do paradoxo que surge nas proposições que ele contém. A maioria dos progressistas é incapaz de ver o elemento "dissonante" (pena severa) infiltrado no interior de um discurso que se pretende progressista. É como se os progressistas tivessem se esquecido do discurso defendido para a criminalidade comum, o qual se "auto-observa" como progressista (compreendendo, por exemplo, a promoção, certamente limitada, das penas alternativas, etc.):

15 Os representantes da Câmara dos Deputados, que demandam penas mais pesadas para o crime comum, são contra o agravamento das penas para a tortura, porque a tortura está ligada às redes do Estado. Então, não há nenhuma contradição da parte das organizações dos direitos humanos em dizer: "Para o crime de tortura, eu reivindico 30 anos de prisão, mas sou contra penas mais pesadas para os crimes comuns." Isso não é contraditório. (M2)	Sem contradição

Como explicar essa inserção cega de um elemento conservador na formulação de uma ideia (ou proposição) política? Por que não se reconhece que, na passagem da motivação à ideia, há uma infiltração de ordem ideológica?

Max Weber (1919, p. 147) nomeia como "fatos desconfortáveis" aqueles que parecem desagradáveis a um observador que se dá conta de que o ponto de vista que ele considera justo desencadeia uma ação que vai contra seus próprios valores. Segundo Pires (2008a), uma das ideias que parece estar na origem da noção weberiana de "fatos desconfortáveis" é a de que, embora bastante visíveis sob a perspectiva fenomenológica, eles não são necessariamente percebidos por aqueles que adotam uma posição prática que o fato desconfortável é capaz de enfraquecer. Tais fatos se tornam, em geral, "pontos cegos" (*blind spot*; VON FOERSTER, 1988, p. 47), isto é, fatos que não são vistos. Assim, aquele que pretende erradicar a violência reivindicando longas penas de prisão (ou opondo-se à aplicação de penas outras, que não o encarceramento) pode ter dificuldade em ver, no "remédio" que propõe, um "fato desconfortável". Nas situações paradoxais verificadas em minha pesquisa, os simpatizantes dos direitos humanos não pareciam se dar conta da distância existente entre o problema que propunham e o remédio proposto.

Conclusão

Com o auxílio das categorias – retrato, ideia-motivação e ideia-meio –, discerni os diferentes níveis de utilização da distinção (conservador/progressista). Combinando essas três categorias, constatei que os políticos e os militantes estão mais conectados à ideia-motivação do que à ideia-meio: quando a motivação aparece como progressista, o político de esquerda (progressista) é incapaz de ver que ele pode defender uma ideia-meio conservadora em relação à pena (demanda de agravamento das penas de prisão), e que é incompatível com a sua orientação política. O mesmo ocorre em relação ao político que se define como conservador, mas expressa ideias progressistas em matéria de penas (demanda de abrandamento da punição, de modo a adaptá-la ao caso concreto).

Examinando, novamente, as situações paradoxais mais frequentes (poP-moP-iC e poC-moC-iP), verifico que o elemento dissonante é sempre a ideia-meio; já as ideias-motivações concordam sempre com o retrato. Parece-me que o que preserva a identidade política (conservador ou progressista) dos entrevistados, no campo penal, são as suas ideias-motivações. Por outro lado, as ideias-meios seriam mais "livres" ou mais "liberadas" no plano ideológico, como se fossem simplesmente um "complemento" da ideia-motivação, e não merecessem ser analisadas isoladamente. Em outras palavras, basta que a motivação permaneça coerente para que a identidade política seja preservada.

Os políticos (das duas tendências) são incapazes de ver o problema, de reconhecer a existência de um paradoxo em seus discursos e, consequentemente, de reexaminar a sua posição. Por conseguinte, no que se refere à questão da pena, em lugar de indagarem-se a si mesmos, os políticos progressistas, mesmo não se dando conta, acabam mantendo o sistema de ideias dominante, fundado na exclusão social e na "punição-sofrimento", ou seja, na RPM.

Referências

COHEN, S. Human rights and crimes of the state: the culture of denial. *Australian & New Zealand Journal of Criminology*, v. 26, p. 97-115, jul. 1993.

DE HERT, P.; GURTWIRTH, S.; SNACKEN, S.; DUMORTIER, E. La montée de l'État pénal: que peuvent les droits de l'homme? *In*: CARTUYVELS, Y. *et al.* (org.). *Les droits de l'homme, bouclier ou épée du droit pénal?* Bruxelas: Publications des Facultés Universitaires Saint-Louis, 2007. p. 235-290.

FOUCAULT, M. *Surveiller et punir*. Paris: Gallimard, 2001.

PIRES, A. P. Aspects, traces et parcours de la rationalité pénale moderne. *In*: DEBUYST, C.; DIGNEFFE, F.; PIRES, A. P. *Histoire des savoirs sur le crime et la peine*. Ottawa: De Boeck Université, 1998. v. 2. p. 3-52.

PIRES, A. P. La rationalité pénale moderne, la société du risque et la juridicisation de l'opinion publique. *Sociologie et Sociétés*, XXXIII, 1, p. 179-204, 2001.

PIRES, A. P. Codifications et réformes pénales. *In*: MUCCHIELLI, L.; ROBERT, Ph. (org.). *Crime et sécurité*: L'état des savoirs. Paris: Éditions La Découverte, 2002. p. 84-92.

PIRES, A. P. *Un 'fait inconfortable'*: les relations paradoxales entre droits de la personne et punition dans l'activité législative. Documento de trabalho inédito. Cátedra de Pesquisa do Canadá em Tradições Jurídicas e Racionalidade Penal. Universidade de Ottawa, 2008a.

PIRES, A. P. *Ementa do curso CRM 6760 – Filosofia penal*. Documento inédito. Departamento de Criminologia, Universidade de Ottawa, inverno de 2008, 2008b.

PIRES, A. P. Réflexions théoriques et méthodologiques sur les transferts des valeurs: le cas du droit criminal. *In*: GOYER, N.; MOSER, W. (org.). *Exploration d'un champ conceptuel*. Ottawa: Presses de l'Université d'Ottawa, 2009. Coleção "Transferts culturels/cultural Transfers" (no prelo).

PIRES, A. P.; ACOSTA, F. Les mouches et la bouteille à mouches: utilitarisme et rétributivisme devant la question pénale. *Carrefour. Revue de Réflexion Interdisciplinaire*, v. 16, n. 2, p. 8-39, 1994.

PIRES, A. P; CELLARD, A.; PELLETIER, G. L'énigme des demandes de modifications législatives au Code criminel canadien. *In*: FRAILE, P. (org.). *Régulation et gouvernance*: le contrôle des populations et du territoire en Europe et au Canada. Une perspective historique. Barcelona: Publicacions Universitat de Barcelona, 2001. p. 195-217.

PIRES, A. P.; GARCIA, M. Les relations entre les systèmes d'idées: droits de la personne et théories de la peine face à la peine de mort. *In*: CARTUYVELS, Y. *et al.* (org.). *Les droits de l'homme, bouclier ou épée du droit pénal?* Bruxelas: Bruylant & Facultés Universitaires Saint-Louis (com a colaboração de Fonds de la Recherche Fondamentale Collective), 2007. p. 291-336.

POSSAS, M. T. *Système d'idées et création de lois criminelles*: le cas de la loi contre la torture au Brésil. 2009. Tese (Doutorado) – Universidade de Ottawa. Otawa, 2009.

VON FOERSTER, H. La construction d'une réalité. *In*: WATZLAWICK, P. (org.). *L'invention de la réalité*: contributions au constructivisme. Paris: Éditions du Seuil, 1988. p. 45-69.

WEBER, M. *Le savant et le politique*. Trad. Julien Freund. Paris: Plon, 1959.

CAPÍTULO 9

O que acontece com a racionalidade penal moderna quando se trata de problemas internacionais?[1]

MAÍRA ROCHA MACHADO

Introdução

A racionalidade penal moderna (RPM) está atualizada no plano internacional? Mais precisamente, ela está atualizada pelo sistema político, no plano internacional, de modo a criar leis ou "organizações"? Como a obrigação de punir e a exigência de uma pena aflitiva se formulam nesse plano?

Dedicando-se a esclarecer essas questões, este capítulo apresenta duas situações típicas que renovaram a gestão dos problemas internacionais, por meio de uma comunicação sobre o crime e a pena. Trata-se, de um lado, da criação de outro instrumento normativo que não as convenções, para constituir "crimes internacionais": as Quarenta Recomendações

[1] Este capítulo apresenta uma síntese de alguns aspectos de nossa tese de doutorado sobre a internacionalização do direito penal, defendida em 2003, na Universidade de São Paulo. Ele foi redigido em 2006, durante um curto estágio de pesquisa na Cátedra de Pesquisa do Canadá em Tradições Jurídicas e Racionalidade Penal, no Departamento de Criminologia da Universidade de Ottawa. Agradecemos aos nossos colegas da Cátedra, mais especialmente a Alvaro Pires, pelas questões e críticas relativas às ideias que apresentamos. Agradecemos também ao colega José Roberto Xavier, por sua leitura atenta e seus comentários muito interessantes. E agradecemos, ainda, à Faculdade de Direito da Fundação Getulio Vargas (FGV), pelo financiamento da revisão de texto para a publicação em francês, confiada a Silvana Zilli.

do Grupo de Ação Financeira Internacional sobre lavagem de dinheiro (GAFI/OCDE). E, de outro lado, da possibilidade de exercer a atividade jurisdicional fora do contexto nacional: a Corte Penal Internacional permanente (CPI).

A escolha dessas duas situações típicas nos leva a assinalar que a noção de inovação aqui empregada não tem um alcance absoluto: é possível criar instrumentos normativos e novas instituições, no quadro da gestão dos problemas internacionais, sem introduzir inovações no sistema de pensamento (RPM). Em outros termos, as novidades no plano da gestão não acarretam *necessariamente* inovações nos "discursos *científicos* que foram *selecionados, validados, estabilizados* e *generalizados* pelo sistema social considerado" (PIRES, 2004, p. 183).

Assim, este capítulo examina duas questões relativas à RPM: 1) a maneira como o sistema político a atualiza, nos novos programas jurídicos (ao menos no plano das formas de gestão ou das estruturas normativas); e 2) a tese de que a racionalidade não tem identidade: ela é dotada "de uma certa universalidade", visto que ela concerne aos "aspectos cognitivos do sistema penal, que não estão limitados pelas fronteiras geográficas" (PIRES, 2005, p. 193). Trata-se, portanto, de ideias que "estão disponíveis em nossa cultura jurídico-penal ocidental e moderna" (PIRES, 2005, p. 194).

Este capítulo se organiza da seguinte maneira: inicialmente, traremos esclarecimentos relativos a esse campo de investigação, que nomeamos de gestão dos problemas internacionais, por meio de uma comunicação sobre o crime e a pena, e estabeleceremos uma distinção entre o momento da "criação da legislação ou das organizações", pelo político, e o momento da "determinação do direito", pelo juiz (seção 1). Em seguida, descreveremos as duas situações típicas mencionadas anteriormente, e que foram escolhidas, em essência, em função dos aspectos que interessam a esta reflexão sobre a RPM (seção 2). E, por fim, apresentaremos observações conclusivas sobre a questão que serve de título a este capítulo (seção 3).

1. A formação dos "crimes internacionais"

A gestão de problemas internacionais, mediante uma comunicação sobre o crime e a pena, é aqui analisada como um campo de investigação referente, entre outras coisas, às especificidades do processo de formação de qualquer problema em "crime nacional" e em "crime internacional".

Em primeiro lugar, por "problemas internacionais" entendem-se: os problemas de *alcance internacional* – isto é, aqueles que abrangem dois ou mais Estados – e os problemas de *ressonância internacional.*

O primeiro grupo concerne aos problemas que, tanto do ponto de vista fenomenológico (a configuração da situação-problema) como do controle, implicam diretamente dois ou mais países. O segundo grupo se refere aos problemas que foram selecionados pelas organizações políticas internacionais como "problemas de interesse internacional", mesmo estando circunscritos às fronteiras de um único Estado.

Esse conjunto de problemas pode ser objeto de gestões – ou intervenções – de diferentes tipos: militar, médica, política, religiosa, econômica e jurídica; e, em certos casos, eles podem combinar entre si. Qualquer que seja o tipo de gestão, esse campo de estudo se interessa pela existência das comunicações sobre o crime e a pena.

Nesse contexto mais amplo, aborda-se aqui a constituição de uma categoria determinada de "crimes": o "crime internacional". Retomando a feliz formulação de Acosta (1987), nós nos interessamos pelo "processo de formação" de qualquer fato em "crime nacional" e em "crime internacional".

Segundo Pires, Cellard e Pelletier (2001, p. 196), esse processo de formação pode "começar a se atualizar em diferentes momentos", e "ter início no próprio ator social", que "pede para criar um novo crime". Entretanto, este capítulo compreende dois outros momentos: 1) a criação de "leis" e de organizações; e 2) a determinação do direito pela atividade jurisdicional. Assim, a constituição de qualquer fato, como "crime nacional" e "crime internacional", pode proceder tanto de sua presença no contexto de uma estrutura normativa internacional como da articulação de dois ou mais países no processo de determinação do direito. Nesse último caso, distinguem-se dois tipos de situações: o elemento "internacional", na atividade jurisdicional, pode provir: 2.1) das regras de aplicação extraterritorial da lei penal; ou 2.2) da implantação dos mecanismos de cooperação jurídica (em sentido amplo).

Ao longo da segunda metade do século XX, esses dois referidos momentos do processo de constituição em *crime internacional* sofreram profundas transformações.

O processo "clássico" de criação de "leis" só se tornou efetivo por convenções internacionais que enunciavam as regras de negociação entre governos, devendo ser assinadas e ratificadas antes de ser incorporadas aos direitos nacionais. Além disso, as convenções que criavam obrigações jurídicas internacionais referentes à criminalização de novas condutas exigiam o estabelecimento de uma lei interna, que definisse o crime e atribuísse a ele uma pena.

A determinação do direito, por sua vez, era exclusiva das jurisdições nacionais, e se baseava nas regras que concernem à competência jurisdicional. O princípio geral, o da "territorialidade", estabelece que o juiz do território em que o crime foi cometido seja a autoridade competente para instaurar um processo e julgar as exceções a esse mesmo princípio, agrupadas igualmente sob a categoria de "extraterritorialidade".[2] Além disso, durante o processo, os elementos "internacionais" – relativos à prova material, aos acusados e à execução da pena – eram geridos segundo regras de cooperação internacional muito específicas, sobre a extradição, as cartas rogatórias e o reconhecimento de sentenças estrangeiras.

Pode-se dizer que aí residem as duas vias do processo "clássico" de constituição de qualquer fato em *crime internacional*. As situações típicas, que serão descritas na seção a seguir, evidenciam as modificações produzidas nesse campo, ao longo das últimas décadas. Como veremos depois, a respeito do plano da criação das leis optou-se por elaborar um tipo de instrumento normativo novo para constituir "crimes internacionais": as Quarenta Recomendações do GAFI/OCDE. No plano da determinação do direito, criou-se uma organização para constituir uma jurisdição internacional: a Corte Penal Internacional.[3]

[2] As exceções ao princípio de territorialidade são: 1) o princípio da personalidade: os países têm a competência para julgar os crimes cometidos por seus cidadãos em outros territórios (ativa), ou contra seus nacionais no exterior (passiva); 2) o princípio de proteção, relativo aos crimes contra os interesses nacionais, cometidos em outro país (exemplo clássico: a falsificação da moeda); 3) a competência universal, que permite proceder a investigações e julgar determinados crimes, quaisquer que sejam os locais onde foram cometidos, e também a implicação de seus cidadãos (como vítimas ou como atores).

[3] Nesse plano, podemos observar mudanças igualmente importantes nos mecanismos de cooperação internacional, que ultrapassam o âmbito deste capítulo.

2. Uma visão geral das duas situações típicas

Apresentamos, nesta seção, uma visão geral das duas situações típicas que escolhemos examinar.[4] A descrição se baseia em fontes documentais, a saber: os instrumentos normativos internacionais, texto e preâmbulo; e os relatórios institucionais produzidos pelas duas organizações supracitadas.[5] A análise que realizaremos refere-se exclusivamente às comunicações do sistema político.[6]

Quanto aos termos normativos, é preciso especificar que, quando falamos em "normas penais", pensamos em normas dirigidas aos cidadãos, ao passo que nos instrumentos internacionais aqui analisados as normas são dirigidas aos Estados. Trata-se de regras (recomendações políticas e obrigações jurídicas) relativas à gestão de problemas determinados ou, mais precisamente, ao estabelecimento ou à reorganização dos programas jurídico-penais, no plano interno ou internacional. Nesse tipo particular de norma, a dupla constituída pela norma de comportamento e pela norma de sanção (aflitiva) pode tomar uma forma diferente daquela usualmente encontrada nas leis nacionais. Portanto, nessa perspectiva, não é a maneira de expressar ou de redigir a norma que nos interessa, mas sim a mensagem que ela envia aos Estados.[7]

[4] Em uma pesquisa realizada anteriormente, mostramos que a CPI e o GAFI têm predomínio sobre os outros organismos de gestão dos problemas internacionais. Tal predomínio se deve à envergadura desses organismos de gestão. Os programas que eles elaboraram são completos – com um início, um desenvolvimento e um fim –, e não desarticulados. Eles são largamente aplicados, sobretudo nos países ocidentais. Ver, a respeito, Machado (2004).

[5] A revisão da literatura assaz abundante, que trata das duas situações típicas analisadas neste capítulo, não foi nele contemplada. Para uma visão geral sobre esses estudos, ver Machado (2004, 2012). As obras mais recentes, e que interessam particularmente à nossa temática, serão indicadas a título ilustrativo ao longo do texto.

[6] As comunicações do sistema jurídico, nessas duas situações típicas, exigiriam uma nova pesquisa. Do lado do GAFI, seria preciso analisar as decisões dos juízes nacionais de alguns países, uma vez que esse regime não cria uma jurisdição internacional. Do lado da CPI, seria necessário aguardar o desenvolvimento dessas atividades, pois o exame dos quatro casos está ainda em seu início; no entanto, os tribunais penais internacionais *ad hoc*, criados pelo Conselho de Segurança da ONU, já realizaram uma série de estudos e análises. Para o papel desempenhado pelas teorias da pena no Tribunal Penal Internacional, na Iugoslávia, ver Poncela (2002, p. 330).

[7] Por essa razão, não se abordará a questão dos diferentes tipos de forças coercitivas que as normas internacionais aqui analisadas comportam. Para uma discussão mais detalhada sobre os instrumentos *soft law*, ver Machado (2004).

Em razão da complexidade das situações típicas e dos objetivos deste capítulo, a descrição evidenciará apenas três aspectos: 1) o papel atribuído à jurisdição penal, comparativamente a outras jurisdições e a outras formas de resolução de conflitos; 2) o recurso quase exclusivo à pena (aflitiva), como forma de intervenção jurídica; e 3) a relação entre o penal e as outras áreas do direito, principalmente o direito civil e o direito administrativo. Esses três aspectos fornecerão elementos empíricos que permitirão refletir sobre a questão da atualização da RPM no plano internacional.

3. O Estatuto de Roma e a Corte Penal Internacional (CPI)

Após longa e difícil negociação entre os Estados, o Estatuto da CPI foi aprovado em julho de 1988, com 120 votos a favor, 7 votos contra (Estados Unidos da América, China, Israel, Iraque, Qatar, Iêmen e Líbia) e 21 abstenções (entre as quais, Índia, Turquia, Irã, Sudão, Síria e Egito). Tendo sido ratificado por um mínimo de 60 países, em 11 de abril de 2002, o Estatuto entrou em vigor em 1º de julho de 2002. Em setembro de 2012, 121 países o haviam ratificado.

De acordo com o Preâmbulo do Estado, a CPI é definida como uma instituição "permanente, independente e associada ao sistema da ONU, e é competente para julgar os crimes mais graves que afetam a comunidade internacional em seu conjunto"; mais especificamente, o genocídio, os crimes contra a humanidade, os crimes de guerra e os crimes de agressão.[8]

Em relação aos crimes contra a humanidade (art. 7), o Estatuto estabelece uma série de atos – assassinato, massacre, tortura, privação de liberdade, que violam as normas fundamentais do direito internacional, etc. –, cometidos no contexto "de um ataque generalizado ou sistemático contra qualquer população civil e com conhecimento desse ataque" (art. 7). O artigo compreende também outras formas particulares de crimes,

[8] As regras de procedimento e de prova e os dispositivos relativos aos elementos constitutivos dos crimes estão definidos em dois outros documentos, intitulados, respectivamente, "Regulamento dos procedimentos e de prova" e "Os elementos dos crimes". Como regra geral, as definições dos quatro grupos de crimes descritos no Estatuto de Roma correspondem, minimamente, àquelas das convenções ou dos tratados internacionais. O crime de agressão constitui uma exceção, devido à ausência de um acordo sobre a sua definição, e será posteriormente integrado ao Estatuto, por meio de uma emenda (art. 5.2).

como a deportação ou o deslocamento forçado de uma população civil, a violência sexual (concepção e esterilização impostas), o desaparecimento de pessoas e o apartheid. A lista não é exaustiva e compreende qualquer ato análogo, considerado desumano (art. 7.1).

No que concerne aos crimes de guerra (art. 8º), a competência da Corte se exerce "em particular quando esses crimes se inserem no contexto de um plano, ou de uma política, ou ainda, quando eles são cometidos em grande escala". As infrações que figuram na Convenção de Genebra, de 1949, estão referenciadas em um extenso artigo, assim como outras violações graves das leis e das disposições aplicáveis aos conflitos armados internacionais e aos conflitos armados que não têm caráter internacional. Por fim, no que se refere à definição do crime de genocídio, ela permanece a mesma da Convenção de 1948.

A Corte poderá exercer sua competência sobre os crimes cometidos depois da entrada em vigor do Estatuto (art. 11), pela iniciativa de um Estado-membro (arts. 13 e 14), sob a requisição do Procurador da acusação (arts. 13c e 15) ou, ainda, do Conselho de Segurança da Organização das Nações Unidas (ONU), com base na autorização consagrada pelo Capítulo VII da Carta da ONU, referente à "Ameaça à Paz e à Segurança Internacional". Nas duas primeiras hipóteses, a CPI só poderá exercer sua competência se 1) O Estado em que o crime ocorreu ou 2) o Estado da nacionalidade do acusado do crime fizerem, ambos, parte do Estatuto, ou admitirem expressamente a competência da Corte em relação ao crime em questão (arts. 12.2 e 12.3). Em contrapartida, quando a situação é deferida ao Procurador da acusação, pelo Conselho de Segurança da ONU, não existem condições prévias para o exercício da competência da Corte (arts. 12 e 13).

Segundo o Estatuto, a Corte exercerá sua competência sobre pessoas físicas com 18 anos de idade ou mais (arts. 25 e 26), sem nenhuma distinção baseada na qualidade oficial, incluindo os chefes de Estado (art. 27) e as autoridades militares (art. 28). Os processos deverão ser conduzidos na presença do acusado (art. 63), que dispõe de um conjunto de direitos (art. 67), em particular o direito à presunção de inocência (art. 66) e à indenização em caso de detenção ilegal (art. 85). Todos os crimes são imprescritíveis (art. 29) e intencionais, isto é, foram cometidos com conhecimento de causa, e com conhecimento dos elementos materiais do crime (art. 30).

A jurisdição da CPI é *complementar* às jurisdições penais nacionais (art. 1). Isso significa que, quando um caso é objeto de acusações, por parte de uma jurisdição nacional, o processo perante a CPI será iniciado unicamente se a Corte avaliar que a jurisdição nacional não tem a vontade ou a capacidade de fazê-lo (art. 17.1a, b, c). A ausência da "vontade de intervir" será determinada pela CPI quando ela considerar que o processo nacional empreendido tem por objetivo eximir a pessoa de suas responsabilidades junto à Corte (art. 17.2c) – o que resulta em retardá-lo indevidamente (art. 17.2b) – ou que o processo não foi ou não é conduzido "de maneira independente e imparcial" (art. 17.2c). Quanto à "capacidade de investigar ou de abrir um processo" contra uma pessoa, a Corte examinará se o Estado está ou não em condição de assumir o caso depois do colapso da totalidade ou de uma parte substancial de seu próprio aparelho judiciário (art. 17.3). A Corte poderá pronunciar a inadmissibilidade se o caso em questão não for considerado suficientemente grave para justificar a adoção de medidas pelo Tribunal (art. 17.2d).

A despeito das dificuldades para determinar, em casos concretos, a disposição, a capacidade, a independência e a imparcialidade das decisões tomadas em um contexto nacional, o Estatuto da Corte explicitamente confere prioridade às jurisdições nacionais; daí, seu caráter complementar. Cabe acrescentar que a Corte não considera nenhuma outra forma de jurisdição, que não a penal. Além do dispositivo sobre a complementaridade, já mencionado (art. 1), o Preâmbulo define o que segue:

> Lembrando que é dever de cada Estado submeter à sua *jurisdição criminal* os responsáveis por crimes internacionais;
>
> Salientando que a Corte Penal Internacional, da qual o presente Estatuto se originou, é complementar às *jurisdições penais nacionais*. (grifos nossos)

A pena de prisão tem um papel central no sistema de penas aplicado pela Corte. Há apenas três tipos de penas previstos: a prisão, a multa e o confisco. Os dois últimos não podem ser aplicados isoladamente, eles devem ser acompanhados da pena de prisão (art. 77.2). O encarceramento pode ser fixado para uma duração de 30 anos ou mais, ou à perpetuidade, "se a extrema gravidade do crime e a situação pessoal do condenado o justificam" (art. 77.1b).

Para a fixação da pena, consideram-se elementos como a "gravidade do crime" e a "situação pessoal do condenado" (art. 78.1). O "Regulamento de procedimento e de prova" da Corte especifica que a pena pronunciada "deve ser no todo proporcional à culpabilidade" (art. 145.1.a), sem indicar os elementos a estimar para mensurar a culpabilidade. De todo modo, o Regulamento apresenta uma lista de considerações que a Corte deve ter em conta para fixar a pena. Além das circunstâncias ligadas ao crime e ao condenado, o Regulamento designa "o dano causado [...] às vítimas e aos membros de sua família" (art. 145.1c). Elementos, tais como "condenações penais anteriores" e a "vulnerabilidade particular da vítima", constituem "circunstâncias agravantes" (art. 145.2b). Determinados comportamentos do condenado, depois dos fatos, como "os esforços [...] para indenizar as vítimas e sua atitude cooperativa para com a Corte", são vistos como circunstâncias atenuantes. No que se refere às circunstâncias agravantes e atenuantes, o Regulamento especifica que a Corte as "leva em conta, conforme convém" (art. 145.2).

Salientemos que as regras sobre a fixação da pena não dão indicações quanto às teorias modernas da pena (retribuição, dissuasão, denunciação e reabilitação), que compõem o sistema de ideias denominado *racionalidade penal moderna (RPM)*.[9]

É o Preâmbulo que atribui um efeito dissuasivo à punição dos autores dos crimes que dependem da competência da Corte: "Determinados a pôr termo à impunidade dos autores desses crimes e a contribuir, assim, para a prevenção de novos crimes".

As vítimas têm uma participação muito limitada. Elas podem apresentar "observações" durante o processo, no momento oportuno. Segundo o Estatuto, a Corte "permitirá, durante o processo, se o juiz julgar necessário, que sejam apresentadas e consideradas as opiniões e as observações das vítimas". Quando os interesses pessoais das vítimas são afetados, a Corte permite que as visões e preocupações delas sejam expressadas e examinadas nas etapas do processo que ela julgar apropriadas, e de uma maneira que não seja nem prejudicial, nem contrária aos direitos de defesa e às exigências de um processo justo e imparcial (art. 68.3).

Como vimos, as vítimas não podem acessar diretamente a Corte. Somente os Estados-membros, o Procurador – em determinadas

[9] Ver, a esse respeito, o texto de Margarida Garcia, no Capítulo 1 desta obra.

circunstâncias – e o Conselho de Segurança da ONU podem fazê-lo. Resta a possibilidade de submeter uma comunicação ao Procurador e esperar que ele se interesse pelo caso.

Desde julho de 2002, o Procurador recebeu mais de 8.252 comunicações, de mais de 130 países. Três das quatro investigações em curso, em 2009, foram deferidas à Corte, por Estados signatários do Estatuto de Roma – Uganda, República Democrática do Congo e República Centro-africana –, e concernem a acontecimentos que se desenrolaram em seu território. A situação na região de Darfur, no Sudão, que não é um país signatário, foi deferida à Corte pelo Conselho de Segurança.

O Estatuto oferece à Corte a possibilidade de acordar reparações às vítimas, incluindo a restituição e a indenização, a seu pedido ou de seu próprio chefe, em circunstâncias excepcionais (art. 75). Uma decisão, especificando a reparação a ser acordada, poderá ser tomada pela Corte em relação à pessoa condenada (art. 75.2), ou, eventualmente, uma indenização será paga às vítimas, por uma sociedade fiduciária, segundo as disposições do Estatuto (art. 79). As vítimas poderão apelar "da decisão, estipulando a reparação a acordar" (art. 82.4), mas não poderão contestar as sentenças pronunciadas pelo tribunal (art. 81).

Essas foram, em linhas gerais, as principais recomendações da CPI.

4. As Quarenta Recomendações do GAFI

Criado pelos chefes de Estado ou de Governo do G7 e pelo presidente da Comissão da União Europeia, o GAFI, dando início às suas atividades, produziu um documento intitulado "Quarenta Recomendações", com o objetivo de estabelecer as linhas-mestras de um regime antilavagem de dinheiro. O GAFI visava harmonizar os sistemas jurídicos nacionais nessa matéria, ampliar o papel do sistema financeiro e criar mecanismos que garantam a cooperação internacional. Todos os países da Organização para Cooperação e Desenvolvimento Econômico (OCDE) aprovaram o documento depois de sua publicação, em 1990, e levaram em consideração as Quarenta Recomendações que ele contém. Outros países, não membros da OCDE, foram convidados a participar do GAFI. As "Quarenta Recomendações" foram atualizadas em 1996 e em 2003, de modo a refletir as dificuldades impostas a alguns países, pela dinâmica do sistema financeiro. Após o 11 de setembro de 2001, o GAFI ampliou seu mandato inicial, até então limitado à lavagem de dinheiro, passando a nele incluir o financiamento ao terrorismo.

Desde a sua criação, o GAFI se propôs a: 1) elaborar e atualizar regularmente um "modelo de intervenção estatal", que compreende aspectos penais, administrativos e financeiros; como também 2) difundir tal modelo pelo mundo.

É possível distinguir três tipos de ações nesse modelo de intervenção estatal, que aqui denominaremos "regime antilavagem de dinheiro". O primeiro consiste em garantir a independência da investigação do crime de lavagem de dinheiro, em relação ao procedimento do "crime anterior". A norma de comportamento concerne ao movimento do capital e à origem ilícita dele. O segundo tipo de ação consiste em obrigar as pessoas físicas e jurídicas, que trabalham no setor financeiro, a identificar os clientes, manter os registros e divulgar as transações consideradas suspeitas. A criação de uma unidade de inteligência financeira constitui o terceiro tipo de ação. Entre as atribuições dessa unidade mencionemos a centralização das comunicações efetuadas pelos operadores financeiros, a aplicação de sanções administrativas para aqueles que violam as obrigações legais, bem como a troca de informações com as autoridades estrangeiras. Trata-se, assim, de uma nova organização estabelecida usualmente sob a égide do poder executivo (Ministério da Economia) e que, de certa maneira, instala o sistema de direito criminal ao lado da polícia, do ministério público e do juiz.[10]

O esforço de difusão internacional se traduziu no aumento do número de países-membros do GAFI, na criação de órgãos regionais com os mesmos objetivos do GAFI e na cooperação com outros organismos internacionais, como o Banco Mundial, O Fundo Monetário Internacional, a ONU e a Europol; simultaneamente, o GAFI criou um programa de vigilância permanente da aplicação do "modelo de intervenção estatal". Seguidos de avaliações periódicas, esse programa e a sua maneira de reagir à inobservância das recomendações do GAFI diferem, conforme o país referido seja membro, ou não, do organismo. Para os países-membros, o principal procedimento aplicado consiste na pressão dos pares (*peer pressure*), a qual

[10] Essa tarefa é exercida no Brasil pelo Conselho de Controle das Atividades Financeiras (COAF) e, no Canadá, pelo Centro de Análise das Operações e Declarações Financeiras (CANAFE).

varia em função dos resultados da avaliação mútua. Já os países não membros do GAFI podem ser descritos, em uma lista largamente difundida, como "países que não cooperam com o regime antilavagem de dinheiro" (*name and shame*). Eventualmente, contramedidas são tomadas, a fim de dissuadir os países-membros do GAFI a negociar com pessoas físicas e jurídicas provenientes desses últimos países. O objetivo é garantir que todos os países – ao menos aqueles com centros financeiros importantes – sigam o mesmo modelo de intervenção estatal, em matéria de lavagem de dinheiro. Em grande ou em pequena escala – conforme os países –, é possível atestar que esse modelo, criado há vinte anos, já foi aplicado em mais de 180 países.[11] Isso parece indicar que as regras do GAFI têm um caráter verdadeiramente coercitivo, que não decorre unicamente de uma obrigação jurídica estabelecida nos tratados ou nas convenções internacionais.

Do ponto de vista da atualização (ou não) da racionalidade penal moderna, é possível apreender certa ambiguidade no GAFI. Pode-se dizer que seu objetivo central reside em localizar e recuperar o capital resultante de atividades ditas criminosas, que produzem riqueza. Portanto, a criminalização da lavagem de dinheiro aparece como um instrumento que permite estabelecer e justificar medidas restritivas, como o acesso a informações bancárias, o embargo e, sobretudo, o confisco. Pode-se dizer que se trata de mecanismos de direito civil e administrativo incorporados aos procedimentos penais.

Na formulação do objetivo dissuasivo, coloca-se em primeiro plano conseguir privar uma pessoa do capital resultante de atividades consideradas criminosas. A Convenção da ONU sobre o tráfico de drogas instaura, no plano internacional, uma maneira de combinar a "política criminal" e a "política econômica", em contextos definidos. A ligação entre essas duas ideias é estabelecida no Preâmbulo, conforme segue:

> Reconhecendo as ligações entre o tráfico ilícito e outras atividades criminosas organizadas, que solapam os fundamentos da economia legítima e ameaçam a estabilidade, a segurança e a soberania dos Estados;
>
> Reconhecendo também que o tráfico ilícito é uma atividade criminosa internacional, cuja eliminação exige uma atenção urgente e o grau de prioridade mais elevado;

[11] FATF. *Annual Report, 2008-2009*, 23 de julho de 2009, p. 6. Disponível em: www.fatf-gafi.org.

> Conscientes de que o tráfico ilícito é a fonte de *ganhos financeiros e de importantes fortunas*, que permitem às organizações criminosas transnacionais penetrar, contaminar e corromper as estruturas do Estado, as atividades comerciais e financeiras legítimas e a sociedade em todos os níveis. (ONU, 1988, grifos nossos)

Nesse contexto, a "privação" de "ganhos enormes" torna-se a condição da supressão do "motivo" do crime. Ao mesmo tempo, os "ganhos enormes" fazem também parte das causas profundas do problema a ser eliminado.

> Decididos a *privar* aqueles que se entregam ao tráfico ilícito do fruto de suas atividades criminosas e a *suprimir, assim, seu principal motivo;*
> Desejosos de *eliminar as profundas causas* do problema do abuso das drogas e substâncias psicotrópicas, notadamente a demanda ilícita dessas drogas e substâncias e os *enormes ganhos* extraídos do tráfico ilícito [...]. (ONU, 1988, Preâmbulo, grifos nossos)

No mesmo sentido, os documentos do GAFI indicam que a criminalização da lavagem de dinheiro fornece diversas justificações para implantar um conjunto de medidas, que arriscam ser impopulares e visam reforçar o controle público sobre o fluxo de capital, no sistema financeiro. No plano da justificação, a noção de "crime" permite considerar a "situação-problema" uma "ameaça".

Partindo de um problema a resolver – tal como a dificuldade de exercer um controle público sobre o sistema financeiro internacional, que comporta inúmeras soluções –, passa-se à predição de algo terrível: as crises financeiras, a instabilidade econômica, o mau funcionamento da administração pública, a insegurança externa e, inclusive, a saúde dos cidadãos. Consequentemente, a "ameaça" representada pela "lavagem de dinheiro" torna-se o resultado de todas as ameaças produzidas pelas "infrações subjacentes" (crime organizado, corrupção, tráfico de drogas, etc.).

Por isso, as Quarenta Recomendações do GAFI especificam que os países "deveriam criminalizar" (*should criminalize*) a lavagem de capitais, e, para os detalhes dessa criminalização, remetem às convenções da ONU relativas ao tráfico ilícito de drogas (1988), à criminalidade transnacional organizada (2000) e à repressão ao financiamento do terrorismo (1999).

Embora proponham medidas extrapenais para gerir tais problemas, elas estipulam expressamente que os Estados devem "conferir [a eles] o caráter de infração penal".[12]

Além disso, as três convenções defendem que, para definir a sanção, os Estados devam considerar a *gravidade* desses crimes. Apenas a Convenção contra o Tráfico de Drogas (ONU, 1988) prevê "sanções proporcionais à gravidade dos delitos, tais como a pena de prisão, ou outras formas de privação de liberdade, sanções pecuniárias e o embargo dos bens".[13]

5. As situações típicas diante da racionalidade penal moderna

Até aqui, apresentamos uma visão geral das duas situações típicas escolhidas e fornecemos elementos que permitem analisar a presença da RPM, no contexto das comunicações do sistema político (internacional). Agora, entendemos ser oportuno organizar tais elementos em torno de algumas *ideias-chave* desse sistema de pensamento denominado RPM: a obrigação de punir e a valorização das penas aflitivas (GARCIA, 2009).

Como a RPM é descrita detalhadamente no Capítulo 1 desta obra, exporemos sumariamente essas ideias-chave, de modo a poder introduzir as observações sobre as situações típicas.

O "direito de punir" é um "envelope vazio"; ele pode tomar diferentes formas, conforme o conteúdo a ele associado (XAVIER, 2010). A forma tomada pelas teorias da pena é a *obrigação de punir em sentido estrito*, ou, em outros termos, a *obrigação de fazer sofrer* (PIRES, 1998). Qualquer possibilidade de não punir, de esquecer ou de perdoar está excluída.

Como vimos, o GAFI e a CPI atualizam essas ideias, de diferentes maneiras.

6. A Corte Penal Internacional

No que se refere ao Estatuto de Roma, da CPI, três elementos chamaram nossa atenção: 1) a exclusão de outras formas de resolução de conflitos; 2) a previsão das penas aflitivas (prisão temporária e perpétua e multa); 3) a constante afirmação de que somente a justiça *penal* constitui uma resposta adequada e suficiente ao conjunto de problemas que são da competência da Corte.

[12] ONU, 1988, art. 3.1; ONU, 2000, arts. 5, 6, 8, 23; ONU, 1999, art. 4.

[13] ONU, 1988, art. 3.4; ONU, 2000, art. 11.1; ONU, 1999, art. 4b.

No Preâmbulo do Estatuto, o "direito de intervir" está ligado ao "dever de todo Estado de exercer a sua jurisdição penal contra os responsáveis por crimes internacionais". A regra de complementaridade toma um sentido específico, nesse contexto: ela se reporta às jurisdições *penais* nacionais (Preâmbulo e art. 10). As regras concernentes à admissibilidade de um caso pela Corte e ao princípio *non bis in idem* fazem igualmente menção à responsabilidade penal da pessoa em questão (arts. 17.2a e 20.3).

Assim, as outras soluções – que não se limitam à vingança e ao esquecimento – não são reconhecidas como válidas para afastar a competência da Corte Internacional. Ficam, porém, excluídas das soluções possíveis aquelas que são consideradas do direito civil (como as reparações às vítimas), bem como aquelas que são propostas por "comissões da verdade e da reconciliação".

No que concerne à reparação, é preciso zelar para que o Estatuto de Roma veja nela não uma sanção, mas sim um "direito das vítimas". A possibilidade de considerar a reparação "como uma forma de pena infligida ao culpado" foi discutida durante as negociações do Estatuto, mas logo descartada (VILMER, 2009, p. 13). Entre as inúmeras questões que estiveram na ordem do dia, mencionemos o que Vilmer (2009) chamou de uma "resistência geral do direito penal" em aceitar um meio do direito civil. Resumindo, "[...] o desenvolvimento do regime de reparação da CPI foi efetivamente freado pelo espírito dicotômico e, por vezes, estrito daqueles que frequentemente resistiram a algumas proposições em nome da distinção entre o civil e o criminal [...]" (VILMER, 2009, p. 11).

Por sua vez, as "Comissões da Verdade e Reconciliação" (CVR) se entregam a experiências alternativas de gestão de problemas internacionais extremamente ricos e variados. Jaudel (2009, p. 75) as descreve da seguinte maneira:

> [...] pode-se dizer que as CVR são comissões de especialistas independentes, designados por Estados ou instituições internacionais, por um período limitado, com o propósito de investigar os abusos massivos aos direitos humanos, cometidos durante uma determinada época do passado. Recolhendo testemunhos, a comissão está encarregada de referenciar em um relatório público os abusos que lhe foram apontados no âmbito de seu mandato, propor os meios de reparar o mal causado às vítimas, tentar especificar as suas causas a fim de evitar a sua renovação, e facilitar a reconciliação nacional.

De modo geral, essas experiências – e os estudos teóricos que as analisam – colocaram em primeiro plano a reconciliação e a preservação da memória. "Para virar a página, é preciso tê-la lido": a frase de Desmond Tutu resume perfeitamente, sem dúvida, a principal aspiração das CVR, exigindo uma renovação completa da maneira de gerir esses problemas internacionais.

A despeito da similitude entre as situações-problema que essas comissões e a CPI buscam gerir – violações massivas dos direitos humanos –, as ideias e os instrumentos implementados são totalmente diferentes. Para além dos atores participantes, do procedimento e das fontes, a diferença mais visível deve ser procurada no alvo: os "culpados" e seu castigo não integram esse modelo de gestão. Contrariamente ao que ocorre nos cursos de justiça tradicionais, a sanção aos culpados não mais constitui, portanto, o essencial desses tribunais de novo tipo, que estão focados muito mais nas vítimas, do que nos responsáveis (JAUDEL, 2009, p. 77).

7. O Grupo de Ação Financeira sobre a lavagem de dinheiro

O caso do GAFI parece um pouco diferente. Tendo como principal objetivo localizar e recuperar o capital – e não apenas punir os culpados –, o GAFI, devido ao conteúdo de seus documentos, está mais disposto a reconhecer que também outras áreas do direito podem gerir os problemas mencionados. De certa forma, pode-se dizer que o GAFI está mais ciente da dificuldade experimentada pelo direito penal em enfrentar as crises financeiras e a circulação de capital considerado ilícito. Por isso, é indispensável reforçar o controle administrativo das operações financeiras, e as medidas para tal ocupam um papel central no regime.[14]

Por outro lado, a expressão "dever de criminalizar", sem especificação do tipo de sanção, é passível de ser interpretada de duas maneiras. É possível pensar que as convenções se baseiam na ideia de que "criminalizar" implica necessariamente duas coisas: "atribuir uma pena" e "uma pena que seja aflitiva". A pena de prisão está, então, subentendida. Porém, é igualmente possível considerar que as convenções que não fazem nenhuma menção à pena de prisão incitem os países a aplicar outros tipos de sanções.

[14] Para uma visão geral sobre as dificuldades enfrentadas pelo processo penal na recuperação do capital de origem ilícita, ver Daniel e Maton (2008, p. 133-135).

Mesmo estimando que os textos normativos internacionais demonstrem abertura em relação às normas de sanções, os exemplos de incorporação desses crimes nos direitos nacionais parecem indicar que os Estados não consideram verdadeiramente tal abertura. Um estudo realizado em 2009, sobre a criminalização da lavagem de dinheiro, em cinco países da América do Sul, revela que estes optaram por pesadas penas de prisão. Excetuando o Paraguai, os quatro outros países preveem penas mínimas obrigatórias de dois anos (Argentina e Uruguai), três anos (Brasil) e cinco anos (Chile). As penas máximas são de cinco anos (Paraguai), dez anos (Argentina e Brasil) e quinze anos (Chile e Uruguai). A multa está prevista como complemento à prisão na Argentina, no Brasil e no Chile, e como pena substitutiva à prisão no Paraguai.[15]

Ao mesmo tempo, é mais difícil garantir o controle nas outras áreas do direito e no próprio sistema econômico, sobretudo se relacionarmos o controle ao "dever de criminalizar". Um estudo sobre a implantação das Quarenta Recomendações do GAFI, pela ordem jurídica de 95 países, demonstrou que o respeito às recomendações sobre a criminalização é quase total.[16] No plano administrativo e financeiro, o grau de conformidade é muito mais frágil e varia enormemente de uma região à outra (Jorge, 2010).[17]

Considerações finais

Para concluir, retornamos às duas questões sobre a RPM examinadas no início do capítulo.

No que concerne à atualização da RPM, pelo sistema político, parece haver algumas diferenças entre as situações típicas analisadas.

Como vimos, o Estatuto de Roma contém um "programa penal completo": ele não só fixa normas de comportamento, sanção e procedimento, como cria uma nova estrutura organizacional para o exercício das funções jurisdicionais: a CPI. Já as Quarenta Recomendações do GAFI estabelecem

[15] Essas sanções se referem ao crime de lavagem de dinheiro em sua forma mais simples.

[16] Somente o Azerbaijão, o Haiti, Trinidad, o Camboja e o Nepal foram destacados por terem ignorado as recomendações 1 e 2 do GAFI, quanto à criminalização da lavagem de dinheiro (JORGE, 2010).

[17] O autor se baseia na sistematização de todos os relatórios de conformidade às Quarenta Recomendações, preparados durante as avaliações mútuas.

igualmente normas de comportamento, sanção e procedimento, sem retirar do juiz nacional o poder de decisão em um caso concreto (competência jurisdicional territorial). Assim, podemos dizer que o GAFI não constrói um novo programa penal, como o faz a CPI, mas modifica os programas penais existentes, para dar conta do crime de lavagem de dinheiro.

No caso da Corte, os elementos empíricos que permitem constatar a atualização da RPM são muito mais fortes e visíveis. Poderíamos dizer que tudo se passa como se a Corte fosse uma extensão do sistema de direito criminal (nacional). O único elemento distintivo que identificamos é a ausência de previsão de uma pena mínima. Conforme salientamos em outro estudo, as penas mínimas (sobretudo de prisão) constituem uma prática legislativa muito rudimentar, ainda presente em vários países. De acordo com as observações que realizamos até o momento, as teorias modernas da pena não exigem, de modo algum, tal prática, embora a favoreçam. Elas fornecem um fundamento às penas mínimas (MACHADO e PIRES, 2010).

No caso do GAFI, a atualização da RPM se apresenta de outra maneira. Em primeiro lugar, dado que esse grupo está ligado ao sistema econômico, torna-se possível praticar a dissuasão sem fazer intervir o penal. No contexto das justificações da criação do regime, a ligação entre "política criminal" e "política econômica" tem, de certa forma, destacado a noção de dissuasão das penas de prisão ou das operações clássicas do sistema de direito criminal. O efeito dissuasivo provém, sobretudo, da implantação dos meios administrativos e financeiros de localização, confisco e recuperação do capital.

Poderíamos inclusive dizer que, de um lado, a abertura para o estabelecimento de novas relações entre as diferentes áreas do direito, e, de outro lado, a valorização de medidas voltadas para o patrimônio, e não para o corpo do acusado, resultam de uma tomada de consciência da incapacidade do direito criminal em solucionar esse tipo de situação-problema. Além disso, este capítulo revela que tal conscientização parece se manifestar unicamente no plano das estratégias de ação do direito criminal, sem atingir o conjunto das teorias (modernas) de justificação da pena criminal.

Por fim, a atualização da RPM, nas situações típicas analisadas, mostra que esse sistema de pensamento é desprovido de identidade. Como vimos, as ideias-chave da RPM podem ser facilmente detectadas nos programas jurídicos aprovados por uma centena de países divididos em cinco continentes. Ao menos do ponto de vista geográfico, a noção de "Ocidente" não nos permite afirmar onde a RPM, atualizada pela política, pode ser encontrada, atualmente.

Referências

ACOSTA, F. De l'événement à l'infraction: le processus de mise en forme pénale. *Déviance et Société*, v. 11, p. 7-34, 1987.

DANIEL, T.; MASON, J. La recuperación de activos de la corrupción de funcionarios públicos a través de procedimientos civiles. *In*: JORGE, G. (org.). *Recuperación de activos de la corrupción*. Buenos Aires: Ediciones del Puerto, 2008. p. 133-155.

GARCIA, M. *Le rapport paradoxal entre les droits de la personne et le droit criminel*: les théories de la peine comme obstacles cognitifs à l'innovation. 2009. Tese (Doutorado em Sociologia) – Universidade do Québec em Montreal. Montreal, 2009.

JAUDEL, É. *Justice sans châtiment*: les Commissions Vérité-Réconciliation. Paris: Odile Jacob, 2009.

JORGE, G. Políticas de control del lavabo de dinero. *In*: TOKATLIAN J. (org.). *Drogas y prohibición*: una vieja guerra, un nuevo debate. Buenos Aires: Édiciones El Zorzal, 2010. p. 193-258.

MACHADO, M. *Internacionalização do direito penal*: a gestão de problemas internacionais por meio do crime e da pena. São Paulo: Editora 34, 2004.

MACHADO, M. Similar in their differences. Transnational legal processes adressing money laundering in Argentina and Brazil. *Law and Social Inquiry*, v. 37, n. 2, p. 330-366, 2012.

MACHADO, M.; PIRES, A. P. Intervention politique dans la sentence du droit: les fondements culturels de la peine minimale. *Criminologie*, v. 43, n. 2, p. 89-126, 2010.

MACHADO, M.; PIRES, A. P.; FERREIRA, C.; SCHAFFA, P. *A complexidade do problema e a simplicidade da solução*: a questão das penas mínimas. Série Pensado o Direito. Brasília: Ministério da Justiça/PNUD, 2009. v. 17.

ORGANIZAÇÃO DAS NAÇÕES UNIDAS. *Convenção das Nações Unidas contra o Tráfico Ilícito de Drogas e de Substâncias Psicotrópicas*. 1988.

ORGANIZAÇÃO DAS NAÇÕES UNIDAS. *Convenção das Nações Unidas contra a Criminalidade Transnacional Organizada*. 2000.

PIRES, A. P. Aspects, traces et parcours de la rationalité pénale moderne. *In*: DEBUYST, C.; DIGNEFFE, F.; PIRES, A. P. (org.). *Histoire des savoirs sur le crime et la peine*: la rationalité pénale et la naissance de la criminologie. Bruxelles: De Boeck Université, 1998. v. 2. p. 1-52.

PIRES, A. P. A racionalidade penal moderna, o público e os direitos humanos na modernidade tardia. *Novos Estudos CEBRAP*, v. 68, p. 39-60, 2004.

PIRES, A. P. Direito penal e orientação punitiva: um problema só externo ao direito? In: KARAM, L. M. (org.). *Globalização, sistema penal e ameaças ao estado democrático de direito*. Rio de Janeiro: Lumen Juris, 2005. p. 191-220.

PIRES, A. P.; CELLARD, A.; PELLETIER, G. L'énigme des demandes de modifications législatives au Code criminel canadien. *In*: BONASTRA, Q. (org.). *Régulation et gouvernance*: le contrôle des populations et du territoire en Europe et au Canada. Une perspective historique. Barcelona: Universidade de Barcelona, 2001. p. 195-218.

PONCELA, P. Mesure et motivation de la peine dans les jugements du TPIY. *In*: HENZELIN, M.; ROTH, R. (org.). *Le droit pénal à l'épreuve de l'internationalisation*. Paris: LGDJ, 2002. p. 325-335.

VILMER, J. *Réparer l'irréparable*: les réparations aux victimes devant la Cour Pénale Internationale. Paris: Presses Universitaires de France, 2009.

XAVIER, J. R. O sistema de direito criminal e a racionalidade penal moderna: ilustrações empíricas de dificuldades cognitivas em matéria de penas. *Revista do Instituto Brasileiro de Ciências Criminais*, v. 84, p. 271-311, 2010.

CAPÍTULO 10

Uma análise das comunicações sobre a tortura, segundo a perspectiva dos sistemas funcionais

ELIANA HERRERA-VEJA e SANDRA LEHALLE

Introdução

Esta análise tem origem em uma dupla provocação: primeiro, as imagens perturbadoras do tratamento dado aos prisioneiros de Abu Ghraib e, segundo, as comunicações redigidas pelos advogados do Departamento de Justiça dos Estados Unidos, entre 2001 e 2005. Entre as imagens difundidas pelas mídias de massa e as comunicações escritas dos memorandos assinados por John Yoo e Jay S. Bybee, há, entretanto, uma diferença importante, pois as imagens constituem registros de acontecimentos concretos, ao passo que as comunicações consistem em instruções a seguir, formuladas segundo uma modalidade específica. Nossa análise reside exclusivamente na modalidade das comunicações apresentadas nos memorandos de tortura. Postulamos que a tortura, tal qual atualizada nas prisões de Abu Ghraib e de Guantánamo, ocorre a partir de uma modalidade específica: a comunicação burocrática (WEBER, 2005, p. 213), que descreve e define as formas de ação possíveis para combatentes ilegais inimigos. Para atualizar as modalidades de comunicação segundo as quais se dá o uso da tortura, revelou-se essencial o emprego da teoria de sistemas elaborada por Niklas Luhmann[1] (KING, 2009). Para descrever as

[1] Ver o excelente trabalho de Michael King (2009) sobre a realidade dos sistemas sociais retratados por Luhmann.

comunicações sobre a tortura, lançaremos mão de uma parte delimitada do *corpus* teórico construído por Luhmann: as noções de subsistema da sociedade e de modalidades de produção; a noção de semântica como modalidade de autodescrição da sociedade e de suas transformações; e, por fim, o conceito de comunicação, cujo sentido depende das referências fornecidas pela estrutura social dos sistemas de *expertise*. A seguir, consideraremos cada um desses elementos e apresentaremos uma descrição das comunicações sobre a tortura e suas consequências. Por fim, analisaremos o alcance das comunicações sobre a tortura, baseando-nos na leitura da racionalidade penal moderna (RPM), efetuada por A. Pires.

1. Sistemas e comunicações: a contribuição de Niklas Luhmann

As sociedades históricas experienciam a complexidade ambiental. Com vistas a restringir tal complexidade, as sociedades adquirem diferentes formas (LUHMANN, 1995a, p. 192),[2] definindo-se como sistemas separados desse ambiente[3] (HERRERA, 2006). Assim, as sociedades segmentárias e as sociedades estratificadas têm em comum com a sociedade moderna (diferenciada por funções) o fato de aplicarem, tanto interna como externamente, um princípio de distinção que lhes permite organizar a forma da sociedade e os espaços de articulação dos mecanismos e dos agentes (LUHMANN, 1977, p. 29-53). Com efeito, a autorreferência dos sistemas parciais se faz por diferenciação interna, com cada subsistema encontrando, em sua distinção em relação ao conjunto, o seu papel e a sua autodefinição. A sociedade diferenciada por funções adquire a sua forma nas condições fornecidas pela autopoiesis: os sistemas autorreferenciais, que se produzem por si mesmos, e que determinam seus próprios elementos, bem como as operações a realizar recursivamente (LUHMANN, 1995a, p. 34-35).[4]

[2] Luhmann (1995a) define a tarefa dos sistemas parciais conforme segue: "[O] subsistema alivia a tensão sobre si mesmo ao presumir que muitos dos requisitos reprodutivos necessários no âmbito do sistema geral sejam cumpridos de outra forma, por outros sistemas."

[3] Sobre a complexidade ambiental e as modalidades da produção das comunicações entre sistemas, ver Herrera-Vega (2006).

[4] No pensamento de Luhmann (1995a), não existe comunicação fora da comunicação da sociedade: "não há comunicação fora do sistema comunicativo da sociedade. O sistema é o único que emprega esse tipo de operação, ao ponto de ser... necessariamente fechado". "A reprodução autorreferencial [...] deve aderir ao tipo de elemento que o sistema define...".

O desenvolvimento dos sistemas concretiza a redução da complexidade externa, pelo estabelecimento de um crescimento interno e pela formação de subsistemas especializados, destinados a gerir aspectos determinados da complexidade ambiental (HERRERA, 2006). Os subsistemas assim desenvolvidos correspondem a uma concepção evolucionista da mudança social (LUHMANN, 1992, p. 280).[5] Eles desenvolvem comunicações internas (e, portanto, próprias ao seu funcionamento), que podem servir para o estabelecimento de relações com o ambiente externo.

É nesse vasto panorama da complexidade que Luhmann faz uma leitura alternativa da comunicação na sociedade. Em vez de pensar a comunicação como uma transferência de informação entre os homens, ele elabora uma visão do tipo das comunicações atualizadas no contexto de uma sociedade estruturada pelas produções dos sistemas parciais. Para ele, a comunicação pode ser concebida como uma espécie de autoexcitação, introduzindo sentido no sistema. A comunicação é induzida pela dupla contingência da experiência e ela se adapta à noção de uma ordem saída do barulho, estabilizando, na forma do sentido, o excesso de informação de que o sistema não pode fazer diretamente uso. O sistema social é, assim, formado pelas comunicações e, complementarmente, pela atribuição da ação às comunicações (LUHMANN, 1995a, p. 161, 175).[6] Subsequentemente, a noção da comunicação se constrói, na teoria luhmanniana, sobre a base fornecida pelo ambiente humano, mas primeiro e principalmente como comunicação sistêmica. De fato, para Luhmann, a comunicação não é feita pelos homens (sujeitos psíquicos, em sua terminologia), mas, sim, pelos sistemas funcionalmente diferenciados. Sua ideia de comunicação se realiza no contexto de uma sociedade moderna, atualizando-se na forma das comunicações próprias a esse tipo de agenciamento. Enquanto

[5] Para a noção de função dos sistemas, ver Luhmann (1992, p. 280): "Os subsistemas primários da sociedade não são mais baseados em camadas, mas em funções. A ordem social é mantida agora pelo funcionamento adequado da política, da pesquisa científica, do cuidado econômico com o futuro, da criação de famílias, da educação pública etc., e não mais pela vivência de acordo com a posição herdada na sociedade. Isso não quer dizer que a estratificação desaparece, mas quer dizer, sim, que ela perde a sua legitimidade."

[6] Luhmann (1995a, p. 175). Ver também p. 161, as *"symbolically generalized media"*. As mídias (*medium*) simbolicamente generalizadas são definidas por Luhmann como as mídias que recorrem a generalizações, para simbolizar a relação entre seleção e motivação; ou, em outros termos, a relação entre comunicação e ação na sociedade.

as ciências sociais e a filosofia experimentam a "reviravolta linguística", Luhmann oferece uma perspectiva renovada do fenômeno comunicacional. Em lugar de se limitar às análises semiológicas e às dificuldades da linguagem, ele toma a comunicação sob o ponto de vista cibernético (HERRERA, 2006). Desse modo, ele considera e atualiza as modalidades da comunicação feita por sistemas de *expertise* e por organizações; e o faz nas condições de uma sociedade global, visto que as comunicações ultrapassam as fronteiras geográficas.

2. Comunicações do político em face da tortura

Os sistemas contingentes da sociedade – pertinentes à nossa análise – são o jurídico, organizado em torno da distinção legal/ilegal, e o político, organizado em torno da distinção poder/não poder (LUHMANN, 1995a). Analisaremos dois aspectos das comunicações: em primeiro lugar, os memorandos sobre a tortura e seu estatuto quanto aos sistemas principais; e, em segundo lugar, os aspectos discursivos (semânticos) que entram em jogo no debate sobre a tortura e a sua respectiva razão de ser. Fundamentalmente, a perspectiva analítica compreende a tortura como fenômeno comunicacional intermediário entre o sistema político e o sistema jurídico.

2.1. O que são os memorandos de tortura?

Os "memorandos de tortura" (GREENBERG e DRATEL, 2005)[7] foram redigidos por advogados do Departamento de Justiça dos Estados Unidos, entre 2001 e 2005. Trata-se, em geral, de documentos produzidos por solicitação da administração Bush, com a finalidade de determinar o que constitui, ou não, tortura, bem como eventuais exclusões que permitiam a utilização de certos métodos de interrogatório. Algumas dessas comunicações propõem justificações *a priori*, necessárias para determinadas ações ou decisões que possam conduzir a atos de tortura e acarretar responsabilidades. Entre essas comunicações, encontra-se notadamente a argumentação que justifica a recusa em conceder o *habeas corpus* aos prisioneiros do conflito, bem como em torná-los beneficiários

[7] Designaremos esses memorandos e documentos públicos por sua data de redação; os números das páginas remetem à obra de referência, para a compilação desses memorandos: Greenberg e Dratel (2005).

das disposições dos tratados internacionais que lhes concernem. Em seu memorando de 9 de janeiro de 2002, os advogados Yoo e Delabunty afirmam, efetivamente, que tais tratados não protegem os membros do Al Qaeda, pelo fato de que essa organização não é um ator governamental e, por isso, não pode fazer parte das convenções internacionais que regem a guerra. No caso dos prisioneiros do Afeganistão, país signatário das convenções de Genebra, a comunicação apresentada argumenta que os talibãs não lideram um governo, e que o Afeganistão não era um Estado funcional, à época do início das hostilidades.

A comunicação elaborada nesses memorandos propõe, igualmente, múltiplas interpretações jurídicas, para restringir a definição da tortura proibida; rejeitar as convenções internacionais e estabelecer as potenciais coerções legais aplicáveis nos interrogatórios dos prisioneiros das forças americanas no Afeganistão; autorizar certas técnicas de interrogatório,[8] mesmo se guardando de cumprir as condições que permitiriam julgar os agentes como executores de tortura. De igual modo, alguns memorandos fornecem justificações *a posteriori* da tortura e se munem de argumentos para se defender nos casos em que caberia, consequentemente, responder a atos de tortura perante o poder judiciário.[9]

2.2. Qual sistema social "está representado" nos memorandos de tortura?

No que se refere à tortura atualizada nos centros de detenção dos combatentes inimigos, é possível distinguir, no relatório da comunicação, as ligações existentes entre os sistemas político e jurídico. Nessa análise, a abordagem visa principalmente definir a função dos memorandos da tortura, confrontados a uma leitura sistêmica da sociedade, com o objetivo de saber se eles respondem às modalidades de produção do sistema jurídico ou a outro sistema parcial da sociedade. Em outros termos, é preciso responder à questão: qual sistema está representado nos memorandos de

[8] Ver o memorando de 26 de fevereiro de 2002, sobre as potenciais coerções legais aplicáveis nos interrogatórios dos prisioneiros das forças americanas no Afeganistão; ver também o memorando de 26 de abril de 2003, assinado pelo secretário de Defesa, Rumsfeld; e, ainda, os memorandos de 11 de outubro de 2002, relativos a um pedido de aprovação das estratégias do general Hill, e o de Bybee, de 1º de agosto de 2002.

[9] Memorando de Bybee, de 1º de agosto de 2002.

tortura? Analisaremos, sucessivamente, os argumentos relativos ao papel dos memorandos no sistema jurídico e, após tê-los refutado, demonstraremos que eles de fato concernem ao campo do sistema político, regido pelo código de atribuição poder/não poder.

2.3. Comunicações jurídicas, a julgar pela linguagem e estrutura da argumentação?

A julgar pela argumentação e linguagem utilizadas, os memorandos parecem ter um caráter jurídico, já que estão em conformidade com as modalidades de produção dos argumentos jurídicos. Com efeito, Luhmann apontou que, na análise das decisões jurídicas, é sempre necessário fornecer uma fonte, um argumento adicional sobre o qual se constrói a decisão jurídica que é feita nas modalidades da reflexividade própria aos sistemas autopoiéticos (LUHMANN, 1995b).[10] A argumentação jurídica se baseia, usualmente, seja em outra decisão jurídica, seja em um texto jurídico fundamental, tal como uma lei ou um documento constitucional (HART, 1994; KELSEN, 2004).[11]

Os memorandos analisados tomam em consideração fontes jurídicas passíveis de serem utilizadas, como demonstrado no memorando de 14 de março de 2003, redigido pelo advogado John C. Yoo,[12] em que a argumentação contém um caráter jurídico. Yoo examina, sucessivamente, as fontes do poder presidencial e as implicações deste. Em sua análise, ele considera a hierarquia das normas em que a Constituição, pelo fato de apoiar o edifício jurídico, detém uma das primeiras posições. O recurso à Constituição lhe permite excluir a aplicação de normas secundárias, visando à interdição da tortura.

> Conforme a Suprema Corte já reconheceu, o poder de Comandante em Chefe e a obrigação do Presidente de proteger a nação implicam os poderes

[10] Sobre a necessidade de fundamentar as operações, ver Luhmann (1995b): "São necessários fundamentos que não podem ser fundamentados; isto é, fundamentos que não são fundamentos."

[11] Sobre a estrutura do edifício das normas jurídicas, ver Kelsen (2004). No que concerne ao relatório sobre as modalidades de decisão dentro da estrutura jurídica das normas, ver Hart (1994).

[12] A função de *Deputy Assistant Attorney General* (conselheiro jurídico) se refere à área executiva do governo americano.

subordinados necessários ao seu exercício efetivo. O primeiro dos poderes do Presidente é ser o Comandante em Chefe do Exército e da Marinha dos Estados Unidos. E, é claro, a atribuição do poder de guerra inclui tudo o que for necessário e adequado à execução desses poderes (Johnson contra Eisentrager, 339 U. S. 763, 788, 1950). Em tempos de guerra, cabe exclusivamente ao Presidente decidir sobre os métodos de combate ao inimigo.[13]

A partir das proposições de John Yoo, apreendemos que a Constituição americana e as interpretações dadas pela Corte Suprema definem claramente os limites entre os sistemas político e jurídico. Na interpretação proposta por ele, a Constituição é o mecanismo de articulação entre as produções dos dois campos funcionais. Segundo Yoo, é a partir de uma regra jurídica, a Constituição americana, que o sistema político assume o controle, quando as condições do ambiente social são determinadas por uma necessidade que tem primazia sobre todas as outras: a defesa do Estado-nação.

Também seria possível afirmar que os memorandos são jurídicos simplesmente porque foram redigidos em um escritório cuja função é fornecer conselhos jurídicos. Seria, portanto, fácil e defensável afirmar que o sistema jurídico é a fonte dos memorandos que apresentam uma argumentação jurídica segundo a qual métodos de interrogatório, tais como a simulação de afogamento, situam-se do lado legal da distinção legal/ilegal, na aplicação do código próprio ao funcionamento do sistema jurídico.

2.4. O código de aplicação como determinante da inclusão de uma comunicação em um sistema social específico

A despeito do emprego de referências jurídicas e da linguagem jurídica, o argumento apresentado por John Yoo constitui um exemplo explícito de comunicação intrassistêmica, por sua conformidade com as modalidades das comunicações institucionais e com a orientação interna de um sistema de *expertise*. Ele é também destinado a um público determinado: os membros do governo americano, os militares e os agentes responsáveis pela classificação e pelo interrogatório dos combatentes inimigos.

[13] Memorando de John Yoo, de 14 de março de 2003.

Além disso, admitindo que o que se entende como política depende do quadro referencial do campo político, verifica-se que este se forma segundo o código poder/não poder. O quadro referencial que, por sua vez, define o que é considerado jurídico depende do princípio de atribuição legal/ilegal. No argumento de Yoo, a questão formulada ao jurídico não remete diretamente ao problema da legalidade e ao código que determina a inclusão no sistema jurídico. Portanto, é necessário determinar se o objeto a examinar deve ser incluído no mecanismo de proteção dos direitos humanos. A questão que se coloca consiste em definir o que pode constituir um incremento ou uma perda de poder. A comunicação política contém a seguinte resposta:

> A Quinta e Oitava Emendas, conforme interpretação da Suprema Corte, não se aplicam a combatentes inimigos estrangeiros detidos no exterior [...] vários cânones de interpretação se aplicam aqui. Esses cânones indicam que as leis penais federais de aplicabilidade geral não se aplicam a interrogações adequadamente autorizadas de combatentes inimigos, realizadas por militares no decorrer de um conflito armado. Essas leis penais, se interpretadas erroneamente e aplicadas à interrogação de combatentes inimigos, entrariam em conflito com a atribuição constitucional do poder de Comandante em Chefe exclusivo ao Presidente.

Assim, diante da questão poder/não poder, a resposta apresentada no memorando não poderia ser mais explícita: a intromissão dos códigos provenientes do campo funcional jurídico significa uma perda correlata de poder para o executivo – o que leva o conselheiro jurídico Yoo a utilizar um mecanismo de articulação, que confere ao sistema funcional político o predomínio sobre o campo jurídico. Esse memorando da tortura emana, assim, do executivo, e responde ao código poder/não poder, já que visa estabelecer os limites entre o sistema jurídico e o sistema político, quanto aos procedimentos de interrogatório dos combatentes inimigos,[14] trazendo um acréscimo de poder (não de legalidade) para as mãos do poder executivo americano.

[14] Memorando de John Yoo, de 14 de março de 2003: "Ao traçar os limites legais aplicáveis às interrogações, nós claramente não expressamos ou damos a entender qualquer opinião em relação a se, ou quando, os meios permitidos de interrogação devem ser empregados. Essa é uma questão de política interna, reservada a quem conduz e dirige as interrogações."

2.5. A funcionalidade sistêmica das comunicações políticas sobre a tortura

A tortura atualizada em prisões, como Abu Ghraib, só pode se tornar uma prática sistematizada por meio da difusão de mensagens comunicacionais que especificam a razão de ser e a finalidade dos interrogatórios, e livram os agentes executores de qualquer responsabilidade jurídica perante a proibição legal da tortura. A tortura atualizada necessita, efetivamente, de uma base comunicacional que descreva os modos de ação a adotar, tal como em alguns manuais que abordam funções burocráticas. Por isso, damos mais atenção às comunicações especializadas sobre a tortura do que à sua forma atualizada. Assim definida, a tortura aparece como uma comunicação que visa à aplicação de um procedimento padrão. Resulta disso uma necessidade de estabilização das expectativas dos agentes do governo americano, em suas relações com a população dos territórios do conflito e com os prisioneiros. Para esse fim, um conjunto de comunicações especializadas foi produzido no âmbito das comunicações internas do governo. No caso aqui analisado, os advogados respondem à missão de justificar uma exceção ao caráter absoluto da proibição da tortura, criando uma comunicação jurídica de enquadramento das práticas contrárias a essa proibição. Por meio de diversos memorandos redigidos entre 2001 e 2005, tal comunicação debate os atuais limites da proibição da tortura, de modo a construir uma argumentação legalmente viável para justificar práticas interrogatórias proibidas pelas convenções internacionais, bem como evitar as consequências legais que elas impõem (LEHALLE, 2010).

A análise dessa comunicação política nos permite constatar que ela se concentra na situação das pessoas detidas, identificadas como combatentes inimigos ilegais (HERRERA, 2011). Cabe salientar que, do ponto de vista histórico, em um Estado moderno, a comunicação política se realiza dentro dos limites estabelecidos pela regra de direito, e é contrária ao arbitrário e ao bel-prazer do governante. Na teoria dos sistemas, existe correlação entre a aplicação da regra universal e neutra do direito e a incapacidade do campo político em se colocar acima dos demais sistemas parciais da sociedade. Entretanto, nesse quadro geral, o que segue é que o sistema político define seu campo de *expertise* pela utilização dinâmica e intensa do código regulador que lhe é próprio: poder/não poder. A comunicação política se baseia, portanto, nas noções e nos princípios de política estatal (responsabilidade e papel do Estado, etc.), que são, contudo, ajustados ao código poder/não poder. Na comunicação política aqui examinada, a argumentação geralmente se estrutura em torno da necessidade política em que o Estado se encontra, para determinar as circunstâncias "excepcionais" passíveis de acarretar uma cessação da proibição da tortura. A questão consiste, portanto, em saber se a tortura é, para o Estado, uma opção viável e justificável, a partir de um duplo ponto de vista: de um lado, a relação com os outros sistemas sociais e sua proibição da tortura; e, de outro, o papel e o significado da utilização da tortura dentro do sistema político, como mecanismo de maximização do poder.

Esse duplo ponto de vista aparece nas comunicações oriundas do político e nas explicações fornecidas pelo sistema político, com vistas a justificar o uso dos interrogatórios e dos procedimentos descritos nos memorandos da tortura. A argumentação apresentada foca, portanto, não só no sistema político, mas também nos sistemas circunvizinhos (jurídico e das mídias de massa).

2.6. Dentro do sistema político

A comunicação analisada considera que a tortura e as práticas assimiláveis poderiam (do ponto de vista político) constituir a melhor opção ou, minimamente, a menos pior. Ao final de uma análise dos prováveis custos e benefícios da tortura, em determinadas circunstâncias alguns optam por ela, sem hesitação. A tortura seria, por vezes, justificada pelo comportamento do inimigo e pela reciprocidade que ele engendra; mas demanda, sobretudo e necessariamente, uma decisão política inevitável e mesmo responsável. A questão da tortura seria, portanto, a luta contra o mal pelo mal, de modo a assegurar a entidade política (governo, nação, Estado, sociedade, etc.). A doutrina das "mãos sujas" considera lamentável, mas necessário, o recurso à tortura pelos detentores de poder e de altas responsabilidades políticas (WALZER, 2004, p. 291). Existem, assim, argumentos políticos subjacentes a essa comunicação política de caráter jurídico. Aqui, a tortura testemunharia a dificuldade de zelar pelo bem de sua comunidade. Esse tipo de comunicação política sugere, portanto, que a tortura se justificaria quando se tratasse de preservar a felicidade do restante da sociedade e de proteger o maior número de pessoas. As decisões e os gestos políticos difíceis, porém corajosos, exigidos pela tortura permitiriam ao Estado defender valores sociais e políticos fundamentais: proteção dos indivíduos e da sociedade (IGNATIEFF, 2005,

p. 21), da nação, da segurança e do Estado ou, mesmo, de um objetivo tido como superior (liberalismo, comunismo, fascismo, religião) (DORFMAN, 2004, p. 16).

Para os defensores dessa comunicação política sobre a tortura, convencidos de que convém adotar uma abordagem relativista diante da tortura, a principal dificuldade consiste em determinar a natureza das circunstâncias que justificariam anular a proibição da tortura. De Beccaria a Ignatieff, as tentativas de definição das condições a respeitar giram mais frequentemente em torno da gravidade do perigo previsto[15] e do caráter urgente da situação. Recomenda-se, em geral, utilizar a tortura como último recurso, quando a prova é conclusiva, e somente por meio de técnicas já aprovadas.[16]

2.7. Sobre os sistemas constituintes do ambiente[17] do sistema político (notadamente, o sistema jurídico)

Embora endereçados sobretudo ao sistema político, os memorandos analisados transmitem mensagens claras ao sistema jurídico. Seja recusando aplicar o *habeas corpus*, seja contrariando as convenções de Genebra, a comunicação política abala, inegavelmente, elementos próprios ao sistema jurídico. Além disso, corroborada por autores universitários, ela recomenda conter a tortura dentro dos limites regulamentares, legais ou judiciários específicos, para depois implementar processos

[15] Algumas dessas condições são evidentes naquilo que se nomeia tradicionalmente de "cenário da bomba-relógio", que reúne um conjunto de variáveis: as autoridades acabam de capturar um terrorista, exatamente antes que um ataque a bomba seja perpetrado, e com abundantes conhecimentos sobre o risco (saber que ele é iminente), sobre o terrorista (saber que ele detém informação) e sobre o ataque (saber da gravidade do perigo); contudo, por razões inexplicáveis, faltam-lhes alguns detalhes essenciais, que somente a tortura pode fornecer. Esse cenário, que faz a legitimidade da tortura recair nas eventuais consequências (salvar vidas), desperta vivas críticas. Para um exame aprofundado sobre elas, ver McCoy (2006).

[16] De fato, enquanto ninguém se pronuncia a favor de uma tortura física intensa, outros apoiam diferentes tipos de tortura leve e indicam as técnicas que lhes parecem aceitáveis ou inaceitáveis.

[17] Pode-se também analisar a mensagem comunicacional transmitida a outros sistemas parciais, tais como o sistema das mídias de massa; contudo, aqui nos absteremos de desenvolver tal análise, e consideraremos exclusivamente os efeitos comunicacionais sobre o sistema jurídico.

transparentes de controle e de responsabilização (DERSHOWITZ, 2007; IGNATIEFF, 2004, p. 139). Projeta-se, assim, um modo de funcionamento jurídico, em que a tortura e as práticas similares seriam regulamentadas segundo critérios preestabelecidos, que trariam uma relativa segurança aos atores envolvidos. Os interrogados poderiam, consequentemente, saber que têm diante de si inimigos prontos a lhes infligir um tratamento dos mais dolorosos. Por sua vez, os agentes interrogadores observariam um procedimento impessoal e aplicado uniformemente, excluindo qualquer sentimento particular de ódio ou qualquer desejo de torturar.

2.8. O ponto de fixação das comunicações políticas: a distinção amigo/inimigo

Nas comunicações políticas, o debate sobre a tortura se cristaliza em torno de um conflito de valores (dignidade x segurança) e, sobretudo, em torno do conflito entre o indivíduo e a coletividade. Expressando a tensão clássica entre universalismo e relativismo, a corrente pró-universalista afirma que o indivíduo constitui uma unidade social, que detém direitos inalienáveis, ao passo que a corrente relativista defende que a comunidade é a unidade social de base, e que, nesse sentido, ela transcende as noções de individualismo, igualdade, equidade e liberdade (LEHALLE, 2009). Os relativistas centram o debate sobre as consequências concernentes a privilegiar a dignidade ou a segurança, o indivíduo ou a coletividade, e sua posição é, antes de tudo, utilitarista. Não se trata aí de um argumento novo, pois, como lembra Freeman (2002, p. 62), o conceito de direitos humanos foi recorrentemente desafiado pela filosofia utilitarista, que rejeita os direitos naturais e se baseia no princípio de utilidade, para com o bem da maioria. Os partidários de uma proibição relativa da tortura sempre se justificam apostando em situações hipotéticas, nas quais os direitos individuais e o bem da sociedade aparecem como antinômicos. O cenário da bomba-relógio reedita o eterno debate sobre a atitude autoprotetora de uma sociedade diante de um inimigo. De Kant a Getwirth, passando por Dostoiévski, tem-se aí um debate recorrente sobre os "prováveis" cenários que levam a "relativizar" os direitos de um indivíduo. A posição relativista exige abandonar o universalismo homogêneo e generalizador dos direitos humanos, em prol de uma contextualização adaptada à realidade social e política (a da luta contra o terrorismo, por exemplo). Os relativistas não rejeitam, para tanto, os discursos dos direitos humanos, mas clamam a favor da proibição geral, comportando exceções que correspondem a interesses particulares, geralmente aqueles do Estado (LEHALLE, 2009). Os direitos humanos podem, assim, encontrar-se facilmente em situação de vulnerabilidade em relação a Estados poderosos, que buscam, em primeiro lugar, seu próprio benefício ou o de seus cidadãos, por vezes à custa de outros Estados ou outras coletividades. Nesse sentido, o relativismo é duplamente cultural, pois ele afirma que a comunidade é a unidade social de base – que deve primar pelos direitos individuais –, da qual ele tem uma concepção partidária.

O caso dos Estados Unidos ilustra bem esse tipo de particularismo perante os direitos humanos, pelo fato de o país ter sobretudo recusado assinar o protocolo adicional à Convenção sobre a tortura, ou por reivindicar um estatuto de exceção perante a Corte Penal Internacional.[18] Vários estudos (MERTUS, 2004, p. 92, 217) realizados com atores políticos e militares americanos apontam que, apesar de seu discurso universalista sobre os direitos humanos, suas posições e ações concernem ao relativismo. Mertus evidencia um duplo padrão, segundo o qual se clama pelo respeito aos direitos humanos universais nos outros países, mas declara-se soberania para aplicá-los conforme se deseja, nos Estados Unidos. Os direitos humanos evocados por esses atores correspondem, de fato, a um conjunto de valores americanos, que se busca transmitir aos outros países, visando servir a seus próprios interesses – o que constitui um exemplo flagrante do relativismo normativo ou moral, na aplicação dos padrões e na execução das obrigações segundo os Estados.

Analisando a comunicação política que clama a favor da tortura, pudemos constatar que o relativismo e as exceções à proibição absoluta dela são sobretudo justificados pela oposição entre os bons e os maus indivíduos, os inocentes e os inimigos, os governos legítimos e os Estados destituídos, os soldados oficiais e os combatentes inimigos. A distinção proposta por Schmitt (2007, p. 26) se revela bem útil para compreender as oposições presentes nessa comunicação. Baseando-se na distinção amigo/inimigo, para avaliar a força de uma união ou de uma separação,

[18] Aliás, é bastante significativo que os Estados Unidos tenham perdido, em 2001, seu assento na Comissão dos Direitos Humanos (pela primeira vez desde a sua fundação, em 1947).

de uma associação ou de uma dissociação, Schmitt nos leva a considerar os conceitos amigo/inimigo não como metáforas ou símbolos, mas em um sentido concreto e existencial: o inimigo representa o outro, o estrangeiro, cuja diferença é em si uma fonte potencial de conflitos (LEHALLE, 2009). Torna-se possível determinar como, no caso da tortura, a separação entre inimigos e amigos-vítimas permite que alguns justifiquem um uso limitado da tortura. É sobre essa oposição amigo/inimigo que a posição relativista perante a tortura se baseia essencialmente. De fato, tanto em relação à tortura como à maioria dos direitos humanos, o universalismo preconiza o estabelecimento de valores comuns universais entre os indivíduos e os Estados, ao passo que o relativismo (ou particularismo) privilegia a salvaguarda dos interesses dos grupos sociais dominantes (os amigos) e defende pouco os direitos dos menos poderosos, das minorias menos populares (os inimigos reais e potenciais). Assim, na intersecção dos sistemas jurídico e político, a tortura, como forma comunicacional, atualiza a forma do político amigo/inimigo – tal como em Schmitt e, recentemente, em Jacobs –, para ser gravada na carne dos supostos combatentes inimigos das prisões de Abu Ghraib e de Guantánamo (HERRERA, 2011). A oposição amigo/inimigo reatualiza, portanto, a forma antagonista do político, permitindo uma explicação socializada que defende a estabilização da tortura.

2.9. A semântica do político e a tortura

O conceito de semântica permite a Luhmann distinguir entre o que a sociedade faz e o que ela diz. A semântica é a da autodescrição da sociedade, e acompanha, tardiamente, as mudanças na estrutura da sociedade.

> Cada período é marcado por uma diferente semântica de autodescrição social, e a mudança de semântica segue um determinado padrão: tão logo as novas consequências da diferenciação funcional se tornem visíveis, a autodescrição da sociedade moderna precisa mudar. (LUHMANN, 1992, p. 282)

Na descrição de Luhmann sobre a sociedade moderna, a variação das semânticas não é senão o reflexo defasado dos processos de modificação das estruturas da sociedade, tais como os processos de industrialização, de democratização política ou de ampliação da educação de massas nas escolas. Segundo Luhmann, ela corresponde ao desenvolvimento, pela sociedade, do lento processo de descoberta (que ocorre em dois níveis separados: o dos agentes e o da estrutura) das delimitações da vida moderna. Porém, de modo igualmente importante, a semântica cumpre uma função fundamental na sociedade moderna: ela limita as modalidades possíveis de ação. "O que uma ação individual é só pode ser aferido na base de uma descrição social", afirma Luhmann (1995a, p. 166). Assim, em situações particulares, uma ação individual só é reconhecida quando é compatível com a descrição social, sem a qual ela passa despercebida. Esse ponto nos parece fundamental para a compreensão das leituras feitas sobre a tortura, conforme a autodescrição oferecida pelo sistema político à sociedade. A semântica descreve, portanto, locais, campos, atribuições e quantidade de mão de obra, que resultam de uma descrição determinada (HERRERA, 2006, p. 225).

Vimos, anteriormente, que as comunicações políticas utilizam instrumentos jurídicos, e são concebidas por juristas que se baseiam na legislação e no direito, para emitir opiniões quanto à legalidade de certas práticas que podem ser consideradas tortura. Dedicando-se a uma interpretação jurídica dos textos existentes, os juristas mostram, em suas comunicações, que o direito é um recurso e um instrumento flexíveis. O direito pode ser utilizado para justificar e defender tomadas de posição voltadas a maximizar as possibilidades comunicacionais do campo político, embora agindo nos limites fixados pelo código de atribuição próprio ao dito sistema político.

Essa leitura se baseia na teoria dos sistemas e parte de uma constatação simples: os sistemas são capazes de se auto-observar e, também, de observar outros sistemas (HERRERA, 2006). Instaura-se, assim, um diálogo interno ao sistema político, que se repete nas comunicações dos advogados do Departamento de Justiça. Esse diálogo descreve o ponto de vista do sistema político (atualizado nos argumentos dos advogados) no plano interno e, também, o que tal sistema entende ser a resposta provável do sistema jurídico, tal como observado segundo *seu próprio ponto de vista*. É importante notar que cada uma das observações feitas pelo sistema político é finalmente determinada pela aplicação do código próprio ao funcionamento do político: poder/não poder. Assim, cada observação dos outros sistemas situados no ambiente imediato (no caso concreto, o sistema jurídico), realizada pelo sistema político, é feita segundo modalidades que lhe são próprias, e não segundo as dos outros sistemas.

De igual modo, é importante notar as ligações estreitas que unem os agentes e o sistema político (HERRERA, 2011). Os advogados Yoo, Bybee e outros, no exercício de seus papéis, revelam uma função fundamental do sistema: a de levar em conta as respostas e os eventuais riscos de sua interação com os demais sistemas de primeira ordem. O advogado genérico do Departamento de Justiça, tomado de um ponto de vista abstrato, é, assim, o *ego* que pensa aquilo que pode ser pensado e comunicado por um eventual *alter* (o sistema judiciário). Invocando principalmente o caráter imperativo da ação e a legítima defesa, os advogados recorrem, em certos memorandos, ao conceito de desobediência legítima, para justificar a eliminação da responsabilidade criminal (GROSS, 2004, p. 229). Tal conceito serviria para legitimar a cessação da proibição à tortura nos casos em que um interesse superior exige semelhante sacrifício para combater um perigo ou um inimigo específico.

Os memorandos da tortura fazem parte, portanto, dos mecanismos internos que permitem a articulação entre a ação humana e as demandas sistêmicas. Eles fornecem as justificações jurídicas necessárias à institucionalização dos manuais de tortura. Eles cumprem uma dupla função: estabilizam os procedimentos e as expectativas dos atores e das instituições, e são também fonte de sentido, articulando as emissões semânticas que garantem a reiteração do código das comunicações internas, que é próprio ao funcionamento do político (HERRERA, 2011). Na guerra contra o terrorismo, eles servem para atualizar modalidades de gestão da complexidade social e ambiental que tenham sido ignoradas depois da condenação da tortura pela comunidade internacional.

É assim que a questão do que se considera tortura passa a ser estritamente semântica: ao submeter um prisioneiro a atitudes desconfortáveis que não acarretam a morte, o agente executor se mantém nos limites da conduta descrita pelo procedimento regulamentar do tratamento a esse combatente inimigo. Fica-se longe, portanto, da identificação e da definição de tortura, proposta pelos protocolos e tratados dos direitos humanos, mesmo quando o tratamento infligido corresponde, no plano fenomenológico, à vivência da tortura (HERRERA, 2011). A utilização da tortura pelos Estados Unidos, entre 2001 e 2005, ilustra, de maneira impressionante, essa escapatória semântica à proteção que o direito internacional concede aos prisioneiros (LEHALLE, 2010).

3. A RPM

A partir dos instrumentos fornecidos por Luhmann, Alvaro Pires estabelece, referentemente ao sistema jurídico, várias distinções pertinentes à nossa análise. Para Pires, a sociedade evolui para um aumento de sua diferenciação interna. Assim, por seu lado, o sistema jurídico se divide, e o "direito criminal passa a ser visto, no século XVIII, como um 'direito' ou 'sistema autônomo'" (PIRES, CELLARD e PELLETIER, 2001, p. 198). O direito penal chega, então, à etapa crucial da autopoiesis: ele "irá auto-observar-se, autodescrever-se e projetar um autorretrato complexo de si mesmo". A RPM corresponde a esse autorretrato que se caracteriza pelo fato de que é estritamente punitivo, e será (é) construído fundamentalmente em torno das teorias (modernas) da pena. Nesse sentido, as teorias dominantes serão aquelas que concebem a "proteção da sociedade" ou das normas, de maneira hostil, abstrata, negativa e atomista. Hostil, porque se representa o desviante ("aquele que causa a decepção") como um inimigo do grupo inteiro".[19]

Cabe enfatizar que, na descrição fornecida por Pires, o desviante é considerado um *inimigo do grupo inteiro*. Assim, no que concerne à sociedade (e em vista do funcionamento jurídico ulterior), o direito penal criminal integra a oposição amigo/inimigo – distinção essa que permite a ele continuar tratando os "inimigos internos" como condenados, e na qual cada uma das modalidades é, depois, retomada pelo sistema punitivo.

Pode-se, então, afirmar – segundo Luhmann – que o sistema jurídico estabelece uma dupla diferenciação. Existe, em primeiro lugar, uma distinção que permite que ele se apresente como um sistema separado dos demais sistemas sociais e, particularmente, do sistema político. Em

[19] Pires, Cellard e Pelletier (2001) distinguem, também, outros traços característicos do direito criminal. Assim, as teorias dominantes são "abstratas, porque o mal (concreto) causado pela pena é percebido como devendo causar um bem moral imaterial ou um bem prático invisível e futuro. Negativas, pois tais teorias excluem qualquer alternativa que vise reafirmar o direito por uma ação positiva do desviante (a indenização, por exemplo), bem como estipulam que somente o mal concreto e imediato causado ao desviante (e ao seu entorno) pode produzir um bem-estar para o grupo, ou refirmar o valor da norma [...]. E atomistas, porque a pena não tem de se preocupar com os laços sociais concretos entre as pessoas [...] vê-se o interesse público como reclamando a pena e como sendo incompatível com a simples pacificação do conflito entre as partes".

segundo lugar, ele delimita, dentro dele mesmo, campos funcionalmente separados e distintos: assim, o campo do direito criminal é considerado distinto dos outros subsistemas jurídicos, tais como o direito constitucional e o direito comercial. O direito criminal, como subsistema autônomo, vê, portanto, seu sentido particular segundo sua produção semântica, a qual atualiza a divisão do político a partir do código amigo/inimigo. O criminoso será tratado como um inimigo da sociedade, tal como apontou Pires. A RPM corresponde, assim, a um caso particular de semântica.

Tal como descrita por Pires, a RPM estabelece uma relação de complementaridade com a semântica do antagonismo político, em diversos níveis. As duas constituem formas de atribuição de modalidades do possível, e ambas são contingentes. A despeito de sua eventualidade, elas podem assumir diferentes configurações, que se atualizam na gestão contemporânea da complexidade. Elas gerem da mesma maneira a complexidade social, porque cristalizam a gestão da complexidade por sua expulsão: a leitura do criminoso como um inimigo significa que ele está doravante excluído do conjunto dos agentes sociais. Analogamente, a leitura do outro, em termos antagonistas (HERRERA, 2011), significa que esse outro não pode, simbolicamente, ser considerado igual e idêntico ao ser que somos: ele é desprovido de identidade. Isso nos permite melhor compreender o vazio jurídico em que se encontram os prisioneiros de Abu Ghraib, de Guantánamo e das outras prisões regidas pelo código antagonista. O postulado de Schmitt "Soberano é aquele que decide sobre o estado de exceção" adquire, então, todo o seu valor, e é soberano aquele que decide sobre a exceção. No caso aqui abordado, é soberano o sistema político que, atribuindo-se o poder de estabelecer exceções à aplicação da norma jurídica, contraria o dever do jurídico, que consiste em proteger e respeitar, sob quaisquer circunstâncias, a dignidade dos prisioneiros. Por esse gesto de exclusão, ele reafirma seu poder soberano e empreende uma colonização[20] final da realidade social. Essa realidade social propõe um retorno às vantagens de uma sociedade que não se constrói pela inclusão dos atores em múltiplos sistemas de gestão especializada da complexidade social. Trata-se, finalmente, de uma sociedade desdiferenciada, amedrontada, que se reorganiza segundo o código

[20] Lembrando as patologias sociais, cujo diagnóstico foi feito por Habermas (1984).

transpolítico distinguindo o amigo do inimigo, e que permite os abusos e os maus-tratos para com o indivíduo que perde seu lugar simbólico de igualdade perante o direito.

Referências

DERSHOWITZ, A. Transcript of interview. 13 de novembro de 2007, *Big think*, 2007. Disponível em: http://bigthink.com/ideas/5154. Acesso em: 4 abr. 2012.

DORFMAN, A. The tyranny of terror: is torture inevitable in our century and beyond? *In*: LEVINSON, S. (org.). *Torture*. New York: Oxford University Press, 2004.

FREEMAN, M. *Human rights*. Cambridge: Polity Press, 2002.

GREENBERG, K.; DRATEL, J. *The Torture Papers*. Cambridge University Press, 2005. Inclui Memorando de 26 de fevereiro de 2002, sobre as coerções legais potenciais, aplicáveis nos interrogatórios dos prisioneiros das forças americanas no Afeganistão; Memorando de 26 de abril de 2003, assinado pelo Secretário de Defesa, Rumsfeld; Memorando de 11 de outubro de 2002, de solicitação de aprovação de estratégias do general Hill; Memorando de Bybee de 1º de agosto de 2002; Memorando de John Yoo, de 14 de março de 2003.

GROSS, O. The prohibition on torture and the limits of the law. *In*: LEVINSON, S. (org.). *Torture*. Nova Iorque: Oxford University Press, 2004.

HABERMAS, J. *The Theory of Communicative Action*. Trad. Thomas McCarthy. Cambridge: Polity, 1984. v. 1.

HART, H. L. A. *The concept of law*. Oxford: Clarendon Press, 1994.

HERRERA-VEGA, E. *Trafic de drogues et capitalisme*. Paris: L'Harmattan, 2006.

HERRERA-VEGA, E. The politics of torture in antagonistic politics, and its displacement by the regime of the arts. Abu Graib, Colombian paramilitaries and Fernando Botero. *Current Sociology*, v. 59, n. 6, p. 675-695, 2011.

IGNATIEFF, M. Moral prohibition at a price. *In*: ROTH, K.; WORDEN, M. (org.). *Torture*. New York: The New Press, 2005.

IGNATIEFF, M. *Political ethics in an age of terror*: the lesser evil. Toronto: Penguin, 2004.

KELSEN, H. *Pure theory of law*. Clark (N.J.): The Lawbook Exchange, 2004.

KING, M. *Systems, not people, make society happen*. Edinburg: Holcombe Publishing, 2009.

LEHALLE, S. La torture: un cas d'école de la difficile tension entre universalisme et relativisme. *Monde Commun*, v. 2, p. 137-155, 2009.

LEHALLE, S. Droits humains et torture: un couple en pleine négociation théorique et juridique. *Science et Esprit*, v. 62, n. 2-3, p. 339-353, 2010.

LUHMANN, N. Differentiation of society. *Canadian Journal of Sociology*, v. 2, n. 1, p. 29-53, 1977.

LUHMANN, N. *Social systems*. Stanford (California): Stanford University Press, 1995a.

LUHMANN, N. Legal argumentation: an analysis of its form. *The Modern Law Review*, v. 58, n. 3, 1995b.

LUHMANN, N. The direction of evolution. *In*: HAFERKAMPF, H.; SMELSER, N. (org.). *Social change and modernity*. Berkeley: University of California Press, 1992.

MCCOY, A. *A question of torture*: CIA interrogation from the Cold War to the War on Terror. Nova Iorque: Metropolitan Books, 2006.

MERTUS, J. *Bait and switch*: human rights and the US foreign policy. New York: Routledge, 2004.

PIRES, A. P.; CELLARD, A.; PELLETIER, G. L'énigme des demandes de modifications législatives au Code criminal canadien. *In*: FRAILE, P. (org.). *Régulation et gouvernance*: le contrôle des populations et du territoire en Europe et au Canada: une perspective historique. Barcelona: Universidade de Barcelona, 2001.

POSNER, R. Torture, terrorism and interrogation. *In*: LEVINSON, S. *Torture*. Nova Iorque: Oxford University Press, 2004.

SCHMITT, C. *The concept of the political*. Chicago: The University of Chicago Press, 2007.

WALZER, M. Political action: the problem of dirty hands. *In*: LEVINSON, S. *Torture*. Nova Iorque: Oxford University Press, 2004.

WEBER, M. Essays in sociology. *In*: WEBER, M.; GERTH, H.; WRIGHT MILLS, C. (org.). *Sociology classics*. London: Routledge, 2005.

Posfácio

Nascimento e desenvolvimento de uma teoria e seus problemas de pesquisa

Alvaro P. Pires[1]

Logo no início deste texto, que tem para mim um significado especial, não posso deixar de expressar meu contentamento e atestar minha profunda gratidão para com Richard Dubé, Margarida Garcia e Maíra Rocha Machado, três de meus ex-alunos e colegas de pesquisa, por esta tocante iniciativa, que me tomou completamente de surpresa. Por isso, é de perder o fôlego reencontrar, nesta obra em minha homenagem, todos os meus alunos de doutorado, meus estagiários de pós-doutorado e meus colaboradores próximos; bem como ler os textos que eles apresentam em referência à teoria que colaboraram para desenvolver e atestar a pertinência. Suas contribuições conferiram a ela uma maturidade cognitiva que não teria sido alcançada de outra forma. Ao receber, sem explicações, esta obra em uma caixa, por ocasião de meu 60º aniversário, precisei de um tempo para compreender o que me acontecia. Então, eu disse a mim

[1] Graduação em Direito pela Universidade do Estado do Rio de Janeiro (UERJ). Mestre (M.Sc.) e Doutor (Ph.D.) em Ciências Sociais (Criminologia) pela Universidade de Montreal (Canadá). Professor Titular em Criminologia na Faculdade de Ciências Sociais da Universidade de Ottawa onde leciona desde 1980. Em 2001, recebeu do Governo do Canadá a Cátedra de Pesquisa em Tradições Jurídicas e Racionalidade Penal. Em 2002, recebeu o Ontario Distinguished Researcher Award da Fundação "Ontario Innovation Trust" por pesquisa inovadora e descobertas científicas. Em 2016, a Universidade de Ottawa o premiou com o título de Distinguished University Professor. Publicou vários artigos em revistas científicas de filosofia e de direito. Foi coautor de três volumes da obra *Histoire des savoirs sur le crime et la peine* (Bruxelas, 2008) e do livro *La recherche qualitative: enjeux épistémologiques et méthodologiques* (Montreal, 1997; tradução para o português: Editora Vozes, 2008).

mesmo: "um pesquisador, quando é muito pretensioso, pode esperar receber semelhante homenagem após seu falecimento". Ora, como eu não creio ser pretensioso, e como me sentia bem vivo, vocês podem realmente avaliar a extensão da minha surpresa.

Estou, claro, plenamente ciente das condições objetivas que tornaram possível toda essa experiência. A obtenção de minha Cátedra de Pesquisa do Canadá, em 2001, e a constituição de um Laboratório de Pesquisa – com o apoio do *Ontario Innovation Trust/Fonds Ontarien pour l'Innovation* (OIT/FOI) e da *Canada Fondation for Innovation / Fondation Canadienne pour l'Innovation* (CFI/FCI) – foram decisivas. Elas me permitiram formar uma verdadeira equipe de alunos (de mestrado e doutorado) em torno de um mesmo programa de pesquisa, semelhante ao que ocorre nas ciências naturais, em vez de ter vários alunos dispersos em temas sem conexão uns com os outros. Esse mesmo programa epistemológico e teórico era, por outro lado, suficientemente flexível e aberto, para permitir que cada um tivesse nele o seu lugar, conforme seus interesses acadêmicos e suas respectivas competências. A seleção de temas e áreas de pesquisa me surpreendeu, inclusive pela dificuldade e diversidade das questões levantadas, como também pelo fato de eu não ter necessariamente vislumbrado o campo que eles escolheriam para aplicar e desenvolver aquilo que, durante o percurso, tornou-se a "teoria". Essa conjuntura, das mais favoráveis, também me permitiu manter ao meu lado um incansável colaborador de pesquisa, o historiador Gérald Pelletier, que desempenhou um imenso papel pedagógico e de apoio junto a meus alunos, particularmente quando das pesquisas arquivísticas, além de sua participação (individual, ou com meu colega André Cellard, ou comigo mesmo) em publicações sobre uma das principais pesquisas relativas a essa teoria. Sua colaboração, reconhecida por toda a equipe, foi sempre marcada pela generosidade, disponibilidade e simplicidade. Não vejo como eu poderia levar esse barco ao destino sem o seu apoio. Todos nós tivemos, ao longo dos anos, a impressão de ter formado não só uma equipe de pesquisadores, mas efetivamente uma "família de pesquisadores" em torno de um tema. Ora, é fácil compreender que me é impossível reconstruir aqui essa longa trajetória de vida e de trabalho convivial, bem como agradecer, a cada um, pelas contribuições originais que deram – e continuam dando – para o desenvolvimento da teoria e para a sua constante comprovação empírica. Se, de início, eu era a "locomotiva" da teoria, essa imagem se tornou muito rapidamente imperfeita: ela oculta o fato de que, na locomotiva, e para o seu deslocamento, havia mais do que apenas um único membro da tripulação.

Uma última palavra de agradecimento a uma interlocutora a distância: a professora e juíza Françoise Tulkens, presidente da segunda sessão da Corte Europeia de Direitos Humanos. Desde nosso encontro, no início dos anos 1990, ela passou a influenciar minha maneira de orientar a teoria, por uma espécie de projeto de vida que ela havia construído para si mesma, ao já estar convencida de que, para o direito criminal, era possível autorreconstruir-se, sem desaparecer. Resumirei brevemente a importância desse desafio durante as duas décadas precedentes (1970-1990), visto que ele organiza perfeitamente as reflexões que se seguirão.

A partir dos anos 1970, as reflexões fundamentais de Michel Foucault, de um lado, e de Louk Hulsman, de outro lado, pareciam tomar uma direção simultaneamente convergente e divergente. Ambos os autores estimularam, sem assim o formular, uma crítica profunda desse sistema de ideias da "racionalidade penal moderna". Mas, enquanto Foucault estava inclinado a uma abordagem voltada a *repensar e refundar* o "direito de punir", Hulsman não via como um sistema social, como o sistema de direito criminal, poderia modificar radicalmente a sua forma de ser e continuar ainda sendo um sistema de direito criminal – pois, segundo ele, a reconstrução significativa das estruturas de um sistema levaria à sua abolição. Essa mutação estrutural se daria juntamente com sua extinção e sua substituição por outras formas mais apropriadas de resolução dos conflitos, mais respeitosas dos direitos fundamentais dos indivíduos e menos humanamente custosas. Quando Hulsman nos deixou, nós dois estávamos dando início a uma reflexão sobre o sentido a (re)atribuir ao termo "abolicionismo": poderia ele contemplar uma refundação do direito criminal, no sentido de Foucault? Eu então dizia a Louk que o termo "abolicionismo" havia sido forjado em função de um velho conceito de sistema social, que ganharia com sua substituição.

Lembremos, brevemente, que esse velho conceito de sistema privilegiava, ainda, a noção de *estrutura*, a qual era abordada como se não pudesse modificá-lo fundamentalmente sem "causar a morte" do sistema de referência. O sistema era concebido segundo o "princípio da substância" (LUHMANN, 1968, p. 32), que atribuía a ele um núcleo de *traços essenciais* ou *invariâncias*. Nessa representação conceitual, as estruturas de um sistema não eram observadas como podendo ser "dinamizadas" – retomando-se, aqui, uma expressão de Sosoe (2006, p. ix). Assim, mudar as estruturas equivalia a mudar de sistema. Esse conceito substancialista começou a ser abandonado nas ciências, no momento em que o abolicionismo se afirmava como discurso crítico em relação ao direito criminal. Entretanto, essa renovação não era ainda suficientemente visível nas ciências sociais, e caminhava na contracorrente de todas as teorias que davam primazia ao conceito de estrutura. Uma das implicações epistemológicas desse velho conceito é a de que ele não deixa, para o pesquisador, nenhum espaço cognitivo para conceber a possibilidade de uma reconstrução das estruturas de um sistema social. As ciências sociais concebiam, mais facilmente, portanto, alternativas ao sistema de direito criminal do que *estruturas alternativas* à estrutura dominante *desse sistema*.

Já Tulkens não via a abolição como a única alternativa para resolver a questão de como pensar as penas em direito criminal. Ela se colocava, assim, na contracorrente de uma poderosa tradição jurídica, que, desde o século XIX, ventilava a ideia de que outra etapa de evolução quanto à maneira de conceber as penas era doravante impossível. Essa tradição veiculava convictamente a ideia de que, com a prisão e as teorias modernas da pena, as penas haviam atingido seu último estágio de desenvolvimento. Evidentemente, isso não impedia a abolição definitiva da pena de morte e de outras modificações pontuais, mas nada trazia de fundamental quanto ao conceito de pena, aos objetivos da pena e ao papel central da prisão na penalidade moderna. Antes que eu estivesse apto a dessubstancializar o conceito "estruturalista" de sistema, a partir de Foucault, Edgar Morin, Yves Barel e Luhmann, Tulkens já se tornara uma interlocutora que insistia nessa possibilidade de uma reconstrução interna.

A teoria tomou, então, a feliz expressão de Simondon (1969, p. 27), que, ao observar a evolução dos objetos técnicos, assinalara que esta não se realizava "de maneira absolutamente contínua, tampouco de maneira completamente descontínua". Ele havia observado, nesse momento, que ela comportava *patamares* que pressupunham uma "reorganização estrutural". Os sistemas autorreferenciais (tendo eles mesmos um papel a desempenhar em sua própria evolução) podiam, assim, autoproduzir uma "evolução de patamar", sob a condição de conseguir reorganizar suas estruturas e seus processos nesse sentido. Buscando melhor compreender e elucidar seus problemas de pesquisa, a teoria se construiu *em função* de uma observação inicial: as teorias convencionais da pena (retribuição, dissuasão, denunciação[2], reabilitação carcerária), que são defendidas e valorizadas pelo sistema de direito criminal (e pelo sistema político), constituem um *obstáculo cognitivo* (no plano das ideias) a essa reconstrução-inovação (evolução de patamar) das estruturas e processos do direito criminal concernentes às penas, e não oferecem um apoio suficiente às sanções não carcerárias.

É evidente que nenhuma teoria explicativa pode resolver todos os problemas relativos ao seu tema ("evolução"), nem responder a todas as questões que podem surgir, e, nesse sentido, aquela que é aqui analisada não constitui exceção. Por exemplo, ela não foi construída para dar conta do problema da "reviravolta punitiva" dos anos 1980 e 1990, mas, sim, de um problema de evolução de longa duração. Ela tampouco pode explicar as escolhas das penas feitas pelos juízes. No momento de construção de uma teoria, o que um pesquisador pode fazer – como aponta também Bateson (1972, p. 62) – é isolar e formular esquematicamente alguns problemas considerados fundamentais, para, em seguida, focalizar em profundidade cada um deles, deixando de lado uma série de outras questões ou explicações que, a despeito de sua importância e de seu peso, não têm relação com o problema central de pesquisa selecionado. A seguir, apresento informalmente o desenvolvimento dessa teoria e seus problemas de pesquisa.

A emergência "inconsciente" de uma teoria

Sabemos que, em ciências (e, às vezes, alhures), as teorias podem emergir sem ser planificadas. Os pesquisadores observam certos fenômenos, deixam-se intrigar por eles e buscam elucidá-los. Ao longo dessas operações, algumas explicações podem tomar pouco a pouco a forma de uma teoria, mesmo quando o pesquisador não se dá imediatamente conta dessa passagem progressiva das primeiras hipóteses explicativas a uma teoria mais elaborada e à sua comprovação por meio de novas observações. Nesse sentido, vivenciei uma experiência um pouco similar à vivida por um sociólogo norte-americano, Edwin Sutherland (1942), quando da elaboração de sua teoria da associação diferencial. Ele relata que havia

[2] Essa teoria é igualmente conhecida sob outras denominações: teoria da reprovação social ou, ainda, teoria da prevenção social positiva.

publicado, em 1934, a segunda edição de seu *Principles of criminology*, e que ficou totalmente surpreso quando, em 1935, falando sobre seu livro com Henry McKay, este se referiu à "sua" (própria) teoria do comportamento criminal. Sutherland então lhe perguntou, candidamente, qual era a "sua" teoria, e McKay especificou que ela se encontrava nas páginas 51-52 da citada obra. Sutherland se dispôs a lê-las, para "descobrir" a teoria.

A teoria sobre a evolução do sistema de direito criminal conheceu uma trajetória desse tipo. Retroativamente, creio poder identificar três fases: i) a fase de emergência, sob a influência de Roberto Lyra Filho;[3] ii) a fase de desenvolvimento de uma hipótese inicial explícita, sob a influência principalmente de Michel Foucault; iii) a terceira fase de desenvolvimento, com o apoio da "caixa de ferramentas" da teoria dos sistemas sociais de Niklas Luhmann. No que se refere às influências sobre o plano da *abordagem geral*, não vejo descontinuidades abruptas, mas sim sobreposições e certo efeito cumulativo. Ora, a teoria estava já em sua terceira fase, mas eu ainda não utilizava o termo "teoria" para me referir ao *corpus* conceitual existente. Nas salas de aula, ou nas reuniões de pesquisa do Laboratório, junto de meus alunos (os que participam deste livro), eu falava constantemente sobre *o conceito de racionalidade penal moderna* (RPM) (no plano descritivo), para me referir a esse sistema de ideias formado pelas teorias convencionais da pena. Eu evitava o termo "teoria" e, mais ainda, a ideia de uma teoria *explicativa*. Foram meus alunos que começaram a se referir à "teoria", e eu insistia (erroneamente) em corrigi-los: "Atenção! Isso não é uma teoria; é um simples conceito". Cheguei mesmo a escrever um documento de trabalho inédito para pôr fim a esse "mal-entendido". Essas advertências só serviram para criar mais confusão: os dois termos, *conceito* e *teoria*, eram empregados, mas de forma então indiferenciada. Um belo dia, eu disse a eles: "eu penso que me enganei; vocês têm razão, é realmente uma teoria. O *conceito* de RPM também está aí presente, mas ele não é senão um elemento da teoria". A partir dessa tomada de consciência, eu assumi – não sem dificuldades – a ideia de que se tratava de uma teoria.

[3] Lyra Filho era jurista e filósofo de direito, na Universidade de Brasília.

As três fases da teoria

Em primeiro lugar, voltemos a essa (longa) fase de emergência. Ela remonta aproximadamente à época de minha formação em direito, no Brasil, entre 1968 e 1972. De fato, embora essa teoria seja indubitavelmente sociológica, ela teve início com observações e reflexões feitas dentro do sistema de direito, como uma espécie de auto-observação e autodescrição do direito (criminal). Essa fase se prolongou no Canadá, na esteira, simultaneamente, das observações que realizei sobre os relatórios das comissões de reforma do direito, e de uma experiência de colaboração que desenvolvi com a Comissão Canadense sobre a determinação da pena (PIRES, 1984, 1985, 1987). Nessa época, o tema da igualdade/desigualdade das sentenças parecia-me também digno de interesse, e eu trabalhava com Pierre Landreville (PIRES e LANDREVILLE, 1985). Esse primeiro período se encerrou com a publicação do primeiro artigo concernente à hipótese central dessa "teoria", em 1991, na revista de filosofia *Ethica*.[4] Uma constatação foi aí estabelecida: o discurso filosófico sobre as penas é obnubilado pelas teorias modernas da pena e não consegue fazer valer as sanções não carcerárias, ou sem a intenção direta de infligir um sofrimento ao culpado em matéria de direito criminal. A hipótese é, portanto, a de que essas teorias da pena exercem, no plano das ideias e das formas de legitimação, um "bloqueio" à maneira de pensar, de forma criativa e adequada, a reforma do direito criminal: elas "matam" a imaginação criativa dos criminalistas e os fazem "andar em círculo". É a "garrafa de moscas" de Wittgenstein e de Watzlawick. Elas são coerções que reduzem as chances de que outra maneira de pensar as sanções se instale e se generalize no sistema. Essas teorias já foram observadas, no referido artigo, como "obstáculos epistemológicos"[5] (BACHELARD, 1938) à reforma. Esse trabalho foi fruto de uma reflexão desenvolvida pela Equipe (interdisciplinar) de Pesquisa em Ética Social (ERES), sob a coordenação da professora Jocelyne Couture, do Departamento de Filosofia

[4] A redação desse texto é anterior a um segundo, que foi, entretanto, publicado antes (PIRES, 1990).

[5] *Grosso modo*, pode-se dizer que estamos diante de um obstáculo epistemológico (ou cognitivo), quando hábitos profissionais ou ideias que um sistema social julga (ainda) apropriados, bons ou interessantes, impedem a adoção, generalização e estabilização, a longo prazo, de novos hábitos e de melhores ideias, estruturas e práticas, no próprio sistema.

da Universidade do Québec em Montreal. Na ocasião, eu me dei conta também de que havia uma forte convergência das teorias convencionais da pena em relação às penas aflitivas e ao encarceramento.

A segunda fase da construção dessa teoria começa em 1991 e termina em 2001, com a publicação de um artigo sobre o enigma do longo prazo/curto prazo (PIRES, CELLARD e PELLETIER, 2001), e também com a obtenção da Cátedra de pesquisa do governo do Canadá. Ela se caracteriza, inicialmente, por três subvenções sucessivas do Conselho de Pesquisa em Ciências Humanas do Canadá, entre 1992 e 2001, relativas às demandas de modificações legislativas (aceitas e negadas) no Código Criminal canadense, entre 1891 e 1954, com uma avaliação adicional até 1991... um século de análise do trabalho legislativo em matéria criminal. Retivemos *todas* as demandas *encontradas* durante um levantamento exaustivo realizado nos acervos de arquivos nacionais, até 1954. Esse vasto programa, conduzido juntamente com meus amigos historiadores André Cellard e Gérald Pelletier, permitiu-nos observar, entre outras coisas, o papel de legitimação (e as implicações sobre a longa duração) das *ideias* relativas às penas, na rotina do trabalho legislativo.

Esse período se caracteriza, ainda, por minha participação em outra extensa pesquisa – com Christian Debuyst e Françoise Digneffe, da Universidade Católica de Louvain, que subvenciona o Conselho Nacional da Pesquisa Científica da Bélgica –, referente à história dos saberes sobre o crime e a pena no Ocidente. O principal ponto de intersecção dos dois programas foi a publicação de um texto substancial, *A formação da racionalidade penal moderna no século XVIII*, no segundo volume de *Histoire des savoirs* (1998). Essa pesquisa me possibilitou observar: i) que as garantias jurídicas coexistiam com a aceitação dos suplícios e eram ineficazes em relação à severidade das penas; ii) que o Ocidente havia construído uma contradição paradoxal entre os direitos fundamentais e as penas; iii) que Foucault tinha inteiramente razão em salientar a ambivalência dos discursos humanistas em matéria penal.

Não compreendi a referida ambivalência como uma crítica ao humanismo, mas sim como principalmente indicativa da presença de um enorme problema cultural ou cognitivo em matéria criminal. Os teóricos da pena – Beccaria, Adam Smith, Kant, Beaumont e Tocqueville, e outros – dedicaram-se a uma espécie de "concurso paradoxal": de um lado, cada qual apresentava a teoria que privilegiava como "humanista" e respeitosa de determinados valores fundamentais; de outro lado, cada qual acusava a teoria do outro de ser precisamente [demasiado] "humanista", o que acabava tomando a forma de um insulto, já que nenhum teórico da pena gosta de ser acusado disso. "Humanista", em matéria penal, significa em geral "ser mole" ou "idealista". A teoria deve ser, portanto, simultaneamente *humanista* e *firme*; ela não pode ser "afeminada", como diziam Beaumont e Tocqueville (1845, p. 136).

Cumulativamente, essas observações deram um novo impulso à teoria. Eu "fusionei" – por assim dizer – as contribuições de Foucault, Bourdieu, Morin e Barel, orientando todas elas para a busca de uma elucidação desse problema cognitivo de evolução da penalidade em direito criminal. Além disso, o permanente desenvolvimento do material empírico tornara o quadro teórico inadequado. Foi graças a Morin e Barel, que utilizavam a teoria dos sistemas, que eu redescobri, no final dessa fase, a teoria de Niklas Luhmann. Comecei a me dar conta de que ela podia ser fusionada à teoria em construção, e que, por seu aparato conceitual, ela podia ainda solucionar os novos problemas empíricos encontrados, possibilitando-me distinguir claramente entre sistema político/sistema de direito, bem como articular observações em diversos níveis.

Durante essa fase, Jean Sauvageau (1998) defendeu sua tese de doutorado na Universidade Católica de Louvain, sob a orientação de Françoise Tulkens e minha coorientação. A tese compara os debates parlamentares belgas e canadenses, visando abolir a pena de morte no século XIX. Os mesmos argumentos e os mesmos impasses estão presentes nos dois contextos, durante todo o período observado. A despeito de reiteradas críticas a essa pena, ela perdurará longamente, antes de ser abolida nos dois países.[6] Nessa época, Richard Dubé (2001) havia finalizado sua dissertação de mestrado concernente à teoria da dissuasão, buscando examinar a pertinência da racionalidade custos/benefícios, no momento da passagem ao ato, nos crimes graves. A conclusão principal foi a de que há outras formas de racionalidade em operação, e que a racionalidade custos/benefícios não predomina absolutamente nos casos graves observados.

O terceiro período tem início em 2001, com a Cátedra de Pesquisa do Canadá. Obtive, então, reforços de peso: meus alunos de mestrado e de doutorado se juntaram a mim nesse programa de pesquisa. Tais

[6] Sobre o mesmo assunto, ver Pires e Garcia (2007).

condições me permitiram dar uma grande virada paradigmática: a retomada da poderosa "caixa de ferramentas" fornecida pela teoria dos sistemas sociais de Luhmann. Isso me levou a uma modificação progressiva, mas fundamental, de meu aparato conceitual, como também a uma revisão da descrição de meus dados de observação. As teses de doutorado contribuiriam, doravante, para o desenvolvimento do quadro teórico, acrescentando um novo material empírico e explorando alguns problemas contemporâneos sobre os quais a teoria supunha poder lançar uma nova elucidação.

Assim, Maíra Machado (2004) interessou-se pela presença do sistema de ideias da racionalidade penal no direito criminal internacional, bem como pelas interfaces e relações entre o sistema de direito criminal e o direito administrativo. Richard Dubé (2007)[7] dedicou atenção especial às ideias inovadoras emergentes nos discursos de uma comissão de reforma no Canadá, no final da década de 1960. Jean-François Cauchie (2009), sob a orientação de Françoise Digneffe,[8] analisou a recepção e o desenvolvimento das penas de trabalhos comunitários, que constituem uma sanção com potencial inovador. Marta Machado (2013) construiu uma ponte entre essa teoria sobre a evolução do direito criminal e as reflexões formuladas na Alemanha por Günther Jakobs e Klaus Günther, acerca dos conceitos de responsabilidade penal e de culpabilidade em direito criminal, com vistas a retirar as restrições à inovação, impostas pelo princípio da obrigação de punir e pela definição substancialista da punição. Essas três pesquisas examinavam, portanto, situações virtuais de inovação, visando permitir à teoria a análise das duas faces do problema (obstáculos e inovações). Margarida Garcia (2009)[9] descreveu e elucidou as relações paradoxais entre a semântica dos direitos humanos e o direito criminal moderno, observando particularmente o que se dá em relação às penas. Mariana Possas (2009) desenvolveu um estudo de caso sobre a criação da lei contra a tortura no Brasil, de modo a examinar a distinção conservadores/progressistas, quando o tema do projeto de lei (defesa

[7] Coorientei essa tese juntamente com Jules Duchastel, do Departamento de Sociologia da Universidade do Quebec em Montreal.

[8] Participei do comitê de acompanhamento de sua tese.

[9] Coorientei essa tese juntamente com Jules Duchastel, do Departamento de Sociologia da Universidade do Quebec em Montreal.

dos direitos humanos) interpela os progressistas. Sébastien Lachambre (2011)[10] analisou uma complexificação do sistema de ideias da RPM, na segunda metade do século XX, descrevendo o nascimento de uma nova teoria da pena, a teoria da "reprovação social" ou da "denunciação", dentro desse sistema de ideias. José Roberto Xavier (2012) observou o sistema de direito criminal em uma conjuntura plena de expectativas e pressões da opinião pública e das mídias, concernentemente às penas, analisando, assim, interações cognitivas do sistema do direito criminal com a opinião pública, do ponto de vista da justiça criminal. Veronica Piñero (2012)[11] descreveu o conjunto das transformações legislativas no sistema de justiça criminal para os jovens, no Canadá, desde a sua formação, no início do século XX, até o presente, e explorou a finalidade e a utilização, pelos tribunais, de um mecanismo de transferência de determinados jovens para a justiça dos adultos. Mariana Raupp (2012)[12] vem presentemente desenvolvendo um estudo de caso sobre uma comissão de reforma no Brasil (1980-1984), na qual um dos objetivos era a redução do recurso ao encarceramento, com especial atenção à maneira como a teoria da reabilitação era percebida no país, nesse período. Eliana Herrera-Vega e Sandra Lehalle (2013) recorreram a algumas distinções utilizadas por Foucault e por essa teoria, visando refletir sobre o problema contemporâneo da legitimação da tortura pelas comunicações políticas – evidentemente, a teoria não tem poder explicativo enquanto tal sobre essa prática. Esse levantamento breve e incompleto dos temas abordados me parece suficiente para visualizar a diversidade das situações que foram sistematicamente observadas.

Se eu tivesse de dar um apanhado breve e humorístico sobre a passagem para a teoria dos sistemas, eu diria que Luhmann veio colocar conceitualmente em ordem, de um ponto de vista sociológico, as intuições e as percepções analíticas fundamentais que extraí em Lyra Filho e em Foucault, como também em minhas outras experiências e observações empíricas. Por sua vez, Luhmann me conduziu a Gregory Bateson

[10] Coorientei essa tese juntamente com Jean-François Cauchie.

[11] Coorientei essa tese juntamente com Rachel Grondin, da Faculdade de Direito da Universidade de Ottawa.

[12] Coorientei essa tese juntamente com Richard Dubé, do Departamento de Criminologia da Universidade de Ottawa.

(1904-1980), biólogo, etnólogo, etólogo e cibernético inglês. Minha aproximação do trabalho de Bateson se deve, em parte, ao fato de ele ter desenvolvido um projeto análogo ao meu, à época: a construção de uma teoria explicativa centrada na comunicação e empregando um modelo de explicação de um tipo inusitado na sociologia da punição e do direito criminal: o modelo das "explicações negativas" (Bateson), ao qual retornarei. Assim como em Bateson, essa teoria geral se referia a um fenômeno muito bem delimitado, estava baseada em pesquisas empíricas e traçava explicitamente seus limites.

Até a publicação deste livro a mim dedicado, essa teoria se tornou pública de três maneiras. Em primeiro lugar, por meio de textos *impressos* segundo os critérios de uma "cultura da imprensa" (MERTON, 1980), e que foram escritos seja por mim, seja em colaboração com um de meus colegas de equipe, ou ainda por um ou mais pesquisadores que participavam desse programa de maneira autônoma. Em segundo lugar, a teoria foi ao mesmo tempo difundida pelo que Merton chamou pertinentemente de "publicações orais". Com efeito, lembra-nos ele, "durante milhares de anos, o termo "publicar" significou "tornar público"; isto é, "divulgar algo junto aos membros de uma coletividade". Ora, sabemos que essa forma oral de "tornar público" não desapareceu, nem perdeu a sua função. No que me concerne, assim como ocorreu com Merton e Sutherland, ela foi difundida nas salas de aula, nas reuniões de pesquisa do Laboratório e em várias conferências, mas também circulou sob a forma escrita mais precária e limitada de documentos PowerPoint, anotações inacabadas de aulas e documentos de trabalho inéditos; cabendo ainda acrescentar algumas conferências dadas pelos pesquisadores reunidos nesta obra. Em terceiro lugar, a teoria foi difundida sob a forma de trabalhos de mestrado e de doutorado.

Este livro constitui – assim me parece – uma espécie de segunda fase na apresentação da teoria. Inicialmente, ele apresenta o retrato mais integral da teoria, até o momento. Nenhum dos trabalhos precedentes havia dado semelhante visão de conjunto. Em segundo lugar, como o livro também unifica os pesquisadores, ele se apresenta, ainda, como uma espécie de "vitrine" de um trabalho de equipe. A partir de agora, por essa iniciativa, a teoria, em seu conjunto, tornou-se mais visível. Ciente dessa aquisição, abordo outra etapa de redação da teoria.

Os cinco enigmas iniciais ou os problemas de pesquisa

Como a teoria não nasceu de uma planificação, nem no quadro de uma pesquisa empírica única, mas é fruto duradouro, o *problema de pesquisa* sobre o qual ela se debruça encontra-se sob uma forma fluida. O exercício a que me dispus para identificar tal problema de pesquisa fez emergir a conclusão de que ele havia adquirido uma forma paradoxal: há, ao mesmo tempo, *um único* e *vários problemas (cumulativos e convergentes) de pesquisa.* Apresentarei, aqui, "o problema" em sua forma *plural*; isto é, sob a forma de *diferentes* enigmas de pesquisa convergentes. Na realidade, se esses enigmas apareceram, sucessivamente, eles estão todos, por assim dizer, conectados em um nível mais profundo: eles todos podem ser elucidados por uma mesma hipótese teórica básica.

Por *problema de pesquisa* entendo dados de observação a partir dos quais o pesquisador individual constrói enigmas para *descrever, compreender melhor, elucidar* ou *explicar.* O fato de construir e de qualificar, inicialmente, um problema de pesquisa sob a forma de um enigma auxilia o pesquisador a distanciar-se de suas *primeiras* hipóteses explicativas e a desconfiar das respostas demasiado aparentes ou quase automáticas, que surgem pela falta de uma "segunda reflexão", e que não parecem demandar ser questionadas. A noção de enigma facilita, assim, a "vigilância epistemológica" (Bachelard); ela lembra ao pesquisador que é preciso *comparar com outras observações* e ir mais além *teórica e empiricamente.* Empregando uma expressão de E. Husserl (2009), pode-se dizer que o pesquisador se coloca, então, em melhores condições para conferir uma *visão especial* àquilo que, aos seus olhos, passou a ser o seu "problema de pesquisa". Nathalie Depraz (2009, p. 14-15) elucidou o sentido dessa palavra-chave: "Especial" – escreve ela – "designa a atividade de circunscrever a visão, delimitando-a, ressaltando-a. Vê-se assim emergir [em Husserl] uma distinção entre visão (que se dirá, então, 'geral') e visão especial". Os enigmas são aqui objeto de uma visão especial.

O enigma se opõe, por conseguinte, igualmente àquilo que é percebido como uma banalidade ou como um fato de observação não interessante em si, sobre o qual não vale a pena focar a atenção. A "banalidade" é aquilo que é deixado de lado sem investigação aprofundada, ou que faz parte da visão geral que acompanha outra visão especial, mas que jamais é objeto de um exame especial, e que tem o papel de um complemento que não é focalizado como um problema de pesquisa pelo pesquisador individual. A "banalidade" não suscita nem a curiosidade, nem o interesse teórico do pesquisador.

Atentando para essa dificuldade, às vezes, de retraçar os problemas iniciais, creio poder indicar uma sucessão cumulativa de cinco enigmas. Cada um deles foi objeto de diferentes formulações e reformulações, à medida que a reflexão os envolvia e que os dados de observação se somavam. Progressivamente, descobrimos que todos esses enigmas podiam estar relacionados a essa mesma dificuldade cognitiva de evolução do sistema de direito criminal. Todos eles podiam ser elucidados (embora de diferentes maneiras, e infinitamente) pelo peso cultural de uma antiga *definição* da punição, pela institucionalização sólida de quatro *teorias convencionais da pena* no Ocidente, e por uma "teoria da pena de morte" (MEREU, 1982; PIRES, 2012) de Tomás de Aquino, que chegou até nossos dias, mas unicamente sob a forma de argumentos diluídos. Os obstáculos cognitivos mais temíveis para uma evolução de patamar do sistema de direito criminal foram atribuídos pela teoria (incluindo as pesquisas empíricas) ao papel *conjunto* e *cumulativo* desempenhado por essas teorias da pena. Eis, a seguir, uma apresentação sumária desses enigmas.

I. O enigma do debate sobre o estatuto ontológico/não ontológico do direito criminal

Construí o primeiro enigma durante meus anos de formação em direito, no Brasil (1968-1972). A influência decisiva de dois professores fora de meu ambiente universitário formal deve ser aqui salientada: o filósofo do direito Lyra Filho e o jurista Heleno Fragoso[13]. Os dois se tornaram, aliás, amigos durante o caminho. Lembro aqui, de passagem, que o termo "influência" é bidirecional: de um lado, há as mensagens que recebemos; e, de outro lado, aquele que as recebe, ou que a elas está exposto, deixa-se influenciar. Significa dizer que o sistema-receptor constrói algo que lhe é próprio, a partir de determinadas mensagens. Como as mensagens oferecidas são múltiplas e podem caminhar em direções opostas, a influência assume sempre a forma de uma autoinfluência.

[13] Heleno Fragoso era, à época, professor da Faculdade de Direito Candido Mendes, no Rio de Janeiro. Foi também vice-presidente da Comissão Internacional de Juristas e secretário-geral adjunto da Associação Internacional de Direito Penal. Depois do golpe de Estado militar de 1964, ele se engajou na defesa dos prisioneiros políticos no Brasil.

Graças a esses dois professores, bem como a outros juristas brasileiros, tomei conhecimento, muito cedo, de um debate que iria me estimular. Inúmeros juristas da época consideravam tal debate "destituído de qualquer interesse prático" – o que também acabaria por me intrigar. Era, contudo, evidente que, no estado em que foi deixado, esse debate não possuía nenhuma implicação prática. Por quê? Porque ele se baseava na doutrina e na filosofia do direito e se referia ao estatuto ontológico/não ontológico da diferenciação observada entre o direito civil e o direito criminal. O cenário do debate era o seguinte: os juristas descreviam o subsistema de direito criminal como *autônomo*, em comparação a outros subsistemas de direito – particularmente o direito civil –, e tentavam explicar e legitimar a diferenciação observada. A doutrina se dividia em duas teses. A primeira, atribuída a Kant e a Hegel, defendia que esses subsistemas tinham "essências diferentes"; isto é, características essenciais que os distinguiam entre si (civil/criminal). Para os defensores dessa tese, os dois subsistemas eram, portanto, "ontologicamente diferentes". Desse modo, eles propunham, sucessivamente, diversas características (intencionalidade, etc.), como prova dessa suposta natureza ontológica do direito criminal; ao passo que os defensores da tese oposta demonstravam, a cada vez, que essas características essenciais existiam nos dois subsistemas. O primeiro grupo construía um castelo de cartas, e o segundo o fazia desmoronar. A segunda tese era atribuída, na Alemanha, aos trabalhos de von Jhering e de Jellineck, na segunda metade do século XIX (FRAGOSO, 1964).

Quando tomei conhecimento desse debate, ele já estava sistematicamente encerrado. O mais surpreendente é que a segunda tese, a da não substancialização, predominou explicitamente, embora os defensores dessa tese ganhadora não tenham ido mais longe do que os "perdedores", no plano da reforma das penas em geral. Em resumo, esse debate não acarretava *ganhos* para o direito criminal, nem novas ideias sobre a questão das sanções – o que explicava perfeitamente por que vários juristas não viam nele nenhum interesse prático.

Resultado: a crítica da substancialização ficou paralisada. Mas paralisada *por quê*? Por qual *ideia*? Nesse caso, a razão mais visível e explícita era a teoria da dissuasão. Muito mais tarde, graças aos trabalhos de Berman (1983), verifiquei também que as duas posições compartilhavam a mesma definição (substancialista) da punição! A dessubstancialização da distinção civil/criminal não ia suficientemente longe, para que a tese ganhadora pudesse realmente ganhar. As duas posições fracassavam diante de um obstáculo anterior. Impossível, então, extrair disso implicações práticas, e a teoria da dissuasão reforçava sobremaneira esse bloqueio. O desacordo na superfície ocultava um acordo fundamental sobre a definição da pena e sobre algumas ideias comuns tanto à teoria retributivista, como à teoria da dissuasão. Isso porque ambas as teorias *defendem conjuntamente* que a pena deve ser aflitiva, de modo a constituir uma "verdadeira pena"; e que a sanção de reparação para com a vítima não constitui uma pena (ou se presta mal como pena, exceto para as pequenas infrações). Nessas representações dominantes, aquilo que chamamos de *punição* deve buscar direta e intencionalmente infligir um sofrimento ao culpado.

Evidentemente, havia alguns filósofos e juristas na contracorrente (Del Vecchio, Lyra Filho, e outros); mas eles estavam "sufocados" pelo peso do discurso dominante e, por vezes, acusados de ter traído o direito criminal moderno. Lyra Filho, que tinha uma visão dialética e hegeliana da evolução do direito, percebeu perfeitamente esse beco sem saída e escapou dessa armadilha: ele não via nenhuma razão válida capaz de impedir o direito criminal de modificar suas ideias dominantes sobre as sanções, incorporar sanções não carcerárias e guardar distâncias em relação à pena de prisão. Evidentemente, ele não adotava a *teoria hegeliana da pena*, apenas a visão hegeliana da *história*, e isso contribuiu para que eu me tornasse receptivo às influências subsequentes, indo na direção dessa possibilidade de reconstrução do direito criminal. A despeito de ter escrito uma síntese magnífica desse debate, demonstrando que a tese substancialista não tinha futuro, Fragoso (1964) continuou, porém, incapaz de extrair as implicações significativas dele; a meu ver, foram a teoria da dissuasão e essa definição substancialista da pena que o impediram disso. Ele continuou preso na "garrafa de moscas" da RPM, apesar de sua orientação *politicamente progressista e humanista.*

II. O enigma da crítica repetitiva da prisão

A publicação, em 1975, de *Vigiar e punir,* por Michel Foucault, chamou minha atenção para outro fenômeno enigmático (da mesma ordem): a crítica repetitiva da prisão, desde o seu nascimento.

Para reduzir os riscos de mal-entendidos, cabe inicialmente salientar que tal enigma não constituía o problema central de Foucault, na referida obra. Ao contrário, como ele próprio me confirmou,[14] não só seu objeto era outro, como a resposta que ele esboçara rapidamente, para dar conta desse enigma, tinha para ele tão somente o estatuto de uma hipótese provocadora: ele julgava importante chamar a atenção para o fato de que essa crítica repetitiva não lograva influenciar a maneira política e jurídica de valorizar a prisão e a ela retornar. Na citada obra, Foucault (1980) buscava principalmente elucidar a seguinte questão central: como, depois de Beccaria, uma "arte de punir" caracterizada por uma variedade de sanções, pela publicidade dos castigos, pela procura de uma correspondência cuidadosa entre a natureza do delito e a forma da pena (homicídio/pena capital, roubo/sanção financeira, estupro/castração, etc.) pôde dar lugar a um sistema punitivo "monótono", o do encarceramento? Foucault escreveu: "Portanto, um problema: por que essa substituição prematura? Por que essa aceitação sem dificuldade?". Na dimensão temporal, a questão central de Foucault se situava entre 1750 e 1850, e ele não a construía como uma questão de evolução a longo termo, mas sim como uma questão emergencial, de *transição* ou de *invenção.* A questão era: como a prisão nasceu, a despeito de um discurso reformador que não a via surgir? Sem dúvida, tal questão central tem algo a ver com a emergência de um novo dispositivo organizacional no quadro da justiça criminal e tem uma conjuntura bem determinada: o final do século XVIII e a primeira metade do século XIX.

Na seção de seu livro destinada à crítica da prisão, Foucault sugeria, assim, de passagem, um *novo problema de pesquisa* para a sociologia. Infelizmente, se dará mais atenção à *resposta provocadora* que ele apresentou do que ao problema que apontou. Além disso, quando se examina o problema, ele é observado menos como um problema *de* evolução no plano das *ideias* (sistema de pensamento) concernente ao *direito criminal* do que como um problema sociopolítico atribuível à *função* da *prisão.* Essas duas inversões nas reflexões afetaram a conceitualização desse enigma e a busca de mais respostas.

Efetivamente, Foucault mostrou que logo depois do nascimento da prisão, no início do século XIX, ela já começara a ser denunciada "como o grande fracasso da justiça penal". Como dizia Brodeur (1976),

[14] Refiro-me, aqui, a um inesquecível dia de trabalho, que compartilhamos em Montreal, depois de uma de suas conferências.

"Foucault postulou, de maneira bastante espetacular, não somente que a prisão não foi desejada pelo sistema judiciário, mas também que suas deficiências foram desde logo reconhecidas". De fato, conforme Brodeur, ao estabelecer um paralelo entre duas críticas da prisão – uma, entre os anos 1820-1845, e a outra, em 1945 –, Foucault nos coloca diante do fato de que "essas críticas são essencialmente as mesmas e se apresentam nos mesmos termos". Por exemplo, a prisão não dissuade; ela não reduz a taxa de criminalidade; ela é, inclusive, uma "escola do crime", etc. Além disso, acrescentava Foucault, "há um século e meio, a prisão tem sido sempre dada como o seu próprio remédio": prisões simultaneamente mais numerosas e melhores, para resolver o problema da prisão. O legislador e o reformador do direito continuam propondo, "racionalmente", penas pesadas e obstáculos à liberação dos detentos,[15] embora defendendo, em geral simultaneamente, um discurso pretendendo reduzir o uso da prisão.

Tendo Foucault formulado esse enigma de maneira tão espetacular, passei a observar que o referido "fracasso" era também bem conhecido dos juristas na Europa, desde pelo menos o último quartel do século XIX, mas que essa tomada de consciência, por si só, era completamente insuficiente para levá-los a guardar uma distância significativa em relação às penas aflitivas e à pena de prisão. O jurista francês Desprez (1868) havia inclusive observado, já bem antes, esse caráter repetitivo da crítica da prisão, e manifestado sua impaciência, declarando – com base em uma argumentação bastante compreensiva – que se deveria aboli-lo. Estamos em 1868. Von Liszt dirá também, um pouco mais tarde: "Nossas penas não têm nem um efeito corretivo, nem um efeito dissuasivo. Elas não previnem o crime. Ao contrário: elas têm o efeito de reforçar a tendência ao crime" (*apud* FROMM, 1931, p. 142).

Aqui, atentem, contudo, para a *omissão*: nem Desprez, nem Von Liszt, Fromm, ou Foucault observaram os papéis desempenhados pela teoria da retribuição. Eles seriam incapazes de dizer que a prisão – com todas as suas misérias e, talvez mesmo, por causa delas – *não faz sofrer* e, consequentemente, não produz, através do sofrimento do culpado, um efeito de retribuição do mal causado pelo crime. *Fazer sofrer* é um "bem" que a

[15] Assim como Foucault, observamos o mesmo fenômeno nos documentos oficiais do Canadá (Pires, 1984), e a mesma constatação aparece em Laplante (1989), que colocou seus dados empíricos à nossa disposição.

prisão *promete* e *cumpre*. Pode-se dizer que certas penas não são proporcionais, mas essa crítica não se dirige à prisão como tal. Para criticar o objetivo de querer intencionalmente fazer sofrer, é preciso abandonar a definição substancialista da punição, e também todas as teorias convencionais da pena, incluindo a teoria da reabilitação carcerária, tal como utilizada na justiça para os adultos. A meu ver, Foucault teria feito isso, se tivesse visto esse problema, pois sua abordagem – assim como a de Luhmann – dessubstancializa radicalmente as representações da realidade social. Efetivamente, para os crimes graves, a prisão parece ser a única pena moderna que pode nos proteger, ao mesmo tempo que mostrará de maneira clara a intenção da autoridade em querer fazer sofrer o culpado, e que é humana (se as condições de vida na prisão forem consideradas aceitáveis pelo observador). Ela pode ser vista como humana, porque a *duração do tempo passado* na prisão não é *percebida* como podendo ser em si um ato de crueldade. Além disso, a prisão está em conformidade com uma ideia da RPM, segundo a qual não se deve "abrandar as penas" demais, para não lhes retirar a "energia".

Em geral, esquecemos que, nas comunicações do sistema de direito criminal, há *diferentes discursos oficiais e dominantes sobre as penas* e *diferentes estratos culturais* nesses discursos. A teoria retributivista da pena é praticamente impermeável a uma crítica do gênero: "Vocês não *fizeram* o que haviam *dito* ou *prometido*". A crítica *empírica* da teoria da reabilitação carcerária é a mais fácil de ser feita; e essa é uma das razões pelas quais essa teoria foi questionada desde o nascimento do projeto de reabilitação na prisão. A crítica *empírica* da teoria da dissuasão se coloca desde já em outro nível de dificuldade: de um lado, ela é também muito fácil; mas, de outro lado, a teoria neutraliza a crítica, dizendo-nos que podemos ver seus fracassos (aqueles que cometem crimes e aqueles que recidivam), mas não podemos ver seu êxito (aqueles que supostamente não cometem crimes). Ela nos diz ainda que, se houver certeza quanto à sua aplicação, irá dissuadir; em contrapartida, a teoria nos diz que, se ela não dissuade, é porque não funciona, e é porque não há suficientemente certeza quanto à sua aplicação. A teoria reproduz, portanto, o seguinte clichê: "a pena deve ser certa".

Tudo isso, e ainda mais, convenceu-me da existência de graves problemas *cognitivos*. Em suas operações sobre as penas, o sistema de direito criminal preocupa-se mais com a *normatividade* dos meios do que com sua *eficácia* propriamente dita, ou mesmo com suas implicações na vida dos indivíduos condenados. *Infligir um sofrimento legal* é o que é simultaneamente *essencial* e *suficiente*; sendo o resto somente *desejável*. Por exemplo, é desejável que a prisão possa exercer sobre o condenado um efeito pedagógico, mesmo que, depois de sua longa pena, ele tenha pouco tempo útil de vida, para disso se beneficiar...

Cabe notar, contudo, que Foucault (1975), ao formular a questão da resistência que a penalidade oferece à evolução a partir da prisão, tenha igualmente esboçado uma resposta que *visa à* prisão, como *organização* e *instrumento do político*. Desse modo, ele possibilitou um distanciamento de nosso olhar em relação ao *sistema de pensamento* do sistema de direito criminal – noção que é, contudo, central em sua abordagem. De fato, ele construiu duas hipóteses explicativas complementares. A primeira é a de que, se o fracasso da prisão não conta, é porque ela produz realmente um resultado positivo. Deve-se, então, considerar a prisão um "êxito" – segundo essa hipótese, a prisão só seria um fracasso se enxergasse a sua finalidade como consistente para suprimir ou reduzir as transgressões. A segunda hipótese é a de que os "benefícios ocultos" da prisão devem ser procurados no plano sociopolítico. Ao tomar essa direção, o autor não foca sua atenção no sistema de ideias do próprio sistema de direito criminal. *Grosso modo*, sua resposta consiste em dizer que a prisão faz parte de uma "gestão diferencial dos ilegalismos" e dos "mecanismos de dominação".

A primeira hipótese nos leva a pressupor que a prisão deva produzir algo de positivo, para poder perdurar. Foucault não tenta compreender a resistência dela à crítica, *por meio de ideias que contrariam* a evolução. A segunda hipótese emprega a distinção benefícios visíveis/invisíveis e nos convida a observar o que seria *invisível*. Como as ideias defendidas pelas teorias da pena são paradoxalmente muito visíveis (o que as torna invisíveis como explicação),[16] o olhar do pesquisador que segue a pista da resposta apresentada por Foucault acaba tomando outra direção.

Ora, a meu ver, essa resposta provocadora de Foucault estabelece assaz radicalmente uma separação entre as "questões de conhecimento" e as "questões de poder". Pode-se inclusive dizer que ela privilegia as questões

[16] Ver as estimulantes reflexões de Bourdieu (1982, p. 29-32), sobre o visível e o invisível, a partir do conto de Edgar Allan Poe, *A carta roubada* – reflexões estas que retomei em um texto de epistemologia (PIRES, 1997, p. 11-12).

de poder em oposição às de conhecimento. Centra-se, portanto, menos na resistência *cognitiva* a uma revisão aprofundada do direito de punir do que na *utilidade oculta* da prisão, no contexto de uma relação de poder. O fato é que o enigma construído por Foucault teve uma influência sobre mim, levando-me a buscar outra resposta, no próprio plano das questões de conhecimento.

Minha principal crítica sobre esse ponto é, portanto, a de que Foucault *desloca a explicação* desse problema de evolução da penalidade moderna para a utilidade sociopolítica da prisão. Em vez de tentar compreender a "persistência da prisão", por meio dos *obstáculos* situados no plano do *próprio conhecimento* (ideias), ele tenta explicá-la pela utilidade (função) sociopolítica oculta dessa instituição. A reprodução de longas penas de encarceramento e do uso imperativo da prisão deixa de ser observada como fundada em um sistema de ideias (que valoriza penas severas para os crimes graves, repetitivos, ou "os crimes cuja frequência se quer reduzir"), para ser principalmente observada como o resultado de um benefício político.

Na construção dessa teoria, preservamos, portanto, principalmente o enigma apresentado por Foucault, e não a sua resposta. Além disso, observamos tal enigma como o sinal de um problema *cognitivo* de evolução, iniciando com o nascimento da prisão e perpetuando-se até hoje. Bem recentemente, com a pesquisa de Italo Mereu (1982; PIRES, 2012), foi possível trazer um adendo a esse enigma: se a prisão resiste desde seu nascimento, apesar de seu fracasso do ponto de vista da redução da criminalidade, as penas radicais, por sua vez, "resistem" aos nossos valores fundamentais, desde as justificações dadas à pena de morte, pelos intelectuais da Igreja católica no século XIII. Nem a ética da fraternidade universal cristã (Weber), nem os *direitos fundamentais* a partir do final do século XVIII, conseguiram pôr fim às várias modalidades de penas *radicais* (incluindo a prisão). A crítica dominante não se dirige diretamente ao princípio da radicalidade das penas para os crimes graves; ela substitui uma pena radical por outra. A crítica se mantém instalada na *lógica da radicalidade.* Critica-se o suplício, mas defende-se uma pena de morte "simples", "humanizada"; critica-se, a seguir, a pena de morte, mas almeja-se substituí-la pela perpetuidade (que é até tida como mais severa); investe-se contra a "perpetuidade fechada", mas sob condição de manter penas de 15, 20, 25 anos! Em segundo plano, tem-se o princípio retributivista de proporcionalidade. Além do mais, as *ideias* que fundam as diversas modalidades da pena radical não são revisitadas. Elas seguem sendo o ponto cego do observador e do reformador do direito.

III. O enigma das intenções declaradas e da dificuldade de legitimação das sanções não carcerárias

Simultaneamente ao enigma da crítica da prisão, deparamo-nos com outro quando observamos os relatórios das comissões de reforma do direito, nos anos 1960, 1970 e 1980, no Canadá, Brasil e Estados Unidos (PIRES, 1984; DUBÉ e PIRES, 2009; LACHAMBRE, 2011; RAUPP, 2012), além de várias proposições isoladas de reforma, provenientes da doutrina jurídica desde o século XIX. Tal enigma tem duas faces, em razão do caráter relativamente inovador das proposições *concernentes às penas*, nos relatórios ou projetos de lei. Ele também propõe diretamente a questão da *outra face* da reprodução normal: a questão da reprodução *desviante* ou *inovadora*.

Em sua primeira face, explorada principalmente por Mariana Raupp, a partir do caso do Brasil, verifica-se que algumas comissões se propõem, como *objetivos declarados e explícitos*: (i) a redução do uso do encarceramento, e, eventualmente também, (ii) a adição de novas formas de sanção. Quando se fixa a atenção naquilo que realmente é alcançado quanto a esses objetivos, o resultado é o seguinte: os reformadores continuam convencidos de que fizeram muito, embora o observador externo veja facilmente que, se os outros objetivos foram cumpridos, esses dois não o foram. As modificações não são proporcionais à importância desses dois objetivos. Por exemplo, se o Código Criminal anterior tiver muitas penas mínimas de encarceramento e penas mínimas bem extensas, elas perdurarão e, em média, com a mesma severidade; a duração máxima da escala das penas não será reduzida; o dispositivo legal exigindo uma pena de prisão em caso de recidiva também se manterá, etc. No que concerne às sanções alternativas, elas são pouco numerosas e tão articuladas a condições restritivas que parecem ter sido, desde o início, pensadas para ser muito pouco utilizadas. Objetivamente, indaga-se como os reformadores não se deram conta de que não fizeram o suficiente para reduzir o recurso à prisão. O observador não deve ceder à tentação de pressupor que esses objetivos não são autênticos. Pelas entrevistas e por outros documentos, pode-se verificar que eles são "objetivos verdadeiros". Para elucidar o enigma, o pesquisador deve identificar as ideias que impediram os reformadores de ir mais além, e também compreender por que razões eles julgam que o fizeram, sem que seja esse o caso (quando visto objetivamente).

Na segunda face, os reformadores vão eventualmente mais além em suas proposições. Eles cumprem uma grande parte das intenções declaradas. Às vezes, verifica-se até mesmo um abandono da *ideia* (crença) de que as penas, para serem "penas verdadeiras", devam obrigatoriamente buscar infligir um sofrimento visível ao culpado[17] – o que mostra, explicitamente, que é possível sair da "RPM" e fazer proposições inerentes a uma nova forma de racionalidade penal. Essas comissões são pouco numerosas, mas existem, e o pesquisador interessado na questão da evolução não pode ignorá-las. Esses reformadores propõem, por exemplo, a abolição de *todas* as penas mínimas; eles renunciam à ideia de estabelecer outras formas de "patamares mínimos" para as sentenças, a fim de produzir a igualdade abstrata entre o crime e a pena; eles almejam abolir as restrições estritamente temporais para a liberdade condicional; eles autorizam sanções não carcerárias para todos os crimes; eles aceitam a prestação pecuniária à vítima, como uma pena do direito criminal; etc. Certamente, mesmo nesse contexto quase ideal, emergem dificuldades. A proposição para uma redução significativa da escala das penas continua sendo um fenômeno raro. Nos Estados Unidos, houve proposições de cinco e sete anos. No Canadá, a Comissão que mais caminhou propôs 12 anos, mas declinou de se pronunciar abertamente contra três penas perpétuas no Código Criminal, por temor de trazer prejuízo a outras recomendações (PIRES, 1987). Porém, o que se busca aqui salientar é que os reformadores não *identificam* teorias da pena (nem *institucionalizadas*, nem nos *livros de filosofia*), para defender suas proposições inovadoras. Eles mantêm, portanto, as velhas teorias, tornando, por conseguinte, vulneráveis todas as recomendações inovadoras. Na falta de teoria, eles são então levados a fazer uma *crítica da prisão*. A legitimação das proposições assume, portanto, uma

[17] Encontra-se um exemplo de definição não substancializada da punição, no relatório de um comitê parlamentar no Canadá: "'Punição' significa qualquer forma de controle oficial exercido sobre a liberdade do infrator, seja ela encarceramento [...] ou [...] sujeição à vigilância, controle, reparação obrigatória, restrições a deslocamentos ou atividades ou outras formas de sentença, apropriadas para as circunstâncias individuais de cada caso, que devem ser disponibilizadas às cortes pelo Código Criminal" (MACGUIGAN REPORT, 1977, p. 37).

forma negativa, que é pouco convincente: é porque a prisão *não funciona*, que as outras sanções não carcerárias são melhores.[18]

Resumindo, há um *déficit de ideias institucionalizadas* para servir de base aos reformadores-inovadores, ajudando-os a harmonizar as penas com os direitos humanos. Alguns deles lembram que a *liberdade* é também um valor digno de ser protegido por uma limitação do direito de punir, e invocam o princípio (infelizmente, ambíguo) da *ultima ratio*, ou da moderação das penas. Contudo, tudo isso continua sendo *muito frágil* como legitimação, e as teorias da pena acabam conseguindo reduzir o alcance das proposições inovadoras. As objeções não partem apenas dos políticos; mas também vêm "de dentro" do sistema de direito e, por vezes, da própria Comissão. A justiça restaurativa compensará, em parte, tal déficit de legitimação, mas ela também será cercada por um grande número de ideias e de normas restritivas, a ponto de ser amplamente neutralizada (no momento).

IV. O enigma do longo prazo/curto prazo e dos contextos espaço-temporais

O quarto enigma é, antes de tudo, o fruto direto de uma pesquisa histórica sobre todas as demandas de modificações no Código Criminal canadense, entre 1891 e 1954 (PIRES, CELLARD e PELLETIER, 2001), com uma extensão até 1991. Ela foi depois complementada por outra pesquisa sistemática (qualitativa e quantitativa), realizada em uma amostra representativa de todos os projetos de lei no Brasil, entre 1987 e 2006, abrangendo o período de um governo democrático de centro (Fernando Henrique Cardoso) e de esquerda (Luiz Inácio Lula da Silva) (MACHADO, PIRES *et al.*, 2010).

A pesquisa no Canadá, muito aprofundada na análise documental, mostrou que alguns aspectos das *demandas* de modificações legislativas endereçadas ao Parlamento gozavam de uma imensa e forte estabilidade espaço-temporal. Sem entrar em detalhes, uma *demanda* para *revogar* uma infração ou *reduzir* a severidade de uma pena constitui um fenômeno extremamente raro. Em contrapartida, as demandas para criar uma nova infração, ampliar uma infração existente, ou agravar as penas,

[18] Lembremos que, para o retributivismo, a prisão cumpre seu objetivo principal: ela inflige um sofrimento.

constituem a rotina das decisões parlamentares. Isso significa que essa rotina parlamentar é formada pela seguinte alternativa: aceitar ou rejeitar uma demanda de *criação* de uma infração, ou de *agravamento* da pena. Os parlamentares *não recebem praticamente* demandas para descriminalizar um comportamento, ou para reduzir uma pena. Evidentemente, eles tampouco tomam usualmente esse tipo de iniciativa. Resultado: eles não chegam a construir uma verdadeira experiência de redução das penas, mas sim uma enorme experiência de agravamento das penas. No Canadá, o levantamento foi integral, e não por amostragem: 93% das demandas encontradas solicitam mais crimes ou penas mais severas. Resultado previsível ao Parlamento: 96% das modificações legislativas efetivamente acordadas ampliam a definição dos crimes ou agravam as penas.

Isso significa que, para além e independentemente das múltiplas influências que os contextos podem ter, e de fato têm, a experiência de política legislativa para aumentar o número de crimes ou a severidade das penas parece ser a experiência dominante de todos os governos, em todas as conjunturas. Embora a probabilidade de rejeitar uma demanda de aumento da pena seja a mesma de aceitá-la, ocorre que, se a quase totalidade das demandas solicitar o agravamento, o resultado será que os governos *acordem*, quase sempre, aumentos de penas e, muito raramente, reduções.

Resumindo, é *habitual* agravar e *inabitual* reduzir as penas. Consequentemente, a facilidade ou a dificuldade de justificar uma demanda de agravamento ou de redução da severidade das penas é também *desigual*: é *muito mais fácil* justificar um aumento das penas (graças às teorias da pena, como pano de fundo, e aos hábitos parlamentares) do que a sua redução. Entre os inúmeros argumentos defendidos contra a sua redução, há, por exemplo: “Por qual boa razão?”; “isso não estimularia o aumento da criminalidade?”; ou “mostraria para o público que isso não é importante?”. Os argumentos para aumentar uma pena, em um projeto de lei ou em pedidos endereçados ao legislador, quando existem, são de uma simplicidade de perder o fôlego! O único esforço que quem pede faz é escrever uma ou duas frases, ou parágrafos.

Em contrapartida, a abordagem inversa é muito pesada, e a obtenção da redução, altamente improvável – e isso, mesmo quando a sanção que se quer reduzir, ou abolir, não é mais aplicada há décadas. O argumento mais eficaz para reduzir uma pena toma uma forma equivalente às que seguem: "essa redução facilitará a condenação de um maior número de casos, pelos tribunais" (aumentar a *certeza* da pena); "chegou o momento de abolir essa pena que é, agora, percebida por um grande número de nossos bons cidadãos, como cruel e desumana, sobretudo porque podemos substituí-la por esta outra pena, que *não é menos severa*, e corresponde melhor aos nossos valores de hoje". Esse foi geralmente o caso para a pena de morte. Foucault (1981) também viu esse problema quando, ao se referir à abolição da citada pena, na França, lembrou-nos que: "Ela é suprimida [a guilhotina]. Facilmente. Contudo, aqui como acolá, a *maneira de suprimir* tem ao menos tanta importância quanto a supressão" (p. 206). No Canadá, substituiu-se uma pena de morte não aplicada por uma pena única de perpetuidade, a qual é aplicada em todos os casos e é acompanhada da proibição de uma demanda de liberdade condicional por 25 anos. Para os tribunais, até hoje, essa pena perpétua está (ainda) de acordo com a Constituição. Imaginem o que faríamos se todos nós não fôssemos humanistas e interpelados pelos direitos fundamentais!

V. O enigma ou o paradoxo dos direitos humanos e das penas radicais

Como ocorre em geral nas ciências, as primeiras observações de um fenômeno não são quase nunca formuladas de maneira clara, pelo fato de o problema não estar ainda suficientemente explicitado ou elucidado (BATESON, 1972, p. 61). Esse foi o caso das primeiras formulações sobre o presente enigma; além disso, juntei dois fenômenos próximos, mas não idênticos.

De um lado, há uma tendência discursiva, que remonta à Idade Média, justificando a *severidade* das penas por meio de nossos valores morais abstratos. Quanto mais defendermos um valor, mais a pena deverá ser severa, para indicar que tal valor é importante. Dediquei especial atenção a essa trama discursiva quando percebi que Durkheim, um dos fundadores da sociologia, não havia conseguido escapar dessa "armadilha cognitiva", que tem a particularidade de não ser "vista como tal, por quem está dentro" (STOLZENBERG, 1988, p. 279). Contrariamente, Durkheim veio reforçá-la. Assim, em um texto sobre "O homicídio" (subtítulo), escrito em algum lugar entre 1890 e 1917, ele defendeu a severidade das penas como um indicador empírico do progresso da humanidade. Segundo tal raciocínio, se, em uma sociedade, o fato de faltar ao dever de respeitar a vida não é punido com uma pena severa, isso provaria que o valor "vida humana" não tem uma dignidade moral forte. Evidentemente, com semelhante raciocínio, não só se suporta a severidade das penas, como ela é solicitada, para manifestar e mostrar a dignidade do valor de referência.

De outro lado, a partir da metade do século XX, torna-se possível observar, cada vez mais nitidamente, outra trama discursiva que Max Weber (1919, p. 147) teria provavelmente qualificado como "fatos inconvenientes" (*inconvenient facts*): os direitos humanos começam a ser mobilizados para solicitar, sobretudo, penas *bem severas* (10, 15, 20 anos...), em oposição a qualquer forma de perdão ou de anistia, etc. Para Weber, "fatos inconvenientes" são *mensagens* que podem revelar-se desagradáveis para um observador, que se dá conta de que o ponto de vista que ele considera justo e bom exige agir *radicalmente* contra os seus próprios valores. Assim, para um simpatizante dos direitos humanos, tomar consciência de que tais direitos são mobilizados (por ele mesmo, ou por outros simpatizantes), para reivindicar penas extremamente severas, seria um "fato inconveniente", e até, eventualmente, um paradoxo. De fato, seria possível promover os direitos humanos, impedindo que o direito criminal se tornasse mais adaptado a esses direitos fundamentais em matéria de penas?

Em Weber, duas teses parecem subjacentes a essa noção de *fatos inconvenientes*. A primeira seria a de que essas mensagens, embora fenomenologicamente bastante visíveis, não são necessariamente fáceis de observar para quem defende uma posição prática em relação à qual tais mensagens poderiam ser inconvenientes. Elas são, geralmente, uma "mancha cega" (*blind spot*) (VON FOERSTER, 1981, p. 47). Assim, aquele que pretende erradicar a violência, demandando longuíssimas penas de prisão (ou opondo-se às alternativas ao encarceramento), pode ter dificuldade em ver como um fato inconveniente o "remédio" que ele mesmo pede. Em suma, uma verdadeira "armadilha cognitiva" (STOLZENBERG, 1988). A segunda tese seria a de que é importante aprender a reconhecer a existência de tais fatos, não só para melhor compreendê-los, mas também para dar um novo impulso teórico (e também ético) à nossa própria perspectiva. Weber pensa que a ciência pode desempenhar um papel nesse sentido.

Diante desse fato inconveniente, a primeira formulação do enigma tomou uma forma provocadora: ele apresentava os *direitos humanos* como um "obstáculo cognitivo" a uma reforma humanista do direito criminal.

Tal formulação é infeliz e inapropriada, e é preciso abandoná-la imediatamente. Sua única utilidade foi servir de ponto de partida para a pesquisa de doutorado de Garcia (2009), concebida com vistas a elucidar tal enigma. Como Garcia o demonstrou, esses direitos não constituem, *em si mesmos*, um "obstáculo epistemológico". O obstáculo reside nas teorias da pena. É verdade que simpatizantes dos direitos humanos se deixam enredar pelas teorias da pena com suas "finalidades". Tais teorias estão cada vez mais presentes nas comunicações: demandam-se penas severas para construir um mundo melhor. A qualidade do direito criminal será "sacrificada" para atingir esse objetivo.

Posteriormente à pesquisa de Garcia, esse enigma passou por uma reformulação, que, desse modo, constatou mais um fracasso dos direitos humanos quanto às teorias da pena. O que agora se percebe mais claramente é a *impotência ainda recorrente dos direitos humanos* para influenciar nosso sistema de ideias sobre a pena, a RPM. Essa reformulação, somada à contribuição dada por Mereu (1982), levou-nos a querer, agora, compreender melhor os fundamentos dados às penas radicais, no Ocidente, visto que estas tomaram a forma de uma contradição paradoxal: para valorizar a vida, é preciso matar os assassinos ou aprisioná-los indefinidamente (15, 20, 25, 30 anos...); ao fazê-lo, demonstramos que é impossível valorizar a vida sem transgredir esse valor "universal".

De qual tipo de teoria da *evolução* trata-se aqui?

Esta teoria pode ser apresentada, seja como uma teoria sobre as implicações da "RPM" para uma reconstrução do sistema de direito criminal, seja ainda como uma teoria da evolução do sistema de direito criminal. Como observou Teubner (1996, p. 3), o tema geral da evolução do direito, que parecia "esgotado", foi reavivado por uma série de estudos, nos anos 1970; entre os quais, a teoria do "direito responsivo", de Nonet e Selznick (1978). Comparativamente a essa tradição de pesquisa sobre a evolução do direito, a teoria que construímos introduz outra maneira de propor o problema e de abordá-lo. Em primeiro lugar, a teoria observa exclusivamente a situação do subsistema de direito criminal. Em segundo lugar, tomando a bela imagem de Bateson (1972, p. xxviii), pode-se dizer que essa teoria se forma e se desenvolve a partir de "uma espécie de operação em pinça": ela tem um ponto de partida empírico e outro teórico. A teoria não é, portanto, nem dedutiva, nem indutiva. Se o observador pretendesse utilizar essa distinção, a teoria seria, então, indutiva. A pesquisa empírica é, assim, constitutiva da teoria, e esta pode ser questionada por observações empíricas. Em terceiro lugar, o objetivo da teoria não consiste em descrever as etapas de evolução do direito (criminal) moderno, e nem responder à questão "para onde leva o desenvolvimento do direito moderno?" (TEUBNER, 1996, p. 3). A teoria não introduz o futuro. De maneira muito mais circunscrita, o objetivo da teoria consiste em identificar as ideias (ou teorias) e as normas que o sistema de direito criminal valoriza e que constituem um obstáculo à evolução de suas próprias estruturas internas. O quadro teórico e metodológico da pesquisa se constrói, assim, por meio de uma adaptação da noção de obstáculos epistemológicos de Bachelard (1938), bem como do modelo de "explicações negativas" (BATESON, 1972), largamente utilizado pela cibernética de segunda geração. *Grosso modo*, pode-se dizer que estamos diante de um obstáculo epistemológico (ou cognitivo) quando hábitos profissionais ou ideias que um sistema social julga (ainda) apropriadas, boas ou interessantes impedem a adoção, generalização e estabilização, a longo prazo, de novos hábitos e de melhores ideias, estruturas e práticas no próprio sistema. Dito de uma forma prosaica, trata-se de uma teoria sobre as "ideias geniais" que nos impedem de mudar de patamar na evolução do direito criminal.

O modelo das explicações negativas – ainda não utilizado na sociologia da punição – conduz o pesquisador a proceder metodologicamente, exatamente desta forma: ele parte da hipótese de que "o curso dos acontecimentos está submetido a obstáculos (*restraints*), e [ele] pressupõe que se esses obstáculos fossem eliminados, os caminhos (*pathways*) da mudança seriam governados unicamente pelo princípio da igualdade de oportunidades" (BATESON, 1972, p. 405). No campo das ciências humanas e no "mundo das ideias" (Popper), a descoberta dessas ideias-obstáculos abriria a porta para novas ideias e para a inovação. A explicação é considerada "negativa", pois ela aponta as ideias que desempenham o papel de coerções ou obstáculos, mas não consegue explicar por que um resultado específico é produzido em um dado momento; ela pode tão somente explicar por que alguns resultados (por exemplo, a redução da escala das penas no Ocidente) têm menos probabilidade de ocorrer do que outros (por exemplo, a manutenção de penas radicais). No nosso caso, a teoria pretende ter encontrado as ideias que baseiam as práticas da pena radical, e acredita poder também mostrar de que maneira tais ideias impedem igualmente uma melhor adaptação das penas aos direitos fundamentais.

Conclusão

Nas ciências, as teorias não estão destinadas a ter uma vida eterna. Diz-se que elas têm "êxito" quando duram certo lapso de tempo e são capazes de fazer avançar, de algum modo, nossos conhecimentos, contribuindo, assim, para a seleção e a estabilização de "melhores práticas". Consequentemente – reproduzindo-se os comentários humorísticos de Sutherland (1942, p. 18), se não lhe acontece de "ser rapidamente assassinado, ou cometer suicídio" –, uma teoria pode fazer avançar os conhecimentos, ao menos de três maneiras.

Em primeiro lugar, adaptando-se os comentários de Bachelard (1938, p. 29; 44), pode-se dizer que uma teoria "tem êxito" quando ela contribui para aprofundar o "sentido do problema" que aborda. Quando cumpre essa tarefa, toma o lugar das respostas fáceis, que são prontamente empregadas nas comunicações científicas e profissionais. Não é difícil concordar com Bachelard de que as respostas são geralmente dadas antes mesmo que se esclareça o sentido do problema. A teoria suscita, assim, novas questões e *desvenda* a aparência dos conhecimentos que são contemporâneos a ela, sem jamais conseguir, contudo, eliminar qualquer aparência e ser inteiramente adequada a seu objeto (FOUCAULT, 1971, p. 198). Foucault diria que o conhecimento é uma "perspectiva" que permanece "inacabada".

Em segundo lugar, ao menos para a teoria referente aos problemas de conhecimento e ligada a práticas institucionalizadas, ela pode contribuir para uma melhor compreensão de nossas ações, nossas *ideias habituais* e nossos erros generalizados e repetitivos (que geralmente não vemos como tais). A teoria nos leva a "descobrir nossos erros". Essa compreensão pode abrir caminho para outras ideias, por sua vez, passíveis de ser generalizadas, institucionalizadas e reavaliadas. Nesse sentido, o *que fazer* não é, aqui, nada senão uma direção geral, que não pode ser nem direta, nem completamente planificada. Do ponto de vista *dessa* teoria, uma reconstrução do sistema de direito criminal (evolução de patamar) e uma reorientação fundamental da prática política em matéria de legislação criminal estão condicionadas ao "abandono institucional" das teorias convencionais da pena. Em outras palavras: para tornar o sistema de direito criminal mais adaptado à sua própria função e mais receptivo aos direitos fundamentais, é preciso deslegitimar e "desinstitucionalizar" muito particularmente as teorias da retribuição, da dissuasão e da denunciação (reprovação social). Trata-se, portanto, de refundar o "direito de punir", construindo uma nova "teoria prática" (Durkheim), ou "teoria da reflexão" (Luhmann), sobre a intervenção do direito criminal, a qual não deve, evidentemente, legitimar as mesmas práticas atualmente dominantes.

Em terceiro lugar, se a teoria é construída por meio de uma abordagem metodológica e empírica, ela pode eventualmente também contribuir – independentemente dela mesma – para o desenvolvimento de um conhecimento instrumental, de um "*savoir-faire*" para a ciência.

Seja como for, Weber (1919, p. 87), um pouco como Bachelard, lembra-nos que "o trabalho científico é solidário com um *progresso*" – o que significa dizer que ele se dilui com o tempo. "Uma obra de arte verdadeiramente 'acabada' – escreve ele – jamais será ultrapassada, e não envelhecerá jamais". Ela pode ser apreciada de diferentes maneiras, mas uma obra "acabada" – do ponto de vista artístico – não é superada por outra obra igualmente "acabada", e os progressos técnicos, como a invenção da perspectiva, não tornam "ultrapassada" a obra de arte anterior a essa invenção. Ela resiste ao progresso. Em contrapartida, concluirá ele, "toda obra científica acabada não tem outro sentido senão o de fazer nascer novas 'questões': ela pede, portanto, para ser 'ultrapassada' e 'envelhecer'". O indivíduo "que pretende servir à ciência deve se resignar a essa sorte" (WEBER, p. 87-88), e a teoria também.

Referências

BACHELARD, G. *La formation de l'esprit scientifique*. Paris: J. Vrin, 1975.

BATESON, G. *Steps to an ecology of mind*. Londres: Paladin Books, 1972.

BEAUMONT, G.; TOCQUEVILLE, A. Système pénitentiaire aux États-Unis et son application en France. *In*: PERROT, M. (org.). *Alexis de Tocqueville*. Œuvres complètes. Écrits sur le système pénitentiaire en France et à l'étranger. Paris: Gallimard, 1984. v. IV.

BERMAN, H. J. *Law and revolution*: the formation of the western legal tradition. Cambridge, Massachussets: Harvard University Press, 1983.

BOURDIEU, P. *Leçon sur la leçon*. Paris: Minuit, 1982.

BRODEUR, J.-P. Surveiller et punir. Notes de Lecture. *Criminologie*, v. 9, n. 1-2, p. 196-218, 1976.

CAUCHIE, J.-F. *Peines de travail*: justice pénale et innovation. Bruxelas: Larcier, 2009.

DEPRAZ, N. Introduction. In: HUSSERL, E. *La phénoménologie de l'attention*: textes issus du fonds posthume (1893-1912). Paris: Librairie Philosophique J. Vrin, 2009. p. 7-62.

DESPREZ, E. *De l'abolition de l'emprisonnement*. Paris: Librairie de E. Dentu (Edit), 1868.

DUBÉ, R. *Une enquête exploratoire sur la rationalité coûts/bénéfices de la théorie de la dissuasion*. Dissertação (Mestrado em Criminologia) – Universidade de Ottawa. Ottawa, 2001.

DUBÉ, R. *Système de pensée et réforme du droit criminel*: les idées innovatrices du Rapport Ouimet (1969). 2007. Tese (Doutorado em Sociologia) – Universidade do Quebec. Montreal, 2007.

DUBÉ, R.; PIRES, A. P. La refondation de la société moderne. *In*: DUBÉ, R.; GIN, P.; MOSER, M.; PIRES, A. P. (org.), *Modernité en transit/Modernity in Transit*. Ottawa, Presses de l'Université d'Ottawa/University of Ottawa Press, 2009. p. 111-135.

FOUCAULT, M. *Surveiller et punir*: naissance de la prison. Paris: Gallimard, 1975.

FOUCAULT, M. La poussière et le nuage. *In*: PERROT, M. (org.). *L'impossible prison*: recherches sur le système pénitentiaire au XIXe siècle. Paris: Seuil, 1980. p. 29-39.

FOUCAULT, M. Contre les peines de substitution. *In*: FOUCAULT, M. *Dits et écrits*. Paris: Gallimard, 1994. v. IV. p. 205-207.

FOUCAULT, M. Leçon sur Nietzsche. Comment penser l'histoire de la verité avec Nietzsche sans s'appuyer sur la vérité" *In*: FOUCAULT, M. *Leçons sur la volonté de savoir*. Curso no Collège de France, 1970-1971. Paris: Gallimard, Seuil, 2011.

FRAGOSO, H. C. Antijuridicidade. *Revista Brasileira de Criminologia e Direito Penal*, v. 7, p. 29-46, 1964.

FROMM, E. On the psychology of the criminal and the punitive society. *In*: ANDERSON, K.; QUINNEY, R. (org.). *Erich Fromm and critical criminology*: beyond the punitive society. Chicago: University of Illinois Press, 2000. p. 129-156.

GARCIA, M. *Le rapport paradoxal entre les droits de la personne et le droit criminel*: les théories de la peine comme obstacles cognitifs à l'innovation. 2009. Tese (Doutorado em Sociologia) – Universidade de Quebec. Montreal, 2009.

HERRERA-VEGA, E.; LEHALLE, S. *Une analyse des communications de la torture selon la perspective des systèmes fonctionnels* (artigo integrante deste livro), 2013.

HUSSERL, E. *La phénoménologie de l'attention*: textes issus du fonds posthume (1893-1912). Paris: Librairie Philosophique J. Vrin, 2009.

LACHAMBRE, S. *La théorie de la dénonciation*: émergence et institutionalisation en droit criminel. 2011. Tese (Doutorado em Criminologia) –Universidade de Ottawa. Ottawa, 2011.

LAPLANTE, J. *Prison et ordre social au Québec*. Ottawa: Presses de l'Université d'Ottawa, 1989.

LUHMANN, N. *La confiance*: un mécanisme de réduction de la complexité sociale. Paris: Economica, 2006.

MACGUIGAN REPORT. *Report to Parliament by the Sub-Committee on the Penitentiary System in Canada*, 1977.

MACHADO, M. R. *Internacionalização do direito penal*: a gestão de problemas internacionais por meio do crime e da pena. São Paulo: Editora 34, 2004.

MACHADO, M. R. *Punishment, guilt and communication*: the possibility of overcoming the idea of infliction of suffering (artigo integrante deste livro), 2013.

MACHADO, M. R.; PIRES, A. P. *et al. Atividade legislativa e obstáculos à inovação em matéria penal no Brasil*. Brasília: Ministério da Justiça – Secretaria de Assuntos Legislativos. 2010.

MEREU, I. *La mort comme peine*: essai sur la violence légale. Trad. e adaptação Madeleine Rossi; introdução geral Alvaro P. Pires. Bruxelas: Larcier, 2012.

MERTON, R. K. On the oral transmission of knowledge. *In*: MERTON, R. K.; RILEY, M. W. (org.). *Sociological traditions from generation to generation*. Nova Jersey: ABLEX Publishing Corporation, 1980. p. 1-35.

NONET, P.; SELZNICK, P. *Law and society in transition*. Nova Iorque: Octagon Books, 1978.

PIÑERO, V. B. *Transformations in the canadian youth justice system*. Creation of statutes and the judicial waiver in Quebec. 2012. Tese (Doutorado em Direito) – Universidade de Ottawa. Ottawa, 2012.

PIRES, A. P. *Critiques à la prison et principe de modération*: inventaire d'extraits dans les documents canadiens. Estudo preparado para a Comissão Canadense sobre a Determinação da Pena, Governo do Canadá, 1984.

PIRES, A. P. *Inventaire d'extrais significatifs ayant trait à la disparité des sentences dans la littérature canadienne*. Estudo preparado para a Comissão Canadense sobre a Determinação da Pena, Governo do Canadá, 1985.

PIRES, A. P. La réforme pénale au Canada: L'apport de la Commission Canadienne sur la Détermination de la Peine. *Criminologie*, v. 20, n. 2, p. 11-55, 1987.

PIRES, A. P. Le devoir de punir: le rétributivisme face aux sanctions communautaires. *Revue Canadienne de Criminologie*, v. 13, n. 3, p. 441-460, 1990.

PIRES, A. P. Éthiques et réforme du droit criminel: au-delà des philosophies de la peine. *Ethica*, v. 3, n. 2, p. 47-78, 1991.

PIRES, A. P. Quelques obstacles à une mutation du droit pénal. *Revue Générale de Droit*, v. 26, n. 1, p. 133-154, 1995.

PIRES, A. P. De quelques enjeux épistémologiques d'une méthodologie générale pour les sciences sociales. *In*. POUPART, J.; DESLAURIERS, J.-P.; GROULX, L.-H.; LAPERRIÈRE, A.; MAYER, R.; PIRES, A. P. *La recherche qualitative*: enjeux épistémologiques et méthodologiques. Montreal: Gaëtan Morin Éditeur, 1997. p. 3-54.

PIRES, A. P. Les peines radicales: construction et 'invisibilisation' d'un paradoxe. *In*: MEREU, I. *La mort comme peine*: essai sur la violence légale. Bruxelles: Larcier, 2012.

PIRES, A. P.; CELLARD. A.; PELLETIER, G. L'énigme des demandes de modifications législatives au Code criminel canadien". *In*: FRAILE, P. (org.). *Régulation et gouvernance*: le contrôle des populations et du territoire en Europe et au Canada. Une perspective historique. Barcelona: Publicacions Universitat de Barcelona, 2001. p. 195-217.

PIRES, A. P.; LANDREVILLE, P. Les recherches sur les sentences et le culte de la loi". *L'Année Sociologique*, 35 (3ªsérie), p. 83-113, 1985.

POSSAS, M. *Systèmes d'idées et création de lois criminelles*: le cas de la loi contre la torture au Brésil. 2009. Tese (Doutorado em Criminologia) – Universidade de Ottawa. Ottawa, 2009.

RAUPP, M. *La forme de la rationalité pénale moderne dans la législation brésilienne*: le cas de la réforme pénale de 1984 (título provisório). 2012. Tese (Doutorado em Criminologia) – documentos preparatórios – Universidade de Ottawa. Ottawa, 2012.

SAUVAGEAU, J. *Le discours parlementaire sur la peine de mort*: essai de criminologie réflexive du passage à l'acte législatif. 1998. Tese (Doutorado em Criminologia) – Universidade Católica de Louvain. Louvain-la-Neuve, 1998.

SIMONDON, G. *Du mode d'existence des objets techniques*. Paris: Aubier-Montaigne, 1969.

SOSOE, L. K. Préface à l'édition française. *In*: LUHMANN, N. *La confiance*: un mécanisme de réduction de la complexité sociale. Paris: Economica, 2006.

STOLZENBERG, G. Une enquête sur le fondement des mathématiques peu-elle nous apprendre quelque chose sur l'esprit? *In*: WATZLAWICK, P. (org.). *L'Invention de la réalité*: contributions au constructivisme. Paris: Seuil, 1988. p. 277-314.

SUTHERLAND, E. H. Development of the theory. *In*: SCHUESSLER, K. (ed.). Edwin H. Sutherland on Analyzing Crime. Chicago: University of Chicago Press, 1942.

TEUBNER, G. Droit et réflexivité: une perspective comparative sur des modèles d'évolution juridique. *In*: TEUBNER, G. *Droit et réflexivité*: L'auto-référence en droit et dans l'organisation. Paris: LGDJ, 1996. p. 3-50.

VON FOERSTER, H. La construction d'une réalité. *In*: WATZLAWICK, P. (org.). *L'Invention de la réalité*: contributions au constructivisme. Paris: Seuil, 1988. p. 45-69.

XAVIER, J. R. F. *La réception de l'opinion publique par le système de droit criminel*. 2012. Tese (Doutorado em Criminologia) – Universidade de Ottawa. Ottawa, 2012.

WEBER, M. Le métier et la vocation de savant. *In*: WEBER, M. *Le savant et le politique*. Paris: Plon, Coleção 10/18, n. 134, p. 71-122, 1963.

Anexo
Lista de publicações de Alvaro Pires

Livros (com Conselho Editorial)

La formación de la racionalidad penal moderna en el siglo XVIII: Beccaria, Kant y el derecho de punir, Buenos Aires, Editora Ad-Hoc, Criminologías (tradução para o espanhol de *Histoire des Savoirs*, Vol. 2, Parte 1, "La formation de la rationalité pénale moderne au XVIIIe siècle», Capítulos 1, 3 e 4 escritos por A. Pires, com nova introdução e novo prefácio. (Aceito para publicação).

Histoire des savoirs sur le crime et la peine. Vol. 1. *Des savoirs diffus à la notion de criminel-né*, 2ª edição em novo formato (1ª edição, 1995; 4ª reimpressão, 2003), Bruxelas, De Boeck Université et Larcier, 2008, 399 p. (Christian Debuyst, Françoise Digneffe, Jean-Michel Labadie e Alvaro P. Pires).

Histoire des savoirs sur le crime et la peine. Vol. 2. *La rationalité pénale et la naissance de la criminologie*, 2ª edição em novo formato (1ª edição, 1998; 5ª reimpressão, 2004), Bruxelas, De Boeck Université et Larcier, 2008, 580 p. (Christian Debuyst, Françoise Digneffe e Alvaro P. Pires).

Histoire des savoirs sur le crime et la peine. Vol. 3. *Expliquer et comprendre la délinquance et la déviance (1920-1960)*, Bruxelas, De Boeck Université et Larcier, 2008, 493 p. (Christian Debuyst, Françoise Digneffe e Alvaro P. Pires).

A Pesquisa Qualitativa. Enfoques Epistemológicos e Metodológicos (tradução para o português de livro publicado no Canadá em 1997), Rio de Janeiro, Editora Vozes, 2008, 437 p. (Jean Poupart, Jean-Pierre Deslauriers, Lionel-H. Groulx, Anne Laperrière, Robert Mayer e Alvaro P. Pires).

La recherche qualitative: diversité des champs et des pratiques au Québec, Montreal, Gaëtan Morin, 1998, 249 p. (Jean Poupart, Jean-Pierre Deslauriers, Lionel-H. Groulx, Anne Laperrière, Robert Mayer e Alvaro P. Pires).

La recherche qualitative: enjeux épistémologiques et méthodologiques, Montreal, Gaëtan Morin, 1997, 405 p. (Jean Poupart, Jean-Pierre Deslauriers, Lionel-H. Groulx, Anne Laperrière, Robert Mayer e Alvaro P. Pires).

Organização de livros (com Conselho Editorial)

Normativité et critique, Québec, Presses de l'Université Laval (organização de Alvaro P. Pires, Lukas Sosoe, Gérald Pelletier e Patrice Corriveau) (previsão de publicação: 2020).

Modernité en transit / Modernity in Transit, Ottawa, Presses de l'Université d'Ottawa, 2009, 427 p. (organização de Richard Dubé, Pascal Gin, Walter Moser e Alvaro P. Pires).

Politique, Police et Justice au bord du futur. Mélanges pour et avec Lode Van Outrive, Paris, l'Harmattan, 1998, 393 p. (organização de Yves Cartuyvels, Françoise Digneffe, Alvaro P. Pires et Philippe Robert).

Organização de números temáticos em revistas (com Conselho Editorial)

"Criminologie: discipline et institutionnalisation. Trois exemples francophones», número temático da revista *Criminologie*, 2004, v. 37, n. 1, 166 p. (Jean Poupart e Alvaro P. Pires).

"Éthique, démocratie et droit pénal", número temático da revista *Carrefour. Revue de réflexion interdisciplinaire*, 1994, v. 16, n. 2, 129 p. (Daniel dos Santos e Alvaro P. Pires).

"Nouvelles connaissances et nouvelles questions en criminologie", número temático da revista *Criminologie*, 1992, v. 25, n. 2, 160 p.

Capítulos de livros (com Conselho Editorial)

"As relações entre os sistemas de ideias: direitos humanos e teorias da pena face à pena de morte". *In*: PÜSCHEL, Flavia Puschel; MACHADO, Marta (org.). *Responsabilidade e Pena no Estado Democrático de Direito*. São Paulo: FGV Direito SP, 2016. p. 205-254. (Em colaboração com Margarida Garcia). (Tradução, feita por Ana Cristina Arantes Nasser, de um capítulo de livro publicado na Bélgica em 2007).

"Intervenção Política na Sentença do Direito? Os Fundamentos Culturais da Pena Mínima". *In*: PÜSCHEL, Flavia Puschel; MACHADO, Marta (org.). *Responsabilidade e Pena no Estado Democrático de Direito.* São Paulo: FGV Direito SP, 2016. p. 361-402. (Em colaboração com Maíra Rocha Machado). (Tradução, feita por José Ignácio Coelho Mendes Neto, de um artigo publicado no Canadá em 2010).

"L'adoption intersystémique des énoncés de sens: le concept de punition en matière criminelle". *In*: SOSOE, Lukas S. (org.). *Le droit: un système social / Law as a Social System. Un commentaire coopératif de Niklas Luhmann*; Hildesheim, Zürich, New York: Georg Olms Verlag, Europaea Memoria, Studien und Texte zur Geschichte, 2015. p. 233-278.

"Réflexions théoriques et méthodologiques sur les transferts des valeurs: le cas du droit criminel". *In*: GIN, Pascal; GOYER, Nicolas; MOSER, Walter (org.). *Transfert. Exploration d'un champ conceptuel.* Ottawa: Presses de l'Université d'Ottawa, Coll. Transferts Culturels/Cultural Transfers, 2014. p. 139-182.

"Naissance et développement d'une théorie et ses problèmes de recherche". *In*: DUBÉ, Richard; GARCIA, Margarida; MACHADO, Maíra Rocha (org.), *La rationalité pénale moderne : Réflexions théoriques et explorations empiriques.* Ottawa: Les Presses de l'Université d'Ottawa, 2013. p. 289-323. (Posfácio da obra).

"Les peines radicales: construction et 'invisibilisation' d'un paradoxe", introdução à livre tradução para o francês. *In*: MAREU, Italo. *La mort comme peine. Essai sur la violence légale* (original em italiamo, 1982). Bruxelas, Larcier, 2012. p. 7-47. (Préfacio de Umberto Eco).

"La refondation de la société moderne". *In*: DUBÉ, Richard; GIN, Pascal; MOSER, Walter; PIRES, Alvaro P. (org.), *Modernité en transit / Modernity in Transit.* Ottawa: Presses de l'Université d'Ottawa, 2009. p. 111-135. (Richard Dubé e Alvaro P. Pires).

"Les relations entre les systèmes d'idées: droits de la personne et théories de la peine face à la peine de mort". *In*: CARTUYVELS, Yves; DUMONT, Hugues; OST, François; van de KERCHOVE, Michel; Van DROOGHENBROECK, Sébastien (org.), *Les droits de l'homme, bouclier ou épée du droit pénal?* Bruxelas: Bruylant et Facultés Universitaires Saint-Louis, 2007. p. 291-336. (Com Margarida Garcia).

"Responsabilizar ou Punir? A Justiça Juvenil em Perigo". *In*: *Novas Direções na Governança da Justiça e da Segurança.* Brasília, Ministério da Justiça do Brasil e PNUD, 2006. p. 621-641.

"Tomber dans un piège? Responsabilisation et justice des mineurs". *In*: DIGNEFFE, Françoise; MOREAU, Thierry (org.). *La responsabilité et la responsabilisation dans la justice pénale.* Bruxelas : De Boeck Université, 2006. p. 217-241.

"Direito penal e orientação punitiva: um problema só externo ao direito?". *In*: KARAM, Maria Lucia (org.). *Globalização, Sistema Penal e Ameaças ao Estado Democrático de Direito.* Rio de Janeiro: Lumen Júris, 2005. p. 191-220.

"La recherche qualitative et le système pénal. Peut-on interroger les systèmes sociaux?". *In*: KAMINSKI, Dan; KOKOREFF, Michel (org.). *Sociologie pénale: système et expérience. Pour Claude Faugeron.* Paris: ÈRES, 2004. p. 173-198.

"La ligne Maginot en droit criminel: la protection contre le crime versus la protection contre le Prince". *In*: DE GIORGI, Raffaelle (org.). *Il diritto e la differenza. Scritti in onore di Alessandro Baratta*, Vol. 1. Lecce (Italie): Pensa MultiMedia, 2002. p. 509-534.

"Codifications et réformes pénales". *In*: MUCCHIELLI, Laurent; ROBERT, Philippe (org.). *Crime et sécurité. L'état des savoirs.* Paris: Éditions La Découverte, 2002. p. 84-92.

"L'énigme des demandes de modifications législatives au Code criminel canadien". *In*: FRAILE, Pedro (org.). *Régulation et gouvernance. Le contrôle des populations et du territoire en Europe et au Canada. Une perspective historique.* Barcelona: Publicacions Universitat de Barcelona, 2001. p. 195-217. (Em colaboração com André Cellard e Gérald Pelletier).

"Constructivisme versus réalisme. Quelques réflexions sur les notions de crime, déviance et situations problématiques". *In*: CARTUYVELS, Yves; DIGNEFFE, Françoise; PIRES, Alvaro P.; ROBERT, Philippe (org.). *Politique, Police et Justice au bord du futur. Mélanges pour et avec Lode Van Outrive.* Paris: L'Harmattan, 1998. p. 21-44. (Fernando Acosta e Alvaro P. Pires).

"Aspects, traces et parcours de la rationalité pénale moderne". *In*: DEBUYST, Christian; DIGNEFFE, Françoise; PIRES, Alvaro P. *Histoire des savoirs sur le crime et la peine.* Vol. 2. *La rationalité pénale et la naissance de la criminologie*, 2ª edição em novo formato (1ª edição: 1998). Bruxelas: De Boeck Université et Larcier, 2008. p. 23-76.

"La doctrine de la sévérité maximale au siècle des Lumières". *In*: DEBUYST, Christian; DIGNEFFE, Françoise; PIRES, Alvaro P. *Histoire des savoirs sur le crime et la peine.* Vol. 2. *La rationalité pénale et la naissance de la criminologie*, 2ª edição em novo formato (1ª edição: 1998). Bruxelas: De Boeck Université et Larcier, 2008. p. 77-107.

"Beccaria, l'utilitarisme et la rationalité pénale moderne". *In*: DEBUYST, Christian. DIGNEFFE, Françoise; PIRES, Alvaro P. *Histoire des savoirs sur le crime et la peine*. Vol. 2. *La rationalité pénale et la naissance de la criminologie*, 2ª edição em novo formato (1ª edição: 1998). Bruxelas: De Boeck Université et Larcier, 2008. p. 109-174.

"Kant face à la justice criminelle". *In*: DEBUYST, Christian; DIGNEFFE, Françoise; PIRES, Alvaro P. *Histoire des savoirs sur le crime et la peine*. Vol. 2. *La rationalité pénale et la naissance de la criminologie*, 2ª edição em novo formato (1ª edição: 1998). Bruxelas: De Boeck Université et Larcier, 2008. p. 175-240.

"Un noeud gordien autour du droit de punir". *In*: DEBUYST, Christian; DIGNEFFE, Françoise; PIRES, Alvaro P. *Histoire des savoirs sur le crime et la peine*. Vol. 2. *La rationalité pénale et la naissance de la criminologie*, 2ª edição em novo formato (1ª edição: 1998). Bruxelas: De Boeck Université et Larcier, 2008. p. 241-254.

"De quelques enjeux épistémologiques d'une méthodologie générale pour les sciences sociales". *In*: POUPART, Jean; DESLAURIERS, Jean-Pierre; GROULX, Lionel-H.; LAPERRIÈRE, Anne; MAYER, Robert; PIRES, Alvaro P. *La recherche qualitative: enjeux épistémologiques et méthodologiques*. Montréal: Gaëtan Morin, 1997. p. 3-54.

"Échantillonnage et recherche qualitative: essai théorique et méthodologique". *In*: POUPART, Jean; DESLAURIERS, Jean-Pierre; GROULX, Lionel-H.; LAPERRIÈRE, Anne; MAYER, Robert; PIRES, Alvaro P. *La recherche qualitative: enjeux épistémologiques et méthodologiques*. Montréal: Gaëtan Morin, 1997. p. 113-169.

"La criminologie d'hier et d'aujourd'hui". *In*: DEBUYST, Christian; DIGNEFFE, Françoise; LABADIE, Jean-Michel; PIRES, Alvaro P. *Histoire des savoirs sur le crime et la peine*. Vol. 1: *Des savoirs diffus à la notion de criminel-né*, 2ª edição em novo formato (1ª edição: 1995). Bruxelas: De Boeck Université et Larcier, 2008. p.15-72.

"La criminalité: enjeux épistémologiques, théoriques et politiques". *In*: DUMONT, Fernand; LANGLOIS, Simon; MARTIN, Yves (org.). *Traité des problèmes sociaux*. Québec: Institut québécois de recherche sur la culture, 1994. p. 247-277.

"La procédure pénale. Commentaires". *In*: ROBERT, Philippe (org.). *La création de la loi: l'exemple de la loi pénale*. Oñati: International Institute for the Sociology of Law, 1991. p. 51-68.

Artigos em revistas científicas (com Conselho Editorial)

"'É Injusto Mas É a Lei': a Pena Mínima como Obstáculo à Pena Justa". *Revista de Direito Público,* v. 17, n. 92, p. 11-32, Brasília, 2020 (com Maíra Rocha Machado, Margarida Garcia e Alvaro P. Pires).

"Derechos Humanos y Penas Radicales: Critica o Justificacion? La recepcion del Derecho Internacional Humanitario en el Codigo Penal Colombiano" ("Human Rights and Radical Punishment: Criticism or Justification? The Reception of International Humanitarian Law in the Colombian Criminal Code". *Onati Socio-legal Series,* v. 6, n. 3, p. 877-900, 2016 (com C. E. Umana e Alvaro P. Pires). http://ssrn.com/abstract=2627717

"Elementos para una relectura de la teoría del delito de Edwin Sutherland". *Delito y Sociedad,* 37, p. 9-40, Buenos Aires, 2014 (com Christian Debuyst e Françoise Digneffe).

"Réflexions critiques sur la sociologie de la punition à partir de l'ouvrage de Tom Daems". *Déviance et société,* v. 37, n. 2, p. 131-153, 2013.

"Um caso de inovação 'acidental' em matéria de penas: uma lei brasileira sobre as drogas". *Revista Direito GV,* v. 7, n. 1, p. 299-329, 2011 (com Jean-François Cauchie). (Tradução, feita por José Roberto Xavier, de um artigo publicado em francês na *Champ pénal* em 2007).

"Intervention politique dans la sentence du droit? Fondements culturels de la peine minimale". *Criminologie,* v. 43, n. 2, p. 89-126, 2010 (com Maíra Rocha Machado e Alvaro P. Pires).

"A Refundação da Sociedade Moderna". *TOMO – Revista Semestral Núcleo de Pós-Graduação e Pesquisa em Ciências Sociais,* Universidade Federal de Sergipe, jul.-dez. 2010, 17, p. 15-37 (Richard Dubé e Alvaro P. Pires). (Tradução, feita por Luis Claudio Almeida Santos, de um capíulo de livro publicado em 2009, com pequenas revisões).

"Une 'utopie juridique' et politique pour le droit criminel moderne?". *Criminologie,* v. 40, n. 2, p. 9-18, 2007. Número especial intitulado *Peines et pénalité au Canada. Autour des travaux de Pierre Landreville,* sob a organização de Marion Vacheret e Philippe Mary.

"Un cas d'innovation 'accidentelle' en matière de peines: une loi brésilienne sur les drogues". *Champ pénal / Penal Field,* 2007, 4, 29 p. Disponível em: http://champpenal.revues.org/document1541.html (com Jean-François Cauchie).

"Consideraciones preliminares para una teoría del crimen como objeto paradojal". *Revista Ultima Ratio*, Rio de Janeiro, v. 1, n. 0, p. 213-255, Editora Lumen Juris, 2006.

"A racionalidade penal moderna, o público e os direitos humanos na modernidade tardia". *Novos Estudos* CEBRAP, São Paulo, 68, p. 39-60, 2004.

"La línea Maginot en el Derecho Penal: la protección contra el crimen versus la protección contra el Príncipe". *Revista Brasileira de Ciências Criminais*, São Paulo, v. 12, n. 46, p. 11-45, 2004.

"La rationalité pénale moderne, la société du risque et la juridicisation de l'opinion publique". *Sociologie et Sociétés*, Montréal, v. 33, n. 1, p. 179-204, 2001. Número temático intitulado *Les formes de la pénalité contemporaine: Enjeux sociaux et politiques*, sob a organização de Danielle Laberge.

"Consideraciones preliminares para una teoría del crimen como objeto paradojal". *Cuadernos de Doctrina y Jurisprudencia Penal*, Buenos Aires, v. 7, n. 13, p. 191-235, 2001. Número temático intitulado *Reconstruyendo las Criminologías Crítica*, sob a organização de M. Sozzo. (Nova versão amplamente modificada de um artigo publicado pelo autor em 1993 na revista *Déviance et Société*. Esta versão leva em consideração o debate gerado pelo artigo no referido periódico em 1995, v. 19, n. 3).

"La ligne Maginot en droit pénal : la protection contre le crime versus la protection contre le Prince". *Revue de droit pénal et de criminologie*, Bruxelas, v. 81, n. 2, p. 145-170, 2001. (Este estudo foi excepcionalmente aceito para a publicação simultânea como um capítulo de livro na Itália e em duas revistas de prestígio: *Revue de Droit Pénal et de Criminologie* (Bruxelas) e *Nueva Doctrina Penal* (Buenos Aires)).

"La línea Maginot en el Derecho Penal: la protección contra el crimen versus la protección contra el Príncipe". *Nueva Doctrina Penal*, Buenos Aires, p. 71-96, 2001.

"Alguns obstáculos a uma mutação humanista do direito penal". *Sociologias (Revista do Instituto de Filosopia e Ciências Humanas da Universidade Federal do Rio Grande do Sul)*, v. 1, n. 1, p. 64-95, 1999 (Tradução para o português levemente modificada de um artigo publicado em 1995).

"Le sens du problème et le sens de l'approche: pour une nouvelle conception du travail méthodologique". *Revue de l'Association pour la Recherche Qualitative*, 13, p. 55-87, 1995.

"À propos des objets en criminologie: quelques réponses". *Déviance et Société*, v. 19, n. 3, p. 291-303, 1995. (Debate organizado pelo Comitê Científico da revista em torno de uma teoria proposta em um artigo da mesma revista em 1993).

"Quelques obstacles à une mutation du droit pénal". *Revue Générale du Droit*, Ottawa, v. 26, n. 1, p. 133-154, 1995.

"Les mouches et la bouteille à mouches: utilitarisme et rétributivisme devant la question pénale". *Carrefour. Revue de réflexion interdisciplinaire*, Ottawa, v. 16, n. 2, p. 8-39, 1994 (com Fernando Acosta).

"What's Real in Realism? What's Construction in Constructionism? The Case of Criminology". *Journal of Human Justice*, v. 5, n. 2, p. 6-33, 1994 (com Fernando Acosta).

"Recentrer l'analyse causale? Visages de la causalité en sciences sociales et recherche qualitative". *Sociologie et* Société, Montréal, v. 25, n. 2, p. 191-209, 1993.

"La criminologie et ses objets paradoxaux: réflexions épistémologiques sur un nouveau paradigme". *Déviance et Société*, v. 17, n. 2, p. 129-161, 1993.

"Vers un paradigme des inter-relations sociales? Pour une reconstruction du champ criminologique". *Criminologie* Montréal, v. 25, n. 2, p. 13-47, 1992 (com Françoise Digneffe).

"Le renvoi et la classification des infractions d'agression sexuelle". *Criminologie*, Montréal, v. 25, n. 1, p. 27-63, 1992 (Julian Roberts e Alvaro P. Pires).

"Éthiques et réforme du droit criminel: Au-delà des philosophies de la peine". *Ethica*, v. 3, n. 2, p. 47-78, 1991.

"La réforme pénale et la réciprocité des droits". *Criminologie*, Montréal, v. 24, n. 1, p. 77-104, 1991.

"Le devoir de punir: Le rétributivisme face aux sanctions communautaires". *Canadian Journal of Criminology / Revue Canadienne de Criminologie*, v. 32, n. 3, p. 441-460, 1990. Número temático intitulado: *Sentencing / La Détermination de la Peine.*

"Analyse causale et récit de vie". *Anthropologie et Société*, v. 13, n. 3, p. 37-57, 1989. Número temático intitulado: *Méthodologie et Univers de Recherche.*

"Deux thèses erronées sur les lettres et les chiffres". *Cahiers de Recherche Sociologique*, v. 5, n. 2, p. 87-106, 1987. Número intitulado: *L'autre Sociologie: Approches Qualitatives de la Réalité Sociale*, sob a organização de Anne Laperrière.

"La réforme pénale au Canada: L'apport de la Commission canadienne sur la détermination de la peine". *Criminologie*, v. 20, n. 2, p. 11-55, 1987.

"Les recherches sur les sentences et le culte de la loi". *L'Année Sociologique*, Paris, 1985, 35 (série), p. 83-113 (com Pierre Landreville).

"Les méthodes qualitatives et la sociologie américaine". *Déviance et Société*, v. 7, n. 1, p. 63-91, 1983 (Jean Poupart, Prudence Rains e Alvaro P. Pires).

"La méthode qualitative en Amérique du Nord: Un débat manqué (1918--1960)". *Sociologie et Sociétés*, v. 14, n. 1, p. 15-29, 1982.

"Systema penale e traiettoria sociale". *La Questione Criminale*, Bologne, v. 7, n. 3, p. 463-494, 1981 (com Victor Blankevoort e Pierre Landreville). (Tradução para o italiano de um artigo publicado no mesmo ano).

"Système pénal et trajectoire sociale". *Déviance et Société*, v. 5, n. 4, p. 319-345, 1981 (com Victor Blankevoort e Pierre Landreville).

"Les coûts sociaux du système pénal. Notes méthodologiques". *Crime et and Justice*, v. 7/8, n. 3/4, p.180-189, 1980 (Victor Blankevoort, Pierre Landreville e Alvaro P. Pires).

"Le débat inachevé sur le crime: le cas du Congrès de 1950". *Déviance et Société*, v. 3, n. 1, p. 23-46, 1979.

Anais de congresso

"La question des peines minimales: entre politique et droit". *In*: BOULAD--AYOUB, Josiane; ANTAKI, Mark; ROBERT, Pierre (org.). *Rationalité Pénale et Démocratie*, Anais da Conferência Internacional realizada na Universidade de Quebec, em Montreal (28-29 de abril de 2011). Québec: Presses de l'Université Laval, 2013. p. 71-109 (com Maíra Rocha Machado).

"Por que é tão difícil construir uma política de alternativas penais?". Conferência de abertura, *Anais do VII Congresso Nacional de Alternativas Penais*, Campo Grande, Mato Grosso do Sul, Brasil (19-21 de outubro de 2011). Brasília, 2012. p. 22-35.

"La recherche qualitative et le problème de la scientificité". Conferência de pronunciamento no 61e Congrès de l'ACFAS, atelier: *Méthodes Qualitatives en Recherche Sociale: Problématique et Enjeux*. Québec: Conseil Québécois de la Recherche Sociale, 1994.

Artigos em periódicos sem Conselho Editorial

"Droits de la personne et peines radicales: comment concilier l'inconciliable?". *Journal des Tribunaux*, Belgique, Larcier, 22 septembre 2012, 6489, p. 614-615. (Número especial em homenagem à Françoise Tulkens, juiz (1998-2010) e presidente (2007-2010) da Corte Europeia de Direitos Humanos).

"La criminologie comme discipline scientifique". *Criminologie*, Montréal, v. 37, n. 1 (introdução ao número), p. 3-11, 2004 (Jean Poupart e Alvaro P. Pires).

"Réfléchir sur la question pénale à la fin du XXe siècle". *Carrefour. Revue de Réflexion Interdisciplinaire*, Ottawa, v. 16, n. 2 (introdução ao número), p. 3-7, 1994 (Daniel dos Santos e Alvaro P. Pires).

"Des signes de renouveau en criminologie?". *Criminologie*, Montréal, v. 25, n. 2 (introdução ao número), p. 3-11, 1992.

Resenhas de livros (com autorização da editora)

DAEMS, T. *Making Sense of Penal Change*. Oxford University Press: Oxford, 2008, 299. Resenha livre em: *Kriminologisches Journal* (Alemanha), v. 42, n. 2, p. 154-158, 2010.

FECTEAU, J.-M. *Un nouvel ordre des choses: la pauvreté, le crime, l'État au Québec, de la fin du XVIIIe siècle à 1840*, Outremont, VLB Éditeur, coll. "Études québécoises", 1989, 287 p. Resenha livre em *Revue d'Histoire de l'Amérique Française*, v. 45, n. 1, p.113-117, 1991.

RICO, J. M. *Crime et Justice Pénale en Amérique latine*. Montréal e Paris: Presses de l'Université de Montréal et VRIN, 1978, 306 p. Resenha livre em *Revue Canadienne de Criminologie*, v. 21, n. 4, p. 504-510, 1979 (com Fernando Acosta).

Relatórios publicados de pesquisa governamental

"Atividade legislativa e obstáculos à inovação em matéria penal no Brasil". Série Pensando o Direito, 2010, v. 32, p. 1-60 (Maíra R. Machado, Alvaro P. Pires, Colette Parent, F. E., Matsuda, Carolina Cutrupi Ferreira e Y. Luz).

“A complexidade do problema e a simplicidade da solução: a questão das penas mínimas”. Série Pensando o Direito, 2009, v. 17, p. 1-71 (Maíra R. Machado, Alvaro P. Pires, Carolina Cutrupi Ferreira e Pedro Mesquita Schaffa).

“Droits de la personne et information juridique: une recherche évaluative”. Direction Générale de la Recherche et du Développement, Direction de la Politique, des Programmes et de la Recherche, Ministère de la Justice du Canada, Ottawa, 1986 (com S. Vallières). (Versão em inglês publicada sob o título “Human Rights and Legal Information: An Evaluative Research Study», Research and Development Directorate, Programs and Research Branch, Department of Justice Canada, Ottawa, 1986).

Relatórios de pesquisa para comitês governamentais

“La politique législative et les crimes à ‘double face’: Éléments pour une théorie pluridimentionnelle de la loi criminelle (drogues, prostitution, etc.)”. *Rapport d'expert à l'intention du Comité spécial du Sénat du Canada sur les drogues illicites*, Ottawa, 2002, 96 p. Redator de um dos quatro relatórios de especialistas solicitados pelo *Comité Spécial du Sénat du Canada sur les Drogues Illicites* (ver “Le Cannabis: positions pour un régime de politique publique pour le Canada”. *Rapport du Comité Spécial du Sénat sur les Drogues Illicites*, Governo do Canadá, setembro 2002).

“Critiques à la prison et principe de modération”. *Rapport de Recherche à l'Intention de la Commission Canadienne sur la Détermination de la Peine.* Governo do Canadá (Presidente: J. R. Omer Archambault, 1987), Ottawa, 1985.

“Inventaire d'extraits significatifs ayant trait à la disparité des sentences dans la littérature canadienne”. *Rapport de Recherche à lIintention de la Commission Canadienne sur la Détermination de la Peine*, Governo do Canadá (Presidente: J. R. Omer Archambault, 1987), Ottawa, 1984.

Relatórios de pesquisa importantes aos ministérios governamentais

“Les coûts sociaux du système pénal”. *Rapport de Recherche à l'Intention du Solliciteur Général du Canada*, Ottawa, 1981, 212 p. (com Pierre Landreville, Victor Blankevoort e Alvaro P. Pires).

Mesas-redondas publicadas (sem Conselho Editorial)

Coletivo, "La contribution des approches qualitatives aux sciences humaines: débats actuels". *Cahiers de Recherche Sociologique*, v. 5, n. 2, p. 107-138, 1987.

«Table ronde sur la peine de mort" organizada por Fernando Acosta. *Criminologie,* 1987, 20, 2, p. 103-113.

Cadernos e publicações universitárias (sem Conselho Editorial)

"The Reform of Sexual Assault Laws in Canada: A Reconstruction of Juridical Categories and their New Symbolic Effects". *Cahiers de Recherche de la Faculté des Sciences Sociales,* Université d'Ottawa, 1991 (Paper apresentado ao Annual Meetings, Law and Society Association, Research Committee on Sociology of Law, International Sociological Association, Amsterdã).

"Kritische Kanttekeningen bij de Uitvinding van de Boete en van Het Strafrechtelijke Systeem". *In*: ten RAA, C. M. C. (org.). *Historische Ontwikkeling van Het Recht.* Roterdã: Faculteit der Rechtsgeleerdheid, Erasmus Universiteit Rotterdam, 1979.

Entrevistas de pesquisa

Bruna Gisi (Universidade de São Paulo – USP), Juliana Tonche (Universidade de São Paulo – USP), Marcos César Alvarez (Universidade de São Paulo – USP), Thiago Oliveira (Universidade de São Paulo – USP), "A teoria da 'Racionalidade Penal Moderna' e os desafios da justiça juvenil – Entrevista com Álvaro Pires", *Plural*, v. 24, n. 1, 2017, São Paulo (*on-line*). Disponível em: http://www.revistas.usp.br/plural/article/view/137506.

FULLIN, Carmen Silvia; SCHRITZMEYER, Ana Lucia Pastore; XAVIER, José Roberto. "Sobre direito, ciências sociais e os desafios de navegar entre esses dois mundos: uma entrevista com Álvaro Pires". *Revista de Estudos Empíricos em Direito / Brazilian Journal of Empirical Legal Studies,* v. 2, n. 1, 2015. Disponível em: http://www.reedpesquisa.org/ojs-2.4.3/index.php/reed/article/view/50.

FACHIN, Patrícia. "Os desafíos do direito no século XXI. Entrevista com Alvaro Pires". *Revista do Instituto Humanitas Unissinos,* IHU On-Line, Edição

388, 09 abril 2012. Disponível em: http://www.ihuonline.unisinos.br/artigo/4345-alvaro-pires.

Entrevista com Alvaro Pires (Criminólogo, docente e pesquisador da Universidade de Ottawa, Canadá). Entrevista realizada no *XII° Congreso Latinoamericano, IV Iberoamericano y IX Nacional de Derecho Penal y Criminología*, La Plata, 07 setembro 2000. Disponível em: https://derechopenalonline.com/entrevista-a-alvaro-pires/.